D1752549

Atlantis Buch der Säugetiere in Europa

Richard Orr / Joyce Pope

Atlantis Buch der Säugetiere in Europa

© Atlantis Verlag Verlags GmbH & Co. KG
Herrsching/Luzern 1985

© der Original-Ausgabe by Charles Herridge Ltd.
London 1983

Alle Rechte vorbehalten, insbesondere das Recht des Nachdrucks in Zeitungen und Zeitschriften, des öffentlichen Vortrages, der Verfilmung oder Dramatisierung, der Übertragung durch Rundfunk oder Fernsehen, auch einzelner Bild- oder Textteile.

ISBN 3-7611-0670-X

INHALT

EINFÜHRUNG	6
INSEKTENFRESSER	10
Igel	12
Spitzmäuse	16
Desmane	20
Maulwürfe	22
FLEDERTIERE	26
HASENTIERE	36
Kaninchen und Hasen	36
NAGETIERE	44
Hörnchen	46
Ziesel	50
Murmeltiere	52
Biber	54
Bilche oder Schläfer	58
Hamster	62
Lemminge und Eigentliche Wühlmäuse	64
Schermäuse und Bisamratten	68
Die Eurasiatische Zwergmaus	70
Feld- und Waldmäuse	72
Hausmäuse	74
Ratten	76
Streifen-Hüpfmäuse/Blindmäuse	78
Das Gewöhnliche Stachelschwein	80
Der Sumpfbiber	82
RAUBTIERE	84
Wolf und Schakal	86
Der Rotfuchs	90
Der Eisfuchs	92
Der Marderhund	94
Eisbär und Braunbär	96
Der Waschbär	100
Hermelin und Mauswiesel	102
Iltisse	106
Der Europäische Dachs	108
Fischotter und Nerz	112
Marder	116
Der Vielfraß	120
Mungos	122
Die Ginsterkatze	124
Wildkatzen	126
Der Luchs	128
Verwilderte Raubtiere	130
WASSERRAUBTIERE	132
Hundsrobben und Seehunde	134
Das Walroß	136
HUFTIERE	138
Pferde	140
Wildschweine	142
Hirsche	144
Rothirsche	146
Damhirsche und Rehe	148
Elche und Rentiere	150
Exotische Hirsche	152
Rinder	154
Schafe und Ziegen	156
Gemsen	158
WALTIERE	160
Schweinswale	162
Delphine	164
Schwertwale	166
Sonstige Waltiere	168
ÜBER DIE BEOBACHTUNG EUROPÄISCHER SÄUGETIERE	170
FÄHRTEN UND LOSUNGEN	172
VERZEICHNIS EUROPÄISCHER SÄUGETIERE	174
REGISTER	175

EINFÜHRUNG

Europa – mit fünfunddreißig Staaten auf nur zehn Millionen Quadratkilometern eher ein politisches als ein geografisches oder biologisches Gebilde – ist der Fläche nach der zweitkleinste, der Bevölkerungszahl nach der zweitgrößte Kontinent der Erde. In der Bevölkerungsdichte steht es sogar an der Spitze aller fünf Erdteile.

Europa hat eine lange, tiefeingeschnittene Küstenlinie mit einigen großen Halbinseln – im Norden Skandinavien und Dänemark, im Westen die Iberische Halbinsel, im Süden Italien und den Balkan. Umgeben ist das europäische Festland vom Atlantischen Ozean und dem Mittelmeer, die größten Inseln sind Island, die Britischen Inseln, Sardinien, Korsika, Sizilien, Kreta und Zypern.

Das europäische Klima wird wesentlich von der Nähe des Meeres beeinflußt. Das warme Wasser des nordatlantischen Golfstroms und die vorherrschenden West- und Südwestwinde bringen im westlichen Teil meist relativ mildes Wetter ohne extreme Hitze oder Kälte. Weiter östlich, entfernt vom mildernden Einfluß des Ozeans, wird das Klima kontinental – es gibt sehr heiße Sommer und beißend kalte Winter. Bedingt durch das unterschiedliche Klima finden sich in Europa fünf verschiedene Vegetationszonen: im Norden die Tundra, Nadelwälder und Taiga, etwas weiter südlich Laubwälder, im Osten Grasland- und Steppenregionen, im Westen und Süden die mediterrane Zone. Besonderheiten in der Bodenbeschaffenheit, größere Wassergebiete oder Berge können diese Zonen regional verändern.

Wie überall auf der Erde haben sich auch in Europa Flora und Fauna den unterschiedlichen Klima- und Vegetationsbedingungen angepaßt, und die einzelnen Tier- und Pflanzenarten haben sich meist so sehr auf bestimmte ökologische Gegebenheiten »spezialisiert«, daß sie in anderen Regionen nur schwer überleben könnten.

Dieses Buch befaßt sich mit Säugetieren, und zwar ausschließlich mit den Säugetieren, die in Europa beheimatet sind. Es dokumentiert ihre spezifischen Eigenarten im Zusammenhang mit ihren spezifischen Lebensbedingungen auf unserem Kontinent und versucht außerdem, den Einfluß des Menschen auf die heimische Fauna aufzuzeigen.

Die Tundra, hoch im Norden Europas, ist ein Gebiet mit Dauerfrostboden. Nur in den wenigen Sommermonaten kann die Erde auftauen, aber auch dann nur bis zu einer maximalen Tiefe von 20 – 30 cm. Die darunterliegenden Erdschichten bleiben ständig gefroren, und so können Bäume und tief wurzelnde Pflanzen hier nicht gedeihen. Die Vegetation besteht aus Moosen und Flechten. Wasser kann durch den harten Boden nicht absickern, und die Tundra ist daher ein Gebiet mit vielen Seen und Sümpfen. Das größte Säugetier, das man heute in der Tundra findet, ist das Ren, das aber nur in den Sommermonaten in diese kargen, unwirtlichen Landstriche kommt. Ständiger Tundra-Bewohner ist der Eisfuchs. In Zeiten reichen Nahrungsangebots hortet er Vorräte für Notsituationen. Auch einige Arten kleinerer Säugetiere, besonders Nagetiere, leben das ganze Jahr über in der Tundra. Sie halten keinen Winterschlaf und ernähren sich von Samen und verdorrten Pflanzen, die sie unter dem Schnee finden.

Die Meere, die Europas hohen Norden umgeben, bieten einer ganzen Reihe verschiedener Robben- und Walarten Nahrung.

Nur relativ wenigen Tierarten ist es gelungen, sich in der Arktis erfolgreich anzusiedeln, denn diese Gebiete sind ungeeignet, die Population einer Art konstant zu halten. Die Anzahl von Vertretern der einzelnen Arten – etwa von Lemmingen oder von verschiedenen Vogelarten – schwankt von Jahr zu Jahr sehr stark.

Südlich der Tundra erstreckt sich die Taiga mit einem breiten Nadelwald-Gürtel quer über den Kontinent. Obwohl auch hier die Winter kalt und sehr lang sind, gibt es keinen Dauerfrostboden, und so können relativ große, immergrüne Bäume wachsen. Hier lebt der Elch, das größte europäische Landsäugetier. In Mengen vorhanden sind Nagetiere, darunter Kletterer wie Streifen-Hüpfmäuse und Gleithörnchen. Diese Kleinsäuger bilden eine üppige Nahrungsquelle für größere fleischfressende Arten, von denen die meisten zur Familie der Marder gehören. An wenigen Orten findet man noch Wölfe und Braunbären.

Weiter südlich weicht die Taiga artenreicheren Laubwäldern mit Eichen, Buchen, Linden und Birken. Die abfallenden Blätter der Bäume zersetzen sich leicht und bilden einen nährstoffreichen Humusboden. Dieser bietet Nahrung für eine Fülle von Mikroorganismen und Kleinlebewesen, die wiederum Futter für Insekten sind. Die Insekten ihrerseits ernähren Fledermäuse und Vögel, die dann wieder Beute für größere Arten von fleischfressenden Säugetieren sind. Die Pflanzenfresser – von den kleinsten Nagetieren bis zum Wildschwein, Hirsch und Wisent – ernähren sich im Winter von Baumfrüchten wie Nüssen, Bucheckern und Eicheln, die von manchen Nagern auch als Futtervorrat gesammelt werden.

Der Laubwald ist die reichhaltigste Vegetationsform Europas. Doch das Eingreifen des Menschen in den natürlichen Kreislauf der Natur hat ihn wesentlich verändert, seine Existenz bedroht und den Artenreichtum der in und von ihm lebenden Säugetiere stark vermindert. Wölfe und Bären sind fast verschwunden, nur kleinere Tiere und manche Rotwild-Arten haben eine erstaunliche Fähigkeit entwickelt, ihr Verhalten so zu ändern, daß sie in der Nähe von menschlichen Behausungen, ja sogar im Umkreis von Vor- und Kleinstädten existieren können.

Die Steppen- und Graslandgebiete Europas liegen alle im Osten, wo wegen zu geringer Niederschläge keine Wälder wachsen können. In etwas feuchteren Abschnitten kommen zum Teil Büsche und strauchförmige Bäume vor. Das kontinentale Klima ist besonders ausgeprägt. Die Winter sind sehr kalt, während die Temperaturen im Sommer Höhen erreichen, die man in europäischen Regionen sonst nirgends kennt. Früher lebten in diesen Ebenen riesige Herden von Wildpferden, die robust und dem extremen Klima gut angepaßt waren. Doch zu Anfang des letzten Jahrhunderts wurden sie vollständig ausgerottet. Heute gibt es nur noch kleinere Tierarten wie Murmeltiere und Perlziesel. Sie halten tief unter der Erde Winterschlaf, und einige von ihnen sind im Jahr nur drei Monate lang wach. In diese Zeit fällt dann alles, was für das eigene Überleben und für die Erhaltung der Art notwendig ist: Errichtung, Pflege und Erweiterung der Baue, das Sammeln von Vorräten, Paarung und Aufzucht der Jungen.

In den ans Mittelmeer grenzenden Ländern sind die Sommermonate trocken und heiß. Niederschläge gibt es fast nur im Winter. Die ursprüngliche Vegetation bestand aus Koniferen-Wäldern und diversen Baumarten mit kleinen dicken Blättern. Diese Pflanzen konnten selbst extreme Trockenheit gut überstehen. Was sie nicht überstanden haben, waren die massiven Eingriffe des Menschen, der seit dem Altertum willkürlich gerodet und die Naturschätze unüberlegt ausgebeutet hat. Gerade hier im Mittelmeerraum läßt sich der zerstörerische Einfluß des Menschen klarer erkennen als anderswo. Wo einst große alte Zedern und andere Nadelbäume gediehen, findet man heute fast nur noch Sekundärbewuchs vor. Auch die Tierwelt blieb von den Eingriffen des Menschen nicht verschont. Alle großen Säugetiere des Waldes sind verschwunden. Nur an wenigen entlegenen Orten leben noch ein paar Wölfe. Die kleinen Tierarten kamen mit den veränderten Bedingungen besser zurecht.

Die Fauna des Mittelmeerrraums war einmal stark verwandt mit der afrikanischen. Flußpferde und Elefanten bewohnten einst einen Großteil Europas, sind jedoch am Ende der Eiszeit ausgestorben. Löwen existierten in Südeuropa noch bis in historische Zeit. Bis heute haben das Stachelschwein, der Mungo und der Algerische Igel überlebt. Dabei ist allerdings nicht ganz geklärt, ob diese Arten immer schon heimisch waren, oder nicht erst später vom Menschen in diese Gebiete gebracht wurden.

Wie es überhaupt möglich ist, daß es in Europa, wo es während der Eiszeit kaum noch Leben gab, heute so viele verschiedene Tierarten in so vielen verschiedenen Verbreitungsgebieten gibt, erklärt sich so:

Als unser Kontinent weitgehend unter Eisdecken lag, und sogar ein großer Teil des Südens zu einer unwirtlichen Tundra geworden war, starben viele Tiere aus, andere hatten sich in die südlichsten eisfreien Regionen zurückgezogen, wieder andere wanderten nach Osten. Dem Rückzug der Gletscher am Ende des Pleistozäns (Diluviums) folgten Tiere aus allen Gebieten, in die das Eis vorgedrungen war, und besiedelten das freiwerdende Land neu. Einige Arten, wie etwa Zwergspitzmäuse, Igel und Kleine Waldmäuse legten dabei weite Strecken zurück, denn man findet diese Tiere heute überall in geeigneten Lebensräumen, einschließlich der Inseln Großbritanniens. Andere, die etwas langsamer waren, wurden vom steigenden Schmelzwasser gehindert, weiter vorzudringen. Daher gelangten Tiere, wie z. B. die Waldspitzmaus, die West-Schermaus und das Mauswiesel nicht mehr nach Irland. Wieder andere, noch langsamere, wurden durch den Ärmelkanal und die Nordsee auch von Großbritannien ferngehalten, obwohl sie dort sehr gut hätten gedeihen können. Zu diesen gehören, mit Ausnahme der Haselmaus, die Bilche oder Schläfer und der Steinmarder. Lemminge und Schneehasen aber, deren Lebensweise die kalte Klimazone entsprach, folgten dem zurückweichenden Eis bis in den hohen Norden.

Durch diese großen Tierwanderungen nach dem Ende der Eiszeit entstand die heutige Struktur der europäischen Fauna. So erklärt sich auch, warum beispielsweise zwischen der hiesigen und der asiatischen Tierwelt große Ähnlichkeiten bestehen, obwohl die zwischen beiden Kontinenten liegenden Gebirge und Wüsten unter normalen Umständen immer natürliche Schranken für unbegrenzte Verbreitung waren.

Zwischen allen Tieren besteht ein Konkurrenzkampf um Lebensraum, Zufluchtstätten und Nahrung. Aber weil jede Spezies andere Anforderungen an ihren Lebensraum stellt, ist es möglich, daß viele Arten in ein und demselben Gebiet leben. Haben zwei oder mehrere von ihnen allerdings genau die gleichen Bedürfnisse, können sie nicht mehr unmittelbar nebeneinander existieren, und die Verbreitung mancher Arten wird dadurch begrenzt. Doch über das Tierleben in der freien Natur bleibt noch viel zu entdecken, ehe sich etwas Endgültiges darüber aussagen läßt, warum in anscheinend geeigneten Lebensräumen bestimmte Arten fehlen oder vorkommen.

Der Mensch hat die Existenzbedingungen vieler Arten beeinflußt. Einige, wie etwa der Wisent oder das Wildpferd, hat er bereits ausgerottet, viele andere sind vom Aussterben bedroht. Zu ihnen zählen auch der Wolf, der Braunbär und der Biber. Wieder andere sind durch strenge Naturschutzmaßnahmen gerade noch vor dem Aussterben gerettet worden, so zum Beispiel der Steinbock. Der Untergang einiger anderer Säugetierarten wurde sogar kaum bemerkt, was besonders für kleine und verborgen lebende Nachttiere zutrifft. Andererseits gibt es Arten, die erst dem Menschen ihre Verbreitung verdanken, denn oft hat er ihnen durch Umsiedlungen zusätzlich zu ihren normalen Lebensräumen auch andere Gegenden erschlossen. So wurde beispielsweise der Magot- oder Berberaffe – wahrscheinlich in alter Zeit – nach Gibraltar gebracht, und die Tiere, die heute dort leben, werden vom Menschen geschützt und versorgt. Der Damhirsch, ursprünglich eine südeuropäische Spezies, soll von den Römern, die auf diese Jagdbeute nicht verzichten wollten, in die nördlichen Regionen des Imperiums gebracht worden sein. Andere Hirscharten hat man aus noch weiter entfernten Gebieten geholt. So kamen etwa der Muntjak aus Südostasien und der Weißwedelhirsch aus Nordamerika in europäische Länder, vielleicht, um die heimische Tierwelt zu bereichern, vielleicht auch, um zusätzliche Nahrung zu liefern. Andere Säugetiere wurden wegen ihrer wertvollen Felle importiert. Das erste heimische Pelztier war wahrscheinlich das Wildkaninchen, das ursprünglich nur auf der Iberischen Halbinsel vorkam, dann aber in ganz Europa angesiedelt wurde. Später kamen aus Nordamerika der Nerz und die Bisamratte dazu, sowie der Sumpfbiber – bekannter als »Nutria« – aus Südamerika. In Großbritannien wurden Arten wie das Grauhörnchen und der Siebenschläfer als unterhaltsame Haustiere eingeführt. Viele von ihnen entkamen oder wurden freigelassen und fanden hier eine Umwelt vor, die sie ernähren konnte. Weil diese Umwelt aber nicht ihre natürliche Heimat war, hatten diese Tiere im allgemeinen keine natürlichen Feinde. Viele haben sich daher enorm vermehrt und wurden in Europa zu Schädlingen, die manchmal sogar einheimische Arten verdrängten.

Trotz unserer neuerworbenen Kenntnisse über die Bedeutung einer gesunden Umwelt haben wir noch viel darüber zu lernen, warum und wie Tiere an bestimmten Orten leben. Inzwischen sieht die Zukunft für viele große Tiere düster aus, denn weltweit erlassene Naturschutzgesetze werden meist mißachtet. In der Realität hinkt zum Beispiel der Schutz von Raubtieren immer noch hinter dem anderer Tiere her, sicher auch wegen der tiefsitzenden Angst des Menschen vor den vermeintlichen »Feinden«. Selbst in Reservaten ist ein wirkungsvoller Schutz nicht gegeben, denn die Populationen leben hier meist isoliert, und so kommt es zur Inzucht, einer Gefahr für die letzten Bestände. Dennoch sind Schutzgebiete heute für viele Arten die einzige Möglichkeit zu überleben und für künftige Generationen die einzige Hoffnung, noch etwas von der – heute bereits stark reduzierten – Großartigkeit und Vielfalt unserer einheimischen Säugetiere zu sehen bekommen.

Anmerkung:

Alle Angaben zur Körpergröße von Tieren verstehen sich, wenn nicht anders erklärt, als Maß von Kopf und Rumpf zusammen, aber ohne Berücksichtigung des Schwanzes, dessen Länge in der Regel extra angegeben ist.

INSEKTENFRESSER
Ordnung Insectivora

Manche Tiergruppen lassen sich schon nach einer kurzen allgemeinen Beschreibung identifizieren. Das gilt jedoch nicht für die Ordnung der Insektenfresser. Die größte Art ist so groß wie eine Hauskatze, die meisten sind aber wesentlich kleiner. Alle haben gemeinsame grundlegende Merkmale, aber diese sind so überlagert von der jeweils speziellen Anpassung an verschiedene Lebensbedingungen, daß die Arten sich, oberflächlich besehen, sehr unähnlich sind.

Die Insektenfresser sind die ältesten plazentalen Säugetiere (d. h., die noch ungeborenen Jungen werden durch eine Plazenta, bzw. einen Mutterkuchen, im Mutterleib ernährt). Die Ahnen der heutigen Insektenfresser entwickelten sich vor etwa hundert Millionen Jahren und teilten ihren damaligen Lebensbereich mit den Dinosauriern. Aus diesen Urformen haben sich alle plazentalen Säugetiere entwickelt. Die meisten haben sich in Körperbau und -größe und in der Bezahnung verändert, und jeder einzelne Entwicklungsschritt ermöglichte die Evolution verschiedener Arten, jede ausgerüstet für spezielle Anforderungen. So waren einige besonders flink, andere konnten gut klettern oder schwimmen. Auf diese Weise konnten sie immer mehr neue und verschiedenartige ökologische Nischen besetzen und Futterquellen nutzen, die ihren Ahnen nicht zugänglich gewesen waren. Bei aller Vielfalt der neuentstandenen Formen haben sich die Insektenfresser in den wesentlichen Eigenheiten nur wenig verändert. Auch ihre Lebensweise ähnelt sehr der ihrer Vorfahren. Aber Anpassung und Spezialisierung bis zu einem gewissen Grade haben ihnen ermöglicht, in vielen völlig unterschiedlichen Lebensräumen zu existieren. Heute sind sie, außer in Südamerika, Australien, Neuseeland und einigen Inseln Ozeaniens, überall weit verbreitet.

Äußerlich unterscheiden sich Insektenfresser von anderen kleinen Säugetieren schon dadurch, daß sie fünf Zehen besitzen. Nagetiere, mit denen sie wahrscheinlich am leichtesten verwechselt werden, haben meist nur vier oder noch weniger Zehen. Die meisten insektenfressende Arten haben eine sehr spitze Schnauze und kleine Augen. Sie sehen im allgemeinen schlecht, aber Geruchssinn und Gehör sind dafür sehr scharf. Besonders ausgeprägt ist der Tastsinn, der durch steife Schnurrhaare oder Tastborsten im Bereich der Schnauze über ein zusätzliches hochempfindliches Instrument verfügt. Der Tastsinn ist die wichtigste Hilfe bei der Futtersuche. Das Fell von Insektenfressern ist oft dicht und samtartig. Manche Gruppen bilden Stacheln, die bei den einen kaum mehr als steife Haare sind, bei anderen sind einzelne, härtere Stacheln im Pelz versteckt, und nur bei ganz wenigen sind sie stärker ausgeprägt, so etwa bei den Igeln.

Insektenfresser sind die urtümlichsten Säugetiere. Ihr Gehirn ist relativ primitv gebaut, verfügt aber über ein großes Riechzentrum. Die Plazenta hat eine einfachere Form als die der meisten anderen Säugetiere.

Trotz sehr verschiedener Lebensweisen der einzelnen Arten sind alle Insektenfresser Räuber. Sie verzehren – wie der Name sagt – hauptsächlich Insekten und deren Larven, gelegentlich aber auch hilflose Wirbeltiere wie etwa junge Nagetiere, kleine Reptilien oder die Eier und Jungen von auf dem Boden nistenden Vögeln. Einige Arten sind außerdem Aasfresser und ernähren sich auch von den Kadavern größerer Tiere. Um ihre Beute zu zerkleinern, haben Insektenfresser ein Gebiß mit bis zu 44 Zähnen – das ist die Höchstzahl die man bei plazentalen Säugetieren findet. Bei einigen Arten sind die Vorderzähne ausgesprochen scharfe Waffen, die Backenzähne haben spitze Höcker, die es dem Tier ermöglichen, auch die harten Chitinpanzer ihrer Beute zu zerkleinern. Die Form der Zähne hat sich seit Millionen von Jahren kaum verändert. Einige Arten haben zusätzlich giftigen Speichel, mit dem sie ihre Beute überwältigen.

Die meisten Insektenfresser sind äußerst aktive Tiere und ihre rastlose Lebensweise erfordert die Aufnahme von großen Nahrungsmengen. Bei manchen kommt das Gewicht der täglichen Futtermenge dem eigenen Körpergewicht gleich. Die Schwierigkeit, im Winter genügend Futter zu finden, kann durch einen Winterschlaf oder einen winterschlafähnlichen Zustand überwunden werden. Die Tiere verfallen dabei in eine Erstarrung, bei der auch die Körpertemperatur erheblich absinkt, und können in dieser Zeit von Energiereserven zehren, die der Körper im Sommer als Fett gespeichert hat.

In Europa sind 22 Arten von Insektenfressern heimisch. Die kleinste ist die Zwerg-Weißzahnspitzmaus, die mit ca. 4,5 cm Körpergröße auch zu den kleinsten Säugetieren der Welt gehört. Alle europäischen Arten leben auf dem Boden, im Untergrund oder im Wasser. Keine hat sich zum ausgesprochenen Klettertier entwickelt, aber das einzige fliegende Säugetier, die Fledermaus, gehört zur Gruppe der Insektenfresser. Die meisten Arten haben eine sehr hohe Fortpflanzungsrate, die unter anderem deshalb notwendig ist, weil sie Hauptnahrung für alle größeren fleischfressenden Arten sind.

Die Beziehung des Menschen zu den Insektenfressern ist meistens – allerdings unabsichtlich – tolerant, denn diese Tiere bleiben in der Regel unbemerkt oder zumindest unbeachtet. Nur sehr wenige haben eine gewisse Sonderposition im menschlichen Bewußtsein erlangt: z. B. Igel, weil sie in einigen Gegenden der Welt gerne gegessen werden, Maulwürfe, weil sie einerseits früher zu Kleidungsstücken verarbeitet worden sind, andererseits, weil sie mit dem Auswerfen ihrer Hügel den Zorn von Gärtnern und Bauern erregen. Aber als Schädlingsvertilger spielen Insektenfresser eine nicht zu unterschätzende Rolle.

11

IGEL
Familie Erinaceidae

Die Igel gehören zu den wenigen wildlebenden europäischen Säugetieren, die man sofort identifizieren kann. Man findet sie fast überall, wo es Bäume und Sträucher gibt. Große Höhen, extrem kalte Gegenden, Nadelwälder mit ihren meist nährstoffarmen Böden sowie Feuchtgebiete meiden sie. Dagegen finden sie aber oft sogar in Städten geeignete Lebensräume. Die beiden in Europa häufigsten Arten sind der Ost- oder Weißbrustigel und der West- oder Braunbrustigel. Keiner von beiden überschreitet die Grenze seines Verbreitungsgebietes, die von der Adria nach Norden verläuft. Der Algerische Igel, der wahrscheinlich vom Menschen nach Europa gebracht wurde, lebt hauptsächlich in Südfrankreich, an der französischen Atlantikküste und in Spanien. Alle drei Arten sehen sich sehr ähnlich und sind auch in der Größe fast gleich. Der Ost-Igel unterscheidet sich vom West-Igel nur in Einzelheiten des Schädelbaus und durch einen weißen Brustfleck, der vom Kinn bis über die halbe Brust reicht. Den Algerischen Igel, der etwas kleiner und heller gefärbt ist, erkennt man vor allem an seinem breiten Scheitel zwischen den Kopfstacheln.

Das charakteristische Merkmal des Igels sind die Stacheln. Einige Tausende davon – sie haben sich im Laufe der Evolution aus Haaren entwickelt – bedecken seinen Rücken vom Kopf bis zur Schwanzwurzel. Bei Gefahr werden die Stacheln aufgerichtet, das Tier rollt sich zusammen und wird für den Angreifer zu einer unberührbaren Stachelkugel. Jeder Stachel ist ca. 2–3 cm lang und hat einen Durchmesser von etwa 1 mm. Im Innern ist er fast völlig hohl, und dadurch bildet das Stachelkleid außerdem eine gute Isolierschicht für den Körper des Tieres. Für einige Raubtiere sind die Stacheln jedoch kein Hindernis, Igel zu jagen. Vor allem Füchse und Dachse haben raffinierte Methoden entwickelt, um an die weichen Bauchseiten der Tiere zu kommen. Meist rollen sie sie einfach auf den Rücken, manchmal tragen sie sie aber auch ins Wasser, wo Igel sich ausstrecken müssen, um zu schwimmen.

Sehr viele Igel kommen auf Straßen um. Mit ihrer typischen Verhaltensweise, bei Gefahr nicht zu fliehen, sondern sich einzurollen, die Stacheln aufzustellen und sich völlig still zu verhalten, können die Tiere gegen den »Feind« Auto nicht viel ausrichten.

Igel scheinen sich mit ihren Stacheln sehr sicher zu fühlen, denn bei der Futtersuche oder bei der Paarung sind sie ungewöhnlich geräuschvoll. Aber die Stacheln haben auch Nachteile. Sie erschweren die Körperreinigung, was zur Folge hat, daß Igel sehr viel mehr Parasiten haben als die meisten anderen Tiere. An einem einzigen Exemplar hat man schon bis zu 500 Flöhe gefunden. Diese Flöhe sind jedoch ganz auf den Igel als Wirtstier spezialisiert und befallen weder Haustiere noch Menschen.

Obwohl Igel in vielen Gegenden Europas sehr zahlreich sind, weiß man wenig darüber, wie groß jeweils die Population in einem bestimmten Gebiet ist. Igel sind Einzelgänger und haben wenig Kontakt mit ihren Artgenossen. Müssen sie in Gefangenschaft auf engem Raum zusammenleben, werden die Männchen aggressiv und entwickeln eine Rangordnung. In der freien Natur hat man dieses Verhalten jedoch nicht beobachtet. Verschiedene Studien haben ergeben, daß das Revier eines einzelnen Igels ziemlich klein ist, – er patrouilliert immer wieder auf einer nur ca. 300 – 400 Meter langen Strecke hin und her. Zur Gebietsmarkierung dienen Exkremente, und – das ist ungewöhnlich – mehrere Einzeltiere können das selbe Terrain zu verschiedenen Tageszeiten benützen.

Die meisten Igel paaren sich im Spätfrühling oder zu Anfang des Sommers. Die Brautwerbung ist relativ einfach. Das Männchen spaziert eine Zeitlang schnaubend um das Weibchen herum und beschnüffelt es. Das Weibchen bleibt einige Stunden lang abweisend und stößt das Männchen mit aufgerichteten Kopfstacheln immer wieder zurück. Kommt es dann endlich zur Paarung, streckt das Weibchen die Hinterbeine aus und legt die Rückenstacheln flach an. Um Verletzungen zu vermeiden, verfügt das Männchen über einen sehr langen Penis, und aus dem

Der Schädel des Igels hat kräftige Kiefer mit 36 scharfen, spitzen Zähnen.

Die Vorderpfoten (oben) und Hinterpfoten (unten) des Igels haben jeweils 5 Zehen und dicke Sohlenpolster, die eine typische Fährte hinterlassen.

Die Igeljungen werden mit weichen, weißen Stacheln geboren. Wittert die Igelmutter Gefahr, trägt sie die hilflosen Jungen an einen anderen Ort, um sie in Sicherheit zu bringen.

Im Alter von 3 Wochen verlassen die Igeljungen das Nest und begleiten die Mutter auf den nächtlichen Jagdausflügen.

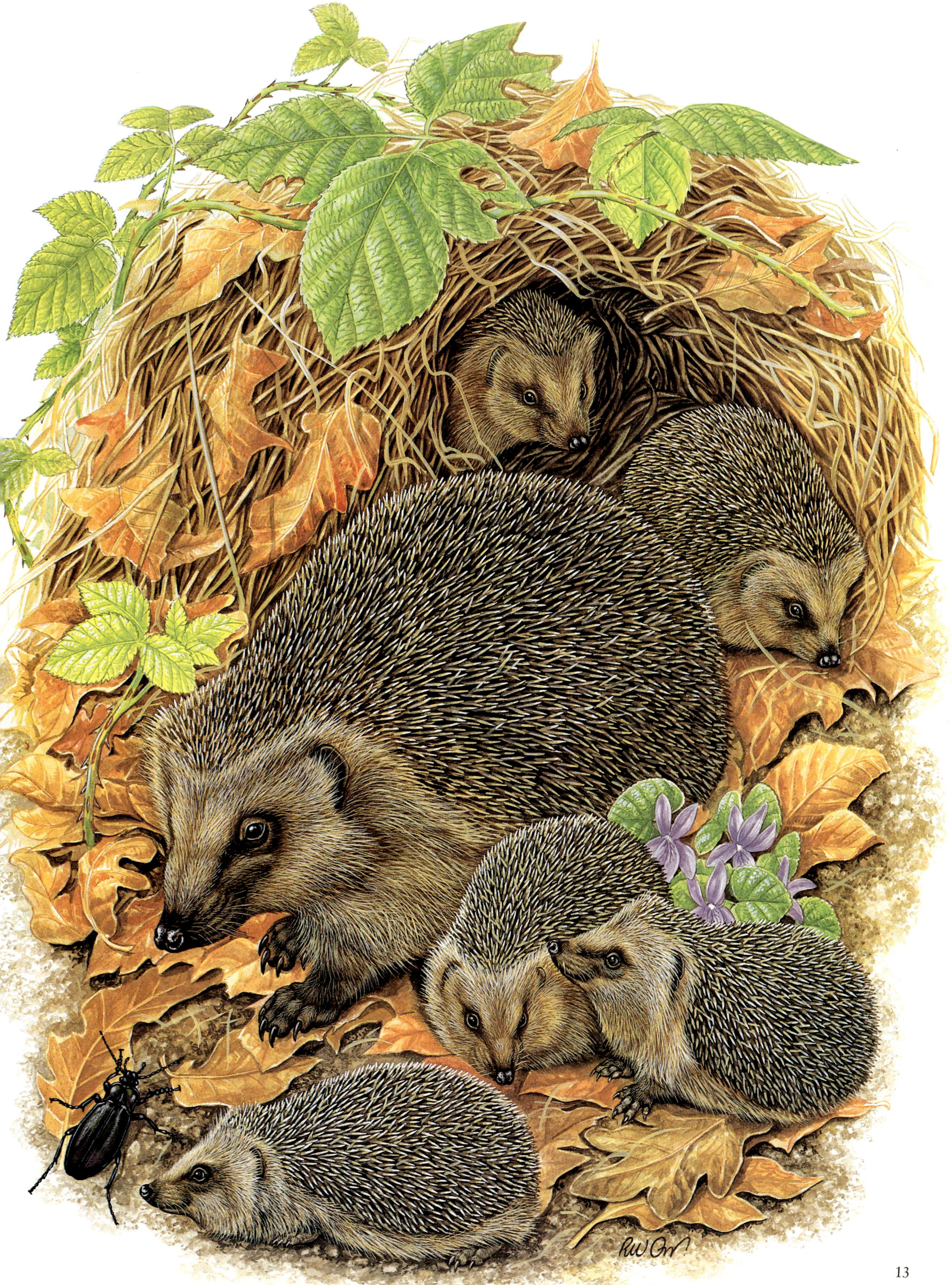

selben Grund befindet sich die Vagina des Weibchens sehr weit hinten am Körper. Nach der Paarung leben die beiden noch etwa eine Woche lang zusammen. Dann verjagt das Weibchen den Partner, der nun keine Rolle mehr spielt.

Das Weibchen baut ein kugelförmiges Nest. Es besteht aus Gräsern und Blättern und ist mit Moos oder anderem weichen Pflanzenmaterial ausgepolstert. Nach einer Tragzeit von ungefähr 6 Wochen kommen bis zu 10, meist aber nur 5 Junge zur Welt. Sie sind blind und und hilflos und wiegen bei der Geburt 12–25 Gramm. Auf dem Rücken haben sie spärliche, noch weiche, weiße Stacheln, die aber schon nach ca. 36 Stunden dunkler und härter werden. Obwohl die Kleinen noch blind und ihre Ohren verschlossen sind, sind sie sehr lebhaft. Sie drängen sich wild und piepsen laut nach Futter. Nach einer Woche können sie die Stacheln leicht aufrichten, sich einrollen aber nicht vor dem 11. Lebenstag. Nach ungefähr 14 Tagen öffnen sich die Augen, aber erst noch eine Woche später wagen sich die Jungen aus dem Nest. Entwöhnt werden sie nach 4 bis 6 Wochen. Zu dieser Zeit besitzen sie bereits die bleibenden Zähne, haben alle weichen, weißen Stacheln abgeworfen, und neue, dunkle bilden jetzt einen harten Panzer. Die jungen Igel sind nun ca. 16 cm lang und wiegen ungefähr 120 Gramm. Bei dem reichlichen Nahrungsangebot in den Sommermonaten wachsen sie schnell heran. Die Würfe aus dem Frühsommer sind im Herbst erwachsen, 20 cm lang und über 1 kg schwer. Die Geschlechtsreife aber haben sie erst im nächsten Jahr erreicht.

Manche Igelweibchen werfen im Sommer noch ein zweites Mal. Doch die Lebenschancen für diese Jungen sind ungünstig, zumindest in den nördlicheren Verbreitungsgebieten. Sie verfallen erst spät in den Winterschlaf – einige bleiben bis zum Dezember wach –, werden aber auch bis dahin meist nicht so groß, daß sie die Härten des Winters überleben könnten. Wenn die jungen Igel das Nest verlassen, wandern sie getrennt fort und leben als Einzelgänger. Wie für alle Jungtiere ist die erste Zeit der Selbständigkeit reich an Gefahren, und 70% sterben, ehe sie 1 Jahr alt sind. Igel können durchschnittlich 6, in Einzelfällen auch bis zu 9 Jahre lang leben.

Die Energie für das Wachstum und ihre nächtlichen Aktivitäten beziehen Igel, wie auch die anderen Insektenfresser, aus sehr eiweißreicher Nahrung. Käfer, Larven, Schnecken, Raupen, Würmer und auch Aas werden mit den scharfen, spitzen Zähnen ohne Schwierigkeiten bewältigt. Gelegentlich verzehren sie auch Eier oder Nestlinge, junge Nagetiere, kleine Schlangen und sonstige Reptilien. (Daß Igel – wie der Volksmund sagt – gegen das Gift der Kreuzotter immun sind, trifft nur begrenzt zu.) Hin und wieder fressen sie auch pflanzliche Nahrung, vorzugsweise Obst, trinken viel Wasser und lieben Milch.

Igel legen – im Gegensatz zu ihren Verwandten, den Maulwürfen und Spitzmäusen – keine Futtervorräte an. Wenn es kälter wird, und die wechselwarmen Beutetiere, auf die sie angewiesen sind, weniger werden, halten sie deshalb einen Winterschlaf, auf den sie sich gewöhnlich ab Anfang Oktober vorbereiten. An einem geschützten Ort, zwischen Baumwurzeln oder oft auch in verlassenen Kaninchenbauen, legen sie geräumige Nester an. Dann beginnen sie, so viel zu fressen, daß sie unter der Haut eine dicke weiße Fettschicht einlagern und zusätzlich um die Eingeweide herum und an den Schultern ein Polster aus besonders energiereichem braunen Fett. Während des Winterschlafs bleiben sie mit aufgerichteten Stacheln eingerollt, und ihre Körpertemperatur paßt sich der Umgebung an. Die Herzschläge reduzieren sich von 190 auf 20 in der Minute und die Atemzüge auf etwa 10, wobei mehrere Atemzüge direkt hintereinander folgen und danach eine lange Pause entsteht.

Früher wurden Igelbälge zum Krempeln von Wolle oder als Kleiderbürsten benützt, und es gibt auch heute noch – wenn auch wenige – Menschen, die Igel essen. Doch im großen und ganzen leben sie ziemlich ungestört. Manchmal werden sie von Wildhegern verfolgt, weil sie Vogeleier stehlen, aber im allgemeinen richten Igel mehr Nutzen als Schaden an, denn sie sind hervorragende Schädlingsvertilger.

Der Ostigel hat einen weißen »Brustlatz«, der vom Kinn aus über die Brust reicht. Durch ihn unterscheidet er sich vom Westigel, der auf der Unterseite einheitlich grau gefärbt ist.

Bei der Paarung legt das Weibchen die Stacheln flach und streckt die Hinterbeine aus, damit das Männchen durch die Abwehrstacheln nicht verletzt wird.

Manchmal versuchen Igel, über Hindernisse zu klettern. Wenn sie dabei abrutschen, fangen die Stacheln den Sturz ab, so daß sich die Tiere selten verletzen.

Igel speien oft große Mengen von schaumartigem Speichel aus, den sie an den Flanken verstreichen. Dieser Vorgang wird als »sich salben« bezeichnet.

Die Zeichnung zeigt den dicht unter der Haut liegenden Muskel (Orbicularis), der den Igel befähigt, die Stacheln aufzurichten.

Igel ernähren sich von vielerlei Kleintieren, gelegentlich töten sie sogar Kreuzottern.

Ein Igelstachel ist etwa 2–3 cm lang. Im Querschnitt lassen sich die großen, luftgefüllten Hohlräume erkennen.

Besteht keine Gefahr, rollt sich der Igel aus, indem er den Orbicularis-Muskel entspannt, so daß er Kopf und Füße wieder ausstrecken kann.

SPITZMÄUSE
Familie Soricidae

In Europa sind 15 Arten von Spitzmäusen heimisch. Sie leben überall auf dem Kontinent, bleiben immer unterhalb der Schneegrenze und meiden dichtbebaute Gebiete. Obwohl sie so weit verbreitet sind und obwohl sie – von kurzen Unterbrechungen abgesehen – 24 Stunden am Tag aktiv sind, bekommt man sie nur äußerst selten zu Gesicht.

Spitzmäuse haben ein dunkles, samtiges Fell, eine langgestreckte Schnauze mit Schnurr- und Tasthaaren. Die Männchen, und bei manchen Arten auch die Weibchen, haben an den Flanken Stinkdrüsen, die, kommt man den Tieren zu nahe, einen unangenehmen Geruch verbreiten. Spitzmäuse ernähren sich hauptsächlich von kleinen, im Boden lebenden Insekten, Larven und Wirbellosen, die von anderen Säugetieren verschmäht werden. Im allgemeinen halten sie sich an der Erdoberfläche auf und klettern gelegentlich auf Zweige von Bäumen und Büschen, allerdings nie höher als etwa einen Meter. Wasserspitzmäuse und andere größere Arten legen dicht unter der Erdoberfläche Baue an, deren Gänge sich von denen anderer Mäusebehausungen durch einen flach-ovalen Querschnitt unterscheiden. In ihnen finden sie Schutz und Nahrung, und außerdem reinigen, striegeln und glätten die Tiere, wenn sie sich durch die niedrigen Tunnel zwängen, gleichzeitig ihr Fell. Spitzmäuse benutzen auch oft die Gänge anderer Tiere, wie etwa die von Maulwürfen. Das ist allerdings nicht ganz ungefährlich, denn wenn sie dem rechtmäßigen Bewohner begegnen, kann es passieren, daß sie von ihm getötet werden.

Die europäischen Spitzmäuse lassen sich in zwei Gruppen einteilen, die man am besten an der unterschiedlichen Farbe des Zahnschmelzes unterscheiden kann. Zu den Rotzahnspitzmäusen gehören die meisten der im Norden verbreiteten Arten und zweierlei Wasserspitzmäuse. Hauptsächlich den Süden bewohnen dagegen die Weißzahn- oder Wimperspitzmäuse. Da es aber in beiden Verbreitungsgebieten starke Überschneidungen gibt, kann man eigentlich nur gefangene oder tote Tiere genau bestimmen.

Am meisten beeindruckt die nahezu unerschöpfliche Energie der Spitzmaus. Zu jeder Tages- und Nachtzeit ist sie unterwegs, jagt oder kämpft. Auf der Nahrungssuche eilt sie immer wieder ihre Laufpfade entlang und steckt die lange Schnauze in die Erde oder in Pflanzen. Stößt die Spitzmaus dabei auf ein Beutetier, wird es gepackt und totgebissen. Anders als bei den Nagetieren wird die Nahrung nicht zum Maul geführt, sondern auf dem Boden festgehalten und verzehrt.

Die ununterbrochene Futtersuche ist für Spitzmäuse lebenswichtig, denn sie verdauen die Nahrung sehr schnell. Ihr Körper verfügt deshalb nur über wenige Energievorräte, und so können die Tiere innerhalb von 4 Stunden verhungern. Eine gewisse Nahrungs-Notreserve bildet ein körpereigenes Sekret, das aus dem ausgestülpten After ausgeschieden wird, aber die genauen biologischen Zusammenhänge sind noch nicht endgültig erforscht. In 24 Stunden verzehrt eine Spitzmaus normalerweise Nahrungsmengen von etwa Dreiviertel ihres eigenen Körpergewichts, ein säugendes Weibchen sogar die doppelte Menge. Die Vorderzähne der Tiere sind sehr spitz, die Backenzähne messerscharf, und so ist das Gebiß bestens geeignet, die Chitinpanzer der Beute zu zerschneiden. Spitzmäuse trinken meist Regen- oder Tautropfen und verhalten sich dabei ähnlich wie Vögel. Sie nehmen das Wasser ins Maul und lassen es die Kehle hinunterlaufen, indem sie den Kopf zurücklegen.

Wasserspitzmäuse können die Anwesenheit von Artgenossen dulden, alle anderen europäischen Arten jedoch sind Einzelgänger. Das Revier einer Spitzmaus ist durchzogen von Laufgängen, die der Besitzer mit Duftmarken versieht, um Eindringlinge zu warnen. Irgendwo, meist in der Mitte des Baus, wird ein Nest aus zerkleinertem Gras oder aus einem anderen weichen Material angelegt. Beim Bau des Nestes wählt die Maus eine geeignete Stelle aus, setzt

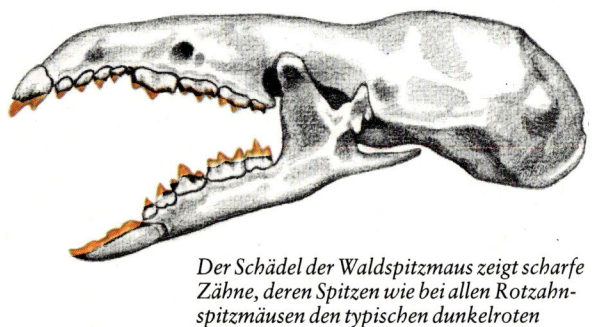

Der Schädel der Waldspitzmaus zeigt scharfe Zähne, deren Spitzen wie bei allen Rotzahnspitzmäusen den typischen dunkelroten Zahnschmelz aufweisen.

Im Fell der Wasserspitzmaus sammeln sich beim Schwimmen zahlreiche Luftbläschen, die ihm einen Silberschimmer verleihen, obwohl es eigentlich dunkelgrau ist.

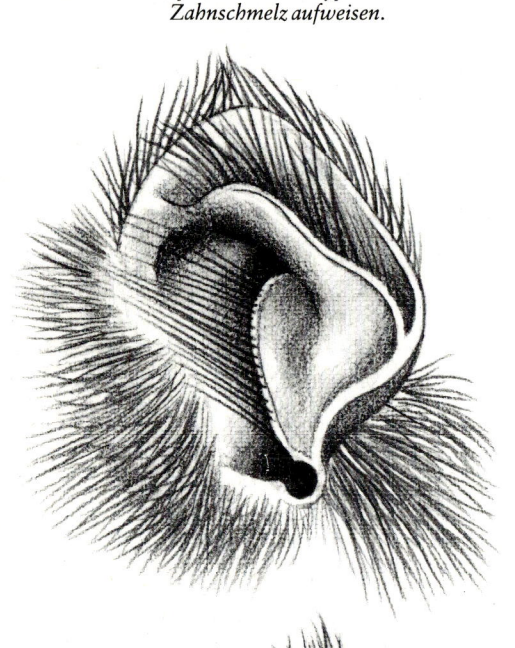

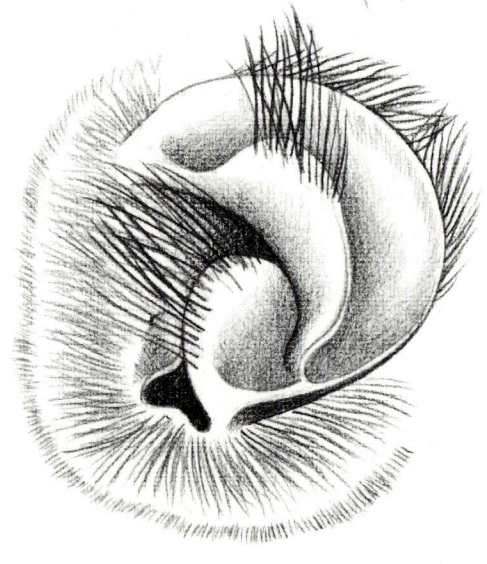

Die Ohren der meisten Rotzahnspitzmäuse sind im Fell verborgen. Sie sind kompliziert gebaut und verfügen über besondere Schutzklappen. Ohren einer Zwergspitzmaus (oben) und einer Wasserspitzmaus (unten).

Die Waldspitzmaus (oben) ist sehr angriffslustig, auch gegenüber größeren Tieren. Die Wasserspitzmaus (unten) ist geselliger als die meisten anderen Spitzmäuse.

17

sich dorthin, zieht das vorher antransportierte Gras zu sich heran und stopft es rings um sich herum fest. Wenn diese Grundlage fertig ist, wird das Nest mit unterschiedlichsten Materialien ausgebaut, die später von entfernteren Orten angeschleppt werden.

Ihre Nahrung finden Spitzmäuse mit Hilfe des Tastsinns, nehmen sie aber dann nicht an, wenn ihnen der Geruch nicht gefällt. Der Gesichtssinn spielt bei der Jagd keine Rolle. Spitzmäuse sind sehr kurzsichtig, hören jedoch gut, denn sie sind äußerst stimmbegabt. Bei allen ihren Tätigkeiten quieken oder »zwitschern« sie leise. Begegnet eine Maus in ihrem Territorium einer anderen, fremden, quiekt sie laut, und meist veranlaßt schon allein dieses Quieken den Eindringling, kehrt zu machen. Tut er das nicht, kommt es zu einem »Wettquieken«, was gelegentlich auch zu einem Kampf führt.

In jedem Frühjahr sind die jeweils im Vorjahr geborenen Jungen erwachsen, und auch die Geschlechtsorgane haben sich zu voller Größe und Funktionsfähigkeit entwickelt. Die Männchen verlassen jetzt ihre Territorien, um sich Partnerinnen zu suchen. Die Weibchen sind nur sehr kurze Zeit bereit, sich begatten zu lassen, und 24 Stunden nach der Paarung trennen sich beide Tiere wieder. Durch die Paarung wird die Ovulation (die Eiabstoßung) angeregt, und gegen Ende April sind dann alle Weibchen einer Population trächtig. Bei der Waldspitzmaus dauert die Tragzeit 3 Wochen. Dann werden ungefähr 7 nackte, blinde und hilflose Junge geboren, von denen jedes nur 0,5 Gramm wiegt. Die Jungen der Zwergspitzmaus wiegen nach der gleichen Tragzeit sogar nur 0,25 Gramm. Sofort, nachdem sie geboren haben, paaren sich die Weibchen erneut, so daß sie im Sommer die meiste Zeit zugleich säugen und trächtig sind. Bei der Waldspitzmaus, wie auch bei einigen anderen Arten, wird der Kraftaufwand, der nötig ist, um das Futter für sich und die Embryonen zu finden, gleichzeitig aber die bereits geborenen Jungen mit Milch zu versorgen, gedrosselt durch die Fähigkeit der Nestlinge, lange Zeit in einem Erstarrungszustand mit erheblich reduzierter Körpertemperatur zu verharren. Auf diese Weise verbrauchen sie nur wenig Energie. Doch kaum ist die Mutter zurückgekehrt, erwärmen sie sich innerhalb von Minuten und warten darauf, gesäugt zu werden. Junge Spitzmäuse werden innerhalb von 22 Tagen entwöhnt. Bis dahin ist auch bereits ein neuer Wurf geboren. Die Jungen können jedoch drei weitere Wochen bei der Mutter bleiben und sie bei der Futtersuche begleiten. Bisweilen kommt es vor, daß die Mutter dabei mit den Jungen eine »Karawane« bildet, indem sich immer ein Tier am Schwanz des vorderen festhält. Häufiger ist es jedoch, daß die Familie zwar in einer Gruppe zusammenbleibt, sich dabei aber durchaus nicht ständig aneinanderklammert. Nachdem die Jungen gelernt haben, selbst zu jagen, unternehmen sie längere Wanderungen, und schließlich kehren sie nicht mehr heim. Im Spätsommer nimmt die Empfängnisbereitschaft der Weibchen ab, die Würfe werden kleiner und kommen in größeren Zeitabständen zur Welt. Insgesamt können von einem Weibchen im Laufe eines Sommers über 30 Junge geboren werden. Im allgemeinen werden die jungen Spitzmäuse erst im nächsten Jahr geschlechtsreif, aber es kommt auch vor, daß einige wenige der im ersten Wurf geborenen Weibchen schon im September des gleichen Jahres werfen können.

Die überaus starke Vermehrung, die eine so große Fruchtbarkeit eigentlich mit sich bringen müßte, bleibt jedoch aus. Spitzmaus-Populationen erreichen nicht, wie die mancher Nagetiere, das Ausmaß einer Landplage. Dafür sorgen einerseits ein begrenztes Nahrungsangebot, andererseits die kurze Lebensdauer der Tiere. Selten werden Spitzmäuse älter als 15 Monate. Erwachsene Tiere, die den Sommer überlebt haben, sterben im Herbst. Die Jungtiere sind kleiner als die erwachsenen und einheitlicher gefärbt. Außerdem sind sie an den behaarten Pfoten und Schwänzen zu erkennen, denn beim Haarwechsel im Herbst wachsen bei allen Spitzmäusen zwar die Körperhaare nach, nicht aber die Haare an den Gliedmaßen alt gewordener Tiere.

Spitzmäuse haben nur wenige natürliche Feinde. Von wildlebenden Säugetieren werden sie verschmäht, weil ihre Stinkdrüsen sie ungenießbar machen. Im Sommer werden viele von Hauskatzen und -hunden erbeutet, aber auch von diesen nur selten gefressen. Selbst aasfressende Säugetiere lassen sie unberührt, und so findet man hauptsächlich im Herbst tote Spitzmäuse herumliegen. Nur Vögeln dienen sie als Nahrung, weil diese keinen Geruchssinn haben. Das Gewölle (ausgespieene Ballen unverdauter Haare, Federn und Knochen) von Eulen und kleineren Raubvögeln enthält oft die Knochen von Spitzmäusen. Vom Menschen, der sie nicht als Schädlinge betrachtet, werden sie nicht verfolgt. Eine Bedrohung ist er nur dadurch, daß er ihre Lebensräume nachteilig verändert.

Wenn Spitzmäuse einander begegnen, werden sie unweigerlich miteinander kämpfen. Doch die Feindseligkeiten bestehen weitgehend in Scheinangriffen und lautem Gequieke. Selbst wenn sie sich gegenseitig in den Schwanz beißen, so ist das meistens harmlos.

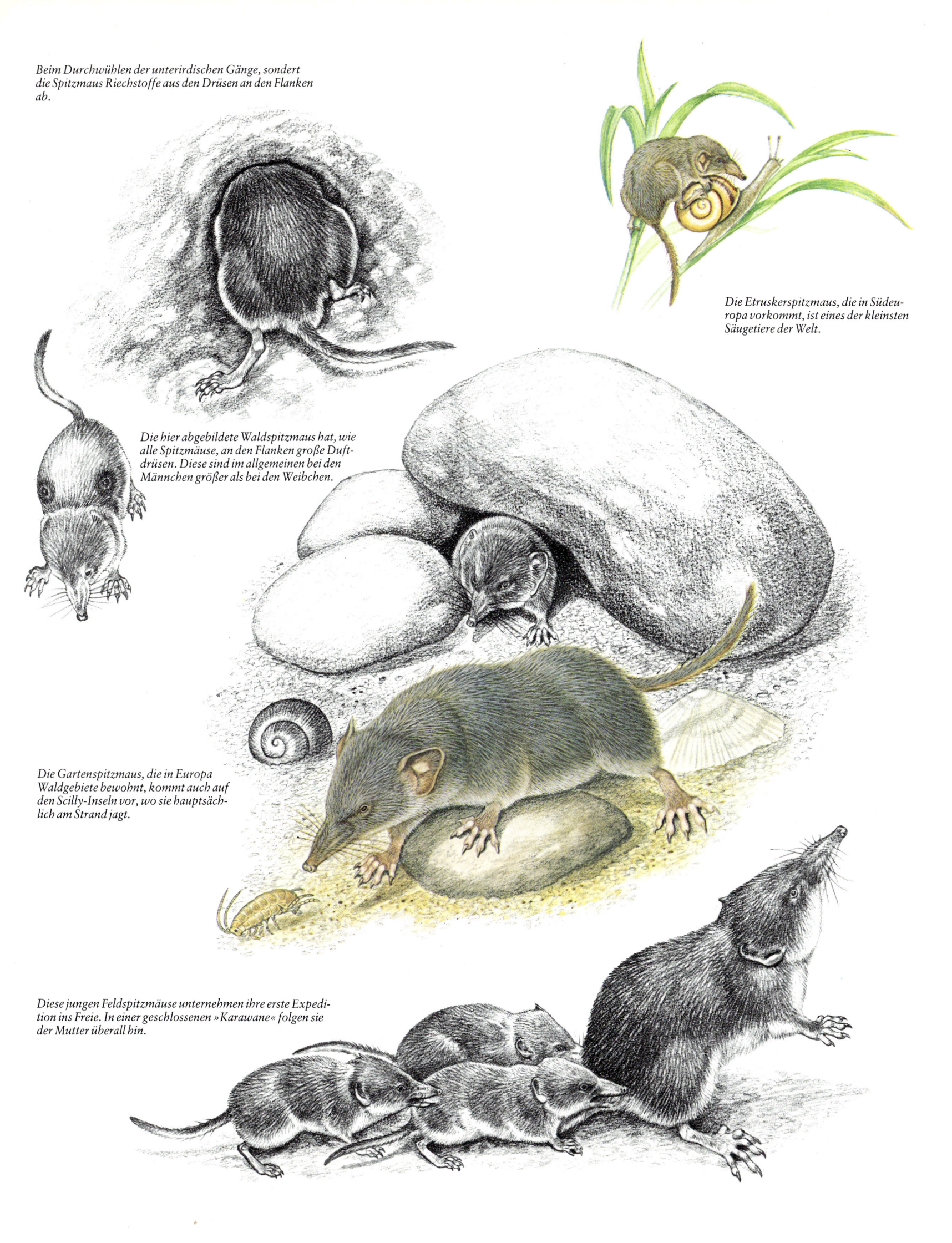

Beim Durchwühlen der unterirdischen Gänge, sondert die Spitzmaus Riechstoffe aus den Drüsen an den Flanken ab.

Die Etruskerspitzmaus, die in Südeuropa vorkommt, ist eines der kleinsten Säugetiere der Welt.

Die hier abgebildete Waldspitzmaus hat, wie alle Spitzmäuse, an den Flanken große Duftdrüsen. Diese sind im allgemeinen bei den Männchen größer als bei den Weibchen.

Die Gartenspitzmaus, die in Europa Waldgebiete bewohnt, kommt auch auf den Scilly-Inseln vor, wo sie hauptsächlich am Strand jagt.

Diese jungen Feldspitzmäuse unternehmen ihre erste Expedition ins Freie. In einer geschlossenen »Karawane« folgen sie der Mutter überall hin.

DESMANE
Familie Talpidae

Desmane gehören sowohl zu den seltensten wie auch zu den seltsamsten Säugetieren. Es gibt den Russischen Desman, der in langsamfließenden Flüssen und in Seen der westlichen Sowjetunion lebt, und den Pyrenäen-Desman, den man hauptsächlich in den klaren Forellenbächen des spanisch-französischen Grenzgebirges findet, aber auch in einigen Flüssen und Kanälen im nordwestlichen Spanien und in Portugal. Der ideale Lebensraum des Pyrenäen-Desman liegt zwischen 300 und 1200 Metern Höhe. In tiefergelegenen Regionen ist das Wasser meist zu verschlammt, in höheren verträgt er die Kälte nicht. Wie die meisten Insektenfresser sind Desmane Einzelgänger und markieren die Grenzen ihrer Reviere mit einem moschusähnlichen Duftstoff aus Drüsen unter dem Schwanz.

Desmane sind schon aufgrund ihres Aussehens unverwechselbar. Sie sind stämmig, haben einen kurzen Hals, aber eine auffallend lange Schnauze, die an der Spitze breiter wird. Die großen Nüstern sind von einer dünnen, unbehaarten Haut umgeben, die zahlreiche Nervenendigungen aufweist. Dieser Rüssel ist ein hochempfindliches Tast- und Riechorgan, und durch ständiges Schnüffeln erkundet der Desman seine Umwelt, sucht Nahrung und wittert Feinde. Die Augen sind klein, denn der Gesichtssinn spielt nur eine geringe Rolle. Dagegen ist das Gehör ausgesprochen scharf. Der dichte Pelz besteht aus dicken Schutzhaaren, die das Tier trockenhalten. Zum Schwimmen benutzen Desmane die großen, mit Schwimmhäuten versehenen Hinterpfoten, während der leicht abgeflachte Schwanz als Steuer dient.

Der Pyrenäen-Desman ist ungefähr so groß wie ein Maulwurf. Körper und Schwanz sind jeweils 13,5 cm lang. Der Russische Desman ist ungefähr doppelt so groß.

Ihre Baue haben Desmane in Felsspalten oder in Höhlen unter Baumwurzeln. Oft liegen die Eingänge unter Wasser, und kurze Tunnel führen hinauf in die Nestkammer, die sich wegen der Luftzufuhr oberhalb des Wasserspiegels befinden muß. Desmane atmen, wie alle Säugetiere, durch die Lunge. Unter Wasser sind die Nasenlöcher durch Hautklappen fest verschlossen, und zum Atmen muß das Tier zumindest mit der Schnauze an die Wasseroberfläche kommen. Beide Desman-Arten jagen nachts und bleiben während des Tages die meiste Zeit in ihren Bauen. Ihre Hauptbeute sind kleine Wassertiere, besonders solche, die auf dem Grund leben. Nur gelegentlich verlassen sie das Wasser und suchen Insekten. Doch an Land sind sie ziemlich unbeholfen und entfernen sich deshalb nicht weit vom Ufer. Überschüssiges Futter wird in die Baue gebracht und dort gespeichert. Desmane haben große, starke Schneidezähne, mit denen sie sogar hartschalige Mollusken und Krebse knacken können. Auf dem Umweg über die Eingeweide ihrer Beute nehmen sie auch pflanzliche Nahrung auf.

Während der Fortpflanzungszeit im Januar und Februar verlassen die Männchen ihre Territorien, um sich Weibchen zu suchen. Oft scharen sich mehrere von ihnen um ein einzelnes Weibchen, und es kommt zu einer Unterwasserjagd, bei der die »Freier« das Weibchen immer wieder rund um Baumstümpfe und Steine herum verfolgen. Die Tragzeit des Russischen Desmans dauert ungefähr 6 Wochen, die des Pyrenäen-Desmans ist meist etwas kürzer. Danach werden bis zu 5 nackte und blinde Junge geboren. Sie wachsen schnell heran und werden nach einem Monat entwöhnt. Bald darauf wandern sie fort und leben von nun an allein.

Weil Russische Desmane als Pelztiere sehr geschätzt werden, hat man die Tiere auch in anderen Gegenden der Sowjetunion angesiedelt. Der Pyrenäen-Desman hingegen ist für den Menschen von geringer Bedeutung. Trotzdem ist er selbst in den entlegenen Gebieten, in denen er lebt, nicht mehr sicher. Seine Lebensräume sind der Umweltverschmutzung sowie der künstlichen Veränderung von Flußläufen zum Opfer gefallen. Fossilienfunde beweisen, daß Desmane einst viel weiter verbreitet waren als heute. Aber Aussichten, verlorenes Terrain wiederzugewinnen, bestehen kaum.

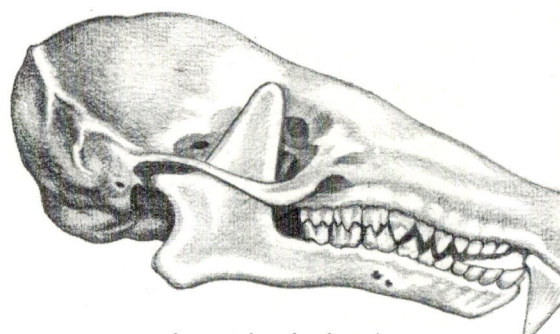

Mit seinen vergrößerten Schneidezähnen kann der Desman auch Beutetiere mit harten Schalen und Panzern zerteilen.

Die breite Schnauze ist ein hochempfindliches Geruchs- und Tastorgan. Mit ihrer Hilfe informiert sich der Desman über seine Umgebung.

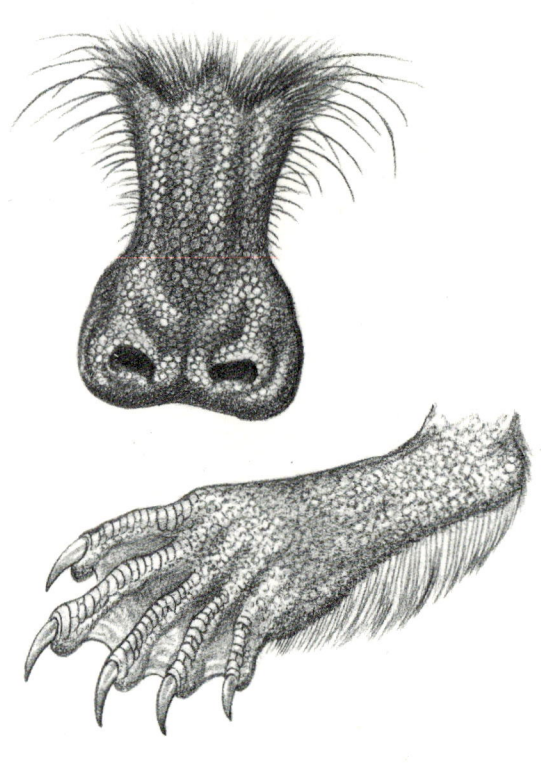

Der Hinterfuß ist mit Schwimmhäuten versehen und von steifen Haaren umsäumt und eignet sich deshalb hervorragend als Paddel.

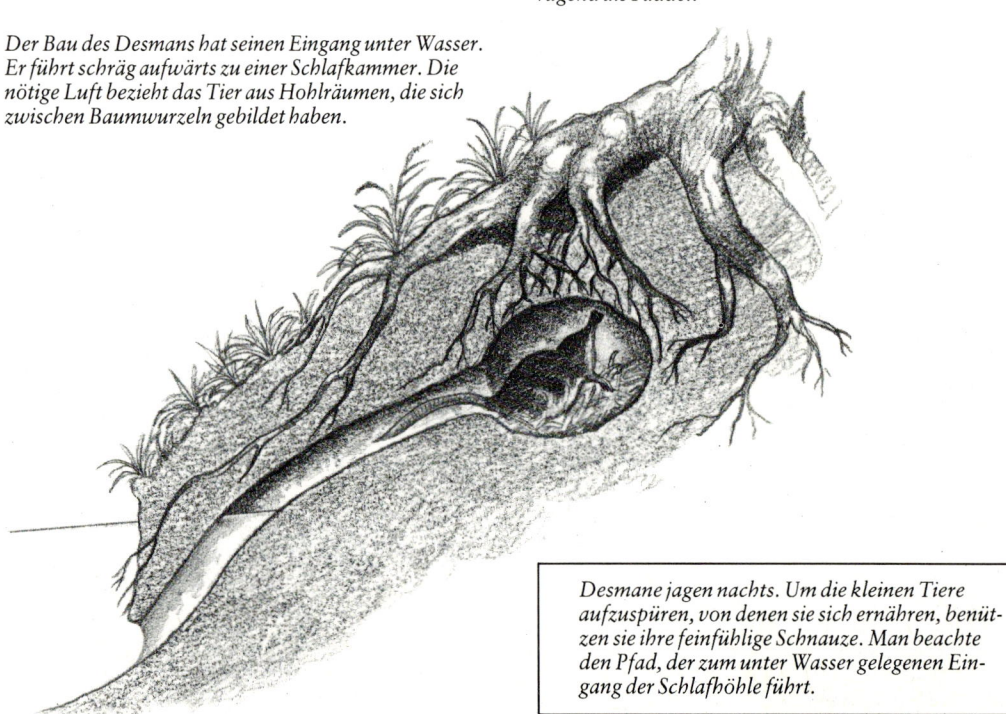

Der Bau des Desmans hat seinen Eingang unter Wasser. Er führt schräg aufwärts zu einer Schlafkammer. Die nötige Luft bezieht das Tier aus Hohlräumen, die sich zwischen Baumwurzeln gebildet haben.

Desmane jagen nachts. Um die kleinen Tiere aufzuspüren, von denen sie sich ernähren, benützen sie ihre feinfühlige Schnauze. Man beachte den Pfad, der zum unter Wasser gelegenen Eingang der Schlafhöhle führt.

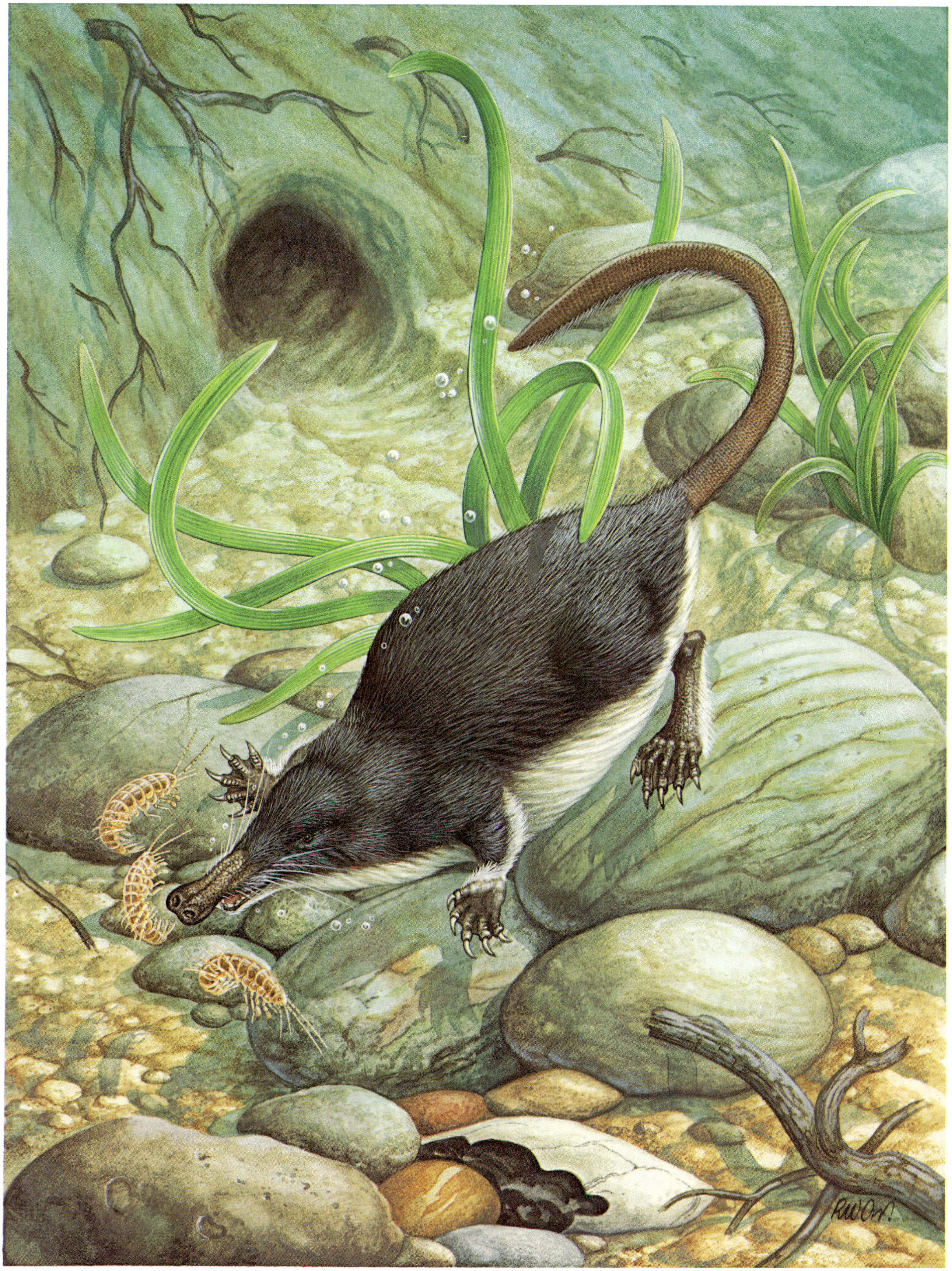

MAULWÜRFE
Familie Talpidae

Regenwürmer und andere Wirbellose, die im Boden leben, bilden einen Großteil der Nahrung für Wirbeltiere. Aber keines ist so von ihnen abhängig wie der Maulwurf. Maulwürfe jagen ihre Beute unterirdisch. Ins Freie wagen sie sich nur selten, da sie wenig gerüstet sind, den Gefahren dort zu entgehen. Aber in ihrem Bereich sind sie außerordentlich gefräßige und höchst erfolgreiche Jäger. Sie bevölkern viele unterschiedliche Lebensräume in Großbritannien und Kontinentaleuropa.

Maulwürfe sind äußerst kräftig gebaut, haben muskulöse Schultern, und der ganze Körper hat eine gedrungene, walzenförmige Gestalt. Die wuchtigen Vordergliedmaßen eignen sich besonders gut zum Graben. Durch ihre spezifische Stellung kann sich der Maulwurf beim normalen Laufen nur mit dem Innenrand der Vorderbeine auf den Boden stützen und hinterläßt so eine charakteristische Fährte. Verglichen mit der Gesamtgröße des Tieres sind die Vorderpfoten überdimensional groß und werden durch einen zusätzlichen Knochen, der vom Handgelenk ausgeht und wie ein Finger wirkt, noch verbreitert. Manche Maulwürfe sind völlig blind, andere können wenigstens große Helligkeitsunterschiede wahrnehmen. Alle haben ein schwarzes, samtiges Fell. Obwohl keine Ohren zu sehen sind, können Maulwürfe gut hören. Außerordentlich hoch entwickelt sind die Organe des Tastsinns, der außerdem durch besondere Sinneszellen auf der haarlosen Schnauzenspitze verfeinert wird. Ein weiteres Instrument des Tastsinns ist der Schwanz. Er wird aufgerichtet, wenn das Tier aktiv ist, und durch Berührungssignale an der Schwanzspitze informieren sich die Tiere über ihre Umwelt.

In Europa kommen drei Maulwurfsarten vor. Die kleinste ist der Blindmaulwurf mit einer Körperlänge von 10–13 cm und 17,5 mm langen Hinterfüßen. Die Augen sind durch eine Haut verschlossen, die jedes Sehen unmöglich macht. Den Blindmaulwurf findet man in Spanien, Südfrankreich, Norditalien, Albanien, Jugoslawien und Griechenland, dort jedoch nur auf dem Festland. Der Römische Maulwurf, eine weitere blinde Art, kommt ebenfalls in Griechenland vor, sonst aber nur in Süditalien und auf einigen größeren Mittelmeerinseln. Er ist etwas größer als der Blindmaulwurf, der Körper ist mindestens 13 cm lang, die Hinterfüße länger als 17,5 mm. Der Europäische Maulwurf ist am weitesten verbreitet, nämlich von Südschweden bis Norditalien und ostwärts bis nach Asien. Außerdem findet man ihn in Großbritannien, nicht aber in Irland und auf den schottischen Inseln. Er hat kleine, aber sehfähige Augen, und der Körper ist 12–15 cm lang. In der Lebensweise sind sich alle drei Maulwurfsarten sehr ähnlich.

Obwohl Maulwürfe den größten Teil ihres Lebens unter der Erde verbringen und man sie deshalb selten sieht, hinterlassen sie, besonders in offenem Gelände, eindeutige Beweise für ihre Anwesenheit. Kleine Hügel ausgeworfener Erde verraten, wo sie gegraben haben. Gelegentlich kann man auch einen größeren Hügel entdecken. Unter ihm befindet sich die »Festung« des Tieres, die ein Netzwerk von Gängen, das Nest und den Futtervorrat beherbergt. Es gibt drei Arten von Maulwurfsgängen, die sich in verschiedenen Tiefen befinden. In offenen Furchen auf der Erdoberfläche werden Würmer und Larven gejagt, die in den obersten Erdschichten leben. Andere Gänge werden dicht unter der Erdoberfläche angelegt, wobei Erdrücken aufgeworfen werden, die in ihrer ganzen Länge zu sehen sind. Ein dritter Typ befindet sich in einer Tiefe von ca. 7 cm. Die nahe an der Oberfläche liegenden Gänge werden für gewöhnlich bald wieder verlassen, wogegen die tiefergelegenen Tunnel oft über mehrere Generationen erhalten bleiben. Wo keine »Festung« vorhanden ist,

Die Vorderpfoten werden zum Graben benützt und sind deshalb mit einer sehr harten Haut bedeckt. Das Hand-Skelett weist einen zusätzlichen Knochen auf, der vom Gelenk ausgeht und zur Verstärkung dient.

Der Schädel ist etwa 3,5 cm lang; in den Kiefern sitzen 44 Zähne.

Ein Knorpel, der vorne aus dem Schädelknochen ragt, stützt die spitze Schnauze.

Um bei trockenem Sommerwetter genug zu trinken zu bekommen, müssen Maulwürfe ihre Gänge verlassen und z. B. Tautropfen von Pflanzen lecken. Dabei fallen sie oft jagenden Eulen zum Opfer.

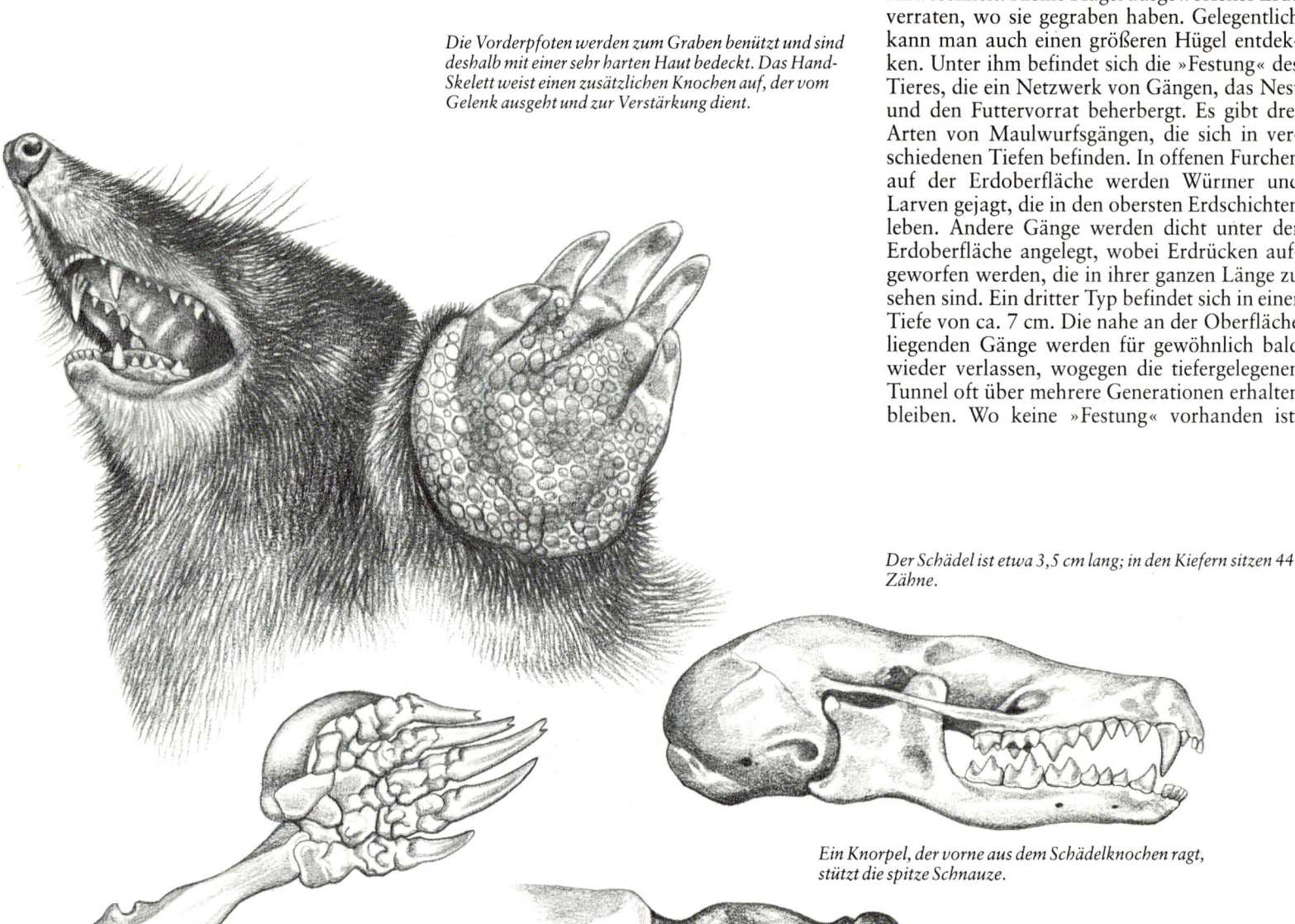

23

wird einer der tiefliegenden Gänge erweitert und darin das Nest gebaut.

Der »Tagesablauf« eines Maulwurfs gliedert sich in drei Aktivitäts- und drei Ruheperioden. Nahe beieinanderlebende Einzeltiere sind zu verschiedenen Zeiten aktiv, was ihnen erlaubt, die Gänge miteinander zu teilen. Während der aktiven Perioden durchstreifen Maulwürfe ihr Gangsystem auf der Suche nach Nahrung.

Maulwürfe müssen täglich Nahrungsmengen von der Hälfte ihres Körpergewichts verzehren. Überschüssiges Futter wird gehortet, damit zu jeder Jahreszeit genügend Vorrat vorhanden ist. Vor allem Würmer werden »konserviert«, indem sie durch einen Biß hinter den Kopf gelähmt werden.

Um ihre unterirdischen Gänge zu erweitern und zu reparieren, stemmen sich Maulwürfe mit beiden Hinterfüßen und einem Vorderfuß gegen die Seitenwände des Gangs. Mit dem anderen Vorderfuß schaufeln sie überflüssige Erde los und schieben sie unter dem Körper hindurch hinter sich. Hat sich genügend loses Material angesammelt, dreht sich das Tier um, schiebt die »Abfälle« zu einer Öffnung an der Erdoberfläche und schaufelt sie hinaus. So entsteht der Maulwurfshaufen. Maulwürfe verteidigen wütend ihr Revier und greifen darin jeden Artgenossen an.

Die Geschlechtsorgane des Maulwurfs entwickeln sich nur jeweils im Spätwinter und Vorfrühling zu voller, funktionsfähiger Größe und bilden sich nach der Fortpflanzungszeit wieder zurück. Man weiß wenig darüber wie Männchen und Weibchen zueinander finden, oder ob es zu einer Brautwerbung kommt. Nur selten ist eine Paarung beobachtet worden, denn normalerweise spielt sie sich unterirdisch ab. Die Tragzeit dauert 4 Wochen, und der Nachwuchs wird Mitte April in einem Nest geboren, das mit dürrem Gras und Laub gepolstert ist. Bei einem Wurf kommen üblicherweise 4 Junge zur Welt, manchmal aber auch bis zu 7. Bei der Geburt wiegt ein Maulwurf 3,5 Gramm und ist 3,5 cm groß. Anfangs entwickeln sich die Jungen sehr schnell und bekommen schon am 17. Tag ein Fell. Doch die Augen öffnen sich erst nach 22 Tagen, wenn die Tiere schon fast erwachsen sind. Trotzdem werden sie weiter gesäugt, bis zum Alter von 1 Monat. Sie bleiben auch dann noch 2 bis 3 Wochen bei der Mutter, obwohl sie bereits beginnen, selbständig Futter zu suchen. Wenn die Mutter sich vom Nest entfernt, sinkt die Körpertemperatur der Maulwurfsbabys, wodurch sie Energie sparen, den Nahrungsbedarf verringern, und so dem Muttertier die Versorgung der heranwachsenden Familie erleichtern. Die durchschnittliche Lebensdauer eines Maulwurfs beträgt etwa 4 Jahre.

Wie bereits erwähnt, leben Maulwürfe hauptsächlich unter der Erde. Wenn sie ans Tageslicht kommen, geschieht das entweder, wenn sie Material für den Nestbau suchen, wobei sie meist nur kurz mit Kopf und Schultern aus dem Boden auftauchen und nur mitnehmen, was in Reichweite liegt, oder wenn die Gänge von Wasser überschwemmt sind. Ab und zu kommt es auch vor, daß ein Jungtier einem alten im Wege steht. Es wird dann kurzerhand aus dem Gang hinausgedrängt. Außerhalb der Baue fallen Maulwürfe oft räuberischen Tieren zum Opfer, vor allem Eulen und Reihern. Aber selbst unter der Erde sind sie nicht sicher, sondern werden oft von Füchsen und Hunden ausgegraben. Ihr größter Feind jedoch ist der Mensch. Die meisten Tiere werden von Bauern und Gärtnern vernichtet, denn ihre Grabtätigkeit mindert die Fruchtbarkeit der Böden und die Maulwurfshügel beschädigen Acker- und Gartenbaumaschinen. In Waldgebieten können Maulwürfe dagegen relativ ungestört leben, und es besteht keine Gefahr, daß sie aus der europäischen Landschaft verschwinden.

Schnitt durch einen Maulwurfsbau mit dem gutgepolsterten Nest, das die Jungen beherbergt.

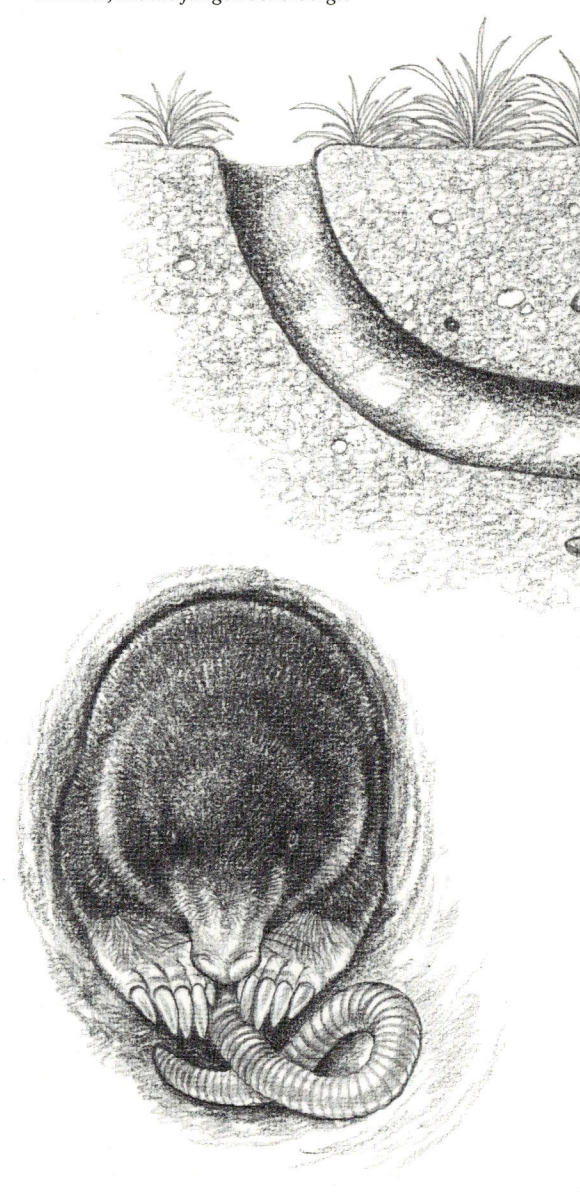

Einen erbeuteten Regenwurm hält der Maulwurf mit den Vorderpfoten fest, einerseits, damit er nicht entkommt, andererseits, um vor dem Verzehr möglichst viel Erde aus ihm herauszuquetschen.

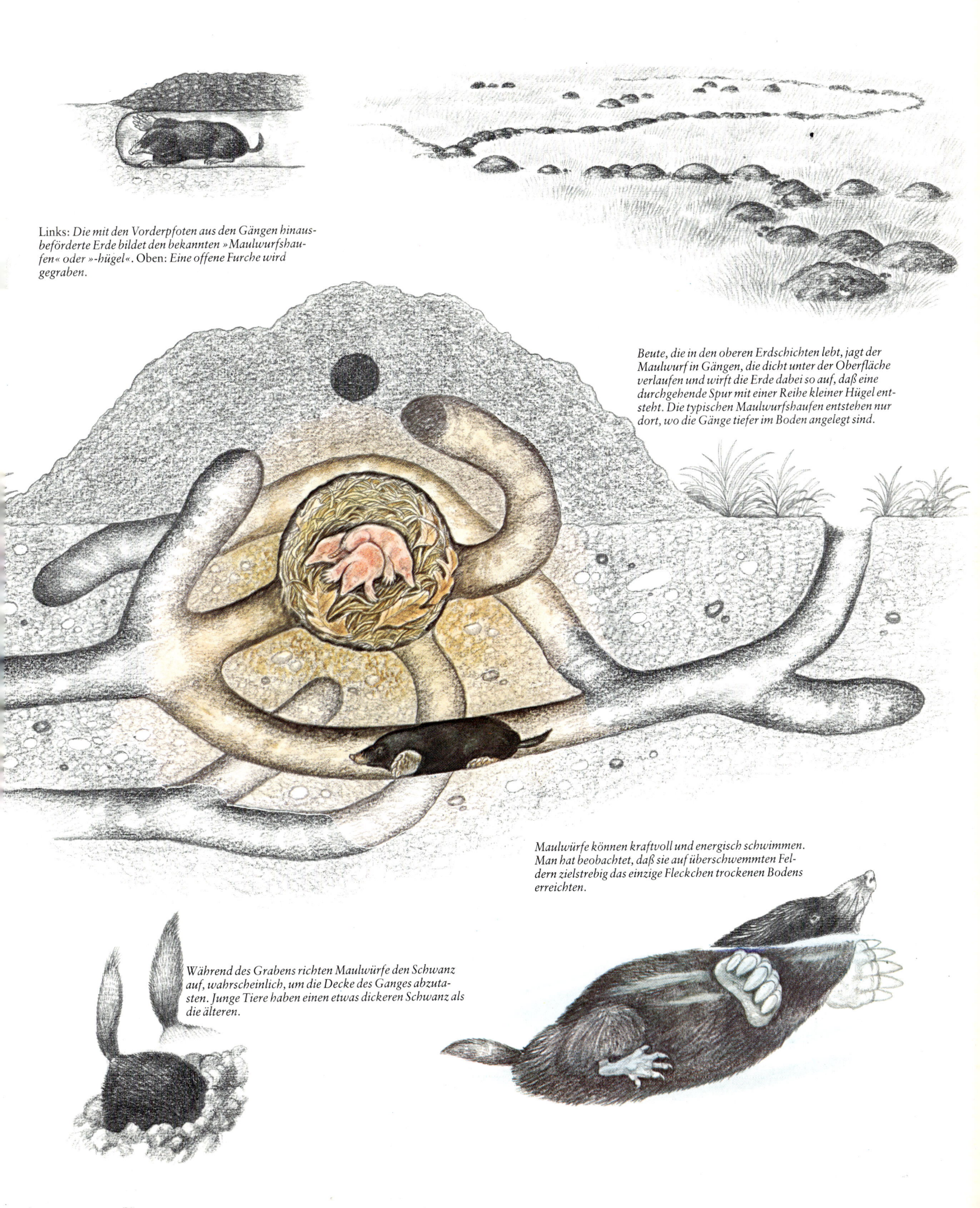

Links: *Die mit den Vorderpfoten aus den Gängen hinausbeförderte Erde bildet den bekannten »Maulwurfshaufen« oder »-hügel«.* Oben: *Eine offene Furche wird gegraben.*

Beute, die in den oberen Erdschichten lebt, jagt der Maulwurf in Gängen, die dicht unter der Oberfläche verlaufen und wirft die Erde dabei so auf, daß eine durchgehende Spur mit einer Reihe kleiner Hügel entsteht. Die typischen Maulwurfshaufen entstehen nur dort, wo die Gänge tiefer im Boden angelegt sind.

Maulwürfe können kraftvoll und energisch schwimmen. Man hat beobachtet, daß sie auf überschwemmten Feldern zielstrebig das einzige Fleckchen trockenen Bodens erreichten.

Während des Grabens richten Maulwürfe den Schwanz auf, wahrscheinlich, um die Decke des Ganges abzutasten. Junge Tiere haben einen etwas dickeren Schwanz als die älteren.

FLEDERTIERE
Ordnung Chiroptera

Fledertiere sind die einzigen Säugetiere, die wie Insekten oder Vögel fliegen können. Diese Fähigkeit hat es ihnen ermöglicht, in viele verschiedene Regionen mit gemäßigtem und tropischem Klima zu gelangen. Ein Beweis für die erfolgreiche Evolution der Fledertiere ist die große Artenzahl, die über 20 % aller Säugetiere ausmacht. Allein in Europa – als Lebensraum ungeeignet ist nur der baumlose Norden – existieren 33 Arten, das sind 16 % der Säugetierfauna des Kontinents.

Alle europäischen Fledertiere sind ausschließlich Insektenfresser. Im Gegensatz zu ihren exotischen Verwandten fressen sie keine pflanzliche Nahrung und saugen auch kein Blut. Alle 33 Arten gehören nur 3 Familien an: den Bulldogg-, den Hufeisennasen- und den Glattnasen-Fledermäusen. Die Bulldogg-Fledermäuse kommen zwar hauptsächlich in den Tropen vor, aber eine Spezies, die Freischwänzige Fledermaus, lebt auch in Südeuropa. Die Tiere sind relativ groß und leicht zu erkennen an dem langen Schwanz, der über die Flughaut hinausragt.

Die 5 Hufeisennasen-Arten gehören der Familie gleichen Namens an. Erkennen kann man sie an den Hautlappen im Gesicht, die dazu dienen, die durch die Nase ausgesendeten Ultraschalltöne, anhand derer Fledermäuse sich orientieren, zu verstärken. Zudem unterscheiden sich diese Arten in Einzelheiten des Schädel- und Skelettbaues, in Stoffwechselvorgängen und im Verhalten. Wenn sie ruhen, lassen sie sich von Felsen, Ästen oder auch Dachbalken frei herunterhängen und hüllen sich dabei – im Gegensatz zu anderen Arten – ganz in ihre Flughaut ein. Durch diesen Hautmantel haben Hufeisennasen einen größeren Wärme- und Wasserverlust als andere Fledermäuse. Sie überwintern gern in Höhlen, denn sie vertragen Temperaturveränderungen und Wasserverlust während des Winters sehr schlecht.

Die größte Gruppe europäischer Fledermäuse sind die Glattnasen. Ihr Gesicht, das fast dem eines Hundes ähnelt, hat keine Hautlappen. Die Ohren sind größer als bei den Angehörigen anderer Familien und haben im Inneren einen Hautdeckel (Targus), der aufrecht vor dem Hauptteil des Ohres steht. Größe und Form dieses Deckels sind wichtig für die Bestimmung der Art. Wenn Glattnasen ruhen, hängen sie im allgemeinen mit seitlich angelegten Flügeln, so daß der pelzbedeckte Körper zu sehen ist. Manche Arten halten ihren Winterschlaf in Berghöhlen, andere in hohlen Bäumen, in denen sie dicht aneinander gedrängt hängen. Innerhalb der Familie der Glattnasen haben die Mausohrfledermäuse der Gattung *Myotis* mittelgroße Ohren mit einem spitzen Ohrdeckel. Die Abendsegler besitzen runde Ohren und kurze, ebenfalls runde Ohrdeckel. Die Zwergfledermäuse, die ähnliche Ohren haben wie die Abendsegler, sind die kleinsten Glattnasen. Bei ihnen ragt die Schwanzflughaut über einen Knorpelsporn am Fußknöchel (Calcar) hinaus. Braune Langohren erkennt man leicht an ihren übergroßen Ohren, die zurückgeklappt werden, wenn die Tiere ruhen, wobei die langen, spitzen Ohrdeckel aber aufgerichtet bleiben.

Alle diese Fledermäuse sind – wie bereits erwähnt – Insektenfresser und fangen ihre Beute im Flug. Aber obwohl sie ihre Lebensräume und das Jagdverhalten mit ebenfalls insektenfressenden Vögeln wie Schwalben und Mauerseglern teilen, können beide Gruppen gut nebeneinander leben und konkurrieren sich nicht. Das liegt daran, daß die Fledermäuse nachts jagen, die Vögel aber am Tage und demnach auch die jeweilige Beute aus nachts- bzw. tagsfliegenden Insektenarten besteht. Dennoch macht es den Anschein, als ob der Anteil einer einzelnen Fledermaus am entsprechenden »ökologischen Kuchen« viel kleiner ist, als beispielsweise der einer Schwalbe, denn es gibt doppelt soviele Fledermaus- wie insektenfressende Vogelarten.

Wird im Herbst und Winter die Beute weniger, ziehen die meisten insektenfressenden Vögel in Gegenden, wo sie auch weiterhin genügend Nahrung finden. Manche Fledermäuse wandern ebenfalls fort. So fliegen etwa Mausohrfledermäuse regelmäßig von Polen nach Italien, um dort den Winter zu verbringen. Doch im allgemeinen halten Fledermäuse in der kalten Jahreszeit einen Winterschlaf.

Die Flügel der Fledermäuse sind ehemalige Vordergliedmaßen, die für die Aufgabe des Fliegens umgebildet worden sind. Ein Fledermausflügel wird hauptsächlich von den langen Armknochen und von den Knochen des »zweiten Fingers« getragen. Die Knochen der drei übrigen Finger stützen den Flügel. Die Daumen sind frei und haben kräftige Klauen. Sie dienen als zusätzlicher Halt beim Anklammern und dazu, sich aus der hängenden Ruhehaltung hochzuziehen, um den Darm zu entleeren oder Junge zu gebären. Bei den meisten Fledermäusen spannt sich ein dreieckiges Stück Flughaut vom Handgelenk bis zum Nacken, und die hintere Kante ist nicht, wie bei Vögeln, frei, sondern am Fußknöchel befestigt. Von dort aus wird sie von einem knorpeligen Sporn (Calcar) gestützt und ist mit dem Schwanz verbunden. Allerdings gibt es auch einige Arten von »Freischwänzigen Fledermäusen«. Bei ihnen tragen die Hintergliedmaßen zur Flugfähigkeit bei, indem sie gestreckt werden, und so die nötige Spannung der Flughaut bewirken. Um dies zu erleichtern, sind die Oberschenkelknochen so gedreht, daß die Kniegelenke einer Fledermaus nicht unter dem Körper abknicken. Diese Skelettveränderungen machen Fledermäuse auf dem Boden unbeholfen, aber nicht hilflos.

Die Flughaut einer Fledermaus besteht aus zwei Hautschichten, von denen bei kleineren Arten jede nur 0,03 mm dick ist. In diese Hautschichten eingebettet sind Muskeln, Nerven, Blutgefäße und viele elastische Fasern, die die Flughaut kräuseln und fälteln, wenn sie zusammengelegt wird. So zart die Haut auch zu sein scheint, so ist sie doch erstaunlich kräftig und wird außer zum Fliegen noch zu einer Reihe anderer Aufgaben verwendet. Der tropische Flughund zum Beispiel nutzt sie, um größere Früchte zu halten, die er mit dem Maul nicht fassen kann. Europäische Fledermäuse verwenden sie wie eine Hand, um ein Insekt im Flug abzufangen und zum Maul zu befördern. Hufeisennasen benutzen den Teil der Flughaut, der dem Körper am nächsten ist, um eine widerspenstige Beute festzuhalten, während Glattnasen aus ihr eine Tasche bilden, die gegen den Hinterleib geklemmt wird, denn in ihr können sie mit verblüffender Kraft selbst einen großen Käfer so lange gefangenhalten, bis sie einen Ruheplatz erreichen, an dem sie ihn töten und fressen können. Auch mit einer zerrissenen Flughaut kann eine Fledermaus immer noch fliegen, vorausgesetzt die Verletzung ist nicht zu schlimm. Die Wunde heilt meist in wenigen Tagen.

Der Flug von Fledermäusen, der oft als Flattern beschrieben wird, ist wesentlich langsamer als der Vogelflug. Zwar erreichen einige Arten eine Höchstgeschwindigkeit von 64 km/h, aber die meisten europäischen fliegen nur halb so schnell. Fledermäuse können auch schweben und gleiten und bewegen sich außerdem sehr geschickt in engbegrenzten Räumen. Um all dies zu bewirken, brauchen Fledermäuse zum Fliegen viel mehr Muskeln als die Vögel. Diese Flugmuskeln, die rund 12 % des Körpergewichts ausmachen, sind alle fest am Skelett verankert.

Obwohl alle Fledermäuse nachts fliegen, hat jede Art in ihrer Aktivitätsphase ein charakteristisches Verhaltensmuster. Manche fliegen mit nur kleinen Unterbrechungen die ganze Nacht hindurch, andere jagen nur relativ kurze Zeit am frühen Abend und nochmals vor der Morgendämmerung. Die meisten Arten haben ein bestimmtes Revier, in dem sie jagen. Jede Spezies hat für gewöhnlich ihre individuelle Flugweise. Hufeisennasen fliegen meist ziemlich langsam und können zwischen zwei Flügelschlägen in einen Gleitflug übergehen. Doch zu ihrem Flug gehören auch viele flinke, unberechenbare Wendungen. Abendsegler fliegen schneller und höher als die meisten anderen europäischen Arten, und sie können wie Raubvögel auf eine Beute hinabstoßen. Die Teich- und die Wasserfledermäuse jagen gewöhnlich nahe am Wasser, während das Braune Langohr in Laubbäumen herumschwebt, und von den Blättern Insekten und Spinnen aufpickt. Allein durch die Beobachtung des Flugverhaltens läßt sich jedoch eine Art nicht einwandfrei bestimmen. Zur genauen Identifizierung verwendet die Wissenschaft einen Fledermaus-Detektor, der die für jede Spezies charakteristischen Ultraschalltöne aufnimmt.

Die Hauptnahrung der Fledermäuse sind Käfer und Nachtfalter, doch je nach den regionalen Gegebenheiten werden auch andere Insekten vertilgt. Die Beute wird zum Futterplatz getragen, wo die harten Flügel und Beine weggeworfen und nur die weichen Körperteile gefressen

27

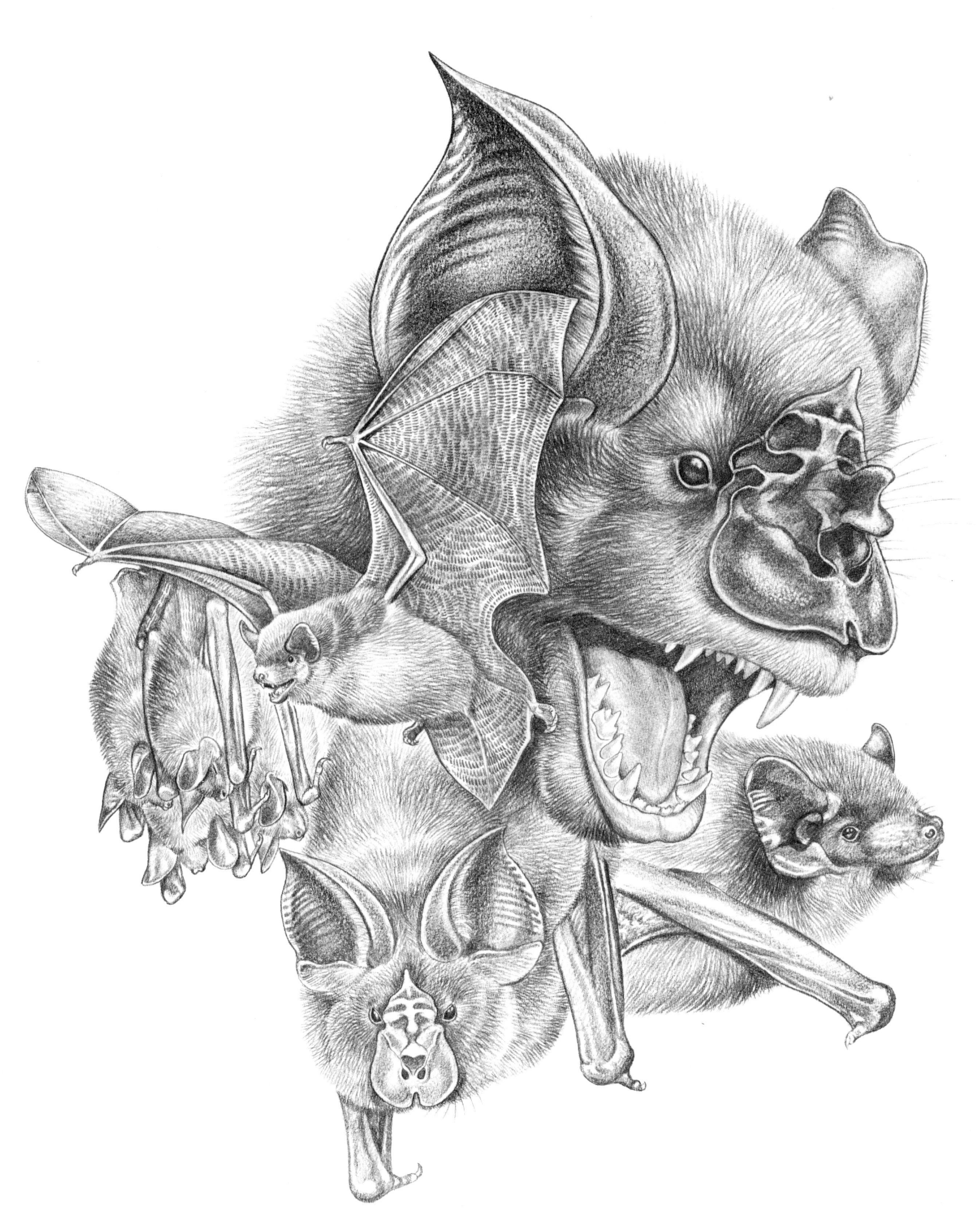

werden. (Anhand dieser Abfälle können die Beutetiere identifiziert werden, und es läßt sich feststellen, inwieweit Fledermäuse als Schädlingsvertilger fungieren.) Die unverdaulichen Chitinskelette werden von den scharfen spitzen Zähnen in so winzige Stücke zerkleinert, daß sie den Körper ohne Probleme passieren können.

Jahrhundertelang war es für den Menschen ein Rätsel, wie sich Fledermäuse, die ein ausgesprochen schlechtes Sehvermögen haben, im Dunkeln orientieren, wie sie Hindernisse erkennen und Zusammenstöße vermeiden. Es war auch nicht klar, wie sie ihre Nahrung finden, denn Beute kann erst aus einer Nähe von 3–4 cm wahrgenommen werden. Frühere Wissenschaftler konzentrierten sich bei der Erforschung dieses Phänomens auf die Ohren der Tiere, die immer groß und komplex sind. Damit war man der Lösung schon ein Stück näher, aber niemand konnte begreifen, wie ein Tier leblose Gegenstände »hören« sollte. Erst als man Instrumente erfand, die es ermöglichten, Ultraschalltöne, die für das menschliche Ohr nicht hörbar sind, einerseits zu erzeugen, und andererseits sie in hörbare Laute umzuwandeln, offenbarte sich das Geheimnis. Fledermäuse benützen eine Echopeilung, ähnlich der, die im Ersten Weltkrieg entwickelt wurde, um feindliche U-Boote aufzuspüren. Dabei sind die Ultraschalltöne und ihre Höhen bei jeder Spezies unterschiedlich. Wenn sie auf Nahrungssuche sind, senden die Tiere eine Reihe sehr kurzer hoher Töne aus, etwa 4–5 pro Sekunde. Man nennt das die »Suchphase« der Jagd. In der »Annäherungs- und Endphase« steigt die Anzahl der Töne bis zu 200 pro Sekunde an. Diese Vermehrung der Töne erfolgt, wenn die Fledermaus sich einem Hindernis nähert, egal ob das ein Baum oder ein fliegendes Insekt ist. Die Laute dieser Phase haben eine niedrigere Frequenz als die der Suchphase. Obwohl jeder Ton nur 0,005 Sekunden lang dauert, kann dabei auch noch die Tonhöhe variiert werden. Die genaue Position eines Objekts bestimmen Fledermäuse mit Hilfe des Echos auf die von ihnen ausgesandten Laute. Durch die Änderung der Tonhöhe können sie feststellen, ob das Echo von einem ruhenden oder sich bewegenden Objekt kommt, und im zweiten Fall, in welche Richtung es sich bewegt. Je näher sich das Objekt befindet, desto mehr Ultraschalltöne werden ausgesendet, um es ganz genau zu lokalisieren. Der Schall legt in der Sekunde durchschnittlich 340 Meter zurück. Während der Suchphase fliegen Fledermäuse zwischen den Tönen ca. 3 Meter weit. Nähern sie sich jedoch einem fliegenden Insekt, legen sie zwischen den ausgesandten Tönen nur etwa 7,5 cm zurück. Ultraschalltöne verklingen sehr schnell, so daß die Fledermäuse nicht durch das Echo von entfernteren Objekten verwirrt werden.

Mit Hilfe der Echopeilung kann also der Standort eines Objekts exakt bestimmt werden, und kaum ein »angepeiltes« Beutetier hat die Chance, zu entkommen. Nur einige Nachtfalterarten sind imstande Ultraschalltöne zu erkennen und ihren Verfolgern im Zick-Zack-Flug zu entfliehen. Außerdem können sie mit Klick-Lauten reagieren, die die Echopeilung der Fledermäuse blockieren. Einige nachtsfliegende Käfer können selbst hohe Töne erzeugen und damit die Jagd der Fledermäuse stören. Man hat auch beobachtet, daß viele für Fledermäuse ungenießbare Käfer schillernde Flügel oder Körper haben, die auf die Echopeilung so reagieren, daß die Jäger vor einer Verfolgung, die sich nicht lohnt, gewarnt werden.

Die Echopeilung wird von den Fledermäusen auch dazu benutzt, sich ein Bild von der Umgebung zu machen, denn die Tiere können sich gut an Gegenden erinnern, in denen sie schon einmal geflogen sind, auch wenn sie erst viel später wieder dorthin zurückkommen.

Das Fliegen als Fortbewegungsart erfordert einen großen Energieaufwand, und große Mengen von hochwertigem Futter sind notwendig, um den »Treibstoff« zu liefern. Forschungsarbeiten in Finnland, wo es im Sommer hell genug ist, um die Fledermäuse bei ihrer abendlichen Jagd zu beobachten, haben gezeigt, daß sich das Revier einer Fledermaus vergrößerte, wenn der Herbst nahte. Dies deutet darauf hin, daß es mit fortschreitender Jahreszeit immer schwerer fällt, Nahrung zu finden. Die futterlose Zeit wird durch den Winterschlaf überbrückt, bei dem die Körpertemperatur sinkt, bis sie sich fast der Umwelttemperatur angeglichen hat, der Stoffwechsel wird gedrosselt. Manchmal regulieren Fledermäuse auch im Sommer ihren Energieaufwand, indem sie in solch einen Starrezustand verfallen.

Fledermäuse können sich nicht, wie etwa Igel oder Bilche, für den Winterschlaf Nester bauen. Daher müssen sie Plätze finden, die ihnen Zuflucht vor dem rauhen Wetter gewähren. Am liebsten werden Höhlen oder hohle Bäume aufgesucht, aber auch von Menschen geschaffene Bergwerkstollen, Speicher und Keller. Man macht sogar einen biologischen Unterschied zwischen Höhlen- und Baumfledermäusen, je nach Vorliebe der verschiedenen Arten bei der Wahl ihres Winterquartiers. Da hohle Bäume weniger Schutz gewähren als Höhlen, hängen Baumfledermäuse an ihren Schlafplätzen in

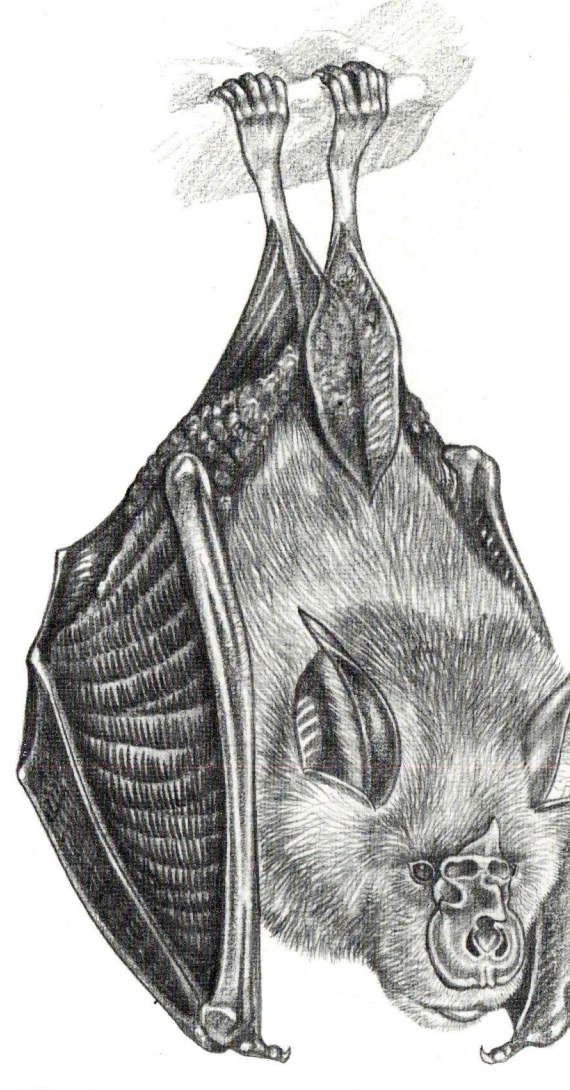

Alle Hufeisennasen-Fledermäuse, wie diese Kleine Hufeisennase (oben), hängen frei von Vorsprüngen in Höhlendecken herunter. Während der Ruhephasen hüllen sie sich ganz in ihre Flughaut ein. Unten: Kopf einer Mittelmeer-Hufeisennase.

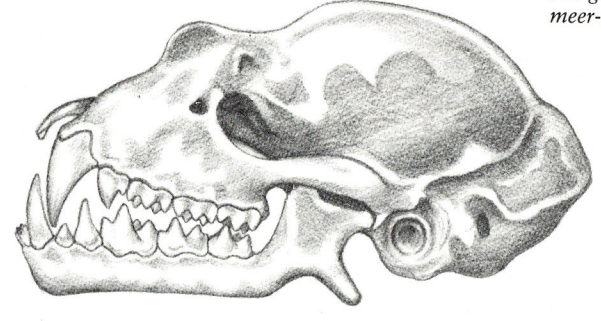

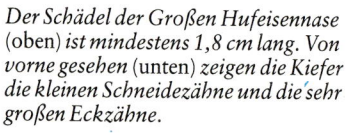

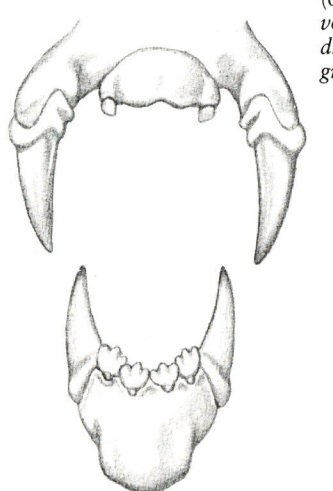

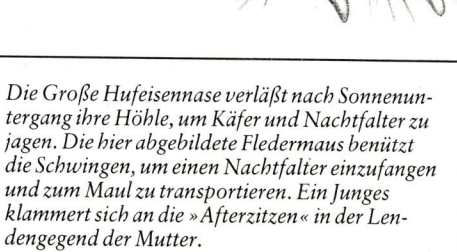

Der Schädel der Großen Hufeisennase (oben) ist mindestens 1,8 cm lang. Von vorne gesehen (unten) zeigen die Kiefer die kleinen Schneidezähne und die sehr großen Eckzähne.

Die Große Hufeisennase verläßt nach Sonnenuntergang ihre Höhle, um Käfer und Nachtfalter zu jagen. Die hier abgebildete Fledermaus benützt die Schwingen, um einen Nachtfalter einzufangen und zum Maul zu transportieren. Ein Junges klammert sich an die »Afterzitzen« in der Lendengegend der Mutter.

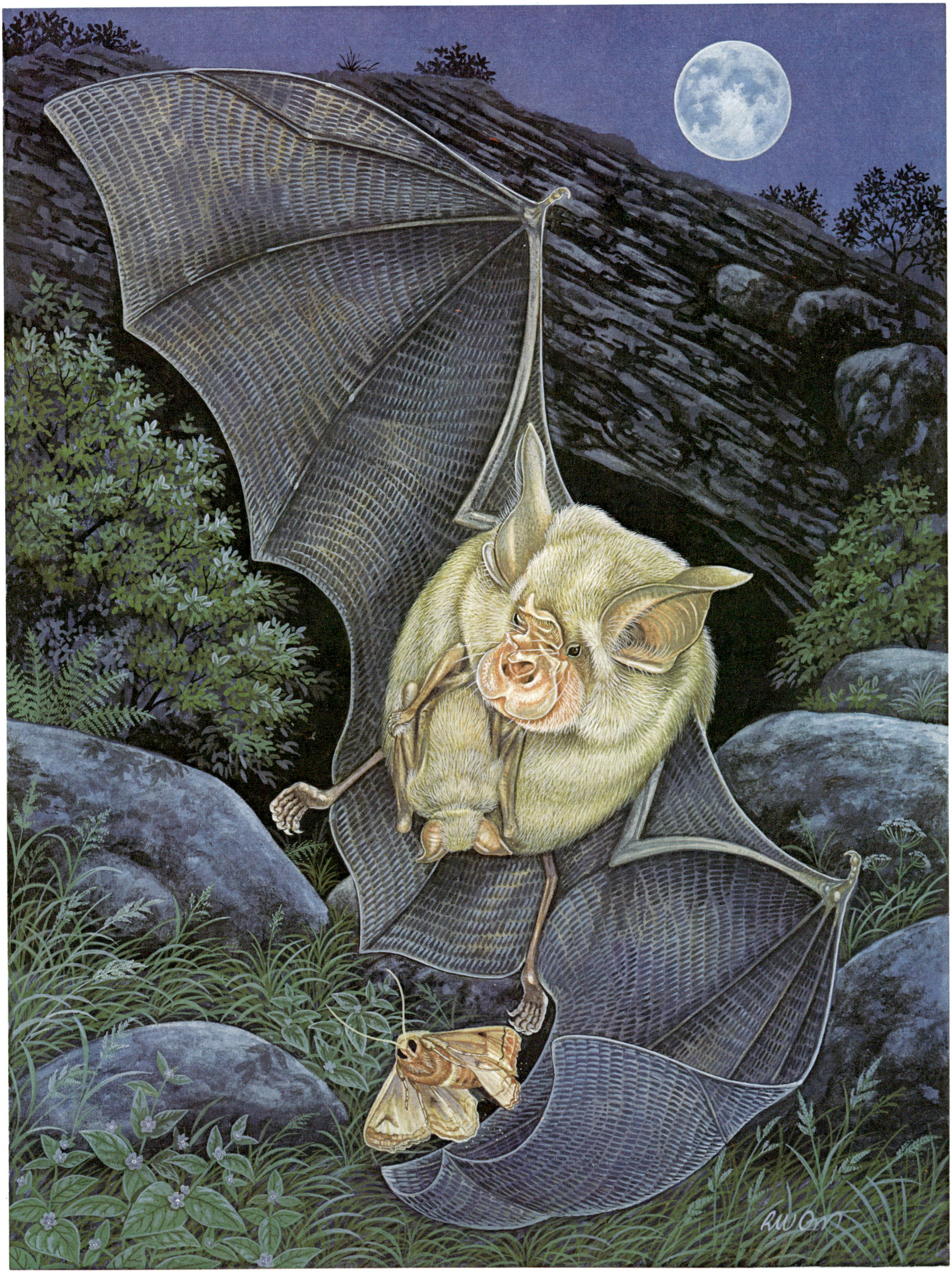

dicht gedrängten Gruppen beisammen, um sich gegenseitig zu wärmen. In Höhlen haben die verschiedenen Arten jeweils verschiedene angestammte Plätze. Hufeisennasen hängen sich an Vorsprünge an der Decke. Innerhalb der gleichen Höhle zieht es die Wasserfledermaus vor, sich in schmale Spalten zu zwängen, und es macht ihr nichts aus, in horizontaler Lage zu ruhen. Bart- und Fransenfledermäuse suchen sich Stellen, an denen sie senkrecht zur Wand bleiben können.

Viele Fledermäuse wachen während des Winterschlafs kurz auf und wandern umher, manche sogar kilometerweit. Der Energieaufwand einer aktiven Fledermaus ist mit 800 Herzschlägen und 550 Atemzügen pro Minute so hoch, daß es ihr irgendeinen Vorteil bringen muß, wenn sie wach wird. Möglicherweise liegt der Grund für dieses Verhalten darin, daß an den Stellen, an denen Fledermäuse ihren Winterschlaf beginnen, die Temperatur in der Anfangsphase noch angenehm ist. Später kann ein solcher Ort – etwa der Eingang zu einer Höhle – zu kalt werden, und die Fledermäuse ziehen sich daher tiefer in die Höhle zurück, wo es wärmer ist. Auch der Feuchtigkeitsverlust kann eine Rolle spielen, besonders bei Hufeisennasen, denn diese hüllen sich – wie bereits erwähnt – in ihre Schwingen ein und werden dadurch stärker ausgetrocknet als beispielsweise Glattnasen. Man hat beobachtet, daß die Tiere aufwachen, ein paar Tropfen Wasser auflecken und sofort wieder in völlige Starre verfallen. Baumfledermäuse können einen höheren Wasserverlust vertragen als Höhlenfledermäuse.

Gegen Ende des Sommers nehmen Fledermäuse an Gewicht zu, denn sie setzen beträchtliche Mengen von braunem Fett an, das schnell Wärme erzeugen kann. Während der Wintermonate wird dieses Fett, verbunden mit leichtem Gewichtsverlust, nach und nach aufgezehrt. Daß im Frühling die Fledermäuse wieder aktiv werden, kann einerseits an den steigenden Temperaturen liegen, andererseits jedoch auch durch Veränderungen im Stoffwechsel ausgelöst werden, wie etwa durch die Erschöpfung der Fettreserven oder durch die Ansammlung von Harnstoff im Organismus. Das Erwachen beginnt mit einer plötzlichen Zunahme der Herzschläge, und innerhalb einer Stunde kann die Fledermaus wieder fliegen und jagen. Dann verlassen die Tiere die Winterschlafquartiere; die Weibchen brechen zu Brutplätzen auf, die sich oft in alten Gebäuden befinden, die Männchen zerstreuen sich und suchen einzeln oder in kleinen Gruppen nach Sommerunterschlupfen.

Auch in der Art ihrer Fortpflanzung unterscheiden sich Fledermäuse in vielen Eigenheiten von der Mehrzahl anderer Säugetiere. Die meisten europäischen Arten paaren sich wahllos, und es kommt vorher – wenn überhaupt – nur kurz zu einer zeremoniellen Werbung. Sehr ungewöhnlich ist, daß das im Herbst gebildete Sperma das Ei erst im Frühling befruchtet. Hufeisennasen paaren sich im Herbst, und das Sperma wird während des ganzen Winters im Körper des Weibchens gespeichert, denn die Ovulation erfolgt erst im nächsten Jahr. Auch die Glattnasen bewahren das Sperma auf, aber bei diesen Arten bleibt es den Winter über im Körper des Männchens. Man hat beobachtet, daß sich Glattnasen sofort paaren, wenn sie aus dem Winterschlaf erwachen. Bei beiden Arten beginnt die Entwicklung der Embryonen erst, wenn die Weibchen nach dem Winterschlaf ihr aktives Leben wieder aufnehmen. Ausgelöst wird diese Entwicklung durch die steigende Außentemperatur und größeres Nahrungsangebot. Der Fötus entwickelt sich nur langsam. Wenn das Wachstum nicht unterbrochen wird – wie etwa durch Phasen von Futtermangel oder erneuter niedriger Körpertemperatur –, dauert die Tragzeit bei einer Zwergfledermaus 44 Tage, bei den größeren Arten auch länger. Die meisten Jungen werden im Hochsommer geboren. In Großbritannien besteht ein Wurf in der Regel nur aus einem einzigen Jungen, obwohl Weibchen der gleichen Art auf dem Kontinent normalerweise zwei zur Welt bringen.

Fledermäuse werden meist am Tage geboren. Dabei hängt das Muttertier mit dem Kopf nach oben und fängt das Junge in einer Tasche auf, die

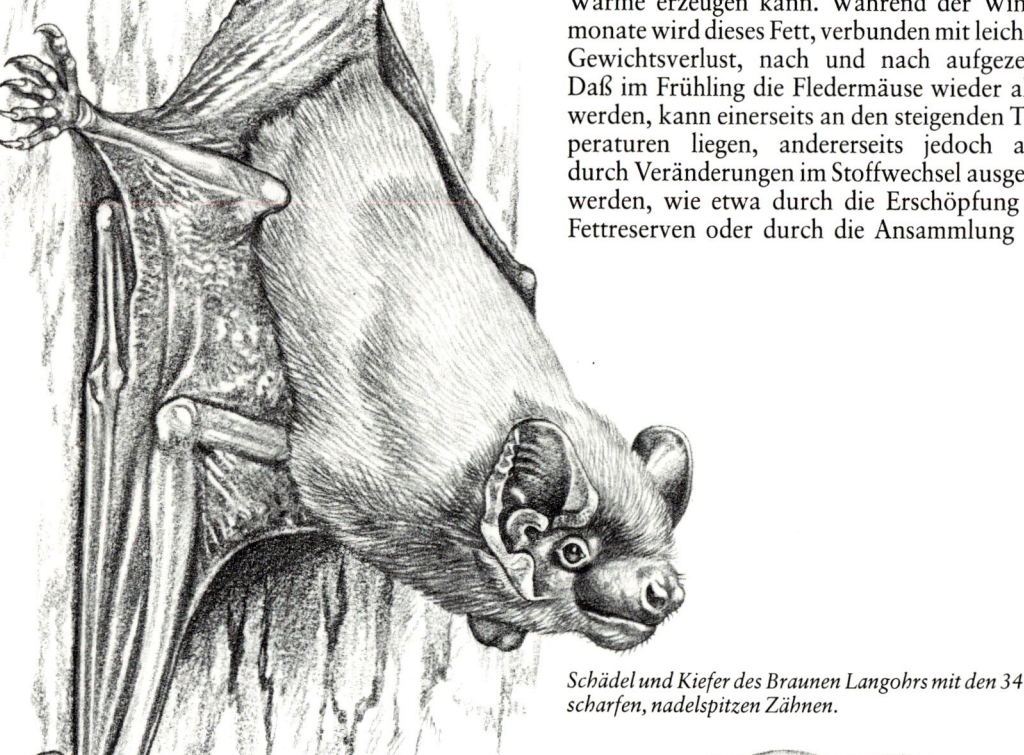

Ruhende Abendsegler und andere Glattnasen-Fledermäuse hängen mit seitlich zusammengefalteten Schwingen an einer senkrechten Fläche. Die hier abgebildete Fledermaus rüstet sich zum Abflug und prüft, ob das Echo ihrer ausgesandten Töne ein Hindernis anzeigt.

Schädel und Kiefer des Braunen Langohrs mit den 34 scharfen, nadelspitzen Zähnen.

Das Braune Langohr hat größere Ohren als jede andere europäische Fledermausart. Ruht es, legt es die Ohren zurück, und nur die spitzulaufenden Ohrdeckel bleiben aufgerichtet.

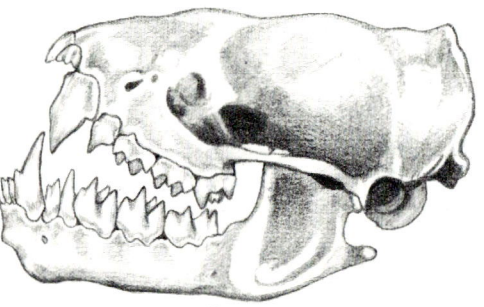

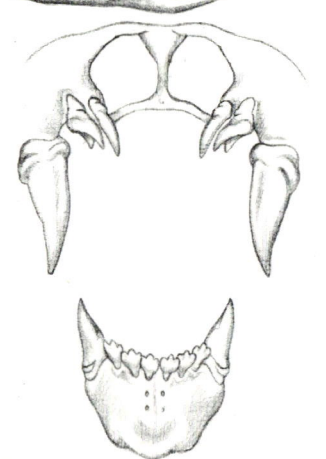

Fledermäuse können, wie dieser Abendsegler, auf dem Boden sehr schnell trippeln. Dabei werden die Schwingen gefaltet, damit sie nicht hinderlich sind. Eine gesunde Fledermaus kann auch von einer waagerechten Oberfläche hochfliegen.

> *Der Große Abendsegler (rechts), eine der häufigsten Baumfledermäuse, hat eine Flügelspannweite von rund 35 cm. Fledermäuse suchen häufig Unterschlupf in hohlen Bäumen. Der Eingang ist meist mit Exkrementen beschmutzt. Das Braune Langohr (links) pickt oft im Schwebeflug Insekten vom Laub.*

31

von der Flughaut zwischen den Oberschenkeln gebildet wird. Die Jungen sind bei der Geburt sehr groß und oft haben sie schon ein Drittel des Körpergewichts der Mutter. Sie sind hellrot, haben übergroße Füße und herabhängende Ohren und die Augen sind geschlossen.

Obwohl die Muttertiere in einer großen Brutkolonie leben, kümmern sie sich nur um die eigenen Sprößlinge und tragen sie anfangs mit sich, wenn sie den Ruheplatz verlassen. Hufeisennasen besitzen in der Leistengegend ein paar falsche Zitzen, an denen sich die Jungen beim Flug festhalten. Glattnasen haben diese Zitzen nicht, und die Jungen müssen sich, so gut sie können, anklammern. Glattnasen-Junge werden beim »Transport« mit dem Kopf nach vorne mitgetragen, kleine Hufeisennasen andersherum. Nach kurzer Zeit sind die Jungen so schwer, daß die Mütter sie nicht mehr tragen können. Daher lassen sie sie jeweils an einer bestimmten Stelle in der Schlafkolonie zurück. Kommen sie von der Jagd nach Hause, werden sie dort wieder suchen. Manchmal aber hat ein Junges den Platz verlassen und »streunt« umher. Dann erkennt die Mutter es an seinem Rufen und am Geruch, denn fast alle insektenfressenden Fledermäuse haben starke Duftdrüsen.

Entwöhnt werden die Jungen, wenn sie 3–4 Wochen alt und flügge sind. Den ersten selbständigen Flug unternehmen sie, wenn das Nahrungsangebot besonders groß ist. Zwar haben sie am Anfang keine großen Jagderfolge, aber sie können Erfahrungen sammeln und ihre Umwelt erforschen. Wenn die Jungtiere ihren ersten Winterschlaf antreten, wiegen sie weniger als die erwachsenen, und viele können ihn nicht überleben, weil sie infolge mangelnder Nahrungsreserven zu oft aufwachen.

Bei einigen Arten sind die im Juni geborenen Weibchen schon vor dem ersten Winter geschlechtsreif und können im nächsten Sommer selbst die ersten Jungen bekommen. Bei den meisten jedoch ist die Geschlechtsreife erst ein Jahr nach der Geburt erreicht, und manche Weibchen sind sogar erst im dritten Winter fortpflanzungsbereit.

Übersteht eine junge Fledermaus den ersten Winter, lebt sie meist sehr lange. Zwergfledermäuse werden ca. 10 Jahre, einige andere Arten sogar bis zu 20 Jahre alt. Ein wesentlicher Grund für diese lange Lebensdauer ist die Gewohnheit der Feldermäuse, nicht nur im Winter, sondern auch im Sommer zu ruhen, indem sie in eine Art Erstarrungszustand verfallen. Man hat nachgewiesen, daß Fledermäuse, die man künstlich bei niedrigen Temperaturen gehalten hat, länger lebten als andere, denen man eine normale Aktivität erlaubte.

Die Verhaltensmuster bei der Fortpflanzung und die Lebensdauer von Fledermäusen hat man mit Hilfe der Beringungs-Methode entdeckt. Numerierte Ringe (für jede Nummer wurden Einzelheiten wie Spezies, Geschlecht, Alter und Ruheplatz registriert) wurden an den Armen der Tiere angebracht, und die beringten Fledermäuse wurden in Abständen immer wieder kontrolliert. Früher hat man die Ringe oft falsch befestigt und so die Flughaut beschädigt. Noch schlimmer war, daß man während des Winterschlafs beringte, weil die Fledermäuse dann leicht zu fangen waren. Durch diese Störung aber wurden sie geweckt und waren gezwungen, Nahrungsreserven zu verbrauchen, deren Verschwendung sie sich nicht leisten konnten. So starben viele Fledermäuse infolge der Beringung. Heute hat man die Methode verbessert, und man achtet darauf, daß die Tiere möglichst wenig beeinträchtigt werden.

Wie alle langlebigen Tiere, haben auch die Fledermäuse eine niedrige Fortpflanzungsrate, denn damit die Populationen stabil bleiben, darf jedes Weibchen nur so viele Nachkommen gebären, daß die jährliche Bestandsminderung ausgeglichen wird. Fledermäuse haben wenige natürliche Feinde. In seltenen Fällen werden sie Opfer von Greifvögeln und Eulen. Fast alle Fledermäuse haben Parasiten, darunter auch große, flügellose und blutsaugende Fliegen, die aber meist nicht so zahlreich sind, daß sie den Tod verursachen. Die Hauptfeinde der Fledermäuse sind die Menschen. Unter bestimmten Umständen können sich Fledertiere so stark vermehren, daß sie zu Schädlingen werden. Doch in Europa ist das nur indirekt möglich, nämlich dann, wenn sich ihre Exkremente so anhäufen, daß diese Unratfresser (wie z. B. Ratten) anlocken. In anderen Ländern sind Fledermäuse als Überträger von Krankheiten, etwa von Tollwut, berüchtigt. Aber das trifft auf keine europäische Spezies zu. Dennoch hat der Mensch in den letzten Jahren die Anzahl der Fledermäuse so reduziert, daß an einigen Orten mehrere Arten vom Aussterben bedroht sind. Die Ausrottung geschieht meist unabsichtlich, hauptsächlich durch die Zerstörung der Lebensräume. So werden etwa alte Gebäude abgerissen, die immer traditionelle Schlafplätze für Fledermäuse gewesen sind, und neugebaute Häuser bieten keinen Platz mehr. Auch die modernen Ackerbaumethoden beschränken die Lebensräume wildlebender Tiere. Am schlimmsten hat sich die übermäßige Anwendung von Insektiziden ausgewirkt. An manchen Orten hat sich der Insektenbestand so verringert, daß er als Nahrungsquelle für Fledermäuse nicht mehr ausreicht. Andere Pestizide werden von Insekten zwar nur in so kleinen Mengen aufgenommen, daß sie für diese selbst noch nicht tödlich sind,

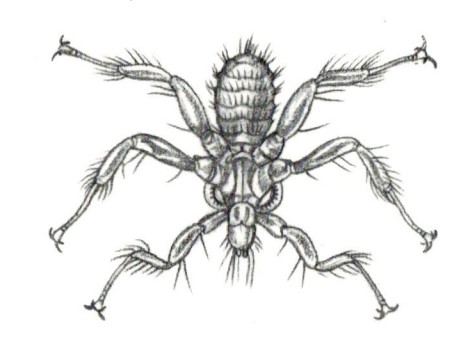

Die Fledermausfliegen sind 5 mm lange, blutsaugende und flügellose Fliegen, die auf Fledermäusen schmarotzen. Um den Zungen und den Krallen der sich putzenden Fledermäuse zu entgehen, können sie flink durch deren Fell laufen.

Die Schlafplätze seltener Feldermausarten werden manchmal durch Gitter geschützt, die den Tieren den Einflug gestatten, neugierige Menschen aber fernhalten.

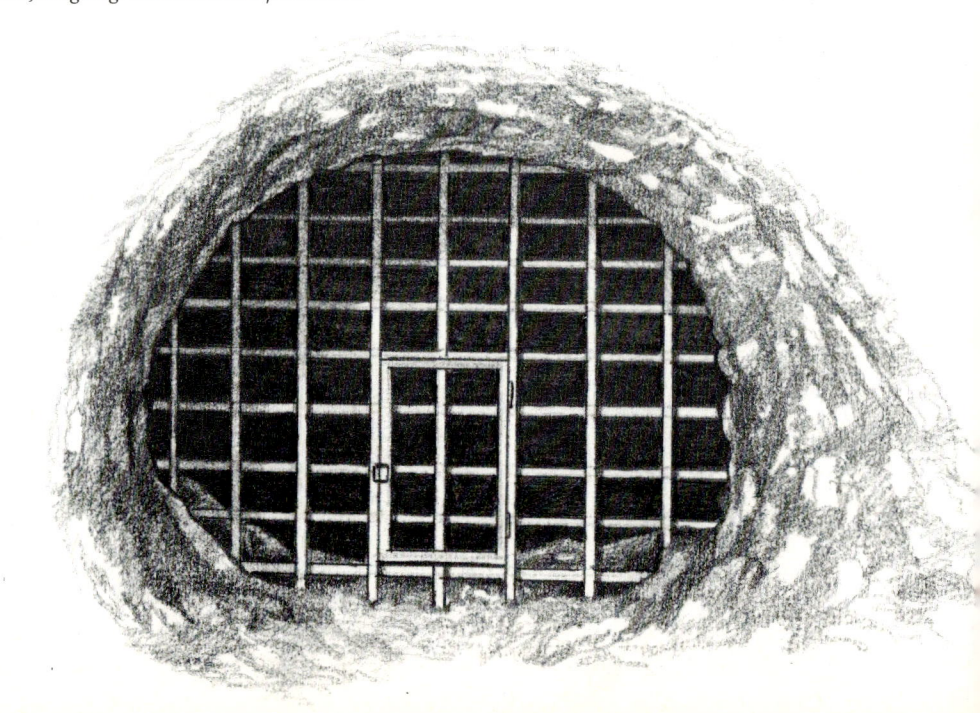

Die verschiedenen Fledermausarten haben auch sehr unterschiedliche Gesichter:
a) Die Bechstein-Fledermaus hat lange, weit auseinanderstehende Ohren.
b) Die Nordische Fledermaus hat kleine runde Ohren mit einem kleinen Ohrdeckel.
c) Das Braune Langohr verdankt den Namen den sehr langen Ohren, die auf dem Kopf zusammenstoßen.
d) Die Mopsfledermaus hat ziemlich kurze Ohren, die ebenfalls auf dem Kopf aneinanderstoßen. Das stumpfe Gesicht erinnert an einen Mops.
e) Die Langflügelfledermaus ist eine weitere Art mit einem breiten stupsnasigen Gesicht. Die kleinen Ohren sind durch borstige Stirnfransen getrennt.
f) Die Große Hufeisennase trägt im Gesicht einen Hautlappen, das sogenannte »Nasenblatt«.
g) Die Bulldoggfledermaus hat eine lange Schnauze und nach vorne gerichtete Ohren.

Bei der Bulldoggfledermaus reicht der Schwanz weit über die Flughaut hinaus. Diese Unterfamilie der hauptsächlich in den Tropen lebenden Freischwänzigen Fledermäuse kommen nur in Südeuropa vor.

doch durch die Nahrungskette gelangen sie in die Körper von Fledermäusen, wo sie sich ansammeln und gespeichert werden, bis sie eine tödliche Konzentration erreicht haben. Bei Tieren, die sich so langsam vermehren wie Fledermäuse, kann sich das außerdem langfristig, d. h. auch auf den Nachwuchs, auswirken. Obwohl heute die meisten Insektizide in vielen Gebieten Europas mit großer Vorsicht angewandt werden, gehen an zahlreichen Orten die Fledermausbestände noch immer zurück.

In einigen europäischen Ländern sind Fledermäuse schon seit vielen Jahren geschützt. In Großbritannien galt der Schutz ursprünglich nur für die Große Hufeisennase und die Mausohr-Fledermäuse, erstreckt sich jetzt aber auf alle Fledermausarten. Schlafplätze in Höhlen und Bergstollen werden mit Gittern geschützt, die den Fledermäusen freien Zugang ermöglichen, aber die Hauptgefahr, nämlich den ständigen störenden Besuch neugieriger Menschen, fernhalten. An manchen Orten hat man auch spezielle Kästen aufgestellt, um den Fledermäusen geeignete Quartiere für den Winterschlaf und die Aufzucht der Jungen zu verschaffen.

Exkremente und die unverdaulichen Flügel von Nachtfaltern und anderen Insekten verraten, wo sich ein Schlafplatz von Fledermäusen befindet.

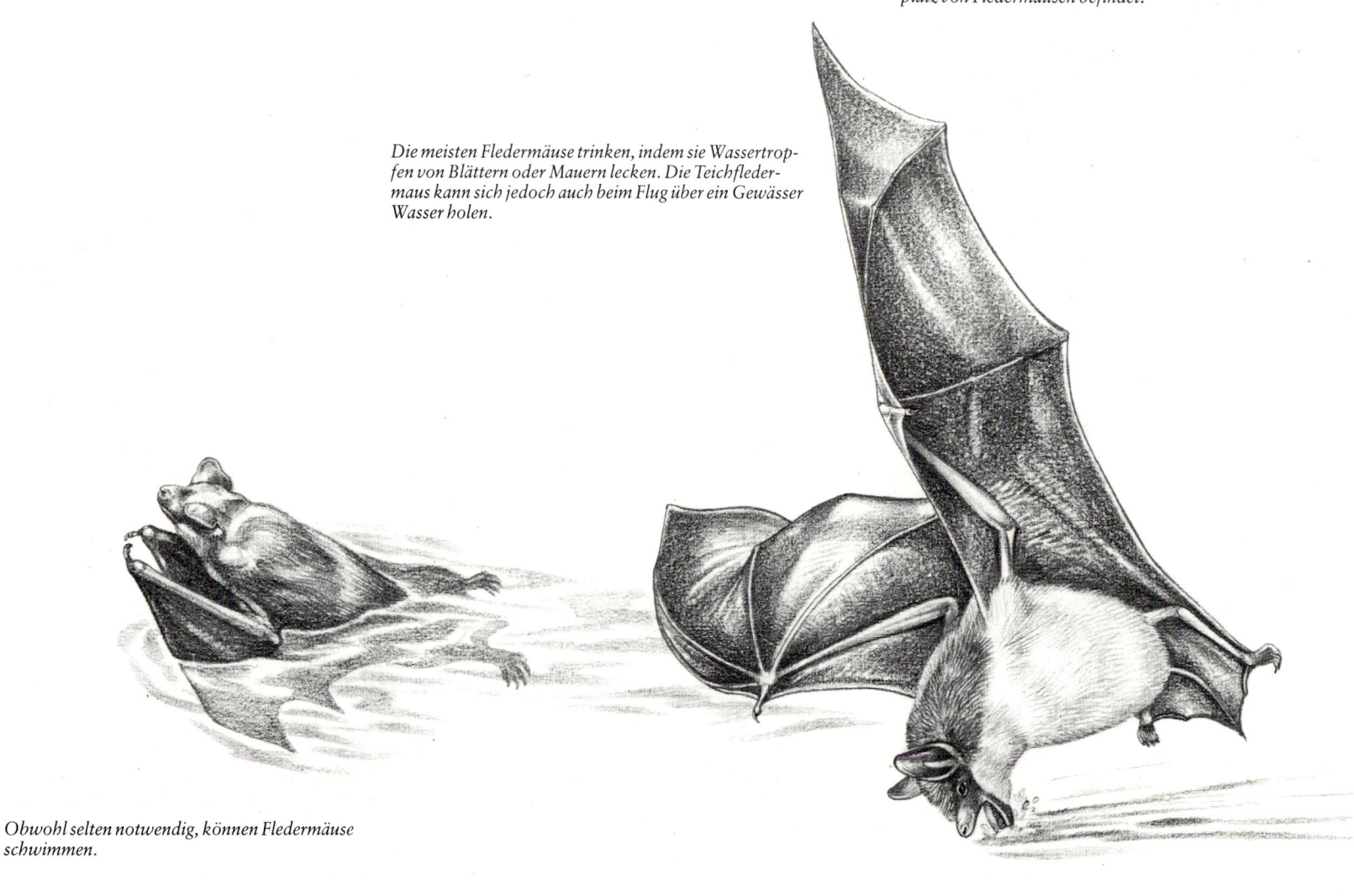

Die meisten Fledermäuse trinken, indem sie Wassertropfen von Blättern oder Mauern lecken. Die Teichfledermaus kann sich jedoch auch beim Flug über ein Gewässer Wasser holen.

Obwohl selten notwendig, können Fledermäuse schwimmen.

Glattnasen benützen oft die Schwanzflughaut, um ein Insekt zu fangen und so lange festzuhalten, bis sie es an einem Ruheplatz verzehren können.

Fledermäuse können mit numerierten Ringen gekennzeichnet werden, die an den vorderen Extremitäten angebracht werden.

Das Skelett einer Fledermaus ist kräftig gebaut. Die Knochen der oberen Extremitäten und die Krallen stützen die Flughaut, so daß sie den Belastungen des Fliegens standhalten kann.

Manche Insekten können die von Fledermäusen ausgesendeten Ultraschalltöne wahrnehmen und ihnen dann mit schnellen Richtungsänderungen im Zick-Zack- oder Sturzflug ausweichen.

HASENTIERE
Ordnung Lagomorpha

KANINCHEN UND HASEN
Familie Leporidae

Kaninchen und Hasen gehören zu den vertrautesten wildlebenden Tieren, weil sie – obwohl Nachttiere – oft auch tagsüber aktiv sind, gerne in offenem Gelände leben und deshalb leicht zu beobachten sind. Der gedrungene Körper mit den langen Hinterbeinen und der runde Kopf mit den langen Ohren unterscheidet sie von allen anderen Säugetieren Europas, und selbst im Dämmerlicht erkennt man sie an ihrer hoppelnden Fortbewegung.

Kaninchen und Hasen »nagen« ihr Futter und haben deshalb einige Merkmale mit der Ordnung der Nagetiere *(Rodentia)* gemeinsam. Aber es bestehen auch einige grundlegende Unterschiede, die selbst bei 45 Millionen Jahre alten fossilen Ahnen festzustellen sind. Das hat die Zoologen veranlaßt, die Hasentiere als gesonderte Säugetier-Ordnung, die »Ordnung *Lagomorpha*« zu klassifizieren. Einer der wichtigsten Unterschiede zwischen Nagetieren und Hasentieren findet sich im Gebiß. Auf den ersten Blick erscheint es ähnlich, denn beide haben im Ober- und Unterkiefer nagende Schneidezähne, auf die jeweils eine lange zahnlose Lücke (Diastema) folgt. An diese Lücke schließen sich die mahlenden Backenzähne an. Doch Kaninchen und Hasen besitzen noch ein zweites, kleineres Paar Zähne, das sich hinter den oberen Schneide- bzw. Nagezähnen befindet. Diese kleineren Zähne sind völlig von Zahnschmelz bedeckt, auf der Vorderseite stärker als auf der Rückseite, und sie wachsen während des ganzen Lebens nach. Sie müssen also ständig abgenützt werden, was nur durch zähes und stark scheuerndes Futter ermöglicht wird. Normalerweise hält die Abnützung mit dem Zahnwachstum Schritt, und dadurch ist ständig für scharfe Zähne gesorgt. Wenn jedoch – etwa infolge einer Verletzung – die Kiefer beim Nagen nicht mehr richtig aufeinanderbeißen, wachsen diese oberen Zähne weiter und werden bald zu krummen, unbrauchbaren Stoßzähnen, die eine normale Nahrungsaufnahme verhindern und den Tod des Tieres verursachen.

Die Ordnung der Hasentiere ist sehr klein. Ihr gehören nur Kaninchen, Hasen und Pfeifhasen, eine kleine, in den Bergen Nordostasiens und Nordamerikas lebende Art, an. Hasentiere haben eine außergewöhnliche Verhaltensweise, die ihr erfolgreiches Überleben und ihre starke Population in futterarmen Gebieten erklärt. Diese Verhaltensweise wird als eine Art »Wiederkäuen« beschrieben. Die Nahrung wird dabei, ehe sie geschluckt wird, sorgfältig gekaut und passiert anschließend das ganze Verdauungssystem. Zu bestimmten Tageszeiten werden dann weiche, mit Schleim bedeckte Kotkügelchen ausgeschieden. Diese werden jedoch nicht fallengelassen, sondern direkt vom After aus aufgenommen und, diesmal ungekaut, geschluckt und nochmals verdaut. Erst dann werden sie endgültig als kleine, harte Exkremente (Losung) ausgeschieden. Dieser Vorgang befähigt Kaninchen und Hasen, ihre Nahrung besser auszunutzen. B-Vitamine zum Beispiel, die im Blinddarm gebildet werden, können dort nicht verdaut, sondern erst während des zweiten Durchgangs durch das Verdauungssystem an einer bestimmten Stelle im Magen absorbiert werden. Es ist experimentell bewiesen worden, daß so bis zu 80 % der Nahrung dann erst ausgewertet werden. Die üblichen Zeiten für die zweite Verdauung sind die Tagesmitte, wenn die Tiere in den Bauen ruhen, und eine kürzere Periode gegen Mitternacht, nachdem das Abendfutter verdaut worden ist.

Kaninchen vermehren sich extrem schnell und erfolgreich. Doch ihr Fortpflanzungsverhalten hält sich, wie das der meisten Tiere, an bestimmte Regeln. Die Mehrzahl der Jungen wird in der ersten Jahreshälfte geboren. Hasen haben eine längere Fortpflanzungsperiode als Kaninchen, aber beide sind ziemlich wehrlos und werden von vielen Feinden gejagt. Doch sie haben hohe Geburtenziffern, die ihre Bestände konstant halten.

Die Kaninchenböcke sind von der Mitte des Winters an sexuell aktiv und können sich paaren, obwohl die Weibchen zu dieser Zeit noch nicht trächtig werden. Die weiblichen Geschlechtsorgane entwickeln sich erst Mitte Januar, und von da an regt die Paarung den Eisprung an, so daß es fast zwangsläufig zu einer Befruchtung kommt. Doch durch ein kompliziertes Kontrollsystem der Natur gehen 60 % des theoretisch möglichen Nachwuchses verloren. Dieser hohe Prozentsatz an Embryonen stirbt in der Gebärmutter ab und wird vom Gewebe der Mutter resorbiert. Die Gründe für dieses Phänomen sind noch nicht genau erforscht, aber sie können mit der Anzahl der befruchteten Eier zusammenhängen und den Zweck haben, zu große oder zu kleine Würfe zu verhindern. Bemerkenswert ist auch, daß ranghohe Weibchen weniger Junge verlieren, als die in der Rangordnung tieferstehenden. Kurz nachdem ein Wurf resorbiert worden ist, ist das Weibchen wieder paarungsbereit, kann 5–6 Eier produzieren und dann einen normalgroßen Wurf zur Welt bringen. Im Laufe des Sommers werden etwa 10 bis 12 Junge aufgezogen. Wenn man bedenkt, daß diese bereits innerhalb von 3 Monaten nach der Geburt selbst wieder Nachwuchs bekommen können, wird klar, daß sich die Kaninchenbestände immer wieder gegen die vielen natürlichen Feinde und gegen die systematische Bekämpfung durch den Menschen behaupten können.

Geht es um die Rettung des eigenen, individuellen Lebens, verfügen sowohl Hasen als auch Kaninchen über gute Augen und besonders scharfe Ohren, die es ihnen ermöglichen, drohende Gefahren schnell und frühzeitig zu erkennen. Sehr ausgeprägt ist auch der Geruchssinn. Um Feinde zu wittern, prüfen die Tiere schnuppernd die Luft, indem sie rhythmisch die arttypische Fellfalte über den Nüstern zurückziehen und so besondere, hochempfindsame Sinneszellen freilegen.

Das Europäische Wildkaninchen, das zu den bekanntesten Tieren Westeuropas zählt, ist weit verbreitet – im Norden bis Südskandinavien, im Osten bis nach Polen, Ungarn und in die Ukraine. Außerhalb Europas findet man es in Australien, Neuseeland und Chile. Dorthin ist es allerdings erst durch den Menschen gelangt. Die ursprünglichen Heimatländer dieses Kaninchens waren Spanien und Portugal, und bevor es die Römer als Lieferant für Fleisch und Pelz im ganzen Imperium verbreiteten, war es wenig bekannt. Nach Großbritannien kam es erst in der Normannenzeit, lebte dort aber zunächst ausschließlich in Gefangenschaft. Erst zur Zeit Elisabeth I. gelangte es auch in die freie Natur und zählt heute zu den häufig vorkommenden Wildtieren. Erstaunlich ist, daß ein ursprünglich dem heißen, trockenen Klima der Iberischen Halbinsel angepaßtes Tier auch im kalten feuchten Nordeuropa so gut gedieh. Der Grund dafür ist wahrscheinlich, daß es sich – im Gegensatz zu den Hasen – Baue gräbt und so vor den Elementen relativ gut geschützt ist.

Kaninchen sind gesellige Tiere. Sie leben gern in Graslandgebieten, wo ihnen die Bodenbeschaffenheit erlaubt, ausgedehnte und trockene Baue anzulegen, wo aber auch Hecken und Gehölze Unterschlupf und Deckung gewähren. Innerhalb eines Kaninchenbaues liegt ein zentrales Gebiet, das von den ranghöchsten Kaninchenböcken und -weibchen bewohnt wird. In diesem Bereich wird das Territorium jedes einzelnen Tieres mit Harn und Kot und mit Duftsekret aus Drüsen unter dem Kinn markiert. Tiere niedrigeren Ranges findet man in den Außenbezirken des Baues, wo die Territorien nicht so gut markiert sind. Die ranghohen Weibchen gebären die Jungen in Nestern, den »Kesseln«, im Zentrum des Baues, die anderen dürfen nur in den Randgebieten blind endende Röhren – sogenannte Setzbaue – graben, in denen sie ihre Jungen zur Welt bringen. Später werden die Setzbaue erweitert und in den allgemeinen Wohn-Bau einbezogen, denn die Kaninchenjungen verlassen die Eltern nicht und entfernen sich selten weit von ihrer Geburtsstätte.

In der Rammelzeit kann man, meist in der Nähe des Baues, das Werbungsritual beobachten. Dabei stelzt der Kaninchenbock um das Weibchen herum, klappt den Schwanz hoch und stellt dessen weiße Unterseite zur Schau. Nach einer gewissen Zeit duckt sich die Auserwählte, der Freier springt über sie hinweg und bespritzt sie mit Harn. Erst dann kommt es zur Paarung. Die Tragzeit dauert rund 4 Wochen, und erst kurz bevor sie zu Ende geht, polstert das Weibchen das Nest mit Gras und Moos aus. Etwa 2 Tage vor der Geburt rupft es sich dann weiche

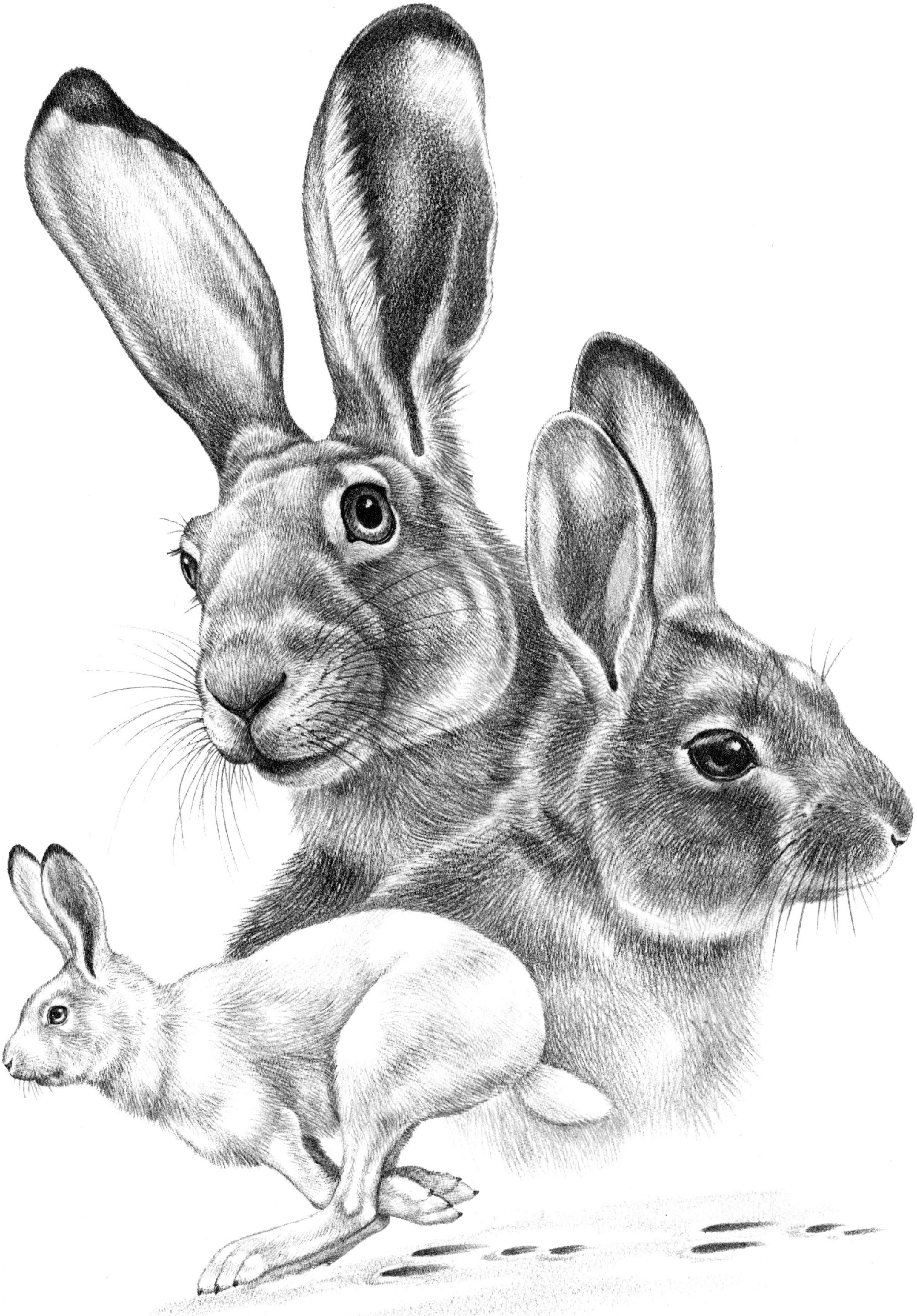

Bauchhaare aus, um die Kinderstube endgültig vorzubereiten. Ein Wurf besteht aus 4–6 blinden und nackten Jungen, jedes mit einem Geburtsgewicht von etwa 30–35 Gramm. Während der meisten Zeit läßt die Mutter sie im Nest zurück und kommt nur nachts heim, um sie zu säugen. Trotzdem entwickeln sie sich sehr schnell. Nach etwa 7 Tagen öffnen sie die Augen, nach 14 Tagen sind sie schon gut behaart, nach 18 Tagen beginnen sie, die Außenwelt zu erkunden, und spätestens im Alter von 3 Wochen hört die Mutter auf, sie zu füttern. Im Erwachsenenalter wiegen sie dann über 1,2 kg.

Obwohl man Kaninchen oft bei Tageslicht sehen kann, sind sie doch hauptsächlich nachts aktiv. In dunklen Nächten entfernen sie sich weiter vom Bau als bei hellem Mondschein. Kaninchen sind Pflanzenfresser, suchen sich dabei aber – zum Leidwesen von Bauern und Gärtnern – oft die nahrhaftesten aus, wie etwa Getreide, Rüben und Nutzpflanzen in Gärten. Beim Fressen – das Futter wird halbkreisförmig abgeweidet – setzen sich die Tiere häufig auf die Hinterbeine, um während des Kauens ihre Umgebung im Auge zu behalten. Wittert eines Gefahr, warnt es die Nachbarn, indem es mit dem Hinterfuß auf den Boden klopft, ehe es eilig in den Bau hoppelt, von dem aus das Klopfen meist noch einmal wiederholt wird.

Zu den natürlichen Feinden der Kaninchen gehören Füchse, Wiesel, Iltisse, einige größere Eulenarten und Greifvögel. Die durchschnittliche Lebensdauer eines Kaninchens kennt man nicht. Doch auf der Insel Skolkholm, wo einige der räuberischen Feinde fehlen, wurden manche Tiere ca. 6 Jahre alt.

Die beiden in Europa lebenden Hasenarten gehören zu den am weitesten verbreiteten wildlebenden Säugetieren. Der größere Kap- oder Wüstenhase, der bis zu 4 kg schwer werden kann, ist eine Tieflandart, die man in offenem oder wenig bewaldetem Gelände findet. Sein Verbreitungsgebiet reicht von Südskandinavien durch ganz Europa bis in die Savannen Afrikas, im Osten bis Mittelchina.

[Hier wird vorausgesetzt, daß der Kaphase der gleichen Art angehört wie der Europäische Feldhase, den deutsche Zoologen für eine eigene Art halten. Aber die genaue Abgrenzung und der systematische Rang der Formen sind noch umstritten. Anmerkung des Übersetzers.]

Der etwas kleinere Schneehase tritt in ganz Norwegen und im Großteil Schwedens an die Stelle des Kaphasen, man findet ihn außerdem im nördlichen Eurasien und in Amerika. Isolierte Populationen kommen in den Alpen, in Irland und in Schottland vor.

Beide Hasenarten sind größer als das Wildkaninchen. Am besten jedoch kann man Hasen an den sehr hohen, langen Ohren mit der schwarzen Spitze und an den langen Hinterbeinen erkennen. Der Schneehase bekommt im Winter ein weißes Fell, nur die Ohrspitzen bleiben schwarz. Speziell die in Irland lebenden Tiere werden niemals ganz weiß. Ihr Fell bekommt höchstens weiße Flecken, und es kommt oft vor, daß mit dem Haarwechsel überhaupt keine Farbänderung verbunden ist. Der Kap- oder Feldhase (im Folgenden nur noch »Kaphase« genannt – so. o.: Anm. d. Übers.) hat für gewöhnlich eine wärmere, mehr rotbraune Färbung als das Wildkaninchen. In den nördlichen Regionen seines russischen Verbreitungsgebietes wird dieser Hase beim Herbst-Haarwechsel ebenfalls weiß.

Der Kaphase und der Schneehase sind im wesentlichen einzeln lebende Bodenbewohner mit individuellen Revieren. Der Schneehase gräbt manchmal kleine Baue in Torf oder Schnee, legt aber niemals so lange und tiefe Gänge an wie das Wildkaninchen. Der Kaphase hat keine unterirdische Behausung. Weil Hasen Einzelgänger sind, werden sie nie so zahlreich wie Kaninchen. Schätzungen ergeben, daß selten mehr als ein Hase auf 3 Hektar Fläche lebt. Die Anzahl der Häsinnen schwankt in einem 9-jährigen Zyklus. Schneehasen sind etwas geselliger als Feldhasen, und manchmal kann man Gruppen von ihnen gemeinsam fressen sehen. Das liegt wohl daran, daß sie ihre Reviere, die im allgemeinen lang und schmal sind, von Anhöhen in Niederungen hinunter erstrecken und an den besten Futterplätzen zusammentreffen.

Während des Tages liegen Hasen in seichten Erdmulden, den »Sassen«. Da ihre Färbung sie gut tarnt, bleiben sie bei Gefahr lange Zeit bewegungslos, und oft kommt es vor, daß der Feind sie übersieht. Erst im letzten Moment brechen sie jäh aus der Deckung hervor. Von da an ist ihre beste Verteidigung die Schnelligkeit. Darin übertreffen Hasen alle ihre Feinde, besonders auf ebenem oder ansteigendem Boden. Sie werden allerdings langsamer, wenn sie gezwungen sind, bergab zu laufen. Ein weiteres, äußerst wirksames Manöver ist das abrupte Hakenschlagen, das keiner der Verfolger nachvollziehen kann. Die natürlichen Feinde der Hasen sind Hermeline (sie jagen hauptsächlich Jungtiere)

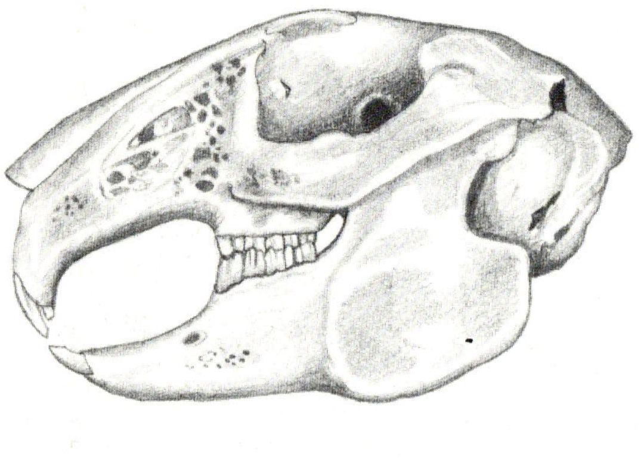

Der Schädel eines Kaninchens ist höchstens 8,5 cm lang. Hinter den eigentlichen Nagezähnen sitzt ein Paar kleiner Schneidezähne. Von vorne gegen die Rückwand der Schädelkapsel verläuft ein Zwischenscheitelbein.

Ein Kaninchen, das an Myxomatose leidet.

Kaninchen haben Duftdrüsen unter dem Kinn, mit deren Sekreten sie ihre Reviere markieren.

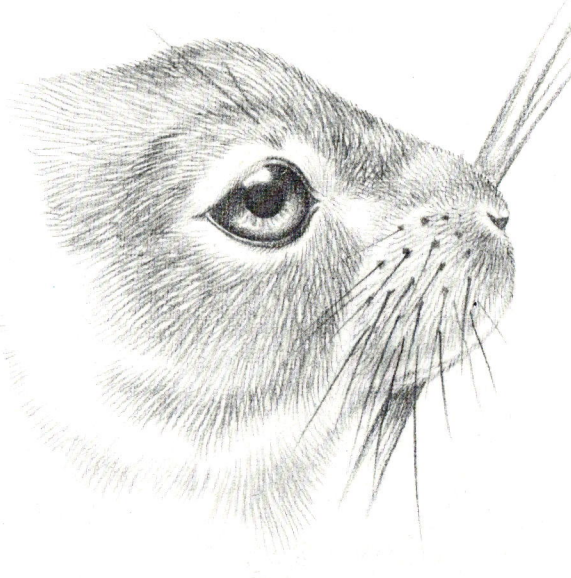

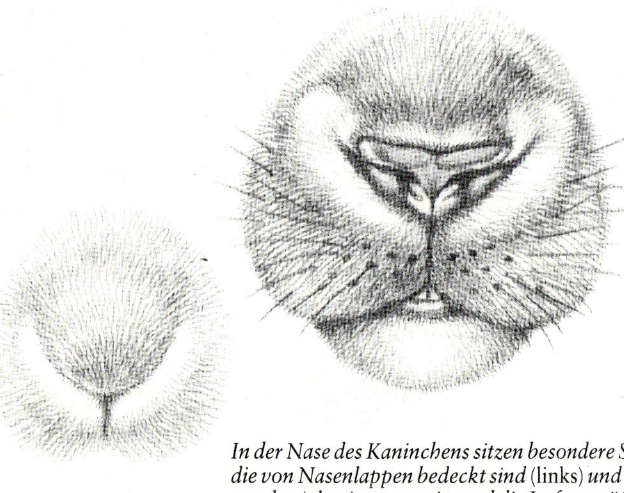

In der Nase des Kaninchens sitzen besondere Sinnesorgane, die von Nasenlappen bedeckt sind (links) und nur freigelegt werden (oben), wenn witternd die Luft geprüft wird.

Im Zentrum des Kaninchenbaus ziehen die ranghöchsten Weibchen ihre Jungen auf, und zwar in Nestern, die mit dürrem Gras und Fellhaaren gepolstert sind. Im Alter von 3 Wochen sind die Jungen bereits von der Mutter unabhängig, bleiben aber meistens im Schutz des Baus; anders wären sie leichte Beute für jagende Tiere, wie etwa für Bussarde. Naht ein räuberischer Feind, wird er meist von einem der älteren Tiere bemerkt, das dann alle Artgenossen alarmiert.

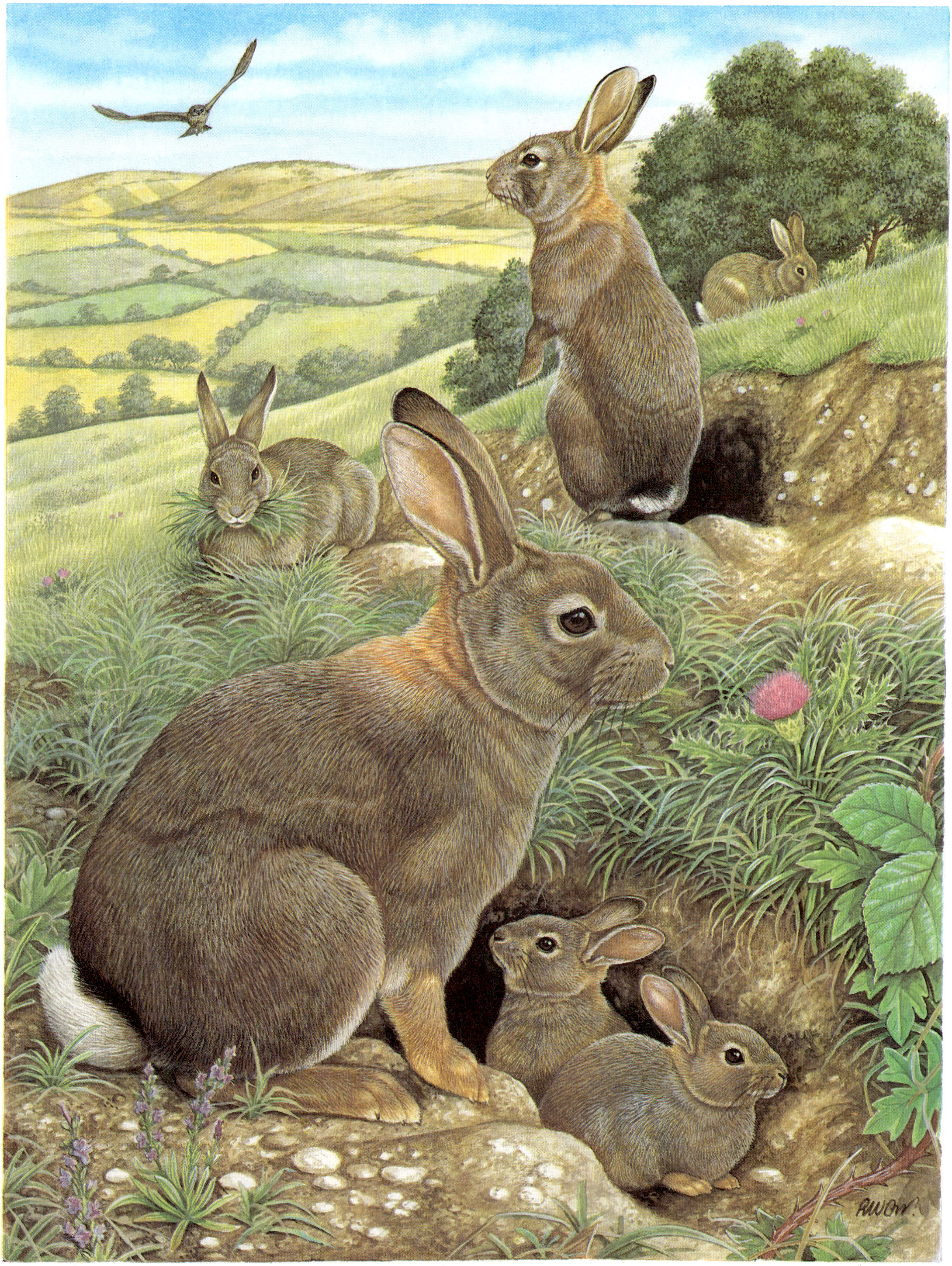

und Füchse. Der Schneehase ist Beute für Adler, Wildkatzen und Luchse.

Hasen sind wohl am besten bekannt wegen ihres überschwenglichen Verhaltens in der Rammelzeit, die bald nach dem kürzesten Tag des Jahres beginnt und ihren Höhepunkt zum Frühlingsanfang erreicht. Wenn sich die »verrückten Märzhasen« (nur Kaphasen) zu diesem gemeinsamen Ritual versammeln, sind sie anfangs ruhig, aber angespannt. Plötzlich und ohne erkennbaren Grund kommt es zu einer förmlich explosiven Aktivität, bei der sie einander nachjagen und miteinander boxen. Beim Schneehasen ist das Werbungsritual ähnlich, aber etwas gemäßigter. Auch Hasen bespritzen – wie Kaninchen – die Weibchen mit Harn, und erst dann kommt es zur Paarung.

Ein bei anderen Tieren äußerst seltenes Phänomen ist die Doppelträchtigkeit, was bedeutet, daß ein zweiter Wurf gezeugt wird und sich entwickelt, ehe der erste geboren ist. Das ist eine nützliche Methode, um eine große Anzahl von Nachkommen aufzuziehen, wenn die Bedingungen besonders günstig sind. Wie beim Kaninchen werden auch bei den Hasen abgestorbene Embryonen resorbiert, um die Anzahl der Nachkommen zu regeln.

Der Kaphase bringt normalerweise 4 Würfe pro Jahr zur Welt, der Schneehase 3. Nach einer Tragzeit von 6 Wochen werden 2–3 Junghasen geboren. Sie wiegen rund 110 Gramm, sind vollkommen behaart, haben offene Augen, sind lebhaft und werden von der Mutter in getrennte »Sassen« gebracht. Dort bleiben sie eine Woche lang ruhig liegen und warten, bis sie an der Reihe sind, gesäugt zu werden. Danach werden sie entwöhnt und beginnen, allein zu leben. Sie pflanzen sich erst ein Jahr nach ihrer Geburt fort. Wie lange Hasen leben, weiß man nicht, aber es ist unwahrscheinlich, daß sie mehr als 6 Jahre alt werden.

Die Fährten von Wildkaninchen im Schnee gehören zu den am leichtesten erkennbaren Spuren aller europäischen Wildtiere. Die Abdrücke der Vorderfüße sind fast kreisrund und zeigen jeweils die Eindrücke der vier Zehen. Die Spuren der Hinterfüße sind pantoffelähnlich, und auch hier kann man die Abdrücke der vier Klauen deutlich sehen. Beim schnellen Hoppeln (Galoppieren) wird ein Vorderfuß etwas vor den anderen gesetzt, und die Hinterfüße kommen außen vor den Vorderfüßen auf. Hasenfährten sind ähnlich, aber seltener und größer als die von Wildkaninchen. Im Tiefschnee können die dicht behaarten Hinterpfoten des Schneehasens eine fast birnenförmige Fährte hinterlassen. Ist kein Schnee vorhanden, sind Anzeichen für die Anwesenheit von Kaninchen wesentlich schwieriger zu finden. Nur die großen Bau-Eingänge in Feldern und Böschungen sind meist nicht zu übersehen.

Wildkaninchen gehören zu den wenigen Tieren Europas, die in dem Gebiet, in dem sie leben, die Ökologie total verändern können. Besonders auf den Ackerbau wirken sich größere Kaninchenvorkommen verheerend aus. Die Schäden, die Kaninchen anrichten können, zeigten sich erschreckend deutlich in den Niederungen von Südengland, wo binnen weniger Jahre fruchtbares Grasland von Gestrüpp überwuchert wurde, nachdem in der Mitte der 50er Jahre die Kaninchen von der Myxomatose ausgerottet worden waren. Vorher hatten die Tiere Gras und Kräuter regelmäßig bis zu einer Resthöhe von 3 cm abgeknabbert. Kaninchen fressen auch Getreide von Feldern und haben zu Anfang der 50er Jahre unter anderem 6,5 % des südenglischen Winterweizens vernichtet. Wo auf Weideplätzen Futterpflanzen angesät sind, verzehren Kaninchen die schmackhaften Arten und rotten sie mit der Zeit ganz aus. Danach wachsen in solchen Gebieten nur noch Wildgräser und Gestrüpp. Auch junge Bäume werden im ersten Wachstumsjahr, noch bevor die Stämme verholzt sind, von Kaninchen angenagt. Infolge dieser Frühschäden an den empfindlichen Schößlingen kann sich der Wald weder regenerieren noch sich weiter ausbreiten. Verschont bleibt lediglich die Schwarzerle, die den Kaninchen nicht schmeckt und deshalb auch oft der einzige Baum ist, der sich in einem Kaninchengebiet halten kann. In sehr stark abgeweideten Regionen werden Gräser vollkommen ausgerottet, und an ihre Stelle treten dann Moose, die von Kaninchen verschmäht werden. Kommt eine Kaninchenkolonie an einen Platz mit niedrigwüchsigem Baumbestand, fressen die Tiere die unteren Zweige der Bäume, die dadurch zwar nicht ganz absterben, aber zu verkrüppeltem Strauchwerk werden.

Auch Hasen, die selten so zahlreich sind, daß sie den Ackerbau ernstlich bedrohen, knabbern an Zweigen von jungen Bäumen. Manchmal scheint es fast, als würden sie sie mutwillig »verbeißen«, ohne sie zu fressen. Die Ernährungsgewohnheiten der Schneehasen sind dagegen eher nützlich als schädlich. Die Tiere ernähren sich hauptsächlich von Heide- und Hochlandpflanzen, wie z. B. Wollgras, und sind am zahlreichsten dort zu finden, wo man sonst die

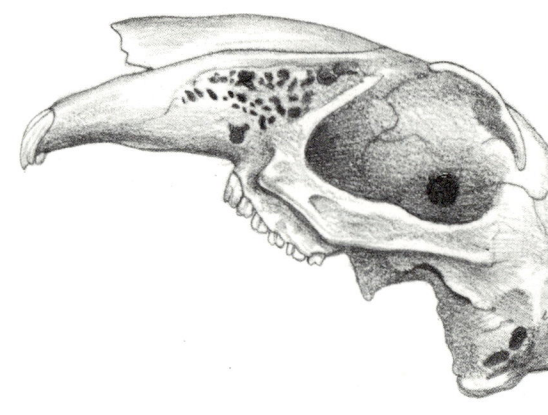

Der Schädel eines Hasens ist bis zu 10 cm größer als der eines Kaninchens und weist kein Zwischenscheitelbein auf.

Junghasen haben bei der Geburt bereits die Augen geöffnet und sind vollständig behaart.

Die »Verrückten Märzhasen« stehen oft auf den Hinterbeinen und tragen mit den Vorderpfoten eine Art Boxkampf aus, während die Häsinnen sich wenig für den Kampf interessieren.

41

Heide abbrennen würde, damit für Moorschneehühner und Schafe neue zarte Triebe nachwachsen. Diese Hasen können daher auch ein wichtiger Faktor für die Beweidung solcher Gebiete sein.

Wenn Schnee liegt, scharren Kaninchen und Hasen sich ihr Futter nicht darunter hervor, sondern holen sich, was sie oberhalb der Schneedecke finden. Der Schneehase knabbert oft die Spitzen alter, nicht abgebrannter Heidebüsche ab, die er sonst nicht erreichen würde. Im Winter können Kaninchen und Hasen die Baumrinden an höheren Stellen erreichen und auf diese Weise junge Bäume weiter schädigen. Da Hasen sich außerdem gern auf den Hinterbeinen aufrichten, um möglichst hoch hinaufzureichen, kann auch an älteren Bäumen ausgedehnter Schaden angerichtet werden.

Natürliche Feinde reichen mengenmäßig nicht aus, um die Kaninchenbestände wirkungsvoll zu dezimieren. So mußte der Mensch eingreifen. Die traditionelle Methode, Kaninchen zu töten, war es, sie zu schießen, sie in Fallen zu fangen oder sie mit Hilfe von Frettchen aus den Bauen zu treiben, um sie dann im Freien zu erlegen. Diese Methoden bewährten sich jedoch nicht in ausreichendem Maße. Selbst die Vergasung der Baue erwies sich nur selten als wirksam. So bekämpften die australischen Behörden die Kaninchenplage mit der künstlichen Verbreitung einer Viruskrankheit, der Myxomatose, die man bei artverwandten südamerikanischen Kaninchen gefunden hatte. 1953 übernahmen auch europäische Landwirte diese Bekämpfungsmethode. Zuerst wurde sie in Frankreich eingesetzt und danach in Großbritannien. Für die südamerikanischen Kaninchen hatte diese Krankheit keine sehr schlimme Auswirkung. Die europäischen Arten jedoch waren nicht immun dagegen, und das Virus vernichtete fast die ganze Population.

Die Myxomatose wird von Kaninchenflöhen übertragen. Dieser Floh ist nur einer der zahlreichen Parasiten, die bei dem geselligen unterirdischen Leben der Kaninchen besonders gut gedeihen. Hasen dagegen sind auffallend frei von Parasiten. Zwar kam es auch bei ihnen zu einigen Todesfällen durch Myxomatose, aber sie waren nur äußerst selten. Die wenigen Kaninchen, die den ersten Anschlag mit Myxomatose-Viren überlebten, bauten neue Populationen auf. Aber wenn auch das Virus (das inzwischen endemisch, d. h. unausrottbar heimisch, geworden ist) etwas von seiner anfänglichen Wirkung eingebüßt hat und manche Kaninchen resistenter geworden sind, verursacht diese Krankheit immer noch den Tod vieler Tiere, und überall dort, wo die Populationen wieder zu wachsen beginnen, entstehen auch wieder günstige Bedingungen für die Verbreitung der Myxomatose.

Der Schneehase hat zur Sommerzeit ein braunes Fell (oben links). Beim Haarwechsel im Herbst bekommt er ein zweites braunes Fell, bei dem das hellere untere Wollhaar durchschimmert (oben). Nach einem erneuten Haarwechsel spät im Jahr hat der Schneehase dann sein weißes Fell (links), das er im Frühling wieder verliert.

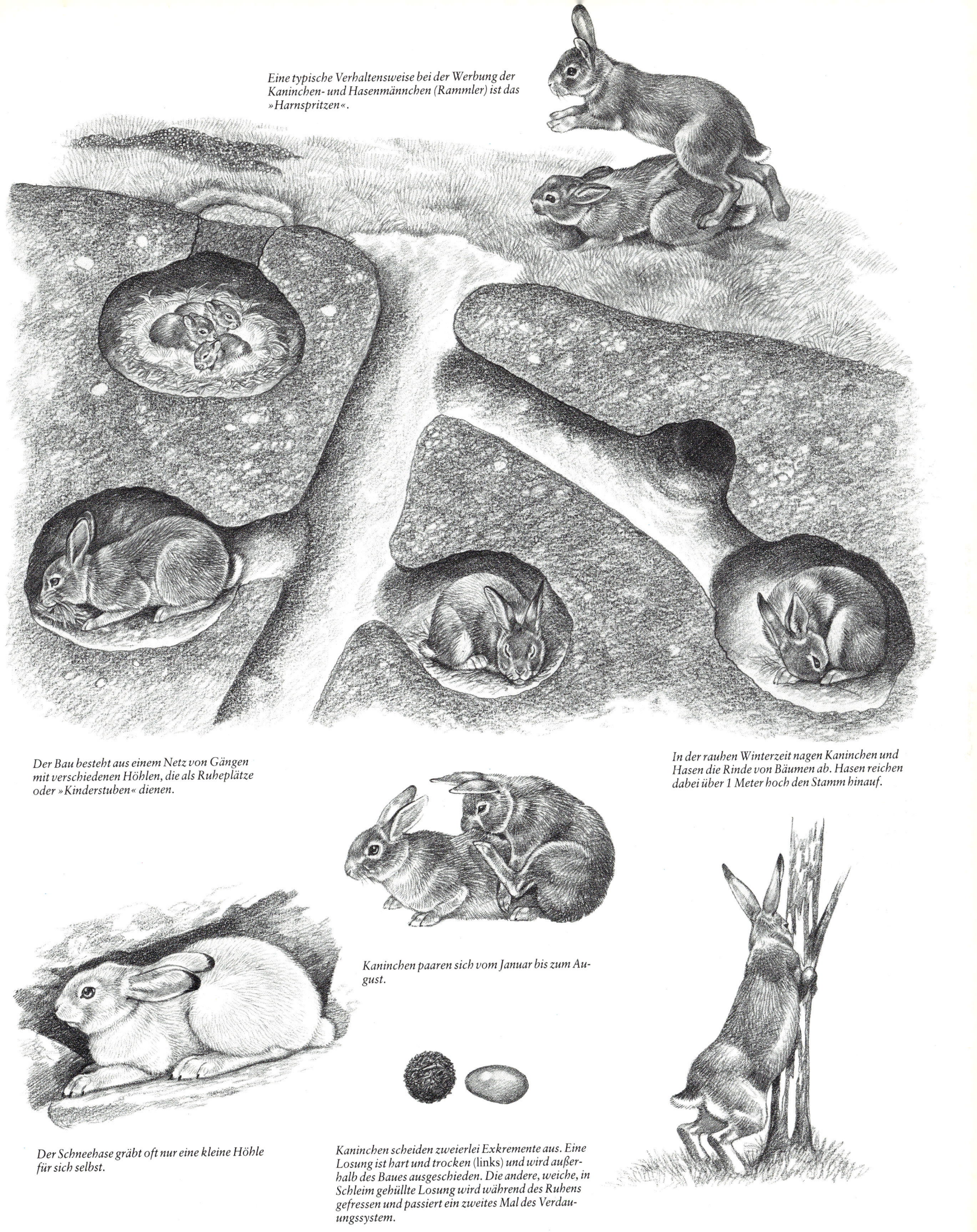

Eine typische Verhaltensweise bei der Werbung der Kaninchen- und Hasenmännchen (Rammler) ist das »Harnspritzen«.

Der Bau besteht aus einem Netz von Gängen mit verschiedenen Höhlen, die als Ruheplätze oder »Kinderstuben« dienen.

In der rauhen Winterzeit nagen Kaninchen und Hasen die Rinde von Bäumen ab. Hasen reichen dabei über 1 Meter hoch den Stamm hinauf.

Kaninchen paaren sich vom Januar bis zum August.

Der Schneehase gräbt oft nur eine kleine Höhle für sich selbst.

Kaninchen scheiden zweierlei Exkremente aus. Eine Losung ist hart und trocken (links) und wird außerhalb des Baues ausgeschieden. Die andere, weiche, in Schleim gehüllte Losung wird während des Ruhens gefressen und passiert ein zweites Mal des Verdauungssystem.

NAGETIERE
Ordnung Rodentia

Zur Ordnung der Nagetiere zählt mehr als ein Drittel aller Säugetiere der Welt. Bezogen auf Europa ist der prozentuale Anteil an der Gesamtfauna noch höher. Mit 60 wildlebenden Arten ist ihre Vielfalt in Aussehen und Lebensweise weit größer als die jeder anderen Säugetierordnung. Nicht nur die Artenzahl ist sehr hoch, sondern auch die Zahl der Einzeltiere. So sind etwa in Großbritannien die Kleinen Waldmäuse zahlreicher als die menschliche Bevölkerung. Einer der Gründe für diese große Zahl ist, daß Nagetiere fast alle sehr klein sind. Nur wenige werden so groß wie Kaninchen, und einige sind fast so winzig wie Spitzmäuse. Mit diesen geringen Körpergrößen haben sie die Möglichkeit, auch kleine Lebensräume zu besetzen, ohne deren Futtervorräte zu erschöpfen.

Nagetiere unterscheiden sich von Hasentieren unter anderem in der Anzahl der Zähne und im Bau des Gebisses. Bei den Nagetieren stehen im vorderen Ober- und Unterkiefer nur je 2 Schneidezähne, die, wie bei den Hasentieren, zusammenwirken. Doch die Kiefer bewegen sich anders. Sie schieben sich vor und zurück und nicht mahlend nach rechts und links. Wie die der Hasentiere wachsen auch die Zähne der Nagetiere immer wieder nach, bei Ratten z.B. 0,27 mm wöchentlich. Dieses Wachstum wird dadurch ausgeglichen, daß die Tiere hartes Futter nagen. Die Zähne von Nagetieren unterscheiden sich auch darin, daß der oft gelbe bis orangerote Zahnschmelz die Zähne nur vorne bedeckt, während auf der Rückseite das weiche Zahnbein freiliegt. Neben den Schneidezähnen ist jeweils eine lange Lücke vorhanden (Diastema), auf die auf jeder Seite eine kurze Reihe von Mahlzähnen folgt. Diese sind bei einigen Arten wurzellos und wachsen ebenfalls während des ganzen Lebens weiter. Eine Besonderheit, die das Nagetiergebiß noch effektiver macht, ist die Fähigkeit, die Lippen hinter die Nagezähne zurückzuziehen, die dadurch getrennt von den übrigen Zähnen besser nagen können. So können die Tiere z.B. Nußschalen vom Kern trennen, ohne daß die ganze Nuß ins Maul genommen werden muß.

Nagetiere leben überall in Europa – in der Tundra ebenso wie im Mittelmeergebiet. Einige Arten hausen in der Nähe von Wasser und können schwimmen, andere sind gute Kletterer. Eine Spezies hat sogar eine Möglichkeit des Gleitflugs entwickelt und benützt dazu eine Flughaut, die sich von den Hand- bis zu den Fußgelenken spannt. Fast alle kleineren Arten legen Laufpfade zwischen Pflanzenwurzeln an. Manche haben gelernt zu graben und leben ähnlich wie Maulwürfe. Abgesehen von all diesen »Spezialisten« gibt es auch Arten, die imstande sind, sich vielen höchst unterschiedlichen Lebensräumen anzupassen. Zu ihnen gehören etwa Hausmäuse und Ratten, die heute, abgesehen von den bereits erwähnten Waldmäusen und vom Menschen, die am weitesten verbreiteten Säugetiere sind.

Die meisten Nagetiere ernähren sich von Samen und Körnern, aber fast alle fressen auch Kräuter, die für manche Arten sogar zur Hauptnahrung geworden sind. Wieder andere jagen gelegentlich auch Insekten, und einige, z.B. Ratte und Hausmaus, sind Allesfresser, die nichts unberührt lassen. Es gibt allerdings keine Art, die ausschließlich Fleischfresser ist.

Obwohl einige Nagetiere, wie etwa der Biber oder das Murmeltier, langlebig sind und sich nur langsam vermehren, hat die Mehrzahl ein kurzes Leben. Doch innerhalb von 12 Monaten – der Lebensspanne der meisten Arten – ist bei vielen eine erstaunliche Fruchtbarkeit festzustellen. Hausmaus und Wanderratte können unter günstigen Umständen während des ganzen Jahres Junge werfen, die Hausmaus bis zu 10 Würfe. Andere Arten haben zwar festgelegte Fortpflanzungszeiten, doch selbst dann können sie so viele Junge haben, daß die Populationen zur Landplage werden. Doch seltsamerweise folgt auf eine solche Übervölkerung immer schlagartig wieder eine Verminderung. Manche Arten verhalten sich so, daß in ihren Territorien Übervölkerungen erst gar nicht entstehen. Aber welche einzelnen Mechanismen die Individuenzahl regeln, muß noch genau erforscht werden.

Viele Nagetierarten haben relativ große Augen, trotzdem ist ihr Sehvermögen im allgemeinen sehr gering. Dafür hören sie gut und haben einen scharfen Geruchssinn. Gerüche spielen im territorialen und sexuellen Verhalten offensichtlich eine große Rolle, denn einige Arten besitzen sehr ausgeprägte Duftdrüsen.

Die Bedeutung von Nagetieren für die Umwelt ist nicht zu unterschätzen. Als Pflanzenfresser regulieren sie Wachstum und Verbreitung der Flora. Bremsend wirken sie, indem sie junge Triebe fressen, regenerierend und erhaltend, indem sie Pflanzensamen als Nahrungsvorrat sammeln, denn, vergißt ein Nager, wo er seine Vorratskammer angelegt hat, oder, was wahrscheinlicher ist, überlebt er den Winter nicht, wachsen aus den unterirdischen gehorteten Samen neue Pflanzen. Die Nagetiere selbst sind eine wichtige Futterquelle für viele fleischfressende Säugetiere, sowie für Eulen und Greifvögel.

In der Ordnung der Nagetiere findet man allerdings auch die größte Anzahl schädlicher Tierarten, und alljährlich werden riesige Geldsummen aufgewendet, um ihre Anzahl zu vermindern und den Schaden möglichst gering zu halten. Da jedoch auch die Schädlinge unter den Nagern sehr hohe Vermehrungsraten aufweisen, gelingt die Vernichtung nur sehr begrenzt. Zwar mag es regional gute Erfolge geben, doch die Tiere, die überleben, vererben ihre Resistenz an die Nachkommen. Diese wiederum sind dann die Ahnen immer widerstandsfähigerer, kaum noch unter Kontrolle zu haltender Generationen.

Bei der Entscheidung, ob ein Tier schädlich oder nützlich ist, geht der Mensch aber meist sehr subjektiv von seinen eigenen Interessen aus und unternimmt Schritte, die ihm später selbst schaden. Selbst mit nützlichen Arten geht er nicht gerade vorsichtig um. So wurden beispielsweise beliebte Pelzlieferanten wie der Biber, die Bisamratte und der südamerikanische Sumpfbiber fast völlig ausgerottet.

45

HÖRNCHEN
Familie Sciuridae

Die Familie der Hörnchen ist eine der größten unter den Nagetieren. Sie umfaßt nicht nur die vertrauten baumbewohnenden Formen, sondern auch Gleit- oder Flughörnchen und Arten, die unterirdische Baue anlegen. Wegen markanter anatomischer Übereinstimmungen werden sie zu einer Gruppe zusammengefaßt. So weisen alle Hörnchen starke Ähnlichkeiten im Gebiß und bei den Kiefermuskeln auf. Weitere gemeinsame Merkmale sind die großen Pfoten und die sehr kräftigen Krallen. Von den heute in Europa vorkommenden Arten leben das Eichhörnchen und das Gleithörnchen auf Bäumen, während der Perlziesel und das Murmeltier Erdhörnchen sind. Außerdem sind noch ein Baumhörnchen, das Grauhörnchen, und ein weiteres Erdhörnchen, der Chipmunk aus Sibirien, vom Menschen in Europa eingebürgert worden.

Das Eichhörnchen findet man in allen europäischen Waldregionen, außerdem in einem Großteil Asiens bis in die Gegend von Hokkaido. Am besten gedeiht es in großen, alten, im Tiefland gelegenen Nadelwäldern. Doch vereinzelt lebt es auch in den Alpen und in den Pyrenäen, allerdings nie in Höhen über 2000 Metern. Der Körper des Eichhörnchens ist 20–24 cm lang, dazu kommt der Schwanz mit bis zu 19,5 cm. Die einzelnen Schwanzhaare verfügen über eigene Muskeln, mit deren Hilfe sie sich aufrichten und flachlegen können. Der Schwanz hilft dem Tier, das Gleichgewicht zu halten, wenn es in großen Höhen von Baum zu Baum springt. Außerdem benutzen Eichhörnchen ihren Schwanz zur Verständigung untereinander.

Die schnelle und gewandte Fortbewegung des Eichhörnchens wird ermöglicht durch besonders leichte Knochen und durch die langen Hinterbeine mit den gebogenen Krallen. Diese Krallen sind so kräftig, daß das Tier oft nur zwei Zehen braucht, um sich an einem Ast festzuhalten. Eichhörnchen verfügen über bemerkenswert gute Augen. Diese sind sehr groß und so placiert, daß das Tier ein weites Gesichtsfeld nach allen Richtungen hat und bis zu einem gewissen Grad sogar hinter sich sehen kann. Die hochsensiblen Netzhautzellen, »Zäpfchen« genannt, erlauben dem Eichhörnchen, kleinste Bewegungen sofort zu erkennen und genau zu verfolgen. Bei Baumhörnchen ist außerdem der »blinde Fleck« auf der Netzhaut sehr verkleinert. Er besteht nur aus einer einzigen waagerechten Zellschicht im oberen Augenhintergrund. Dieser ausgeprägte Gesichtssinn erklärt die absolute Sicherheit, mit der die Tiere an Baumstämmen hinauflaufen und große Weiten überspringen können.

Die Reviergröße eines einzelnen Eichhörnchens, die übrigens im Sommer größer ist als im Winter, ist abhängig von der Art des regionalen Baumbestandes. In Ostschottland zum Beispiel, wo die Bäume rund 15 Meter hoch werden, besetzt ein Eichhörnchen eine Fläche von durchschnittlich 285 x 470 Metern. In Schweden und in Japan dagegen sind die Reviere viel kleiner. Jedes Territorium überschneidet sich in den Randzonen mit den angrenzenden Nachbarrevieren. Jedes Tier baut in seinem Refugium eine Reihe von runden überdachten Nestern, die »Kobel«. Die Fundamente bestehen aus dünnen Zweigen und werden mit Moos, Gras, Tannennadeln oder Borkenstückchen ausgekleidet. Besonders gern werden die Kobel dort angelegt, wo große Äste von efeuumrankten Baumstämmen abzweigen.

Eichhörnchen sind niemals nachts aktiv. Sie scheuen starken Wind, und tiefer Schnee behindert sie. Sie halten keinen Winterschlaf, daher kann man sie das ganze Jahr über beobachten. Im Sommer verlassen sie ihre Kobel kurz nach Sonnenaufgang und gehen auf Nahrungssuche, die sich um die Mittagszeit und kurz vor Einbruch der Nacht wiederholt. Im Winter beschränken sich die Tiere meist auf eine einzige, dafür aber längere Expedition. Ihr Futter finden Eichhörnchen oft auch auf dem Boden, scheinen sich dort jedoch unbehaglich zu fühlen, so daß sie häufig innehalten, sich aufsetzen und um sich blicken. Als Freßplätze suchen sie sich gern Baumstümpfe oder andere erhöhte Stellen, von denen aus sie die Gegend beobachten können. Die abwechslungsreiche Nahrung besteht

Eichhörnchen können mit dem Kopf voran Baumstämme hinunterklettern. Die breit gesetzten Vorder- und Hinterbeine geben ihnen sicheren Halt.

Eichhörnchen haben an den Hinterpfoten fünf lange, flexible Krallen (links), nur vier aber an den Vorderpfoten, an denen der Daumen zu einem Höcker verkümmert ist (oben).

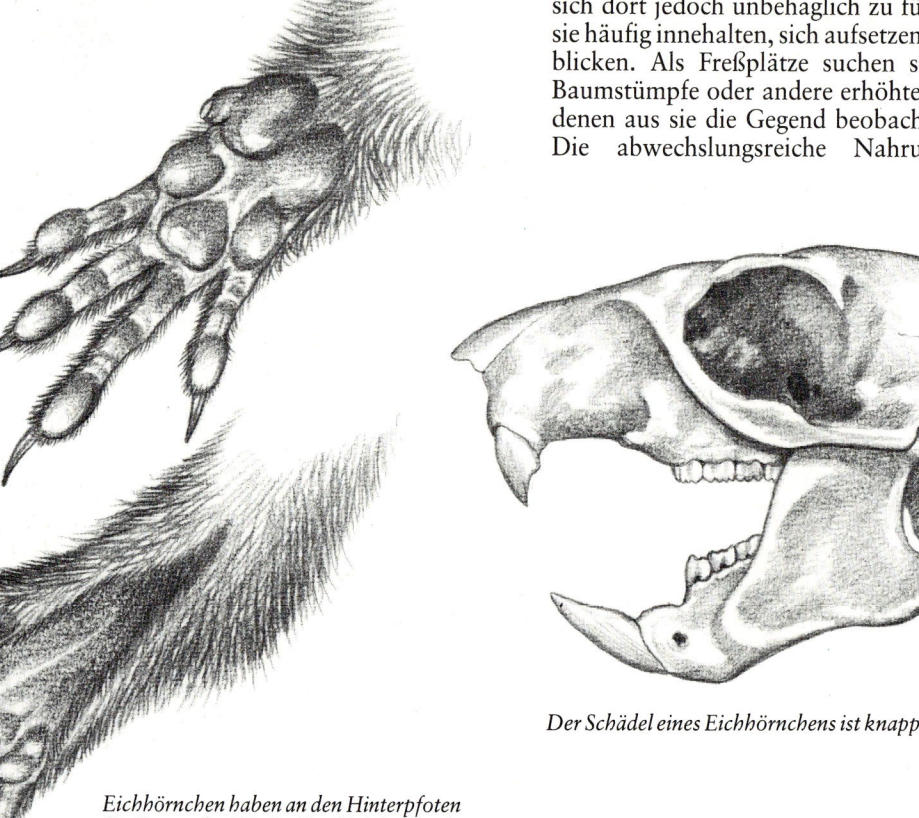

Der Schädel eines Eichhörnchens ist knapp 5,5 cm lang.

Dieses Loch im Baum könnte aus einer früheren Beschädigung des Holzes durch Eichhörnchen entstanden sein. Artgenossen späterer Generationen fressen dann wahrscheinlich die Jungen von darin nistenden Vögeln, wie z. B. dieser Haubenmeise.

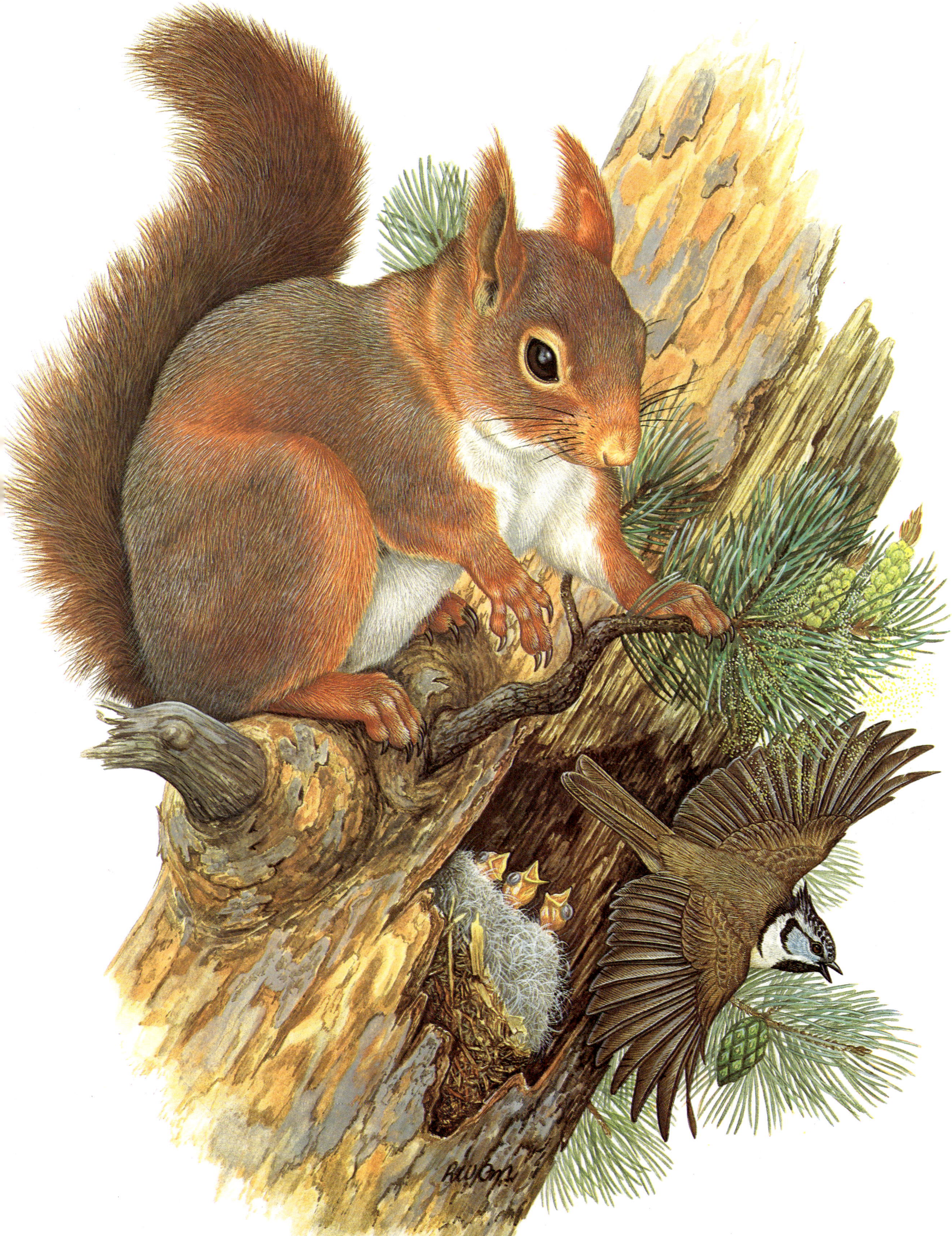

hauptsächlich aus Baumsamen, Blättern und Pilzen, im Frühling auch aus dem saftigen Gewebe unter Baumrinden. Zapfen von Nadelbäumen bilden den wichtigsten Anteil der Kost. So kann beispielsweise ein schottisches Eichhörnchen an einem Tag 100–150 Zapfen leeren. Innerhalb von 3 Minuten werden die Schuppen abgeknabbert und die rund 30 Samen verzehrt. Im Laufe eines Tages vertilgt ein Eichhörnchen eine Futtermenge von 5% des eigenen Körpergewichts. Ab und zu fressen Eichhörnchen auch Insekten und Vogeleier, manchmal sogar junge Vögel. Aufgespürt wird das Futter mit dem Geruchssinn. Beim Fressen hockt das Tier auf dem Boden oder auf einem Baumstumpf oder es hängt mit den Hinterbeinen an einem Ast. Die Nahrung wird mit den Vorderpfoten festgehalten, zum Maul gehoben und zum Abbeißen immer wieder herumgedreht. Ist reichlich Nahrung vorhanden, wird sie gehortet. Gewöhnlich wird im Boden eine kleine Grube ausgehoben, das Gesammelte hineingelegt und dann mit Erde zugescharrt. Später erinnert sich ein Eichhörnchen nicht mehr an jeden Vorratsplatz, aber der scharfe Geruchssinn ermöglicht es ihm, die Verstecke wiederzufinden.

Eichhörnchen werden kurz nach der Wintermitte sexuell aktiv. Die »Brautschau« beginnt damit, daß mehrere Männchen ein Weibchen blitzschnell durch die Zweige verfolgen. Die Paarung kann auf den Bäumen oder auf dem Boden stattfinden. 6–7 Wochen später werden 2–3 Junge geboren. Sie sind blind, taub und nackt, ihre Haut ist sehr faltig, und sie wiegen nur 10–15 Gramm. Kurz bevor sie 3 Wochen alt sind, bekommen sie das erste Fell und bald darauf brechen die unteren Schneidezähne durch. Im Alter von 4 Wochen öffnen sich die Augen. Mit ungefähr 7 Wochen können die Jungen die erste feste Nahrung vertragen, aber ganz entwöhnt werden sie erst, wenn sie über 2 Monate alt sind. Eichhörnchen werden ausschließlich von der Mutter aufgezogen. Schon einige Zeit vor dem Werfen wird diese allen Artgenossen, aber auch dem Vater gegenüber aggressiv. Ab und zu kommt es vor, daß die Jungen umgesiedelt werden müssen, solange sie noch hilflos sind. Dann packt die Mutter sie bei der losen Bauchhaut, und die Kleinen rollen sich unter ihrem Kinn zusammen, so daß sie sich gefahrlos und ohne Verletzungen transportieren lassen. Im Hochsommer kann ein zweiter Wurf geboren werden. Normalerweise pflanzen sich Eichhörnchen nicht fort, ehe sie 1 Jahr alt sind, aber einige wenige beginnen damit schon im Alter von 6 Monaten.

In der freien Natur werden Eichhörnchen etwa 5–6 Jahre alt. Aber man weiß auch von einem Tier, das in Gefangenschaft 20 Jahre lang gelebt hat. Zu den natürlichen Feinden zählen Marder, Füchse und einige Greifvögel. Oft werden sie auch von Hauskatzen und -hunden gejagt. Aber am meisten gefährdet ist auch dieses Tier durch den Menschen, denn er hat in vielen Gebieten den notwendigen Lebensraum zerstört und dadurch die Zahl der Eichhörnchen stärker reduziert als irgendein anderer Faktor. Zu abrupten regionalen Bestandsdezimierungen kommt es jedoch auch, wenn in einem schlechten Jahr keine Zapfen reifen oder bestimmte Gebiete von Parasiten befallen werden.

In Großbritannien waren gegen Ende des 19. Jahrhunderts die Eichhörnchen besonders zahlreich, aber zu Anfang des 20. Jahrhunderts verringerte eine Krankheit die Populationen drastisch. Zu dieser Zeit nämlich wurde das amerikanische Grauhörnchen ins Land gebracht und schnell an vielen Orten heimisch. Beide Arten sind nahe verwandt, und in Lebensweise und allgemeinen Bedürfnissen bestehen so viele Ähnlichkeiten, daß sie nicht lange nebeneinander existieren können. Daher überlebte das mit 25–30 cm Körperlänge und 22 cm Schwanzlänge größere und aggressivere Grauhörnchen. Dieses ist jedoch im wesentlichen ein Bewohner von Laubwäldern, so daß sich, zumindest in großen Nadelwaldgebieten, die einheimische Spezies behaupten konnte.

Das europäische Gleit- oder Flughörnchen lebt nur in der Taiga im hohen Norden des Kontinents. Es mißt nur 23–31 cm, der Schwanz zusätzliche 14 cm. Zwischen den Vorder- und Hinterbeinen ist eine Haut gespannt, die das Tier ausbreiten kann, wenn es größere Entfernungen überspringt. Diese Haut, die nur beim Sprung sichtbar ist, befähigt es, wesentlich weiter zu gleiten, als es ohne sie springen könnte. Das Gleithörnchen ist selten zu sehen, weil es tagsüber in hohlen Bäumen ruht und nur nachts aktiv wird. Im Gegensatz zu anderen Hörnchen hält es einen Winterschlaf. Die Zahl der Gleit- oder Flughörnchen war schon immer sehr gering und nimmt, ohne daß Gründe dafür bekannt sind, immer weiter ab.

Das Gleithörnchen bewohnt die Taiga im nördlichen Europa.

Die Paarung von Grauhörnchen erfolgt gewöhnlich im Spätwinter und zu Sommeranfang und findet in den Bäumen statt. Die meisten Weibchen werfen demnach auch zweimal im Jahr.

IM LAUFE DES JAHRES VERÄNDERT SICH DIE FELLFARBE EINES EICHHÖRNCHENS:

JANUAR: Das Eichhörnchen sucht nach den Nüssen, die es im letzten Herbst vergraben hat.

JUNI: Kräftige Zweige werden für das äußere Gerüst eines Kobels zurechtgeknabbert.

Der Kobel des Eichhörnchens wird gewöhnlich in über 8 m Höhe an den Stamm eines Nadelbaums gebaut.

MAI: Eichhörnchen stehlen die Eier vieler Waldvögel.

In Europa haben die Eichhörnchen häufig ein dunkles Fell. Das hier abgebildete Tier schläft gerade in den Zweigen.

Leere Kiefernzapfen, sauber auf »ge-knackte« Haselnüsse, Nagespuren an Baumrinden und Knochen – das alles sind Hinweise auf die Anwesenheit von Eichhörnchen.

MÄRZ: Während des Fressens sitzen Eichhörnchen oft auf erhöhten Plätzen wie z. B. Baumstümpfen, um eventuelle Feinde schneller zu bemerken.

49

ZIESEL
Familie Sciuridae

Ziesel sind von den Steppen Westasiens bis nach Europa verbreitet, dort allerdings nur in Ostdeutschland und in Rumänien. Ihr gedrungener Körper mit dem kurzen Schwanz scheint auf eine Verwandtschaft mit anderen grabenden Nagetieren hinzudeuten, tatsächlich verwandt sind sie aber mit den Hörnchen, mit denen sie, rein äußerlich, den großen Kopf und die großen Augen gemeinsam haben. Außerdem sind Ziesel – wie auch die Hörnchen – Tagtiere. Es gibt zwei Arten: Im Norden des Verbreitungsgebietes lebt der Schlichtziesel, weiter südlich der Perlziesel. Der Schlichtziesel erreicht eine Körperlänge von 19–22 cm, dazu kommt der ca. 7 cm lange Schwanz. Der Perlziesel kann 18–23 cm lang werden, hat jedoch einen viel kürzeren Schwanz.

Schlichtziesel bevorzugen trockenes Grasland wie Weiden und nichtkultivierte Feldraine. Sie meiden Wälder und sumpfiges Gelände. In der Tschechoslowakei leben sie in Höhen von bis zu 1300 Metern, in Jugoslawien bis zu 2200 Metern. Zu einer Kolonie kann eine sehr große Zahl von Einzeltieren gehören. Sie hausen in einem Netz von Gängen, von denen ein Großteil an die Oberfläche führt. Schlichtziesel sind ausschließlich tagsüber aktiv. Sie wandern von einem Futterplatz zum andern, halten aber oft inne, um sich aufzusetzen und die Umgebung zu beobachten. Droht irgendeine Gefahr, warnen sie ihre Nachbarn mit einem schrillen Pfiff, ehe sie sich unter der Erde in Sicherheit bringen.

Die Hauptnahrung des Schlichtziesels sind Samen von Gräsern und anderen kleinwüchsigen Pflanzen. Ein Teil des gesammelten Futters wird in große Backentaschen gestopft und in den Bau getragen, in dem sich geräumige Vorratskammern befinden. Bis zum Herbst sind die Vorräte so groß, daß der Ziesel nun Fettreserven ansetzen kann, die ihm ermöglichen, den Winter zu überleben. Die Tiere begeben sich dann in den Bau und beginnen sich vollzufressen und sich so auf den Winterschlaf vorzubereiten. Einige Futterreserven bleiben übrig und dienen den Zieseln als erste Mahlzeit, wenn sie im März oder April erwachen. Um diese Zeit würden sie im Freien höchstens Knospen finden, die aber als Nahrung nicht ausreichen.

Ziesel paaren sich kurz nach dem Erwachen aus dem Winterschlaf. Nach einer Tragzeit von 28 Tagen wird ein Wurf von 6–8 Jungen geboren. Sie sind zuerst nackt, blind und hilflos, aber schon nach 4 Wochen ganz behaart. In diesem Alter verlassen sie auch zum erstenmal den Bau. Die erwachsenen Tiere werfen in diesem Jahr nicht mehr und die heranwachsenden Jungen erst im nächsten Sommer.

Der Perlziesel lebt in den südlicheren Gegenden Europas, wo er ein ähnliches Dasein führt wie sein nördlicher Verwandter. Er gräbt seine Baue etwas tiefer, so daß landwirtschaftliche Arbeiten ihn nicht stören und er deshalb auch Äcker sehr gut bewohnen kann.

Beide Zieselarten werden vom Menschen als Schädlinge für den Ackerbau betrachtet, und man bemüht sich wenig darum, sie zu schonen. Man stellt ihnen Fallen, »vergast« und vergiftet sie. Ihre natürlichen Feinde sind kleine Raubtiere wie Iltisse und Marder, aber auch Hühnerhabichte und Bussarde.

Hörnchen waren früher als Hausgenossen sehr beliebt. Heute werden nur noch wenige gehalten, denn zum einen brauchen sie viel Platz, zum anderen können sie tiefe und schmerzende Bißwunden zufügen. Ein Mitglied dieser Tierfamilie, das man heute noch gezähmt findet, ist der Sibirische Chipmunk, eine besonders hübsche Art mit fünf klar ausgeprägten dunklen Streifen auf dem Rücken. Der buschige Schwanz ist kürzer als beim Baumhörnchen, aber länger als beim Ziesel. Nachdem der Chipmunk als Haustier nach Europa gebracht worden war, hat sich der Nachwuchs einzelner Tiere, die sich aus der Gefangenschaft befreien konnten, in vielen Gegenden in den Wäldern angesiedelt, wo sie hauptsächlich in der Nähe von Sträuchern und Gebüsch ihre Baue anlegen. Wie der Ziesel sammelt auch der Chipmunk große Futtervorräte, von denen er sich im Winter ernährt. Er hält zwar keinen ausgesprochenen Winterschlaf, ist bei kaltem Wetter aber auch nicht vollständig aktiv.

Droht Gefahr, warnt ein Perlziesel mit schrillen Pfiffen die Artgenossen, bevor er in seinen Bau flüchtet.

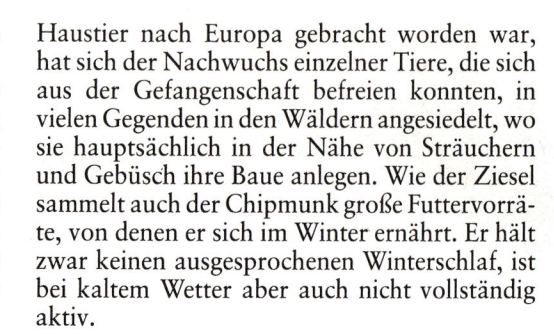

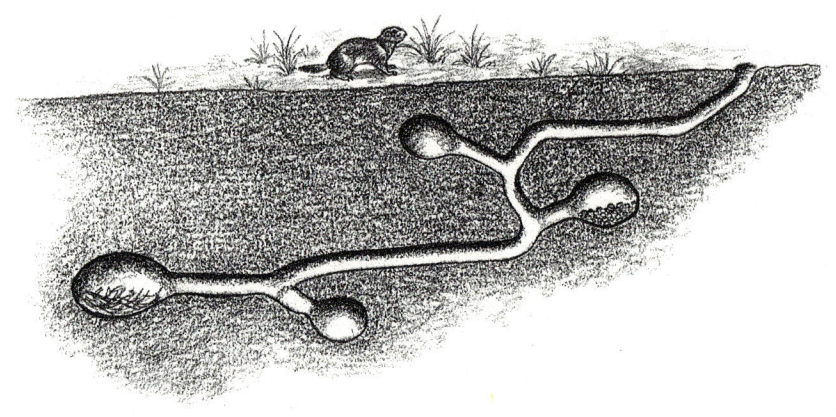

Ziesel ernähren sich hauptsächlich von verschiedenen Samen. Im Frühling ergänzen sie ihre Kost mit Eiern von Vögeln, die auf dem Boden brüten.

Sibirische Chipmunks sind aus der Gefangenschaft entkommen und haben sich in vielen Gegenden Europas angesiedelt.

Ein Wohnbau der Schlichtziesel kann sehr ausgedehnt sein. Jeder Bau enthält eine Nestkammer, große Futterspeicher und Latrinenbezirke. Obwohl viele Tiere zusammenleben, hat jedes seine eigene Höhle.

Der Schlichtziesel lebt in der Steppe. Er entfernt sich selten weit vom Bau, denn nur der bietet ihm Sicherheit in einer Umgebung voller Feinde (hier ein Steppeniltis).

51

MURMELTIERE
Familie Sciuridae

Das Alpenmurmeltier siedelt sich auf Berghängen oberhalb der Baumgrenze an, gewöhnlich in Höhen zwischen 2000 und 3000 Metern. Es bevorzugt warme Südhänge und wird nur selten aktiv, wenn die Sonne nicht scheint. Einst relativ weit verbreitet, haben nur wenige Populationen in den Alpen, in der Tatra und in den Karpaten bis heute überlebt. In den Pyrenäen und in Jugoslawien hat man es inzwischen wieder eingebürgert.

Das Alpenmurmeltier ist das größte Mitglied der Hörnchenfamilie. Der Körper mißt 50–58 cm, der Schwanz ca. 19 cm. Das durchschnittliche Gewicht liegt bei etwa 6,8 kg.

Wie die meisten Erdhörnchen sind die Murmeltiere sehr gesellig, und mehrere von ihnen teilen sich regelrechte unterirdische Wohnkomplexe. Diese Baue liegen gewöhnlich in verfestigten Geröllhalden, in denen sich zwischen den Steinblöcken genügend Erde angesammelt hat, um das Graben von Gängen bis in 3 Meter Tiefe zu ermöglichen. Dort erst haben die Tiere genügend Sicherheit und Wärme, obwohl die Kammern, in denen sie ruhen, sich meist nur 1 Meter unter der Oberfläche befinden. Diese sogenannten »Kessel« werden mit dürrem Gras ausgepolstert, das vor dem Winter hineingetragen und erst nach dem Winterschlaf erneuert wird.

Alpenmurmeltiere ernähren sich von Gräsern und Seggen, sowie von Blättern und Trieben verschiedener Gebirgspflanzen. Aber sie besitzen keine Backentaschen und legen keine Samenvorräte an.

Nur selten wird ein Murmeltier zur Beute. Das liegt aber nicht daran, daß es keine natürlichen Feinde hätte, sondern daran, daß Murmeltiere von außerordentlicher Wachsamkeit sind. Aufgrund ihrer Größe können sie bei Gefahr nicht einfach in kleine Felsspalten schlüpfen, und deshalb ist ihre beste Verteidigung, Feinde wie Adler, Füchse und Bären so rechtzeitig zu bemerken, daß sie noch in die Baue fliehen können. Murmeltiere haben sehr scharfe Augen und können jede Bewegung schon von weitem erkennen. Während sie fressen, halten sie häufig inne, setzen sich aufgerichtet auf die Hinterbeine und beobachten genau die umliegenden Hänge und den Himmel. Es wird oft behauptet, daß eine Gruppe, die frißt, einen Wachtposten aufstellt. Wahrscheinlicher ist jedoch, daß jedes Murmeltier, das Gefahr wittert, mit einem schrillen Pfiff die ganze Gruppe alarmiert, die sich dann schleunigst in Sicherheit bringt.

In den Bergen setzt der Winter früh ein und dauert sehr lange. Schon im Oktober sind die Alpenmurmeltiere deshalb zum Winterschlaf bereit. Sie verschließen die Eingänge der Haupttunnel mit Erde, die sie aus kleinen Seitengängen graben, und ziehen sich in ihre heugefüllten Schlafkessel zurück. Dann verfällt die ganze Sippe eng aneinander geschmiegt in den typischen Starrezustand. Sie erwacht nicht vor dem nächsten April und kommt auch nach dem Erwachen nur bei sehr hellem, sonnigem Wetter aus dem Bau. Erst wenn es richtig warm geworden ist, nehmen die Tiere ihre ersten Sonnenbäder auf den Felsen.

Auch Murmeltiere paaren sich kurz nach dem Winterschlaf. Nach einer Tragzeit von rund 6 Wochen werden 2–4 Junge geboren. Diese kommen bis etwa Mitte Juli überhaupt nicht ans Tageslicht, dann aber sind sie bereits entwöhnt und vollkommen behaart. Die erwachsenen Tiere paaren sich im nächsten Jahr nicht, sondern kümmern sich weiter um die Jungen, die erst im Alter von mindestens 3 Jahren geschlechtsreif werden. Wie alle Jungtiere sind auch die jungen Murmeltiere stets zum Spielen aufgelegt. Sie tragen Scheinkämpfe aus, bei denen sie sich auf den Hinterbeinen aufrichten und miteinander »boxen«. Diese Kämpfe sind unblutig, dienen aber wahrscheinlich dazu, die Stellung eines Jungtieres in der Rangordnung der Familie zu bestimmen. Da sich Murmeltiere nur langsam vermehren, darf man annehmen, daß sie ziemlich langlebig sind. In Gefangenschaft sind einige nachweislich 20 Jahre alt geworden. Es ist durchaus möglich, daß sie in der freien Natur fast ebenso lange leben, geschützt durch ihre scharfen Sinne und ihren unwirtlichen, oft schlecht zugänglichen Lebensraum.

Das spielerische Gerangel junger Murmeltiere ähnelt schon sehr den echten Kämpfen, die später zwischen rivalisierenden Männchen ausgetragen werden.

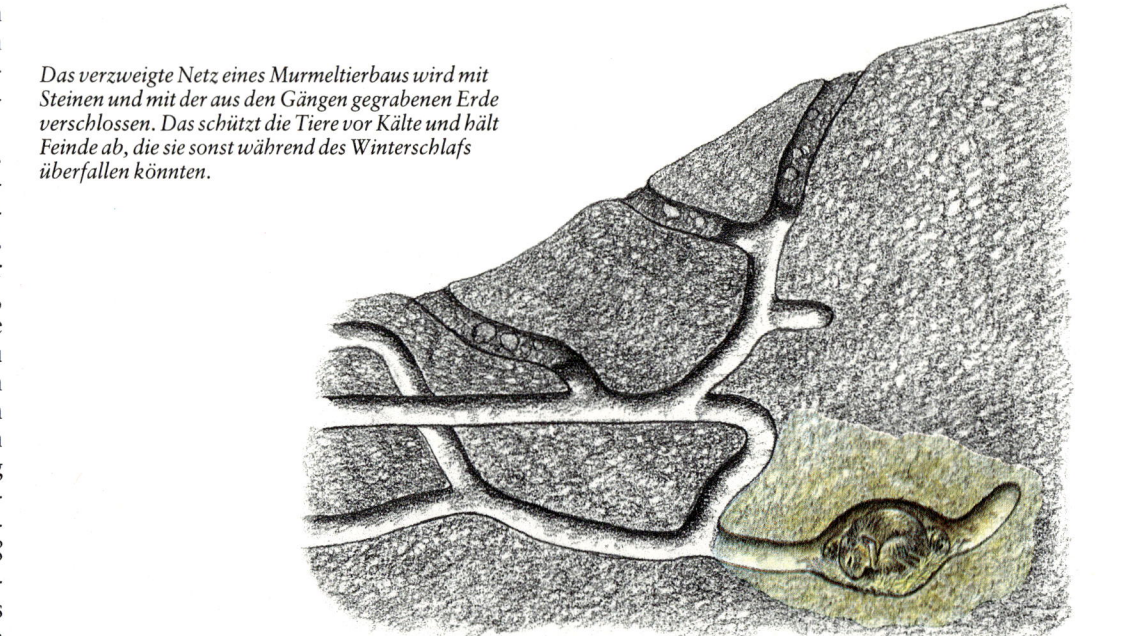

Das verzweigte Netz eines Murmeltierbaus wird mit Steinen und mit der aus den Gängen gegrabenen Erde verschlossen. Das schützt die Tiere vor Kälte und hält Feinde ab, die sie sonst während des Winterschlafs überfallen könnten.

Murmeltiere pflegen ihre Behausung. Sie polstern sie mit dürrem Gras und Laub aus, die erneuert werden, wenn die Tiere aus dem Winterschlaf erwachen.

Das Alpenmurmeltier haust in den oberen Felsregionen der europäischen Hochgebirge. Es liebt die grelle Sonne dieser Höhen und verbringt einen Großteil des Sommers damit, sich in der Nähe des Baues zu sonnen. Auch die Jungen spielen meist in der unmittelbaren Umgebung, denn sie sind durch Greifvögel noch mehr gefährdet als ihre Eltern.

53

BIBER
Familie Castoridae

Wie viele der größeren Säugetiere Europas ist der Biber an den meisten seiner früheren Lebensstätten ausgerottet worden. Einst fand man ihn auf dem ganzen Kontinent, überall dort, wo Flüsse und Seen von Laubwäldern umgeben waren. An Land ist der Biber langsam und unbeholfen und deshalb eine leichte Jagdbeute. Wegen der extremen Anhänglichkeit an sein Heimatgebiet kann man den Biber, hat man ihn einmal ausgemacht, gleich kolonienweise fangen. Die Tiere wurden nicht nur wegen ihres schönen, dichten Pelzes gejagt, sondern auch wegen ihres besonderen Drüsensekrets, des »Bibergeils«, das sie zur Markierung ihres Reviers benützen. Der Mensch verwendete dieses Sekret in der Medizin und als Grundstoff für Parfüms. Gegen Ende des 18. Jahrhunderts war der Biber aus dem Großteil Europas verschwunden. Heute leben nur noch kleine Populationen in Skandinavien und Finnland, sowie in den Tälern von Rhone und Elbe und in Rußland. In diesen Gebieten sind sie jetzt zum größten Teil geschützt, und an geeigneten Orten ihres ursprünglichen Lebensraums hat man sie wieder neu angesiedelt. Eine dem hiesigen Biber verwandte Art, den Kanadischen Biber, hat man in Finnland eingebürgert.

Der Biber ist das größte Nagetier Europas. Er kann bis zu 20 kg wiegen, sein Körper mißt bis zu 100 cm, der Schwanz zusätzlich ca. 40 cm. Biber sind nur selten zu sehen, denn sie sind äußerst scheu. Sie leben in sogenannten »Burgen«, deren Eingänge sich unter Wasser befinden, und kommen nur heraus, wenn sie durch nichts gestört werden. Dann bauen sie ihre charakteristischen Gänge und Behausungen. Wo die Tiere völlige Ruhe haben, können sie auch am Tage tätig sein, aber eigentlich sind sie nachts aktiv. Die Anwesenheit von Bibern verraten nur die typischen Nagespuren an Baumstämmen und die Stümpfe gefällter Bäume.

Wie bereits erwähnt, ist der Biber an Land sehr unbeholfen, im Wasser aber außerordentlich flink, geschickt und anmutig. An der Oberfläche schwimmt er langsam und rudert mit den Hinterbeinen, unter Wasser holt er mit den Hinterbeinen seitwärts aus und schlägt sie dann wieder zusammen. Der flache, kräftige Schwanz bewegt sich dabei in waagerechten Wellenlinien. Dieser Schwanz ist besonders flexibel und kann auch senkrecht zur Normalhaltung gedreht werden. In dieser Position dient er zum Steuern. Eine weitere Funktion des Schwanzes ist die Verständigung unter Artgenossen. Ist ein Biber alarmiert, klatscht er zur Warnung der anderen lärmend auf den Wasserspiegel, ehe er untertaucht und sich in Sicherheit bringt.

Viele Säugetiere sind fähig, ihre Umwelt zu verändern, aber nur wenige tun dies so drastisch wie die Biber. Sie holen sich nicht nur Unmengen von jungen Bäumen aus ihrem Futtergebiet, sie nehmen auch starken Einfluß auf den Charakter von Wasserläufen. Durch den Bau von Dämmen verwandeln sie schnellströmende Flüsse in Ansammlungen von stillen Weihern. Der Anreiz dafür scheint das Rauschen des reißenden Wassers zu sein. So wird ein Dammbau oft dort begonnen, wo die Strömung sehr lautstark um große Steine oder Felsblöcke herumtobt. An diese Stelle werden dann Steine gerollt, anschließend werden Stücke von Baumstämmen und Ästen an die »Baustelle« transportiert, dort verankert und schließlich so lange kleine Zweige und Schlamm hinzugefügt, bis der »Damm« eine feste, glatte Oberfläche erhalten hat. Ein solcher Damm kann bis zu 3 Meter breit und 2 Meter hoch sein und mehrere tausend Kubikmeter Holz, Steine und Schlamm enthalten. Meist

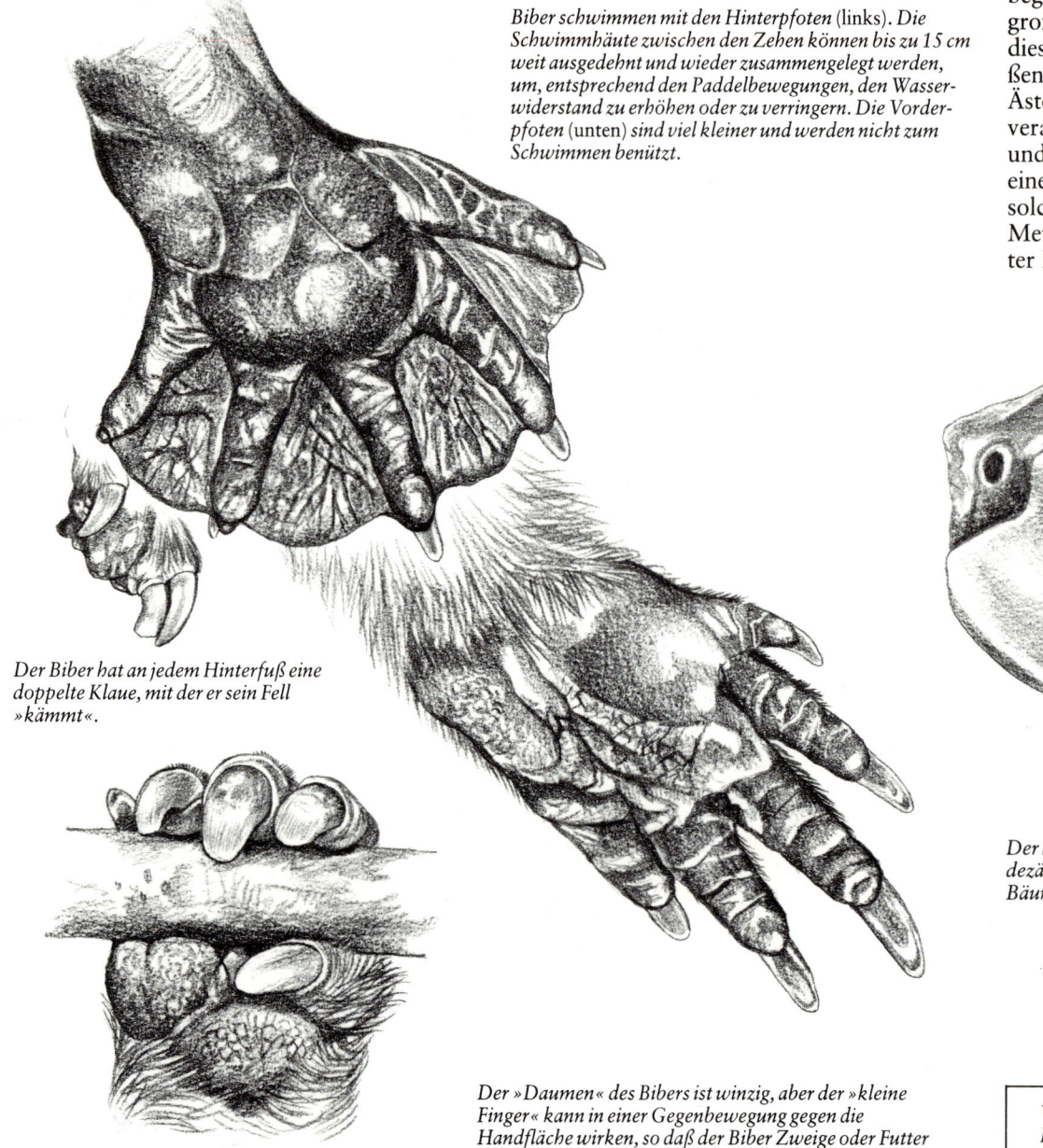

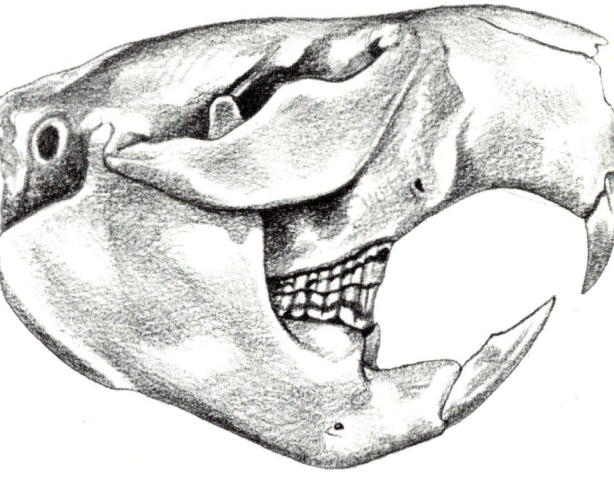

Biber schwimmen mit den Hinterpfoten (links). Die Schwimmhäute zwischen den Zehen können bis zu 15 cm weit ausgedehnt und wieder zusammengelegt werden, um, entsprechend den Paddelbewegungen, den Wasserwiderstand zu erhöhen oder zu verringern. Die Vorderpfoten (unten) sind viel kleiner und werden nicht zum Schwimmen benützt.

Der Biber hat an jedem Hinterfuß eine doppelte Klaue, mit der er sein Fell »kämmt«.

Der Schädel ist rund 14 cm lang. Die mächtigen Schneidezähne sind starke Werkzeuge, mit denen das Tier Bäume von bis zu 1 Meter Durchmesser fällen kann.

Der »Daumen« des Bibers ist winzig, aber der »kleine Finger« kann in einer Gegenbewegung gegen die Handfläche wirken, so daß der Biber Zweige oder Futter umfassen kann. Die Zeichnung zeigt die linke Hand.

Von den Bäumen, die sie gefällt haben, fressen Biber die Blätter und die Rinde. Die Stämme und größeren Äste werden, zusammen mit Steinen und Schlamm, zum Bau von Dämmen verwendet, die das Wasser schnellströmender Flüsse stauen sollen.

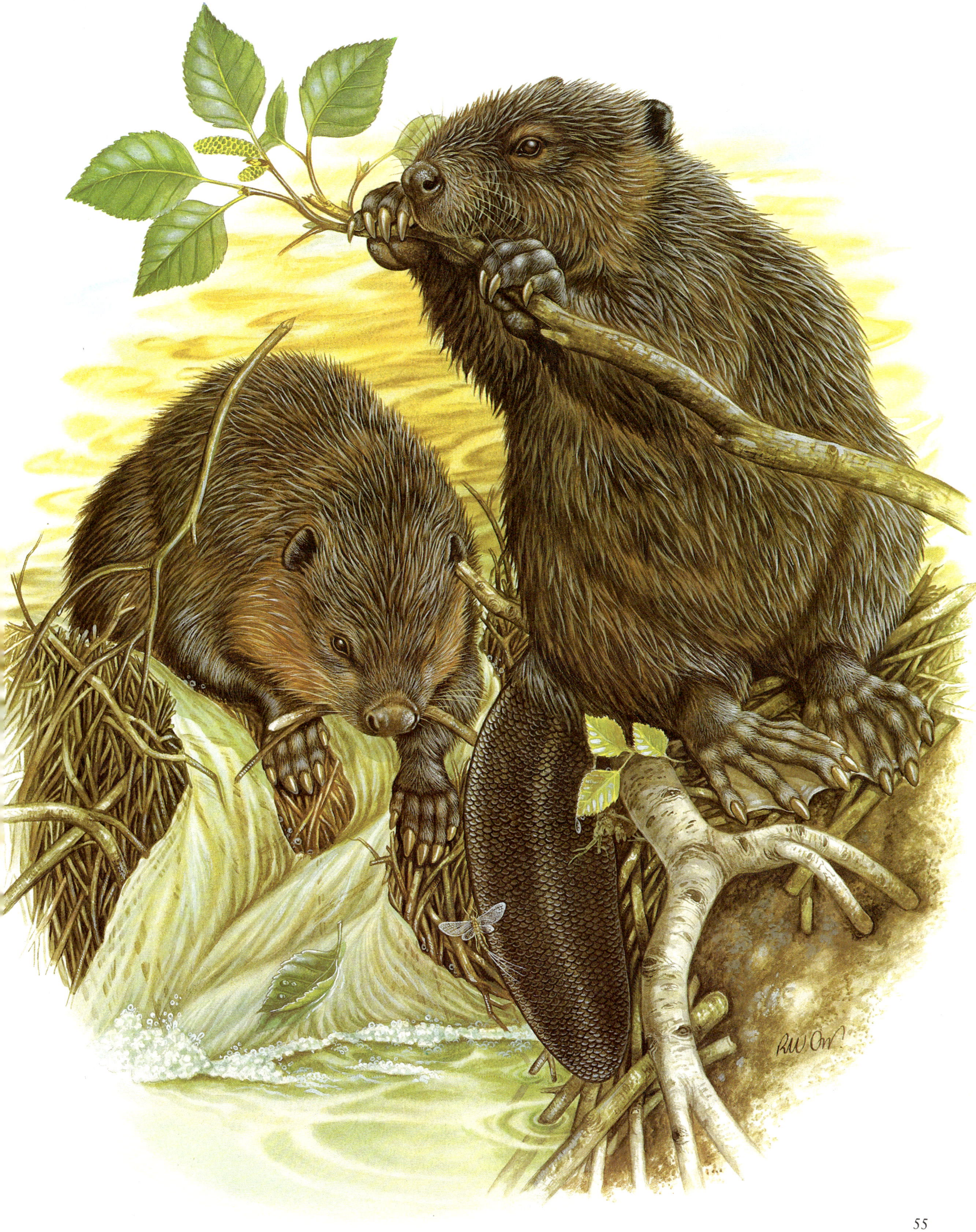

wird das Material für den Dammbau im Maul getragen, oft aber werden Schlamm und Zweige auch mit den Vorderbeinen zum Bauplatz geschleppt, wobei sich der Biber nur auf den Hinterbeinen voranbewegt. In den Dämmen werden auch oft Futterspeicher und manchmal Wohnkammern angelegt, deren Eingänge unter Wasser liegen.

Im Sommer fressen die Biber hauptsächlich Pflanzen, die am Ufer wachsen, unter anderem Mädesüß und Wald-Weidenröschen, dazu die Blätter der meisten Laubbäume, ausgenommen der Erlen. Im Winter besteht die Kost nur aus Rinden von Bäumen, die sie gefällt und unter Wasser aufbewahrt haben. Manche dieser Bäume haben einen Durchmesser von ca. 1 Meter, aber die meisten sind viel kleiner. Äste werden abgetrennt und zum Wasserrand geschleppt. Manchmal werden auch Kanäle gegraben, durch die das Futter zur Hauptvorratskammer geflößt werden kann. Wenn der Biber frißt, sägt er zuerst mit den großen Schneidezähnen einen Zweig ab und hält ihn dann mit den Vorderpfoten fest. Die »Daumen« sind sehr klein, aber die beiden »kleinen Finger« können in einer Gegenbewegung mit den anderen so zugreifen, daß sich der Zweig herumdrehen und die saftige Rinde abschälen läßt. Wie manche andere Tiere, die Futter von geringem Nährwert aufnehmen, »käuen« die Biber »wieder« (vgl. »Kaninchen«, Seite 36). Der erste Kot ist angereichert mit Vitaminen, die im Blinddarm erzeugt und erst bei einem zweiten Durchgang durch das Verdauungssystem aufgenommen werden.

Biber paaren sich für das ganze Leben, und ihre soziale Organisation gründet sich auf die stabile Einheit der Familie. Wo günstige Bedingungen herrschen, können Familien von bis zu 14 Tieren zusammenleben, aber meist sind schon lange bevor diese Anzahl erreicht ist, die Futterreserven so sehr beansprucht, daß jüngere Tiere fortwandern, um sich Partner zu suchen und anderwo eigene Burgen zu bauen. Zwar besteht innerhalb einer Gruppe bei Futtersuche und Dammbau keine unmittelbare Zusammenarbeit, aber der Sinn für Gemeinschaft ist doch stark ausgeprägt. Im unterirdischen Wohnquartier wird durch vielerlei hörbare Laute Kontakt gehalten. Im Freien werden jedoch nur Laute verwendet, die wegen ihrer Höhe für das menschliche Ohr nicht mehr wahrnehmbar sind. Junge Biber tragen untereinander spielerische Kämpfe aus und bestimmen damit wahrscheinlich ihre Stellung innerhalb der Familienrangordnung. Ältere Tiere versuchen mit einer Art Tanz, aufeinander aufmerksam zu machen, und auch das gegenseitige »Putzen« ist eine Methode, um zwischen Angehörigen einer Gruppe Kontakt zu pflegen.

Die Paarung der Biber erfolgt im Wasser, und nach einer Tragzeit von 105 Tagen werden bis zu 4 Junge geboren. Ihre Augen sind bereits offen, und sie haben ein flaumiges Fell. Der Biber- »Bock« wird nicht verbannt, und es ist sogar berichtet worden, daß er dem Weibchen hilft, die Nachgeburt zu vertilgen. Die Jungen werden sehr bald aktiv. Bereits nach 4–5 Tagen wagen sie sich in die vom Nest ausgehenden Gänge, werden dabei aber von den Eltern nie aus den Augen gelassen. Erst wenn sie 2 Monate alt sind, schwimmen die Jungen regelmäßig im offenen Wasser. Dann sind sie bereits entwöhnt und fähig, sich ihr Futter selbst zu besorgen. Im Herbst, wenn sie 4–5 Monate alt sind, tragen sie dann auch schon dazu bei, die Futtervorräte der Familie zu vermehren. So gut die Jungen bei der Geburt auch ausgestattet sind, die vollständige Entwicklung dauert relativ lange, und sie bleiben noch mindestens 2 Jahre lang bei den Eltern. Der früheste Zeitpunkt für die Paarung ist kurz nach dem 3. Lebensjahr. Bis dahin haben ihre Eltern dann auch einen neuen Wurf zur Welt gebracht.

Biber gehören zu den ganz wenigen Tieren, bei denen eine Familie die Jungen von mehr als einer Fortpflanzungsperiode umfaßt. Wie alle Tiere mit einer so langsamen Entwicklung sind Biber sehr langlebig und können selbst in der Wildnis 20 Jahre alt werden.

Der Damm, in dem sich die Biberburg befindet, hat ein Fundament aus Steinen und Schlamm. Darauf werden Baumstämme und Äste gehäuft und schließlich wird das ganze Bauwerk mit Schlamm verkleistert. Der Eingang zur Burg liegt unter Wasser.

Wittert ein Biber Gefahr, taucht er unter, klatscht aber vorher geräuschvoll mit dem Schwanz aufs Wasser, um andere Familienmitglieder zu warnen.

Biberjunge sind schon bald nach der Geburt sehr unternehmungslustig. Sie werden fürsorglich von den Eltern überwacht, die sie notfalls retten und in die Burg zurückbringen müssen, wenn sie sich zu weit entfernt haben.

In der Leistengegend hat der Biber Drüsen, die ein Sekret, das Bibergeil, absondern, das zur Markierung des Reviers verwendet wird.

Um einen Baum zu fällen, nagt der Biber eine gleichmäßig tiefe Furche in den Stamm. Danach wird nur noch an einer Stelle weitergenagt, wodurch eine Kerbe entsteht, die den Baum in die gewünschte Richtung stürzen läßt.

Ein Damm verläuft in einem Bogen flußabwärts. Das kommt daher, daß die Strömung während des Bauens Teile des Baumaterials mitreißt. Schwere Steinbrocken werden mit Hilfe der Vorderpfoten und des Kinns das Flußbett entlanggerollt.

BILCHE ODER SCHLÄFER
Familie Gliridae

Schläfer unterscheiden sich von Haus- und Waldmäusen durch ihr etwas kompakteres Äußeres, das man vielleicht als »rundlich« bezeichnen könnte. Sie haben außerdem eine kürzere Schnauze und kleinere Ohren, ein dichtes, fast wolliges Fell und meist behaarte Schwänze. Sie leben an Orten, an denen sie dichten, buschartigen Pflanzenbewuchs vorfinden, und sie sind flinke und geschickte Kletterer. In Westeuropa leben fünf Arten, einige weitere im Osten, dort aber hauptsächlich in Asien.

In Großbritannien ist nur die kleinste europäische Spezies, die Haselmaus, heimisch. Sie hat eine Gesamtlänge von 11,5–16,5 cm, wovon fast die Hälfte auf den buschigen Schwanz entfällt. Sie gehört zu den seltensten Kleinsäugetieren, und nur in den südwestlichen Grafschaften Englands kommt sie relativ häufig vor. Auf dem Festland findet man sie in geeigneten Landschaften Westfrankreichs, in ganz Italien und Südschweden. Im Osten reicht das Verbreitungsgebiet bis nach Kleinasien. Dort hat sie auch ihren Namen erhalten, weil sie meist in Sekundärwäldern lebt, in denen regelrechte Dickichte von Haselnußsträuchern gute Verstecke und reichlich Nahrung bieten.

Der Gewohnheit, einen Winterschlaf zu halten, verdanken die Bilche auch den Namen »Schläfer«. Das unterscheidet sie von anderen kleinen Nagetieren, die im Winter wach bleiben und von gehorteten Futtervorräten leben. In der Zeit, in der die Temperaturen dauerhaft unter 15°C absinken, verfallen die Tiere in einen tiefen Dämmerzustand, der über 6 Monate dauern kann. Das Nest für den Winterschlaf wird an einer geschützten Stelle ins Buschwerk hineingebaut und befindet sich meist in unmittelbarer Bodennähe. Zum Schlafen rollt das Tier sich ein und legt den Schwanz schützend um Körper und Kopf herum. Dann verlangsamen sich alle Körperfunktionen und die Temperatur sinkt auf wenige Grade über Null, so daß nur wenig Energie verbraucht wird. Die Haselmaus schläft so tief, daß sie selbst dann nicht aufwacht, wenn ihr Nest beschädigt wird. Dennoch kann sie im Winter mehrmals erwachen und von den angesammelten Vorräten fressen. Weil Bilche pfeifende Schnarchtöne von sich geben, werden oft Feinde auf sie aufmerksam. Füchse, Dachse und Elstern spüren, wie beobachtet wurde, die wehrlosen, schlafenden Nagetiere auf und finden damit eine leichte Beute. Forschungsarbeiten über die europäischen Haselmäuse haben ergeben, daß bis zu 80% der Tiere im Winter verenden können, woran aber wahrscheinlich auch ungenügende Fettreserven schuld sind. Während der Sommermonate, bei Temperaturen von 34–38°C ist die Haselmaus normalerweise nur nachts aktiv. Sieht man gelegentlich während des Tages ein einzelnes Tier, ist es gewöhnlich ein Junges.

Das »unathletische« Aussehen der Haselmäuse täuscht. Sie sind ausgesprochene Kletterkünstler und bewegen sich in den dünnen, elastischen Haselzweigen mit traumwandlerischer Sicherheit. Die Fähigkeit zu klettern erhält die Haselmaus durch die besondere Konstruktion ihrer Pfoten, die sie, wie keine andere Mäuseart, in den rechten Winkel zur Normalhaltung drehen kann und so imstande ist, Äste und Zweige zu umklammern.

Selbst in England, wo die Haselmaus-Bestände früher am größten waren, sind die Tiere heute weit weniger verbreitet, als noch vor 100 Jahren. Die Gründe für diese Reduzierung sind noch nicht bekannt. Ein Faktor ist sicherlich, daß Wälder mit dichtem Unterholz seltener geworden sind. Das kann aber nicht die einzige Ursache sein, denn selbst dort, wo die Tiere geeigneten Lebensraum vorfänden, haben sie sich sehr ungleichmäßig angesiedelt. Als zweites Kriterium für diese nur stellenweise Verbreitung

Haselmäuse sind fast ausschließlich nachts unterwegs. Wie die meisten Nachttiere haben sie große Augen und lange Schnurrhaare, mit Hilfe derer sie in der Nähe befindliche Gegenstände orten können.

Mit den langen Krallen an den Vorderpfoten (oben) und Hinterpfoten (unten) und den ausgeprägten Sohlenpolstern kann die Haselmaus mühelos klettern.

Eine Haselmaus im Winterschlaf sieht aus wie eine kleine Fellkugel. Der Schwanz umschlingt den Kopf und die unter dem Kinn zusammengeballten Pfoten.

Haselmäuse leben in Waldregionen mit dichtem Unterholz, in dem sie auf der Suche nach Nüssen und Insekten umherklettern. Hinweis auf die Anwesenheit der scheuen Tiere sind leere Nußschalen mit säuberlich genagten kreisrunden Löchern.

59

hat man bestimmte Veränderungen der klimatischen Bedingungen in Erwägung gezogen. Aber auch so kam man zu keiner ausreichenden Erklärung. Wahrscheinlich wird es so sein, daß eine noch schwer deutbare Kombination von Faktoren für den Rückgang der Haselmaus-Vorkommen ausschlaggebend war und ist.

In Europa sind noch 4 weitere Schläferarten heimisch. Der Siebenschläfer ist, ausgehend von Nordspanien, über viele Gebiete Europas verbreitet, Skandinavien ausgenommen. Gegen Ende des letzten Jahrhunderts wurde er auch in Südengland eingebürgert. Der Siebenschläfer ist mit Abstand der größte Schläfer, sein Körper mißt 13–19 cm, der Schwanz bis zu 15 cm. In der Färbung und der Behendigkeit ähnelt er dem Grauhörnchen. Die Sommermonate verbringt er hauptsächlich in den Baumkronen der Laubwälder, aber sein Nest für die kalte Jahreszeit legt er meist viel tiefer unten an. Charakteristisch für den Siebenschläfer ist, daß er sich vor dem Winterschlaf ausgiebig vollfrißt und sein Gewicht stark erhöht. Von dieser Verhaltensweise, die man so ausgeprägt bei keinem anderen Tier findet, wußte man bereits im alten Rom. Dort galten Siebenschläfer als Delikatesse und wurden für die Tafel gemästet.

Eine andere westliche Spezies ist der Gartenschläfer. Seine Heimat reicht von Spanien bis Österreich und ostwärts bis zum Ural. Es gibt ihn nicht in Skandinavien, in den Tiefebenen Nordeuropas und auf dem Balkan. Der Körper kann 17 cm lang werden, der dünne, am Ende buschige Schwanz bis zu 12 cm. Obwohl er ebenso gut klettern kann wie andere Schläfer, hält er sich auch oft auf dem Boden auf, vor allem in der Nähe von Sträuchern oder an steinigen Stellen. Außerdem dringt er gerne in Häuser ein. Er ernährt sich relativ häufig von Insekten und Schnecken und nimmt damit viel mehr fleischliche Nahrung zu sich als seine nahen Verwandten.

Der Baumschläfer ist eine Spezies, die in Polen und in Balkanländern vorkommt, und noch weiter im Osten bis nach China verbreitet ist. Auch er lebt in Laubwäldern mit dichtem Unterholz. Oberflächlich betrachtet gleicht der Baumschläfer dem Gartenschläfer, ist mit 13 cm Körperlänge und 9,5 cm Schwanzlänge aber kleiner als dieser. Wie der Siebenschläfer hält er sich, zumindest in den Sommermonaten, hauptsächlich in den Baumkronen auf.

Der Dünnschwanz-Mausschläfer ist die einzige europäische Spezies, die keinen buschigen Schwanz hat. Man kann ihn deshalb leicht mit Mäusen und Wühlmäusen verwechseln. Den Dünnschwanz-Mausschläfer kennt man nur in einigen Gegenden Griechenlands und Bulgariens. Seine Lebensweise ist kaum erforscht, aber man nimmt an, daß er mehr Zeit auf dem Boden zubringt, als andere Schläfer.

Ihre Nester bauen Haselmäuse sowohl im Unterholz in Bodennähe, als auch in Höhen von bis zu 3 Metern. In ihnen ruhen sie, verbringen ihren Winterschlaf und ziehen ihre Jungen auf. Die Nester sind leicht oval, haben einen Durchmesser von etwa 15 cm und werden aus der papierartigen äußeren Rinde von Geißblattsträuchern, manchmal aber auch nur aus Gräsern gebaut. Zuerst werden breite Streifen des Baumaterials zu einem Gerüst verflochten, das so großmaschig sein muß, daß die Haselmaus hindurchschlüpfen kann, denn ein besonderes Eingangsloch ist nicht vorhanden. Danach wird das Innere des Nestes mit den gleichen, diesmal feinzerkleinerten Pflanzenteilen ausgepolstert. Trifft man auf Geißblattzweige, deren Rinden säuberlich abgeschält worden sind, weiß man, daß in der Nähe eine Haselmaus wohnt. Ihr Nest ist höchstens 1 Meter entfernt.

Auf dem Kontinent wirft die Haselmaus zweimal im Jahr. In Großbritannien bekommen die Weibchen im Frühsommer 3–4 Junge, aber es wird auch von späteren Würfen im September berichtet. Nach einer Tragzeit von rund 23 Tagen wiegen die Neugeborenen etwa 2 Gramm. Sie sind nackt und hilflos. Das erste graue Baby-Fell, das später gewechselt wird, ist nach ca. 14 Tagen voll entwickelt. Nach 18 Tagen öffnen die Jungen die Augen, aber erst im Alter von einem Monat wagen sie sich aus dem Nest. 10 Tage später verlassen sie die Eltern, siedeln sich jedoch meist in ihrer Nähe an. Oft kann man Gruppen von Nestern finden, von denen jedes einem selbständig gewordenen Familienmitglied gehört.

Verglichen mit den meisten anderen Nagetieren entwickelt sich die Haselmaus langsam und wiegt im ersten Winterschlaf nur rund 20 Gramm – Das ist die Hälfte des Gewichts eines erwachsenen Tieres, das sich vor dem Winter richtig vollgefressen hat. Im zweiten Frühsommer bekommt die Haselmaus den üppigen gelblich-braunen Pelz, der die Geschlechtsreife anzeigt. Obwohl eine geringe Vermehrung meist auf Langlebigkeit schließen läßt, scheint dies für die Haselmaus nicht zuzutreffen. Im Alter von 3 Jahren hat sie bereits stark abgenützte Zähne, und es ist unwahrscheinlich, daß sie viel älter wird, obwohl einzelne Tiere in Gefangenschaft 6 Jahre lang gelebt haben.

Selbst in gut geeigneten Lebensräumen ist die Haselmaus nie in solchen Scharen anzutreffen wie etwa die Rötelmaus oder die Kleine Waldmaus. Ihre Nahrung besteht hauptsächlich aus Nüssen und Beeren. Im Herbst setzt sie Fett an, um sich auf den Winterschlaf vorzubereiten. Nach dem Erwachen wird vermehrt fleischliche Nahrung in Form von Insekten verzehrt. Das Futter wird gern zu einem Lieblingsplatz getragen und dort verspeist. An solchen Plätzen findet man dann ab und zu kleine Häufchen von Haselnußschalen. Die von Haselmäusen geöffneten Nüsse haben kleine, glattrandige Öffnungen, während man die Futterreste der Waldmäuse an den relativ großen Öffnungen mit gezackten Rändern und an Nagespuren auf den Schalen erkennen kann.

Alle Schläferarten ernähren sich sowohl von Insekten wie auch von pflanzlichem Futter. Hier frißt ein Siebenschläfer einen Maikäfer, den er in einem Baum gefangen hat.

Die meisten Schläferarten halten sich im Winter in größerer Bodennähe auf. Viele suchen in hohlen Bäumen Unterschlupf, weil sie dort vor den Stürmen geschützt sind, von denen die oberen Zweige, in denen sie sich im Sommer aufhalten, dann gepeitscht werden.

Allen Schläfern droht Gefahr von nächtlichen Räubern. Hier wurde ein Gartenschläfer, erkennbar an dem buschigen Schwanzende und der typischen Zeichnung, von einer Ginsterkatze geschnappt.

Baumschläfer halten sich sowohl in den höchsten Baumkronen als auch im dichten Unterholz nahe dem Erdboden auf.

Der Siebenschläfer haust in den Sommermonaten im oberen Geäst des Waldes und baut große, kompakte Nester hoch über dem Boden.

Das bevorzugte Nestbaumaterial der Haselmäuse ist Geißblattrinde. Die weißen abgeschälten Zweige dieser Sträucher sind ein Zeichen für die Anwesenheit von Haselmäusen.

Das Nest einer Haselmaus wird meist ganz aus Geißblattrinde gebaut. Zur Auspolsterung der Liegestelle im Nest wird das gleiche Material verwendet, diesmal in winzige Teilchen zernagt.

HAMSTER
Familie Muridae

Die Familie der »Mäuseartigen« (Muridae) ist die größte Unterabteilung der Nagetiere. Allein in Europa kommen 44 verschiedene Arten vor. Die meisten von ihnen sind Bodenbewohner. Mit ihrer außerordentlichen Fruchtbarkeit sorgen sie für riesige Populationen. Gerade aus diesem Grund und wegen ihrer Vorliebe für Feldfrüchte betrachtet der Mensch die meisten Arten als Schädlinge.

Die am wenigsten mäuseähnlichen Familienmitglieder sind die Hamster. Diese plumpen, kurzschwänzigen Tiere sind auf dem Kontinent weit verbreitet. Gewöhnlich findet man sie in Graslandgebieten und in feuchteren Teilen der Steppe, aber sie können auch in lichten Wäldern leben.

Der Syrische Goldhamster, der oft als Haustier gehalten wird, ist als Wildtier nicht in Europa heimisch. Manchmal sind solche Hamster aus der Gefangenschaft entkommen und haben Kolonien gegründet, die aber alle sehr kurzlebig waren.

Der Europäische Feldhamster lebt in geeigneten Tieflandgebieten Deutschlands und Osteuropas. Er ist viel größer als der vertraute Goldhamster, nämlich fast so groß wie ein Meerschweinchen. Der Körper wird 22–30 cm lang, der Schwanz bis 6 cm. Ungewöhnlich ist die schwarze Unterseite, denn bei anderen Hamsterarten ist diese meist heller als der Rücken. Ähnlich wie der Perlziesel ist der Feldhamster ein grabender Einzelgänger, der nur unter zwingenden Umständen bereit ist, in der Nähe von Artgenossen zu leben. Seine Baue können bis zu 2 Meter tief liegen und werden wahrscheinlich mit einem Duftsekret markiert. Die Duftdrüsen des Feldhamsters sitzen jeweils in der oberen Flankengegend und an der Bauchseite, also genau an den Körperstellen, mit denen die Tiere Boden und Wände ihrer Baue streifen. Zu jedem Feldhamster-Quartier gehören Schlaf- und Vorratsräume. Die Speicher sind mit bis zu 14 kg Samen und Getreidekörnern gefüllt, die das Tier nach und nach in den riesigen Backentaschen antransportiert hat. Deshalb, und auch weil er Wurzeln von Kulturpflanzen frißt, wird der Feldhamster als Schädling für die Landwirtschaft betrachtet.

Hamster halten einen Winterschlaf, aus dem sie mehrmals aufwachen, um von den gespeicherten Vorräten zu fressen. Bald nach dem endgültigen Erwachen paaren sie sich, und nach einer Tragzeit von 20 Tagen werden 6–12 nackte und blinde Junge geboren. Sie entwickeln sich schnell und werden nach 3 Wochen entwöhnt. Bald darauf verlassen sie die Muttertiere, die dann im August ihre zweiten Würfe aufziehen. Die Jungen selbst pflanzen sich erst nach dem ersten Winterschlaf fort.

Außer dem Feldhamster gibt es noch zwei weitere wildlebende Hamsterarten. Der Rumänische Hamster lebt an der Küste des Schwarzen Meeres und in Tieflandgebieten Bulgariens. Er ist nahe verwandt mit dem domestizierten Syrischen Goldhamster, hat aber eine mattere Färbung und ist an der Unterseite schwarz gezeichnet. Ohne den 2 cm langen Schwanz mißt er ca. 18 cm.

Der Graue Zwerghamster ist der kleinste Vertreter der Gruppe. Sein Körper wird 11 cm lang, der Schwanz fast 3 cm. Eigentlich ist der Graue Zwerghamster eine asiatische Art, die in Europa nur vereinzelt in den Balkanländern vorkommt. Beide Arten, der Rumänische Hamster und der Graue Zwerghamster, ähneln in ihrer Lebensweise dem Syrischen Goldhamster.

Ein anderes Tier, das in den letzten Jahren in Europa zu einem beliebten Haustier wurde, ist die Mongolische Rennmaus. Auch einige dieser Mäuse sind in die Freiheit gelangt, und da sie ursprünglich aus einer Gegend mit sehr viel rauherem Klima stammen, ist es ihnen gelungen, sich in einigen Gebieten des Kontinents anzusiedeln.

Alle Hamster neigen zur Aggressivität. Wenn sie sich bedroht fühlen, fauchen sie und zeigen die Zähne. Hier wehrt sich ein Grauer Zwerghamster mit Zähnen und Klauen gegen einen Hund.

Hamster, wie hier der abgebildete Syrische Goldhamster, können in ihren Backentaschen schwere Futterladungen tragen. Tiere, die im Haus gehalten werden, schleppen oft den ganzen Inhalt ihres Futternapfes in den Backentaschen an einen Platz, den sie für geeigneter halten.

Schnitt durch einen Feldhamsterbau mit Schlaf- und Vorratskammern.

Feldhamster können nicht klettern, aber notfalls schwimmen. Sie saugen Luft in ihre Backentaschen, die so als »Schwimmgürtel« dienen.

Feldhamster verbringen einen Großteil ihres Lebens in ihrem dunkeln, sicheren Bau. Das Weibchen muß die Jungen nicht einmal zur Nahrungssuche verlassen, denn im Herbst vor der Geburt hat sie große Vorräte gesammelt.

63

LEMMINGE UND EIGENTLICHE WÜHLMÄUSE
Familie Muridae

Die Wühlmäuse unterscheiden sich von der Gruppe der »Echten Mäuse« durch die stumpfen Schnauzen, durch kleine Augen und Ohren und durch kurze Schwänze. Sie leben mit Vorliebe in offenen Landschaften, und ihre Hauptnahrung sind Gräser. Die Backenzähne einiger Arten haben freiliegende Wurzeln und wachsen das ganze Leben lang nach – eine Anpassung an die überwiegend harte und zähe Kost. Ihre Aktivitätsphasen haben die Tiere sowohl am Tage wie auch nachts, und selbst unter härtesten Lebensbedingungen (besonders der Lemminge) in der kalten Jahreszeit halten sie keinen Winterschlaf. Bei manchen Arten schwankt die Zahl der Bestände periodisch, so daß auf Zeiten gigantischen Populationsanstiegs katastrophale Rückgänge folgen, die dann nur wenige Einzeltiere überleben.

In Europa kennt man 25 Arten der »Eigentlichen Wühlmäuse« der Unterfamilie Microtinae. Man kann sie in 5 Gruppen einteilen:

Die **Lemminge** haben kurze Schwänze und kommen nur im Norden vor.

Die **Rötelmäuse** sind ziemlich weit verbreitet. Sie bewohnen meist – anders als andere Wühlmäuse – Gebiete mit leichtem Busch- und Strauchbewuchs.

Feldmäuse der Gattung Microtus leben vorzugsweise in offenen Landschaften und sind dort auch die am häufigsten vorkommenden Säugetiere.

Die **Kleinen Wühlmäuse** legen ausgedehntere Baue an als alle anderen Arten, und man findet sie oft in großen Höhen.

Schermäuse leben in den meisten Gegenden des Kontinents, möglichst nahe an Flüssen oder stehenden Gewässern.

Zwei Lemmingarten sind in Skandinavien und Nordeuropa weit verbreitet. Der bekanntere von beiden ist der Berglemming. Sein Körper ist bis 15 cm, der Schwanz 2 cm lang. Der Berglemming lebt in der Tundra und in den baumlosen Zonen von Bergen. Im Sommer legt er Baue nahe der Erdoberfläche an. Im Winter verlaufen seine Pfade unter der Schneedecke, wo es erstaunlich warm ist.

Der Waldlemming hat eine Körperlänge von ca. 9,5 cm und einen etwa 2 cm langen Schwanz. Er ist von Skandinavien bis Sibirien verbreitet, in diesem Gebiet aber regional an feuchten sekundären Nadelwald gebunden. Als einziges europäisches Säugetier ernährt er sich von Moosen, die in seinem Lebensraum reichlich vorkommen.

Berglemminge werfen normalerweise zweimal im Jahr. Die Tragzeit dauert etwa 20 Tage. Die 4–8 Jungen werden innerhalb von 3 Wochen entwöhnt und sind schon 14 Tage später geschlechtsreif. Die Populationsgrößen erreichen etwa alle 4 Jahre einen Höhepunkt und nehmen danach wieder ab. In den Jahren mit großer Übervölkerung werden die Lemminge zur Landplage. Da die Tiere offenbar keine soziale Organisation kennen und äußerst aggressiv und streitsüchtig sind, wird nun auch das Zusammenleben in den riesigen Scharen sehr schwierig. Deshalb verlassen viele Tiere die übervölkerten Regionen und beginnen zu wandern. Auf der Suche nach Futter, Lebensraum und ruhigen Plätzen zur Aufzucht der Jungen durchschwimmen sie oft sogar Flüsse und Meeresbuchten und kommen so manchmal in noch unbesiedelte Gebiete, wo sie dann neue Kolonien bilden. Diese Kolonien sind aber meist nur kurz lebensfähig, weil die neuentdeckten Regionen fast immer ungeeignete Lebensräume sind.

Aus ihrem Verhalten zu Zeiten der Überpopulation erklärt sich auch das angebliche Phänomen des »Massenselbstmords der Lemminge«. Es wird oft behauptet, daß Lemminge sich, einem »unerklärlichen inneren Trieb« folgend, scharenweise ins Meer stürzen, um sich zu ertränken. Tatsächlich verhält es sich aber so, daß die außerordentlich mutigen Tiere bei ihren Wanderungen, wie bereits beschrieben, auch vor dem Meer nicht haltmachen und dann natürlich, wenn sie zu lange kein Land finden, auch ertrinken können.

Auch die Populationsstärken der Waldlemminge schwanken, aber nie so stark, daß die Tiere zur Landplage werden. Obwohl es in Zeiten einer Übervölkerung auch bei ihnen zu Wanderungen kommt, nehmen diese nie so ex-

Gelegentlich wird berichtet, daß der Halsbandlemming auf der Insel Spitzbergen gesehen wurde, die er von seiner Heimat im nördlichen Asien aus wohl auf treibenden Eisschollen erreicht hat. Von den anderen Lemmingen unterscheidet sich diese Art durch besonders breite Krallen.

Ein Waldlemming sucht Futter unter dem Schnee. In den feuchten Wäldern seines nördlichen Verbreitungsgebiets ist es unter dem Schnee wärmer als an der Oberfläche, wo sich im Winter kein Kleintier lange am Leben erhalten könnte.

Lemminge bleiben den ganzen Winter über aktiv. Sie ernähren sich von Samen und Pflanzen unter der Schneedecke. Schmilzt der Schnee, ist auf dem Boden das Muster ihrer Laufpfade zu erkennen.

Ein Häufchen Losung verrät den Eingang zum Schneetunnel eines Lemmings.

Die Populationsgrößen der Berglemminge erreichen manchmal das Ausmaß einer Landplage. Viele Tiere entfernen sich dann von den »Ballungsgebieten«, auf der Suche nach mehr Lebensraum. Oft schwimmen sie über Seen und große Flüsse oder versuchen sogar, das Meer zu überqueren. Viele ertrinken dabei, aber daß sie dazu neigen, sich selber auszurotten, wie man ihnen oft nachsagt, ist eine Legende.

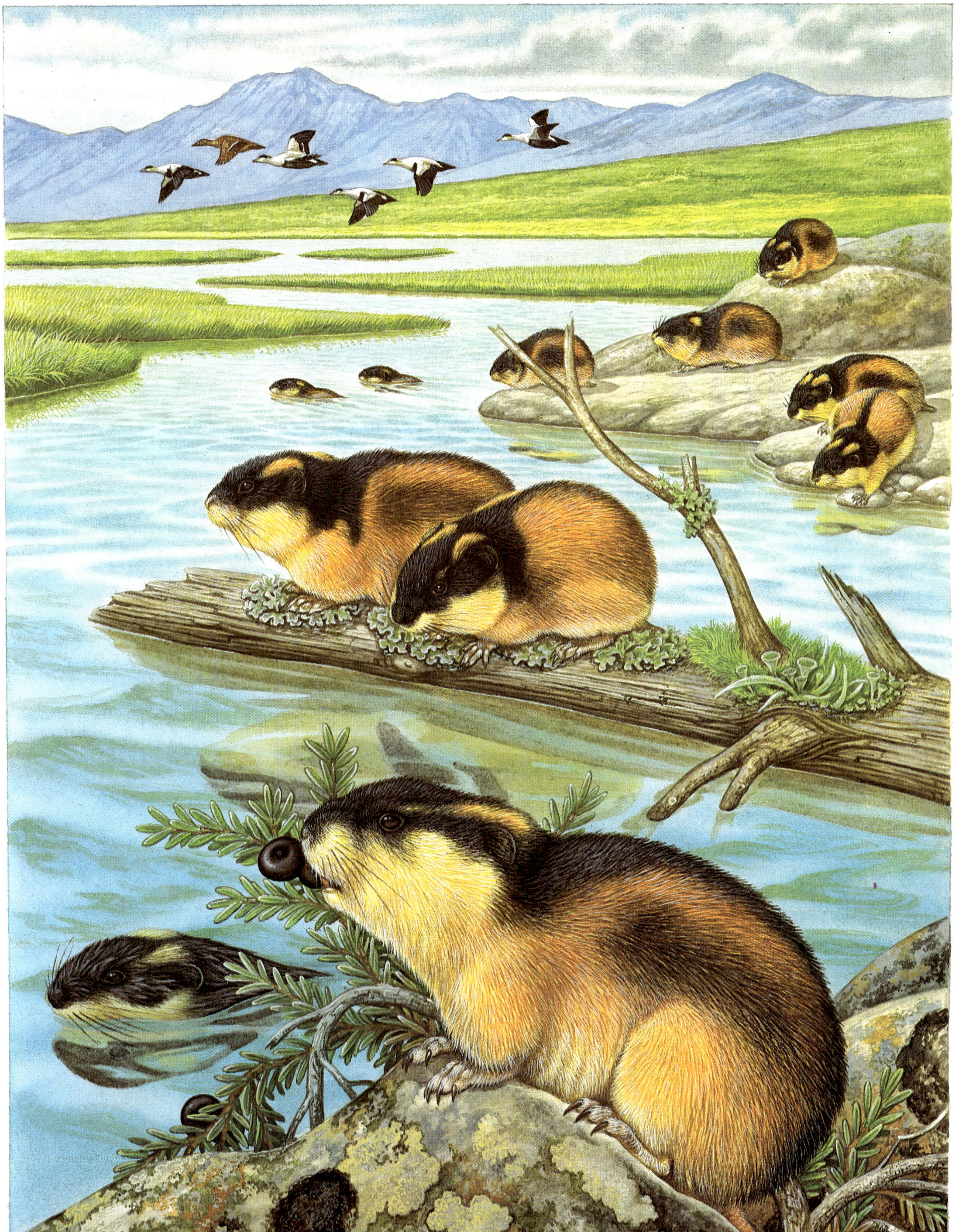

treme Formen an wie bei den Berglemmingen, und auch das Phänomen des »Massenselbstmordes« kommt nicht vor. Waldlemminge haben eine sehr spezifische Art, Bestand und Fortpflanzung zu regeln. Etwa 75% aller Tiere sind Weibchen, und offensichtlich sind viele von ihnen außerstande, männliche Nachkommen zu produzieren, so daß auch weiterhin kein Gleichgewicht der Geschlechter herrscht, was das zahlenmäßige Wachstum automatisch einschränkt.

Die 20 in Europa vorkommenden Arten der Kleinen Wühlmaus leben, außer im tiefsten heißesten Süden, überall auf dem Kontinent. In ihrem Verbreitungsgebiet haben sie fast jeden auf dem Boden vorhandenen Lebensraum besetzt.

Die Rötelmaus ist die typische Vertreterin der nach ihr benannten Gattung. Sie ist in ganz Europa verbreitet, außer in der Tundra und in einem Teil der mediterranen Zone. Im Norden tritt an ihre Stelle die Polarrötelmaus und im Osten, von Skandinavien bis Japan, die Graurötelmaus. Die Rötelmaus ist mit 8–11 cm Körperlänge und 6,5 cm Schwanzlänge größer als die Polarrötelmaus und kleiner als die Graurötelmaus.

Alle Rötelmäuse sind ziemlich kräftig gefärbt. Sie leben in Nieder- und Sekundarwäldern, bevorzugen dichte Vegetation und wagen sich nur selten auf freies Feld. Obwohl sie klettern können, sind sie einem Leben in hohen Baumkronen nicht angepaßt. Jedes Männchen besetzt ein Territorium von etwa 0,2 Hektar, das Weibchen braucht nur halb so viel Platz. Jedes Territorium ist an geeigneten Plätzen von oberirdischen Laufpfaden durchzogen. Manchmal gibt es auch unterirdische Gänge, die dann ca. 10 Meter unter der Erdoberfläche liegen. Am Kreuzungspunkt der Pfade befindet sich das Nest, das aus Blättern oder Gras gebaut und mit Moos oder Federn ausgepolstert wird. Im Unterschied zu den Ruheplätzen anderer kleiner Säugetiere hat es einen speziellen Eingang. Die aktiven Perioden der Rötelmäuse sind über den Tag und die Nacht verteilt, wobei sie fast Zweidrittel ihrer Zeit mit Ruhen verbringen. Hauptnahrung sind Früchte, Samen, Blätter, Insekten und Würmer.

Rötelmäuse sind wahrscheinlich kurzsichtig. Sehr ausgeprägt ist aber der Geruchssinn, und es wird behauptet, daß Männchen auf der Brautschau vom Geruch nahe verwandter Weibchen stärker angelockt werden. Außerdem sind die Tiere sehr stimmbegabt und können auch Töne von sich geben, die so hoch sind, daß sie in den Ultraschall-Bereich fallen. Diese Töne benutzen sie für die Werbung in der Brunstzeit und zur Verständigung zwischen Muttertieren und Jungen.

Die Länge der jährlichen Fortpflanzungsperiode variiert stark. Sie ist abhängig vom Futterangebot, der Temperatur und von der derzeitigen Populationsdichte. Rötelmäuse hören auf, sich fortzupflanzen, wenn sie zu zahlreich werden. Bei jedem Wurf werden 4–5 blinde, nackte und hilflose Jungen geboren, von denen jedes etwa 2 Gramm wiegt. Nach 18 Tagen werden sie entwöhnt. Jedes Weibchen bringt während ihres kurzen Lebens mehrere Würfe zur Welt. Die ersten, im April oder Mai geborenen Jungen werden sich wahrscheinlich schon vor dem Ende des Sommers selbst paaren.

Die Feldmäuse der Gattung *Microtus* ähneln in der Größe den Rötelmäusen, haben jedoch einen kürzeren Schwanz, stumpfere Schnauzen und kleinere Augen und Ohren. In Europa überschneiden sich die Verbreitungsgebiete der Arten, und ein einzelnes Tier ist daher nur schwer mit letzter Sicherheit zu identifizieren. Genau unterscheiden kann man sie nur an der jeweiligen Zahnstruktur.

Die Erdmaus lebt hauptsächlich auf Weideland und ist von der Arktis bis in die Pyrenäen und im Osten bis nach Sibirien verbreitet. Die Feldmaus, die auch Baue gräbt, ist auf Weiden mit relativ niedrigem Bewuchs und auf Ackerland heimisch. Die Nordische Wühlmaus zieht feuchtere Plätze, ja sogar sumpfige Gebiete vor. Die Territorien sind normalerweise klein; das der Erdmaus wird zwar auf 1000 m² geschätzt, aber die meisten der Tiere bewegen sich in ihnen nur auf einer Fläche von höchstens 27 m² im unmittelbaren Nestbereich. In »Latrinen« deponierte Exkremente kennzeichnen die Laufpfade und klären Besitzverhältnisse und Benutzungsrechte. Begegnungen mit revierfremden Artgenossen führen meist zu heftigen Streitereien und »lautstarken« Auseinandersetzungen.

Das Nest wird aus fein zerkleinerten Grasteilchen gebaut und dicht über dem Boden an lebenen Pflanzenstengeln befestigt. Manchmal wird es zusätzlich durch einen Stein oder ein kleines Holzstück geschützt. In den letzten Märzwochen bringt das Erdmaus-Weibchen den ersten Wurf zur Welt, den letzten meist im Oktober. Jeder Wurf besteht aus 4–5 Jungen. Sie werden entwöhnt, ehe sie 1 Monat alt sind und können sich bereits nach 6 Wochen selbst paaren.

Die Populationsgrößen der Erdmäuse schwanken stark, und manchmal können die Tiere in so riesigen Scharen auftreten, daß sie zur Landplage und für die Landwirtschaft zu ernsthaften Schädlingen werden. Eine solche Übervölkerung besteht jedoch nie lange, denn Feldmäuse haben viele natürliche Feinde und überleben nie mehr als einen Winter.

Kleine oder Nordische Wühlmäuse ähneln den Feldmäusen, sind aber kleiner als diese. Sie unterscheiden sich durch die kleineren Augen und Ohren, die fast ganz im Fell versteckt sind, und durch die kleineren Pfoten. Außerdem sind sie eher nachts aktiv und verbringen mehr Zeit unter der Erde, als die Feldmäuse. Sie leben in Wäldern, auf Weiden und Äckern und ernähren sich hauptsächlich von Wurzeln, Knollen und Zwiebeln.

Von allen Arten ist die Kleine Wühlmaus am weitesten verbreitet, nämlich von Westfrankreich bis nach Osteuropa und in südlicher Richtung bis zu den Alpen und Nordgriechenland. Oft bewohnt sie die gleichen Regionen wie die Feldmaus, aber je nach den speziellen Besonderheiten eines Lebensraums setzt sich dann entweder die eine oder die andere Art durch und vertreibt den jeweiligen Konkurrenten. Kleine Wühlmäuse zeigen bei der Fortpflanzung ähnliche Verhaltensmuster wie andere Arten, bringen aber selten mehr als 4 Junge zur Welt.

Die Schneemaus und die Balkan-Schneemaus leben auf Berghängen oberhalb der Baumgrenze. Sie ernähren sich hauptsächlich von den Zwergpflanzen dieser Region. Obwohl die beiden Arten nur entfernt miteinander verwandt sind, ähneln sie sich in Aussehen und Lebensgewohnheiten sehr stark.

Die Kleine Wühlmaus ist in Europa weit verbreitet, aber da sie unterirdische Baue gräbt und außerdem hauptsächlich nachts aktiv ist, sieht man sie selten.

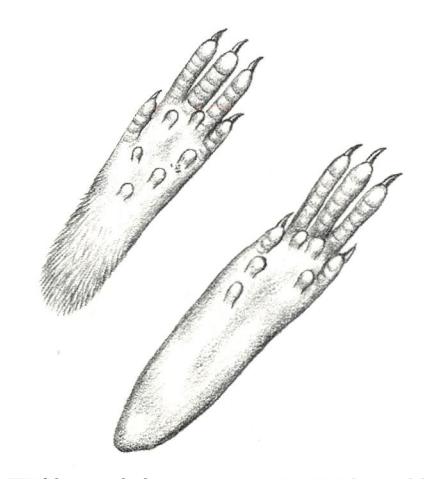

Kleine Wühlmäuse haben 5 warzenartige Höcker auf den Hinterpfoten, die anderen Wühlmäuse 6.

Die Schneemaus lebt im Hochgebirge. Sie ist meist am Tag aktiv und hat eine besondere Vorliebe für Sonnenbäder.

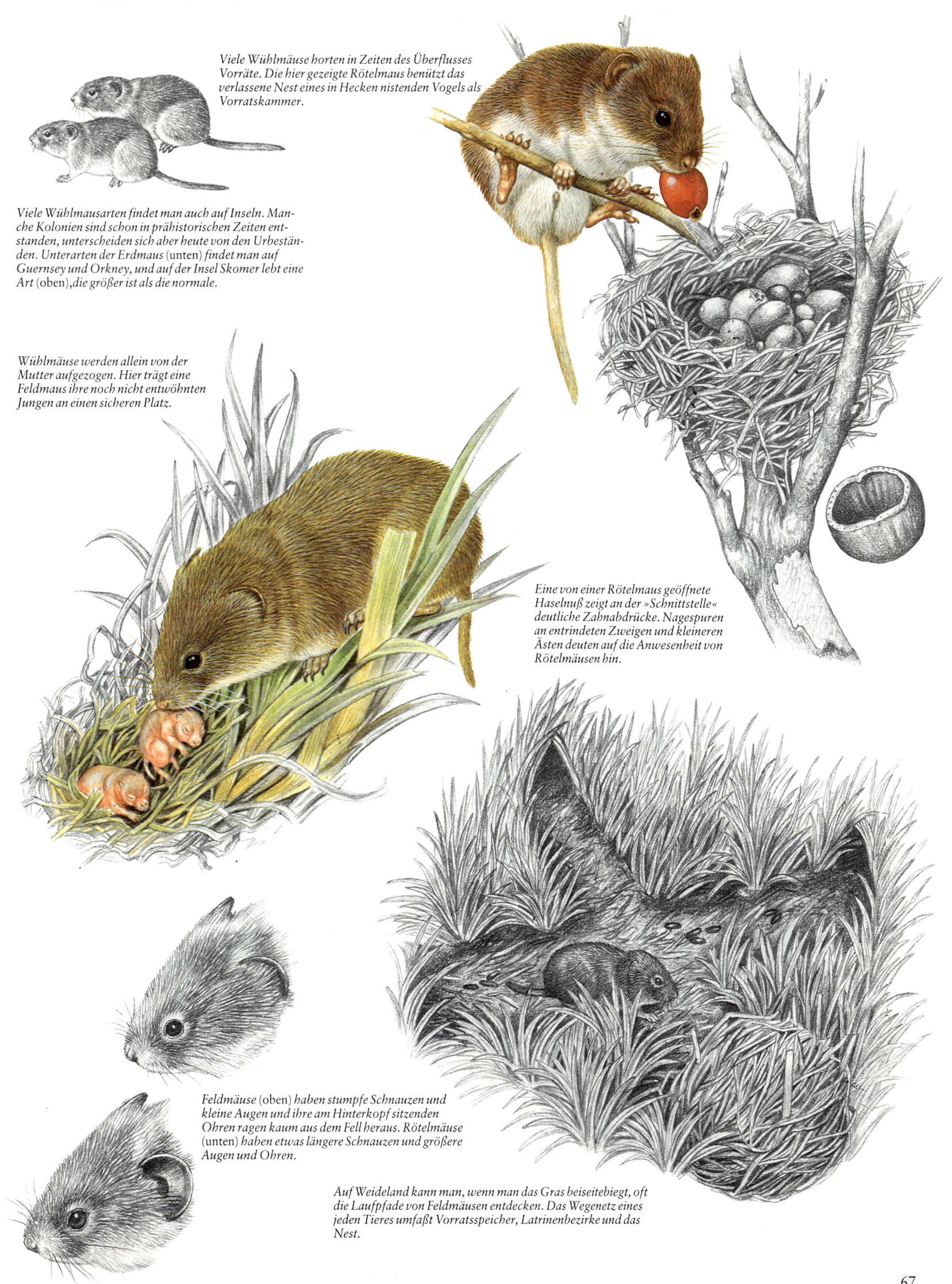

Viele Wühlmäuse horten in Zeiten des Überflusses Vorräte. Die hier gezeigte Rötelmaus benützt das verlassene Nest eines in Hecken nistenden Vogels als Vorratskammer.

Viele Wühlmausarten findet man auch auf Inseln. Manche Kolonien sind schon in prähistorischen Zeiten entstanden, unterscheiden sich aber heute von den Urbeständen. Unterarten der Erdmaus (unten) findet man auf Guernsey und Orkney, und auf der Insel Skomer lebt eine Art (oben), die größer ist als die normale.

Wühlmäuse werden allein von der Mutter aufgezogen. Hier trägt eine Feldmaus ihre noch nicht entwöhnten Jungen an einen sicheren Platz.

Eine von einer Rötelmaus geöffnete Haselnuß zeigt an der »Schnittstelle« deutliche Zahnabdrücke. Nagespuren an entrindeten Zweigen und kleineren Ästen deuten auf die Anwesenheit von Rötelmäusen hin.

Feldmäuse (oben) haben stumpfe Schnauzen und kleine Augen und ihre am Hinterkopf sitzenden Ohren ragen kaum aus dem Fell heraus. Rötelmäuse (unten) haben etwas längere Schnauzen und größere Augen und Ohren.

Auf Weideland kann man, wenn man das Gras beiseitebiegt, oft die Laufpfade von Feldmäusen entdecken. Das Wegenetz eines jeden Tieres umfaßt Vorratsspeicher, Latrinenbezirke und das Nest.

SCHERMÄUSE UND BISAMRATTEN
Familie Muridae

Schermäuse sind auch unter dem volkstümlichen Namen »Wasserratten« bekannt. Diese Bezeichnung ist aber falsch, denn mit Ratten haben diese Tiere kaum etwas gemeinsam. Sie gehören zur Familie der Wühlmäuse, und wie alle diese Arten haben sie ein struppiges Fell, stumpfe Schnauzen, kleine Augen und Ohren, sowie einen Schwanz, der nie mehr als 75% der Körperlänge mißt. Schermäuse findet man meist an Teichen oder langsam strömenden Flüssen, sie sind aber körperlich nicht an ein Leben im Wasser angepaßt. Die Füße besitzen keine Schwimmhäute, die Schwänze sind rund. Zwar gehen sie gern ins Wasser, schwimmen aber meistens an oder nahe der Oberfläche und können nur etwa 20 Sekunden lang tauchen. In manchen Gegenden Osteuropas leben sie auch fern vom Wasser. Schermäuse legen ausgedehnte Baue an. Dabei werfen sie Erdhügel auf, die sich von Maulwurfshaufen nur dadurch unterscheiden, daß sie im unteren Bereich Eingangslöcher haben.

In Europa leben zwei Schermaus-Arten mit sehr ähnlichen Verhaltensweisen. Die Schermaus des Nordwestens findet man in Tieflandgebieten des Kontinents, nicht aber in Spanien, Westfrankreich und den meisten Gebieten Griechenlands. Die West-Schermaus dagegen lebt in Spanien, in Westfrankreich und außerdem in den Pyrenäen, wo sich die Vorkommen beider Arten leicht überschneiden. Die nordwestliche Schermaus kann in Nordeuropa eine Körperlänge von 19 cm erreichen, der Schwanz ist zusätzlich 10 cm lang, in südlichen Regionen ist die gleiche Spezies meist 2–3 cm kleiner. Die West-Schermaus ist mit ca. 20 cm die größere, und meist ist sie auch dunkler gefärbt.

Schermaus-Weibchen siedeln sich an geeigneten Plätzen an Flüssen und Seen an, wo sie dann ihre Jungen zur Welt bringen. Ein Wurf besteht aus 5–6 Tieren, von denen jedes bei der Geburt ca. 5 Gramm wiegt. Das Territorium eines Weibchens erstreckt sich ca. 75 Meter weit am Ufer entlang. Begrenzt wird es an beiden Enden von dort deponierten Losungen, den sogenannten »Latrinen«. Zur Markierung dient außerdem das Sekret großer Duftdrüsen, die an den Flanken der Tiere sitzen. Wächst die Familie heran, bleiben die Kleinen bei der Mutter, und das Territorium wird erweitert. Ein Schermaus-Paar, das sich gefunden hat, bleibt beisammen, und das Männchen hilft dem Weibchen, die Familie zu verteidigen.

Schermaus-Baue bestehen hauptsächlich aus gewundenen Laufgängen, die zum Ufer führen und sowohl unter wie über dem Wasser Einschlupflöcher haben. Durch die trockenen Eingänge wird das Futter in den Bau transportiert. An verschiedenen Stellen im Gängenetz befinden sich Schlafnester, einige nähe bei den Eingängen, andere tiefer unter der Erde. Die Nester werden mit kleinen Grasstückchen und dem Mark von Binsen ausgekleidet.

Ihre aktivsten Phasen haben Schermäuse in der Morgen- und der Abenddämmerung. Werden sie gestört, tauchen sie und schwimmen unter Wasser in ein schützendes Dickicht. Ihre Nahrung suchen sie am Ufer und bevorzugen dabei die Stengel von Gräsern. Diese werden mit den Zähnen abgeschnitten und beim Fressen mit den Pfoten festgehalten. Schermäuse gehen mit ihrem Futter sehr verschwenderisch um, knabbern vieles nur an und werfen es dann weg.

Die natürlichen Feinde der Schermäuse sind Marder, Reiher, Hechte und der in Europa eingebürgerte Amerikanische Nerz. Auch Wanderratten töten Schermäuse und übernehmen deren Baue. Der Mensch bekämpft sie nur dort, wo in Ufernähe Nutzpflanzen angebaut werden, und gelegentlich jagt er sie auch wegen ihres Fells.

Auch die Bisamratte mit einer Gesamtlänge von ca. 65 cm ist ein Mitglied der Wühlmaus-Gruppe. Zu Anfang dieses Jahrhunderts wurde sie als Pelzlieferant aus Nordamerika nach Europa importiert. Einige Tiere sind hier aus der Gefangenschaft entkommen, und dank ihrer großen Fruchtbarkeit – die Bisamratte wirft in jeder Fortpflanzungsperiode mehrere Male und hat bei jedem Wurf bis zu 8 Junge – haben sie sich stark vermehrt. Ihre wildlebenden Nachkommen waren dann auch als Jagdbeute und Fleischlieferanten begehrt. Heute sind sie in ganz Frankreich und in großen Teilen Mittel- und Nordeuropas verbreitet. In Großbritannien hat man sie allerdings ausgerottet, weil sie durch ihre intensive Grabtätigkeit schwere Bodenschäden angerichtet haben. Manchmal errichten Bisamratten große Nester inmitten von Ufervegetation und graben dabei tiefe Löcher. Ihre Baue sehen auf den ersten Blick wie Biberburgen aus, unterscheiden sich aber darin, daß sie nicht mit Schlamm »verputzt« sind.

Am aktivsten sind die Bisamratten früh am Morgen. Werden sie überrascht, tauchen sie und schwimmen unter Wasser davon. Anders als die Schermäuse sind sie teilweise an das Leben im Wasser angepaßt. Sie haben einen etwas abgeflachten Schwanz, und ihre Füße sind teilweise mit Schwimmhäuten versehen.

Die Behausungen von Bisamratten unterscheiden sich von Biberburgen dadurch, daß sie kleiner und nicht mit Schlamm »verputzt« sind.

Ihr langhaariges Fell schützt die Bisamratte vor Nässe und Kälte. Bisampelz ist wertvoll und begehrt, so daß man die Tiere deshalb auf Pelzfarmen züchtet.

Wittert eine Bisamratte Gefahr, taucht sie geräuschvoll unter, um die anderen Mitglieder der Kolonie zu warnen. Bisamratten können länger unter Wasser bleiben als Schermäuse.

Eine Schermaus paddelt beim Schwimmen mit allen vier Füßen.

Obwohl sie sich hauptsächlich von Pflanzen ernähren, fressen Schermäuse gelegentlich auch Fische. In der Regel sind dies angeschwemmte, tote Tiere, keine selbstgefangenen.

Wenn Schermäuse Gras fressen, ziehen sie die Halme zu sich heran. Besonders grasbewachsene Uferabhänge sehen oft aus, als seien sie »glattgekämmt« worden.

Schermäuse können sich an Land und im Wasser paaren. Die in Großbritannien lebenden Tiere werfen nur zweimal im Jahr, meist im Frühjahr und im Frühsommer, die weiter östlich lebenden bis zu viermal.

Ein Schermausbau hat gewöhnlich sowohl über als auch unter der Wasseroberfläche Eingänge. Im Sommer werden auch senkrechte Schächte mit Öffnungen zum Ufersaum angelegt. Die Schermäuse fressen rund um die Eingänge herum, wodurch im Gras kleine Stellen entstehen, die aussehen wie gemähter Rasen.

69

DIE EURASIATISCHE ZWERGMAUS
Familie Muridae

Das kleinste europäische Nagetier, die Eurasiatische Zwergmaus, findet man in vielen Gegenden des Kontinents, nicht aber in Irland und Skandinavien, im hohen Norden und in einem Großteil des wärmeren Südens. Ostwärts ist sie über weite Gebiete Asiens bis nach Japan verbreitet. Die auf dem Festland lebenden Tiere werden meist größer als z. B. die in Großbritannien, wo sie meist eine Länge von 7 cm nicht überschreiten. Der schlanke Schwanz ist fast genauso lang wie der Körper, und seine Spitze ist zum Festklammern und Greifen geeignet. Erwachsene Tiere wiegen rund 6 Gramm. Eurasiatische Zwergmäuse sind Nachttiere, zeitweise aber auch am Tage aktiv. Ihre Nahrung besteht hauptsächlich aus Samen und Früchten, aber auch aus Insekten. Nur selten bekommt man eine Eurasiatische Zwergmaus zu sehen, denn diese Tiere sind sehr scheu. Sie verfügen über ein außerordentlich scharfes Gehör, und kaum vernehmen sie ein ungewöhnliches Geräusch, verharren sie wie erstarrt oder bringen sich schnellstens in Sicherheit. Infolge der modernen Ackerbaumethoden sind die Zwergmäuse, so auch die Eurasiatische Zwergmaus, von ihren traditionellen Wohnorten in Getreidefeldern verbannt worden. Heute leben sie meist in feuchten Wiesen oder auf unbebautem pflanzenüberwuchertem Land. Im Herbst ziehen sie sich in Gebiete mit Hecken oder dichtem Buschwerk zurück.

Die Eurasiatische Zwergmaus hat weit gespreizte Zehen, mit denen sie Pflanzenstengel umfassen kann. Das macht sie zu einem der geschicktesten Nagetiere überhaupt. Als einziges Säugetier Europas besitzt sie außerdem einen Greifschwanz, der ihr ganzes Gewicht tragen kann. Meist wird dieser Schwanz jedoch als zusätzliche »Hand« verwendet, um sicherer voranzukommen.

Die Fortpflanzungszeit der Eurasiatischen Zwergmaus beginnt ziemlich spät im Frühling, wenn Gräser und Kräuter schon gut herangewachsen sind, denn in ihnen wird das Nest angelegt. Es wird von den Weibchen gebaut, die zuerst Blätter und lange Stengel zu einer Art Hängematte zusammenfügen. In dieser Hängematte wird dann aus kleinen Blattstückchen der Hauptteil des Nestes geformt. Da das ganze Bauwerk ringsherum von lebendigen Pflanzen geschützt wird, ist es gleichzeitig optimal getarnt. Nach einer Tragzeit von 17–19 Tagen werden bis zu 7 Junge geboren. Sie wiegen bei der Geburt 0,65 Gramm, sind blind und hilflos. Am 4. Tag bekommen sie die ersten daunenweichen Haare auf dem Rücken. Am 9. Tag öffnen sie die Augen und haben inzwischen das 5-fache ihres Geburtsgewichts erreicht. Am 11. Tag unternehmen sie die ersten Erkundungsausflüge. Im Alter von 16 Tagen werden sie von der Mutter, die sich jetzt auf den nächsten Wurf vorbereitet, aus dem Nest getrieben. Im Lauf ihres sehr kurzen Lebens wird eine Eurasiatische Zwergmaus wahrscheinlich dreimal Junge werfen, das letztemal im Spätherbst. Doch dieser letzte Wurf kann oft die erste Kälteperiode nicht überleben.

In Gefangenschaft sind Eurasiatische Zwergmäuse 5 Jahre alt geworden. Aber in der freien Natur dauert die längste Lebensspanne höchstens 18 Monate, und es gibt Beweise dafür, daß, speziell in Großbritannien, nur wenige Tiere länger als 6 Monate leben.

Die Zwergmäuse sind Beute für viele räuberische Säugetiere und Vögel. Vom Menschen werden sie im allgemeinen nicht verfolgt, da sie kaum nennenswerten Schaden anrichten.

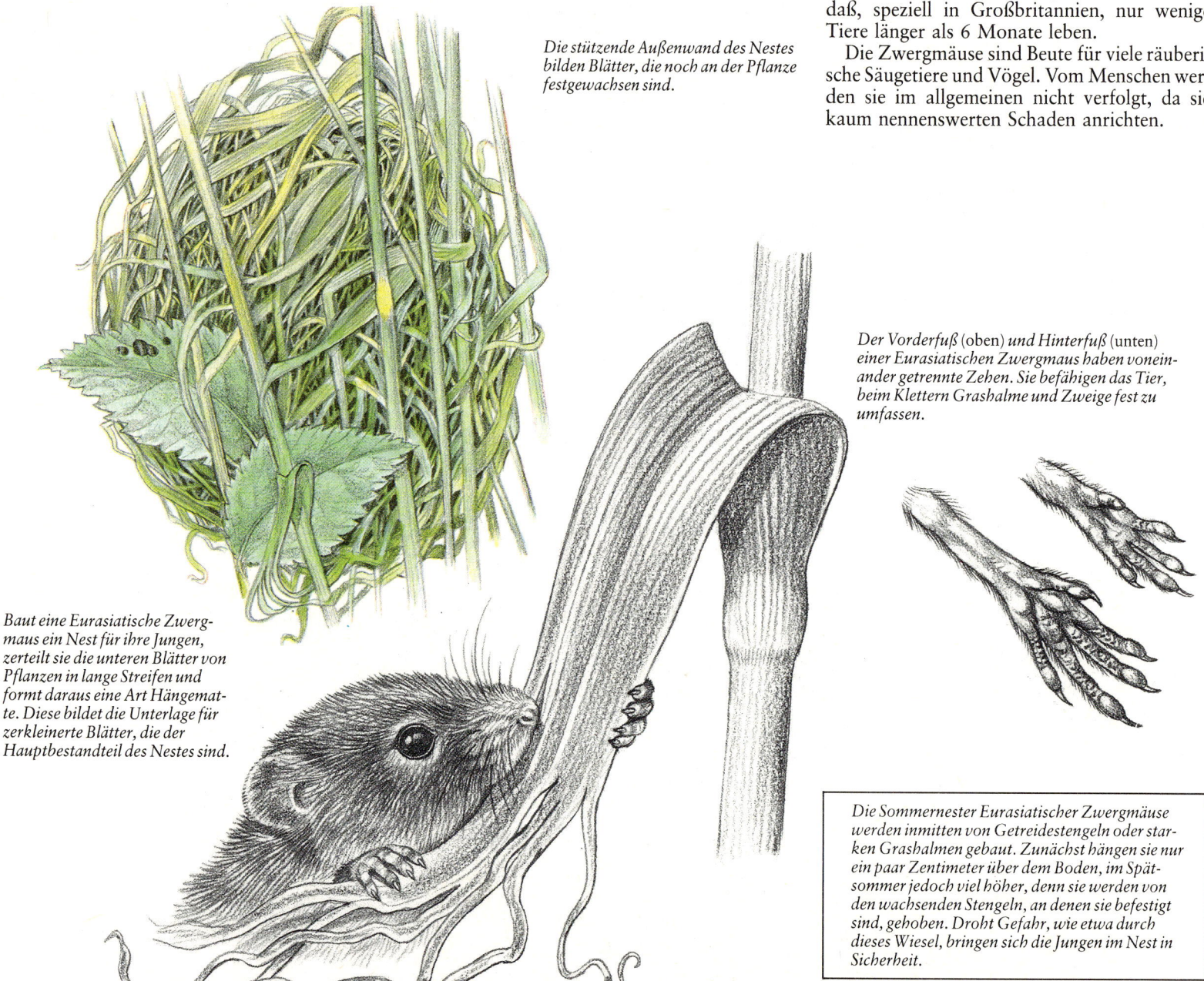

Die stützende Außenwand des Nestes bilden Blätter, die noch an der Pflanze festgewachsen sind.

Baut eine Eurasiatische Zwergmaus ein Nest für ihre Jungen, zerteilt sie die unteren Blätter von Pflanzen in lange Streifen und formt daraus eine Art Hängematte. Diese bildet die Unterlage für zerkleinerte Blätter, die der Hauptbestandteil des Nestes sind.

Der Vorderfuß (oben) und Hinterfuß (unten) einer Eurasiatischen Zwergmaus haben voneinander getrennte Zehen. Sie befähigen das Tier, beim Klettern Grashalme und Zweige fest zu umfassen.

Die Sommernester Eurasiatischer Zwergmäuse werden inmitten von Getreidestengeln oder starken Grashalmen gebaut. Zunächst hängen sie nur ein paar Zentimeter über dem Boden, im Spätsommer jedoch viel höher, denn sie werden von den wachsenden Stengeln, an denen sie befestigt sind, gehoben. Droht Gefahr, wie etwa durch dieses Wiesel, bringen sich die Jungen im Nest in Sicherheit.

71

FELD- UND WALDMÄUSE
Familie Muridae

In manchen Gegenden Europas sind die Feld- und Waldmäuse der Gattung *Apodemus* (nicht zu verwechseln mit der Feldmaus der Gattung *Microtus*, S. 64) die am häufigsten vorkommenden Tiere. Man erkennt sie an den langen Schnauzen, an den großen Augen und Ohren und an den langen hellen Hinterbeinen. Der Schwanz der Feld- und Waldmaus ist meist länger als der Körper und kann für das Tier lebensrettende Bedeutung bekommen. Die Schwanzwirbel sind nämlich nur von wenig Gewebe umgeben, und werden sie freigelegt, vertrocknen sie schnell und brechen ab. Der Schwanz bricht deshalb auch ab, wenn er von einem Angreifer gepackt wird, so daß er – hat der Angreifer die Maus nicht noch anders zu fassen bekommen – als einzige Beute zurückbleibt, während die Maus entkommen kann.

In Europa gibt es 5 Arten von Feld- und Waldmäusen. Die größte ist die Felsenmaus mit einer Gesamtlänge von 27 cm. Sie lebt in trockenen Wäldern, in Felsengebieten Griechenlands, an der Adriaküste und in Kleinasien. Die kleinste Spezies ist die Zwerg-Feldmaus mit 18 cm Gesamtlänge. Sie wurde erst 1952 als Art anerkannt. Bisher weiß man nur, daß sie in einigen Gegenden Osteuropas und in der Ukraine vorkommt, aber möglicherweise ist sie viel weiter verbreitet. Die Brandmaus, die selten länger als insgesamt 19 cm wird, ist die einzige Spezies deren Schwanz kürzer ist als der Körper. Sie lebt in Buschwerk und an Waldrändern in Osteuropa und in ganz Asien, einschließlich Taiwan. In Europa am weitesten verbreitet sind die Gelbhalsmaus, die bis zu 12 cm messen kann und einen maximal 13,5 cm langen Schwanz hat, und die etwas kleinere Feld- und Waldmaus, die insgesamt nicht länger ist als 22,5 cm. Beide Arten kann man in offenem Gelände antreffen, wobei die Gelbhalsmaus eigentlich lieber im Wald lebt. Die Feld- und Waldmaus ist in Europa allgegenwärtig und fehlt nur in einigen Gebieten Skandinaviens. Die südlichen Grenzen des Kontinents überschreitet sie bis nach Nordafrika, die östlichen bis nach Japan. Die Gelbhalsmaus ist im südlichen Großbritannien heimisch, fehlt jedoch im übrigen Westeuropa. Im Osten dagegen ist sie wesentlich weiter verbreitet und überschreitet die Grenzen bis nach China.

Die Männchen der Feld-und Waldmaus besetzen ein »persönliches« Revier von 2250 m^2, während die Weibchen nur knapp 2000 m^2 beanspruchen. Wie bei vielen Tieren, die ein Territorium verteidigen, überschneiden sich dessen Randgebiete mit denen anderer Artgenossen. Ein dominantes Männchen kann ein bis zu 2,5 Hektar großes Gebiet kontrollieren, in dem auch mehrere rangniedrigere Männchen und Weibchen leben. Untereinander scheint keine Aggressivität zu herrschen, wenn auch die Weibchen den Bezirk verteidigen, in dem sie die Jungen werfen.

Feld- und Waldmäuse sind fast ausschließlich Nachttiere und sogar in Perioden hellen Mondscheins weniger aktiv als in dunklen Nächten, in denen sie ihre Nester bis zu 2 Stunden lang verlassen. Sie lieben eine abwechslungsreiche Kost. Im Winter ernähren sie sich hauptsächlich von Eicheln, Bucheckern, Kastanien und Haselnüssen, die sie in unterirdischen Vorratskammern in großen Mengen speichern. Oft knabbern sie jede einzelne Frucht an einer Ecke an, und man weiß nicht, ob sie damit die Güte prüfen wollen oder es aus einem anderen Grund tun. Im Frühling und Sommer holen sie sich die Knospen und Triebe heranwachsender Pflanzen, fressen aber auch Insekten, Regenwürmer und Schnecken. Mit Hilfe der langen Hinterbeine können Feld- und Waldmäuse gut springen und klettern, sind aber nicht so geschickt wie die Gelbhalsmäuse, die auch in den Kronen von Laubbäumen leben können.

Unter geeigneten Bedingungen pflanzen sich sowohl Feld- und Waldmäuse als auch Gelbhalsmäuse während des ganzen Jahres fort. Sie paaren sich zum erstenmal im Februar. Nach einer Tragzeit von 20 Tagen werden 5–7 blinde, nackte und hilflose Junge geboren, die jeweils 1–2 Gramm wiegen. Am 6. Lebenstag erscheint auf dem Rücken der Neugeborenen das erste flaumige, bräunlich-graue Fell. Am 10. Tag öffnen die Jungen die Augen und werden nun immer aktiver. Droht Gefahr, können die Jungen von der Mutter in Sicherheit gebracht werden, indem sie sich an deren Zitzen hängen und von ihr forttragen lassen. Die Jungen scheinen dadurch keinen Schaden zu erleiden, selbst wenn sie über holprigen Boden geschleift oder gegen Hindernisse gestoßen werden. Diese Rettungsmöglichkeit besteht aber nur in den ersten Tagen nach der Geburt. Meist zu dem Zeitpunkt, an dem auch die Augen sich öffnen, hört dieses Verhalten auf. Wahrscheinlich sind die Jungen dann schon so schwer geworden, daß die Mutter sie nicht mehr tragen kann. Im Alter von 3 Wochen sind sie selbständig und wahrscheinlich hat ihre Mutter dann schon erneut Junge geworfen.

Die Lebenserwartung der Feld-und Waldmäuse ist gering, denn sie gehören zur Hauptbeute aller kleinen räuberischen Säugetiere und Vögel, hauptsächlich von Eulen. Daß die Bestände erhalten bleiben, liegt an der hohen Fortpflanzungsrate. Die früh im Jahr geborenen Jungen werfen schon im Alter von 2 Monaten selbst. Es wird von einer Gelbhalsmaus berichtet, die in Gefangenschaft über 8 Jahre alt geworden ist. Doch in der freien Natur kann keine Art der Gattung *Apodemus* viel länger als 2 Jahre leben, die meisten aber nur wesentlich kürzer.

Dieses Feld-Waldmaus-Weibchen (unten) *hat sein Schwanzende an ein Raubtier verloren, ist dafür aber mit dem Leben davongekommen. Es kann nun alle noch nicht entwöhnten Jungen in Sicherheit bringen, denn diese klammern sich an die Zitzen der Mutter und werden so an einen anderen Platz getragen. Die Feld-Waldmaus legt in einem hohlen Baum einen Vorrat von Nüssen und Eicheln an* (rechts), *während die Gelbhalsmaus* (darüber) *gerade eine Eichel verzehrt.*

Die Kreta-Stachelmaus ist nur auf Kreta zu finden. Sie haust dort in trockenem Gebüsch mit steinigem Untergrund, dringt aber auch oft in Häuser ein.

Die Gelbhalsmaus ist mit der Feld-Waldmaus verwandt und sieht ihr auch sehr ähnlich. Häufig ist sie jedoch etwas größer. Ihr Hinterfuß ist bis zu 26 mm lang (oben), während der der Feld-Waldmaus nie länger wird als 24 mm (darunter). Beide Arten können sehr gut klettern. In Großbritannien dringt die Gelbhalsmaus oft in Häuser ein und erklimmt ohne Mühe Mauern (rechts).

Gelbhalsmäuse (rechts) haben meist einen gelben Kragen und einen gleichfarbigen Streifen auf dem Bauch. Feld-Waldmäuse haben höchstens ein paar gelbe Flecken auf der Brust.

HAUSMÄUSE
Familie Muridae

Die Hausmaus ist, gleich nach dem Menschen, das am weitesten verbreitete Säugetier. Ihre ursprüngliche Heimat sind wahrscheinlich die Steppen Westasiens. Aber schon in der Jungsteinzeit (Neolithikum) begann sie, sich den Menschen anzuschließen und sich in deren Siedlungen einzunisten. Die Hausmäuse und ihre Verwandten der Gattung *Mus* sind kleiner als die Feld- und Waldmäuse der Gattung *Apodemus*. Ihre Augen sind weniger vorstehend, Ohren und Hinterpfoten im Verhältnis zum Körper kleiner. Der Schwanz ist mit 14–19 cm ebenso lang wie der Körper, aber dicker als bei der Feld- und Waldmaus und fast kahl.

In Europa gibt es zwei Hausmaus-Arten. Die Westliche Hausmaus hat einen dunklen, graubraunen Rücken und ist an der Unterseite nur wenig heller. [In der deutschen Fachliteratur wird diese Art auch als »Haus-Hausmaus« bezeichnet, weil sie sich besonders gern in Gebäuden aufhält. Die zweite, östliche Art wird von deutschen Zoologen »Nördliche« oder »Feld-Hausmaus« genannt, denn sie lebt lieber im Freien. Anmerkung des Übersetzers.] Die Nördliche Hausmaus ist in Skandinavien heimisch, sowie östlich einer von Dänemark nach Süden verlaufenden Linie. Diese Hausmaus ist auf der Oberseite rötlichbraun, auf der Bauchseite hell gefärbt. Alle Hausmaus-Arten haben vielseitige Fähigkeiten. Sie können sehr schnell laufen und, wenn es notwendig ist, klettern und sogar schwimmen. Zwar sind sie wahrscheinlich kurzsichtig, hören und riechen aber ausgezeichnet und sind dadurch imstande, zum Beispiel Merkmale einer Örtlichkeit oder auch Familienmitglieder wiederzuerkennen.

In wärmeren Gegenden können Hausmäuse im Sommer im Freien leben. Dort legen sie weitverzweigte Laufpfade an und graben unterirdische Baue. Im Herbst siedeln sie dann aber wieder in Häuser und Getreideschober um. Im Inneren von Gebäuden nagen sie sich Wege und Unterschlupfe in Mauer- und Bodenritzen. Die einzelnen Reviere sind meist noch nicht sehr klein, und die Bereiche, in denen sie auf Nahrungssuche gehen, überschneiden sich. Vermehren sie sich stark, wird die Revierverteidigung aggressiver, und jede fremde Maus, die nicht zur eigenen Familiengruppe gehört, wird angegriffen. Bei sehr hoher Bestandsdichte lebt eine kleine Anzahl von Männchen polygam mit mehreren Weibchen in energisch verteidigten Territorien, während sich der Großteil der Population in kleinen Bezirken zusammendrängt, dort als Gruppe von rangniedrigen Tieren ohne individuelles Revier lebt und sich nicht mehr fortpflanzt. In einem neuentdeckten Gebiet siedelt sich meist sofort eine große Anzahl von Tieren an, vorausgesetzt, daß reichlich Futter vorhanden ist. Lebenswichtig ist auch, daß sich Material für den Nestbau findet, beispielsweise Papier, Sackleinen, Gras oder Blätter. Wo wenig Baumaterial vorhanden ist, teilen sich mehrere Weibchen ein Nest.

Ein Wurf besteht normalerweise aus 5–6 nackten, hilflosen Jungen, von denen jedes bei der Geburt etwa 1 Gramm wiegt. Nach 14 Tagen haben sie ein Fell und nach spätestens 3 Wochen sind sie entwöhnt. Bis dahin haben sie Zweidrittel ihrer endgültigen Größe erreicht, und schon wenige Wochen darauf können sie sich selbst fortpflanzen. Unter guten Lebensbedingungen vermehren sie sich ununterbrochen weiter. In einem einzigen Jahr kann ein Weibchen bis zu 10 Würfe zur Welt bringen, in weniger geeigneten Gebieten nur ca. 5.

Hausmäuse trinken nur sehr wenig, fressen aber fast alles, was auch der Mensch ißt, darüber hinaus aber noch Dinge, die für den menschlichen Organismus und Geschmack ungenießbar sind. Wenn sie im Freien leben, ernähren sie sich auch von Insekten und Würmern. Die Hauptzeiten für die Nahrungsaufnahme sind während der Abend- und Morgendämmerung, aber während der ganzen Dauer der aktiven Phasen werden Zwischenmahlzeiten eingenommen.

In Südeuropa leben zwei kleine Verwandte der Hausmaus: im östlichen Teil die Steppenmaus, die in Gemeinschaften lebt und oft riesige Futtervorräte (bis zu 10 kg Getreide) hortet, in feuchteren Gebieten Portugals, Spaniens und Südfrankreichs die Algerische Maus, die weniger gesellig ist und mit kleineren Vorräten auskommt.

Das Nest einer Hausmaus kann aus vielen verschiedenen Materialien gebaut werden. Am häufigsten wird zerkleinertes Zeitungspapier verwendet.

Dominante Männchen verhalten sich den anderen gegenüber aggressiv. Sie verteidigen ihre Position zunächst durch Imponiergehabe, indem sie sich, wie hier, aufrichten, um so größer zu erscheinen als ihre Widersacher.

Weiße Mäuse, die als Haustiere gehalten werden, stammen von domestizierten Hausmäusen ab. Ihre Schwänze sind nicht so empfindlich wie die ihrer wildlebenden Verwandten; hier klettert eine zahme Maus sogar am eigenen Schwanz hoch.

In vielen Gebieten Europas leben Hausmäuse im Sommer im Freien. Bei kaltem Wetter ziehen sie sich in den Schutz von Häusern zurück. Dort ernähren sie sich von Vorräten, die die Menschen angelegt haben, wobei sie allerdings wesentlich größere Mengen beschädigen und zum Faulen bringen, als sie tatsächlich fressen.

75

RATTEN
Familie Muridae

Für den weitverbreiteten schlechten Ruf der Nagetiere sind hauptsächlich die Ratten verantwortlich, denn vor allem sind es, die riesige Mengen von Feldfrüchten und eingelagerten Lebensmitteln fressen bzw. verderben. Mit ihren starken Gebissen können sie außerdem vielen Gegenständen und sogar Gebäuden beträchtlichen Schaden zufügen. Dazu kommt, daß sie mehrere verschiedene, höchst unangenehme und gefährliche Krankheiten auf Menschen und Haustiere übertragen. Aber so sehr der Mensch sich auch bemüht, der Ratten Herr zu werden, kann er sich doch nicht nachhaltig gegen sie wehren. Selbst große Bestandsverluste durch menschliche Vernichtungsmethoden werden durch rapide Vermehrung in kürzester Zeit wieder ausgeglichen. In diesem Zusammenhang ist es eine Ironie, daß gerade die Hartnäckigkeit und Raffiniertheit der Bekämpfung im Laufe der Zeit zu einem hohen Maß von Resistenz und damit zu einer »Elite« geführt hat, die der Verfolgung immer besser standhalten kann. So sind Ratten heute wohl die anpassungsfähigsten und intelligentesten Säugetiere überhaupt.

In Europa findet man 2 Rattenarten. Die Hausratte hat eine Körperlänge von maximal 24 cm, der Schwanz ist länger als der Körper, und das Tier erreicht ein Höchstgewicht von 280 Gramm. Sie ist zart gebaut, hat eine lange spitze Schnauze und große, fast unbehaarte Ohren. Das Fell kann sehr unterschiedlich gefärbt sein, weist aber immer lange Deckhaare auf, die aus dem Wollhaar herausragen. Die Wanderratte ist größer und derber gebaut als die Hausratte, hat eine stumpfere Schnauze und an den Ohren feine Härchen. Sie kann insgesamt 56 cm lang werden, wobei etwas weniger als die Hälfte auf den Schwanz entfällt. Wanderratten wachsen das ganze Leben lang (ca. 1–2 Jahre), und ein großes Exemplar wiegt bis zu 600 Gramm. Die meisten sind jedoch kleiner. Beide Arten stammen aus Asien, kamen dann mit Hilfe des Menschen nach Europa und sind heute auf der ganzen Welt verbreitet. Die Hausratte bewohnte ursprünglich wohl warme, bewaldete Gebiete, denn sie kann gut klettern, und in südlicheren Gegenden Europas lebt sie manchmal auf Bäumen, wo sie Nester baut, die Eichhörnchen-Kobeln ähneln. Kaltes Klima kann sie ohne schützende Unterkunft nicht vertragen. Sie soll sich – früher als die Wanderratte – schon im Altertum von ihrer ursprünglichen Heimat aus verbreitet haben und später von Kreuzrittern aus dem heiligen Land nach Europa mitgebracht worden sein. Die Wanderratte kommt aus den nördlichen Regionen Asiens, drang zu Anfang des 18. Jahrhunderts nach Osteuropa vor und hat sich bald auf dem ganzen Kontinent verbreitet. Wo sie sich ansiedelte, vertrieb sie die Hausratte, die ihren Lebensraum daraufhin in die Umgebung von Häfen und in geheizte Gebäude verlegte. Die Wanderratten bewohnen vorzugsweise offenes Gelände, Scheunen und Abwässerkanäle, aber auch gerne Warenhäuser und -lager. In Gebäuden können beide Arten nebeneinander vorkommen; manchmal sind die oberen Stockwerke eines Gebäudes die Domäne von Hausratten, während in den unteren Räumen die Wanderratten hausen.

Bei reichlichem Nahrungsangebot bewegen sich Wanderratten selten weiter als 40 Meter vom Nest weg. Doch man hat auch Laufpfade gefunden, die zehnmal so weit reichten. In ihren Bauen legen die Tiere oft blindendende Gänge an, die nahe an die Erdoberfläche heranführen und in Notfällen aufgebrochen werden können. Ratten sind gute Schwimmer und neigen dazu, sich in Reichweite von Wasser anzusiedeln, das für sie ebenso wichtig ist, wie Futter. Auf dem Lande lebende Tiere lassen sich gern an Flußufern nieder, stadtbewohnende in Abwässerkanälen.

Weibliche Wanderratten sind ungefähr mit 11 Wochen geschlechtsreif und paaren sich bald darauf, obwohl sie zu diesem Zeitpunkt noch nicht voll ausgewachsen sind. Bei den ersten Würfen kommen nur ca. 6 Junge zur Welt, später sind es oft über ein Dutzend, und die Rekordzahl liegt bei 22 Jungen in einem Wurf. Die Tragzeit dauert 21–24 Tage, und bei der Geburt sind die kleinen Wanderratten unbehaart, blind und taub. Ungefähr am 6. Tag öffnen sie die Augen und innerhalb von 3 Wochen werden sie entwöhnt. Während des Winters kommen normalerweise keine Jungen zur Welt, und selten wirft ein Weibchen in einem Jahr öfter als fünfmal.

In einer kleinen Wanderratten-Kolonie halten die Einzeltiere fest zusammen, und Eindringlinge, denen der »Koloniegeruch« fehlt, werden vertrieben. Nimmt die Population einer Kolonie zu, entwickelt sich eine Rangordnung, in der die ranghöchsten Ratten nahe an den Futterquellen leben, während die untergeordneten gezwungen sind, weiter entfernt nach Nahrung zu suchen, und oft müssen sie sogar am Tage fressen. Die Jungen solcher rangniedrigen Tiere haben schlechte Überlebenschancen, und auch der Drang, Eindringlinge zu vertreiben, ist weniger stark ausgeprägt.

Über die soziale Organisation der Hausratte weiß man noch wenig. In Europa haust sie fast ausschließlich in Gebäuden, läßt sich daher leicht bekämpfen, und es kommt kaum vor, daß sie in Scharen auftritt. Sie schwimmt nicht so gern wie die Wanderratte, klettert aber mehr als sie, bewegt sich flinker und ist sicherer beim Laufen auf Balken und Ästen. Ratten fressen fast alles, bevorzugen aber gemischte Kost aus Getreide und etwas tierischer Nahrung. Dabei ist die Hausratte stärker auf vegetarisches Futter eingestellt als die Wanderratte. Keine der beiden Arten legt Vorräte an, aber zum Fressen wird die Nahrung an einen sicheren Platz getragen. Die Ratten selbst sind Beutetiere für viel größere fleischfressende Säugetiere.

Die Hausratte klettert sehr behende. In Südeuropa kann sie sogar auf Bäumen leben. Weiter nördlich findet man sie hauptsächlich in geheizten Gebäuden oder in der Nähe von Häfen.

Mit Ratten verbindet sich die Vorstellung von unhygienischen Lebensbedingungen. Doch beide Arten sind sehr reinliche Tiere und verwenden viel Zeit darauf, sich zu putzen.

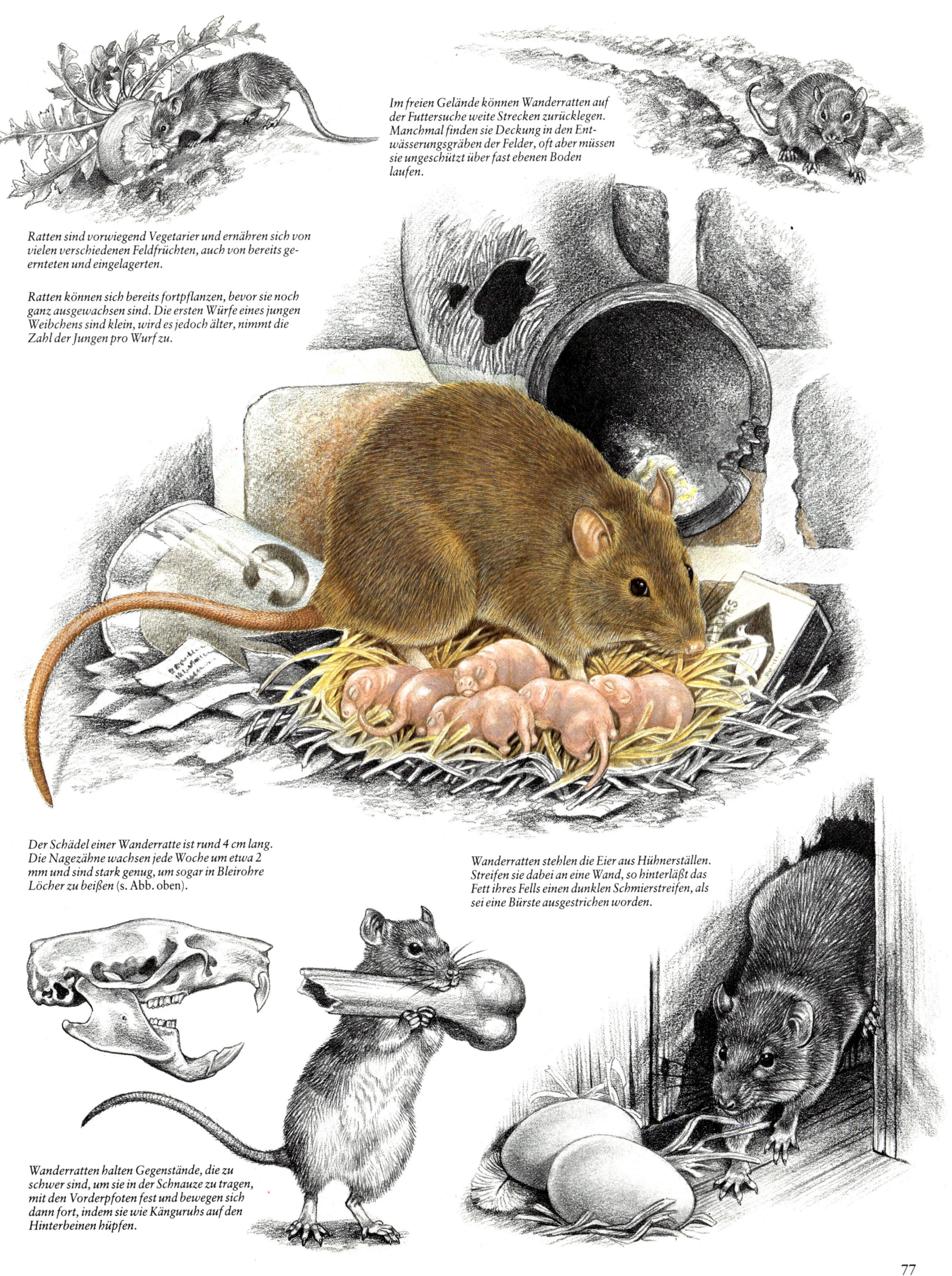

Im freien Gelände können Wanderratten auf der Futtersuche weite Strecken zurücklegen. Manchmal finden sie Deckung in den Entwässerungsgräben der Felder, oft aber müssen sie ungeschützt über fast ebenen Boden laufen.

Ratten sind vorwiegend Vegetarier und ernähren sich von vielen verschiedenen Feldfrüchten, auch von bereits geernteten und eingelagerten.

Ratten können sich bereits fortpflanzen, bevor sie noch ganz ausgewachsen sind. Die ersten Würfe eines jungen Weibchens sind klein, wird es jedoch älter, nimmt die Zahl der Jungen pro Wurf zu.

Der Schädel einer Wanderratte ist rund 4 cm lang. Die Nagezähne wachsen jede Woche um etwa 2 mm und sind stark genug, um sogar in Bleirohre Löcher zu beißen (s. Abb. oben).

Wanderratten stehlen die Eier aus Hühnerställen. Streifen sie dabei an eine Wand, so hinterläßt das Fett ihres Fells einen dunklen Schmierstreifen, als sei eine Bürste ausgestrichen worden.

Wanderratten halten Gegenstände, die zu schwer sind, um sie in der Schnauze zu tragen, mit den Vorderpfoten fest und bewegen sich dann fort, indem sie wie Känguruhs auf den Hinterbeinen hüpfen.

STREIFEN-HÜPFMÄUSE
Familie Zapodidae
BLINDMÄUSE
Familie Muridae

Die Birkenmaus, eine besonders behende und flinke Art, findet man im mittleren Norwegen, in einigen Gegenden Schwedens und Dänemarks, und, von Finnland und Polen ausgehend, bis nach Zentralasien. Einzelne isolierte Populationen kommen auch in der Tschechoslowakei und in Österreich vor. Die Birkenmaus gehört eigentlich einer Nagetierfamilie an, die hauptsächlich aus Bewohnern von Wüsten und Halbwüsten besteht. Sie lebt aber, wie ihr Name schon sagt, in Birkenwäldern, besonders in solchen mit dichtem Strauchwerk. Eine nahe Verwandte, die Streifenmaus, ist in den Steppen Asiens beheimatet und hat sich später bis nach Rumänien ausgebreitet. Eine kleine Anzahl lebt auch in Ungarn und Österreich.

Beide Arten sind fast gleich groß, erwachsene Tiere haben eine Körperlänge von bis zu 7 cm. Der Schwanz kann, vor allem bei der nördlichen Spezies, eineinhalb mal so lang sein wie der Körper und auch zum Greifen und Anklammern benutzt werden. Diese »fünfte Hand« verleiht dem Tier seine außerordentliche Geschicklichkeit. Ein weiteres Merkmal, das beide Arten gemeinsam haben, sind die großen Hinterpfoten, die sie aber nicht, wie ihre wüstenbewohnenden Verwandten es tun, zum Hüpfen benützen. Beide hier beschriebenen Streifen-Hüpfmaus-Arten sind leicht mit der Brandmaus (s. S. 72) zu verwechseln, die jedoch einen robusteren Körperbau, einen viel kürzeren Schwanz und größere Ohren hat.

Streifen-Hüpfmäuse gelten als seltene Tiere, denn auch in ihrem Verbreitungsgebiet bekommt man sie fast nie zu sehen. Die nördliche Birkenmaus ist ein reines Nachttier. Die hellen Tagesstunden verbringt sie in ihrem Nest, das, umgeben von einem netzartigen Gangsystem, nur ein paar Zentimeter unter der Erde liegt. Manchmal werden die Nester auch in vermoderten Baumstämmen angelegt. Von der südlichen Streifenmaus weiß man nur sehr wenig, aber man nimmt an, daß sie auch tagsüber zeitweise aktiv ist. Beide Arten ernähren sich hauptsächlich von fleischlicher Nahrung. Die Birkenmaus frißt mit Vorliebe Käfer und Insekten, die in vermoderndem Holz leben, die Streifenmaus hat sich auf bodenbewohnende Raupen- und Käferarten spezialisiert, frißt aber auch Getreide und Samen. Gegen Ende des Sommers nimmt die Birkenmaus mehr pflanzliche Nahrung zu sich und bildet auf diese Weise Reserven für die kalte Jahreszeit. Von Oktober bis April halten beide Arten einen Winterschlaf, bei dem alle Stoffwechselfunktionen reduziert werden und die Körpertemperatur auf 7° C absinkt.

Beide Arten paaren sich kurz nach dem Erwachen aus der Winterruhe. In den letzten Mai- oder ersten Junitagen werden 4–5 Junge geboren. Trotz einer relativ langen Tragzeit von 4 Wochen sind die Kleinen bei der Geburt hilflos und entwickeln sich sehr viel langsamer, als die Jungen anderer kleiner Nagetier-Arten. Ihre Augen öffnen sich erst nach 25 Tagen, und sie bleiben bis zum Alter von 5 Wochen in der Obhut der Mutter. Da jedes Paar nur einmal im Jahr Junge bekommt, ist anzunehmen, daß Streifen-Hüpfmäuse lange leben.

Westeuropa ist eine der wenigen Gegenden der Welt, in denen Nagetiere, die ausschließlich unterirdisch leben, fehlen. Im Osten des Kontinents findet man nur 2 Arten, die Ost- und die Westblindmaus, die sich von den Steppen Asiens aus verbreitet haben. In Europa kommen Blindmäuse nur im Südosten vor, und die Bezeichnungen Ost- bzw. Westblindmaus beziehen sich nur auf dieses Verbreitungsgebiet. Die Ostblindmaus ist mit 31 cm Länge größer als die 26 cm messende Westblindmaus, aber beide unterscheiden sich auch in einigen Einzelheiten des Körperbaus. In ihren Lebensgewohnheiten und in der Wahl des Lebensraums sind sie allerdings sehr ähnlich. Beide sind völlig blind, und vom Ohr ist nur die knorpelige Mündung des äußeren Gehörganges geblieben. Der Kopf ist jedoch von einer Reihe steifer Borsten umgeben, die wahrscheinlich als Tastinstrumente dienen. Im Gegensatz zu den Maulwürfen haben Blindmäuse ziemlich kleine Pfoten und Krallen, denn sie schaufeln sich ihre Wege mit dem spatenförmigen Kopf. Meistens graben sie in lockerem Sandboden, und während sie sich voranarbeiten, befestigen sie gleichzeitig die Wände ihrer Gänge. Wo der Boden fester oder sogar steinig ist, benützen sie ihre mächtigen Nagezähne, um ihn zu lockern. Überschüssiges Material wird an die Oberfläche geschoben und zu Hügeln aufgehäuft, die denen von Maulwürfen ähnlich sind. Die Baue sind sehr ausgedehnt und können bis in eine Tiefe von mehr als 3 Metern hinunterreichen. Blindmäuse sind bei Tag und Nacht und während des ganzen Jahres aktiv und dabei unabhängig von Wetterbedingungen. Auf Ackerland können Blindmäuse großen Schaden anrichten, denn sie ernähren sich fast ausschließlich von unterirdischen Pflanzenteilen. Manchmal ziehen sie sogar junge grüne Sprosse in ihre Baue hinunter.

Wie die Maulwürfe sind Blindmäuse Einzelgänger und bleiben nach der Paarungszeit im Januar oder Februar nicht zusammen. Das Weibchen baut ein großes Nest, in dem im März 4–5 Junge geboren werden. Diese sind bei der Geburt nackt und hilflos, aber innerhalb von 14 Tagen bekommen sie ein Fell aus langen hellen Haaren, das sich noch stark von dem der erwachsenen Tiere unterscheidet. Im Alter von 4–6 Wochen sind die Jungen entwöhnt und machen sich selbständig. Nachdem sie das Nest verlassen haben, gehen viele von ihnen zugrunde, denn auf der Suche nach eigenen Revieren müssen sie zunächst über offenes Gelände wandern, wo sie vielen räuberischen Feinden ausgeliefert sind.

Die südliche Streifenmaus lebt, im Gegensatz zu ihrer nördlichen Verwandten, häufig in offenem Tiefland.

Die nördliche Birkenmaus hat einen verhältnismäßig längeren Schwanz als jedes andere europäische Nagetier. Sein Ende ist zum Greifen geeignet, und mit ihm kann sich das Tier beim Klettern an Ästen und Zweigen festhalten.

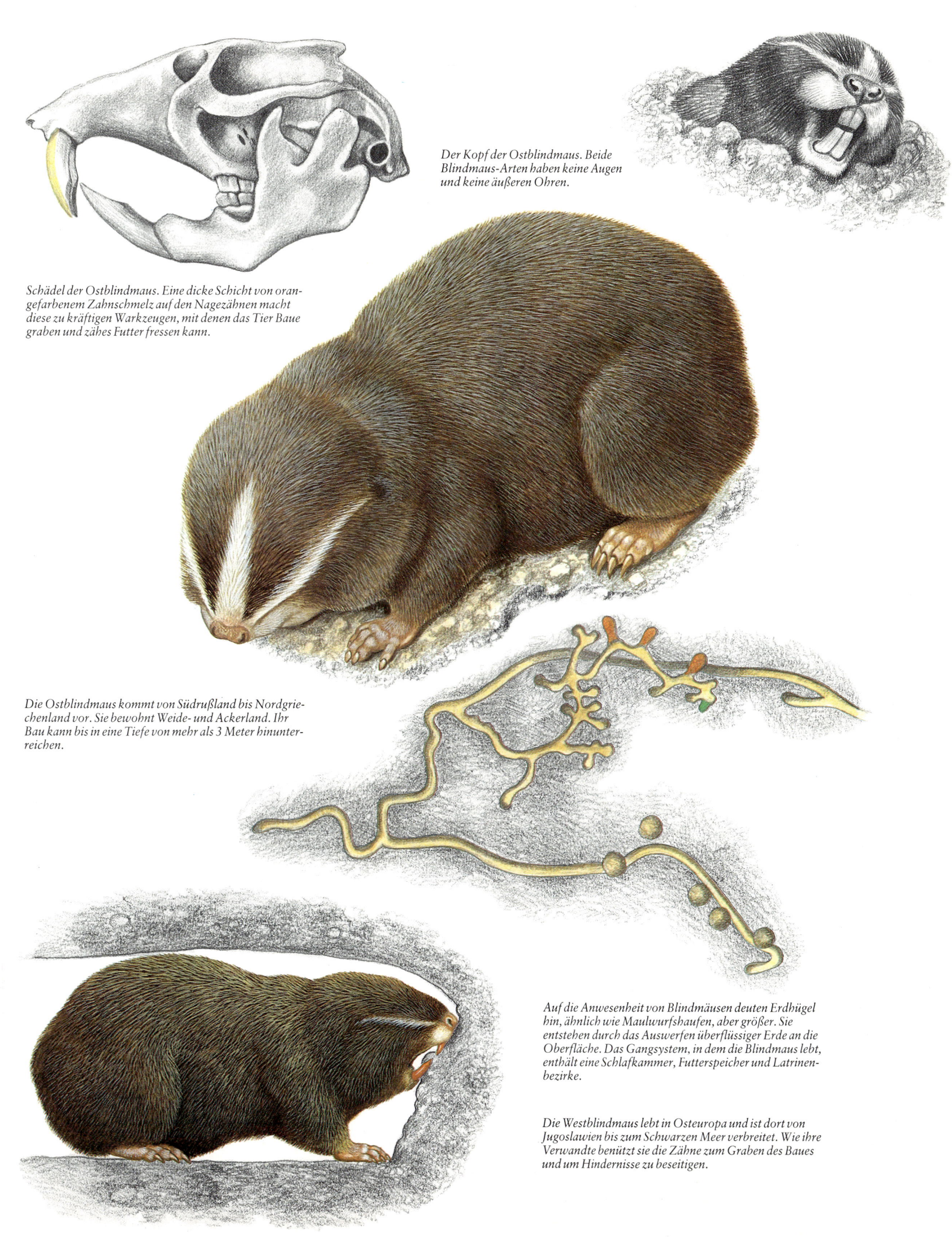

Schädel der Ostblindmaus. Eine dicke Schicht von orangefarbenem Zahnschmelz auf den Nagezähnen macht diese zu kräftigen Warkzeugen, mit denen das Tier Baue graben und zähes Futter fressen kann.

Der Kopf der Ostblindmaus. Beide Blindmaus-Arten haben keine Augen und keine äußeren Ohren.

Die Ostblindmaus kommt von Südrußland bis Nordgriechenland vor. Sie bewohnt Weide- und Ackerland. Ihr Bau kann bis in eine Tiefe von mehr als 3 Meter hinunterreichen.

Auf die Anwesenheit von Blindmäusen deuten Erdhügel hin, ähnlich wie Maulwurfshaufen, aber größer. Sie entstehen durch das Auswerfen überflüssiger Erde an die Oberfläche. Das Gangsystem, in dem die Blindmaus lebt, enthält eine Schlafkammer, Futterspeicher und Latrinenbezirke.

Die Westblindmaus lebt in Osteuropa und ist dort von Jugoslawien bis zum Schwarzen Meer verbreitet. Wie ihre Verwandte benützt sie die Zähne zum Graben des Baues und um Hindernisse zu beseitigen.

DAS GEWÖHNLICHE STACHELSCHWEIN
Familie Hystricidae

Das Gewöhnliche Stachelschwein findet man hauptsächlich in den Steppen- und Savannengebieten Nordafrikas. Im Altertum gelangte es auch nach Süditalien und Sizilien und hat sich dort bis heute gehalten, allerdings nur in kleinen Beständen. In neuerer Zeit hat man es auch in den Balkanländern eingebürgert.

Nach dem Biber ist das Gewöhnliche Stachelschwein das zweitgrößte Nagetier Europas. Es erreicht eine Körperlänge von 70 cm und ein Gewicht von mehr als 15, in seltenen Fällen bis 20 kg, wobei die europäischen Exemplare etwas kleiner sind als die afrikanischen. Da Stachelschweine Nachttiere sind, sieht man sie in freier Natur nur selten und über ihr soziales Verhalten weiß man sehr wenig. Es hat den Anschein, als ob sich mehrere Tiere, wahrscheinlich die Mitglieder einer Familie, einen Bau teilen. Stachelschweinbaue werden in tiefen Spalten in felsigem Gelände angelegt, manchmal aber auch weit in die Erde hineingegraben. Verlassene Baue werden später gern von Dachsen übernommen.

Stachelschweine sind, bekommt man sie überhaupt zu sehen, sofort zu erkennen. Durch ihre unverwechselbaren Stacheln und ihre auffallende schwarz-weiße Färbung unterscheiden sie sich von allen anderen Tieren. Form, Zeichnung und Länge der Stacheln sind verschieden. Alle Körperstacheln sind lang und schlank, auf der oberen Rückenpartie allerdings dicker als auf der unteren. Außerdem sind die einen schwarz-weiß gebändert, die anderen fast ganz schwarz. Ganz anders wiederum sind die hohlen Schwanzstacheln, deren Enden abbrechen, nachdem sie sich ganz entwickelt haben. Zurück bleiben becherförmige lange Gebilde, die bei jeder Bewegung aneinanderschlagen und laute rasselnde Geräusche erzeugen. Ist ein Stachelschwein alarmiert, schüttelt es den Schwanz, so daß der Feind durch den Lärm gewarnt wird. Wird die Warnung mißachtet, verstärkt das Tier die Drohung, indem es rückwärts auf den Angreifer zuläuft. Stachelschweine können zwar nicht, wie der Volksmund behauptet, ihre Stacheln »abschießen«, die Rücken-Stacheln aber sitzen sehr locker und bleiben bei einer Berührung sofort in der Schnauze oder den Pfoten des Angreifers stecken. So ist eine absolute Sicherheit vor den meisten Feinden gewährleistet.

Wie andere gutbewaffnete Tiere bewegen sich Stachelschweine äußerst geräuschvoll, fast lärmend, und vor allem bei der Nahrungssuche knurren und scharren sie unaufhörlich. Sie sind hauptsächlich Vegetarier und ernähren sich überwiegend von Wurzeln, Knollen und Zwiebeln. Mit den mächtigen Kiefern und Zähnen können sie sogar Knochen zerkauen, die sie überall sammeln und in ihre Höhlen schleppen. Auf Feldern und Äckern können Stachelschweine beträchtlichen Schaden anrichten, denn sie fressen auch gerne Zuckerrüben und Getreide und graben in Mieten eingelagerte Feldfrüchte aus. Größer sind allerdings die Schäden, die sie Bäumen zufügen, wenn sie im Frühjahr die Rinden abnagen, um an das darunterliegende süße, saftige Gewebe zu gelangen.

Gewöhnliche Stachelschweine paaren sich sehr früh im Jahr. In Gefangenschaft hat man eine Tragzeit von 100 Tagen festgestellt. In einem mit Gras und Blättern gepolsterten Nest werden 2–4 Junge geboren. Wie lange diese bei den Eltern bleiben, ist nicht bekannt.

Stachelschweine halten keinen Winterschlaf, fressen sich aber im Sommer und Herbst voll und reduzieren dann in der kalten Jahreszeit ihre Aktivität.

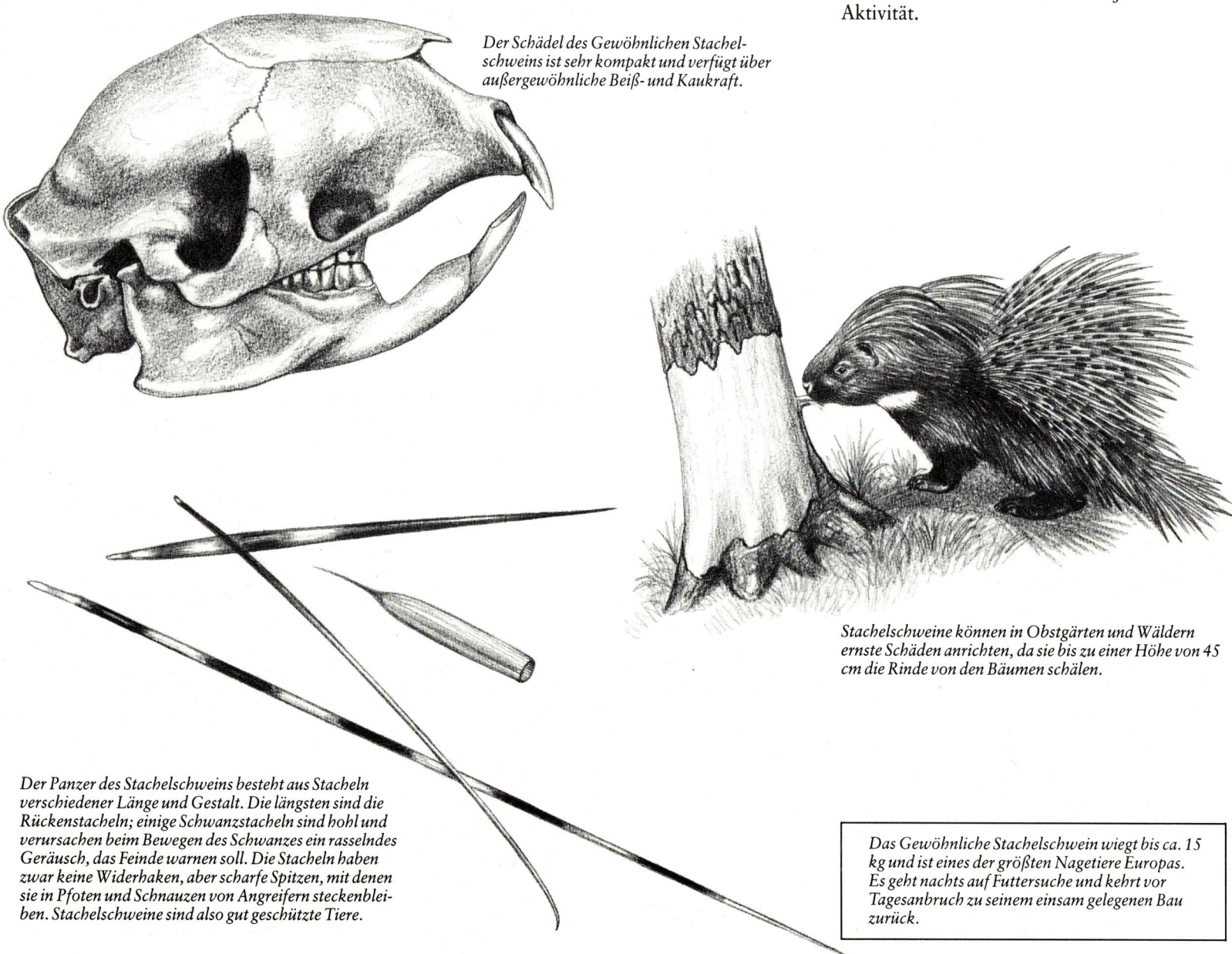

Der Schädel des Gewöhnlichen Stachelschweins ist sehr kompakt und verfügt über außergewöhnliche Beiß- und Kaukraft.

Stachelschweine können in Obstgärten und Wäldern ernste Schäden anrichten, da sie bis zu einer Höhe von 45 cm die Rinde von den Bäumen schälen.

Der Panzer des Stachelschweins besteht aus Stacheln verschiedener Länge und Gestalt. Die längsten sind die Rückenstacheln; einige Schwanzstacheln sind hohl und verursachen beim Bewegen des Schwanzes ein rasselndes Geräusch, das Feinde warnen soll. Die Stacheln haben zwar keine Widerhaken, aber scharfe Spitzen, mit denen sie in Pfoten und Schnauzen von Angreifern steckenbleiben. Stachelschweine sind also gut geschützte Tiere.

Das Gewöhnliche Stachelschwein wiegt bis ca. 15 kg und ist eines der größten Nagetiere Europas. Es geht nachts auf Futtersuche und kehrt vor Tagesanbruch zu seinem einsam gelegenen Bau zurück.

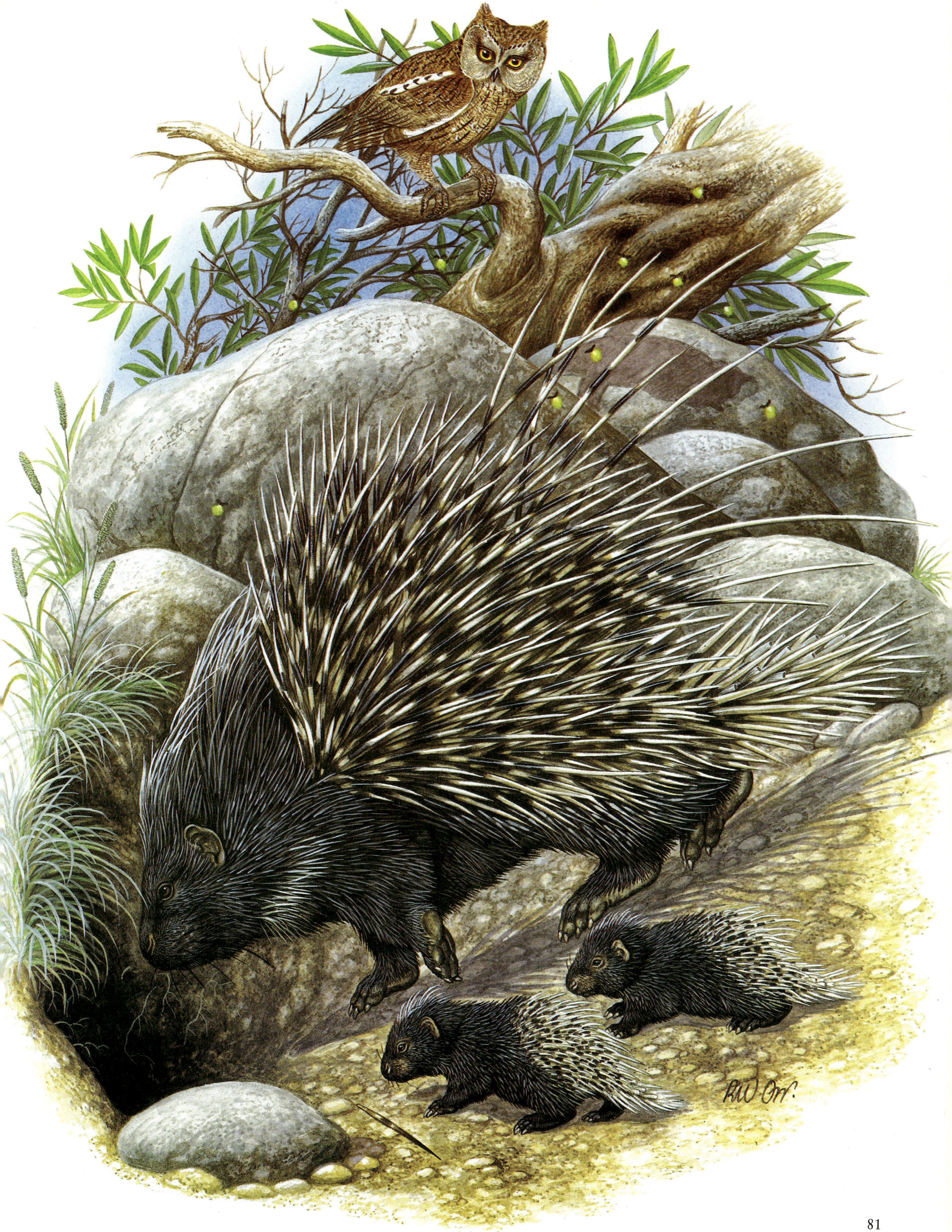

DER SUMPFBIBER
Familie Capromyidae

In seiner südamerikanischen Heimat hat der Sumpfbiber zwei Namen; die Eingeborenen nennen ihn »Coypu«, der spanischsprechende Bevölkerungsteil »Nutria«. Sein Lebenselement ist das Wasser, und daran ist er auch hervorragend angepaßt. Zwischen den hinteren Zehen hat er Schwimmhäute, und ein feiner, dichter Pelz schützt ihn davor, durchnäßt zu werden. In seinem Ursprungsland sind die Bestände durch Jagd und Krankheiten sehr dezimiert worden. Der Sumpfbiber läßt sich jedoch leicht in Gefangenschaft halten und wird wegen seines Pelzes, des »Nutria«, auf eigenen Farmen gezüchtet. Einzelne Tiere, die entkommen sind, und andere, die freigelassen wurden, als die Nutriazucht unrentabel wurde, haben dafür gesorgt, daß der Sumpfbiber heute in Europa auch als wildlebendes Tier vorkommt. Außer in einigen Gebieten Frankreichs, Deutschlands und Ostenglands sind die Kolonien aber sehr kurzlebig, da sie rauhere Winter in nördlichen Regionen nicht überstehen.

Ein Sumpfbiber-Männchen ist fast 100 cm lang, wovon ein Drittel auf den zylindrischen Schwanz entfällt. Die Weibchen sind etwas kleiner. Bei der Fortbewegung im Wasser holen die Hinterpfoten abwechselnd aus, die Vorderbeine machen Paddelbewegungen. Die Vorderpfoten besitzen starke Krallen, mit denen das Tier gräbt, sich putzt und bei Bedarf die Nahrung festhält.

Bevorzugte Lebensräume der Sumpfbiber sind langsamströmende Flüsse. In deren Uferböschungen graben sie Gänge, die bis zu 6 Meter lang sein können und einen Durchmesser von ca. 20 cm haben. Der Sumpfbiber ist nachts, dann aber auch nur mit Unterbrechungen aktiv. Tagsüber bleibt er im Bau und ruht in einem »Kessel« am Ende des Hauptganges. Werden Populationen sehr groß, entstehen Kolonien, in denen eine »Sippenmutter« und deren Partner die höchste Position einnehmen. Die weiblichen Nachkommen dieses Paares haben Ränge inne, die sich zum Teil mit dem der Mutter überschneiden, während die jungen Männchen meist schon im Entwicklungsalter abwandern. In einem nahrungsreichen Gebiet ist das Revier einer Sippenmutter 4 Hektar groß, das des Männchens bis zu 5 Hektar. In Regionen mit geringerem Futterangebot aber sind die einzelnen Territorien viel größer. Zur Markierung wird ein Duftsekret abgegeben, das aus einer großen Drüse direkt über dem After stammt.

Untersuchungen im britischen East Anglia haben gezeigt, daß Sumpfbiber zu verschiedenen Jahreszeiten verschiedenartiges Futter fressen und so das Nahrungsangebot ihres Lebensraums optimal ausnützen. Im Frühling besteht die Hauptnahrung aus den frischen Trieben vieler Uferpflanzen. Später im Jahr ernähren sie sich von Stengeln, vorzugsweise von den zarten unteren Teilen, im Winter liefern dann Wurzeln und Stiele von Wasserpflanzen die wichtigen Nährstoffe. Um die großen Faseranteile ihrer Nahrung vollständig zu verdauen, haben die Tiere im Blinddarm zellulosespaltende Bakterien, mit deren Hilfe das Futter »aufgeschlossen« und besser verwertet wird.

In Großbritannien können Nutrias während des ganzen Jahres Junge werfen, die Hauptgeburtszeit ist aber im Herbst und Winter, bei einigen älteren Weibchen auch im Frühling. Nach einer Tragzeit von 127–138 Tagen kommen durchschnittlich 5 Junge zur Welt. Sie wiegen 120–330 Gramm, sind vollkommen behaart, können schon bei der Geburt die Schneide- und Mahlzähne gebrauchen und sich nach wenigen Tagen selbst ernähren. Dennoch werden sie weiter gesäugt, manche noch 6–10 Wochen lang, und erst im Alter von ca. 2 Jahren sind sie ganz erwachsen. Die Zitzen der Muttertiere sitzen hoch oben an den Flanken, so daß die Kleinen, die zwar normalerweise an Land gesäugt werden, bei Bedarf auch im Wasser an die Milch herankommen können.

In Europa hat der Sumpfbiber viele Feinde. Er ist Beutetier für Hunde, Füchse, Nerze, Habichte, Eulen und Hechte. Der Mensch bedroht ihn heute fast nur noch durch die Zerstörung seiner Lebensräume. Dazu kommt, daß harte Winter die Populationen stark verringern.

Die Hinterpfoten (oben rechts) des Sumpfbibers haben Schwimmhäute und sind der Hauptantrieb bei der Fortbewegung im Wasser. Die langzehigen Vorderpfoten (links) werden vor allem zum Graben des Baues benützt und um beim Fressen das Futter festzuhalten. Auf der Unterseite der Pfoten befinden sich ausgeprägte deutlich voneinander abgegrenzte Ballen, die die Fährte der Tiere leicht erkennen lassen.

Sumpfbiberweibchen können ihre Jungen auch während des Schwimmens säugen, weil sich die Zitzen hoch oben an den Flanken befinden.

Obwohl Sumpfbiber ein dichtes Fell haben, neigen sie dazu, sich Erfrierungen zuzuziehen. Viele ältere Tiere verlieren dadurch Zehen oder die Schwanzspitze (rechts).

Der südamerikanische Sumpfbiber wurde nach Europa gebracht, um als Pelztier gezüchtet zu werden. Aber es entkamen soviele Tiere aus der Gefangenschaft, daß die Art heute in vielen Gegenden im westlichen Teil des Kontinents heimisch geworden ist und dort an langsamströmenden Flüssen und in sumpfigem Gelände geeigneten Lebensraum gefunden hat.

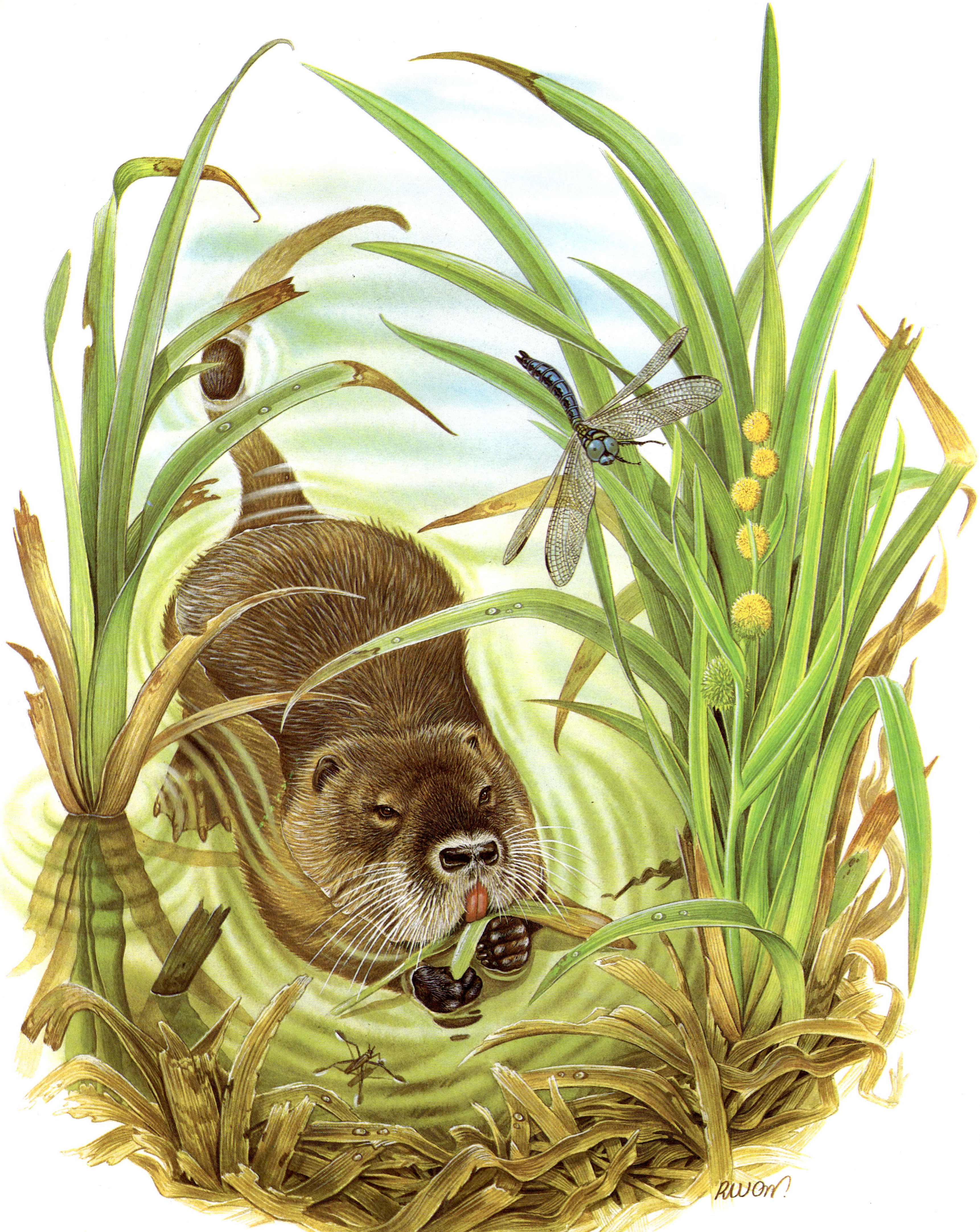
RWOM

RAUBTIERE
Ordnung Carnivora

Viele Tiere nehmen fleischliche Nahrung zu sich, aber nur eine Säugetiergruppe, die Raubtiere, ernährt sich fast ständig von Wirbeltieren. Solche Beute ist fast immer schwer zu überwältigen und muß außerordentlich gewaltsam getötet und zerrissen werden. Doch indem sie hauptsächlich schwache, verletzte oder alte Tiere töten, aber auch die Jungtier-Bestände regulieren, üben Raubtiere eine sehr wichtige und einflußreiche Kontrolle über die Pflanzenfresser aus. Auf diese Weise tragen sie zum natürlichen Ausleseverfahren bei, bei dem nur die gesündesten und besten Tiere einer jeden Art überleben und sich fortpflanzen können.

Raubtiere erreichen niemals so große Populationen wie beispielsweise Kaninchen oder Wühlmäuse. In Europa kommen zu den 19 einheimischen Arten noch 6 weitere, die erst später vom Menschen eingebürgert wurden oder von verwilderten Frettchen, Katzen und Hunden abstammen. Größenmäßig reichen die Raubtiere vom Wiesel bis zum Bären, und die Familien- und Arteneinteilung richtet sich nach Einzelheiten des Körperbaus, die teilweise auch auf spezifische Jagdmethoden zurückzuführen sind. So verschieden Raubtiere auch aussehen mögen, so haben sie doch gewisse charakteristische Merkmale, die mit ihrer Lebensweise als Fleischfresser zusammenhängen. So sind zum Beispiel alle Raubtiere imstande, zumindest über kurze Entfernungen, sehr schnell zu laufen. Auch die Art und Weise, wie sie ein Tier töten, mag verschieden sein, aber fast immer geht dem Erlegen einer Beute eine Jagd voraus. Alle Arten haben im wesentlichen einen ähnlichen Körperbau mit mittellangen bis sehr langen Beinen und in der Regel mit 5 Zehen an jedem Fuß. Manche, wie etwa Hunde und Katzen, sind »Zehengänger«, andere »Sohlengänger«, wieder andere passen sich in dieser Hinsicht der jeweiligen Situation und der darin erforderlichen Gangart an.

In den meisten Fällen müssen Raubtiere imstande sein, ihre Beute zu überlisten, und sie besitzen daher ein relativ großes und komplexes Gehirn. Nur bei den Herrentieren, also den Affen und den Menschen, ist das Gehirn im Verhältnis zum Körper noch größer. Alle Raubtiere sind intelligent, können lernen und sind in der Lage, ihre Jagdmethoden zu ändern und sich immer wieder neuen Situationen anzupassen.

Innerhalb der Gruppe der Raubtiere gibt es unterschiedliche Arten eine Beute zu erlegen, in den meisten Fällen spielen dabei aber die mächtigen, dolchartigen Eckzähne eine wichtige Rolle. Betrachtet man ein Raubtiergebiß, so findet man sowohl im Ober- wie auch im Unterkiefer im Anschluß an die Eckzähne jeweils eine Reihe spitzer, scharfer Vorbackenzähne, die aufeinanderbeißen. Der vierte obere Vorbackenzahn und der erste untere Backenzahn sind verlängert, haben schmale, messerartige Kronen und wirken wie die beiden Schneiden einer Schere zusammen. Diese sogenannten »Reißzähne« sind ein untrügliches Kennzeichen aller Raubtiere. (Sehr häufig werden die bereits erwähnten übergroßen Eckzähne der Raubtiere als Reißzähne bezeichnet, was jedoch falsch ist.) Die Stellung dieser Zähne, ziemlich weit hinten im Maul in der Nähe des Kiefergelenks, gibt dem Tier die Kraft, selbst die harte Haut und das zähe Fleisch großer, alter Tiere zu zertrennen. Damit das Gebiß seine Aufgabe optimal erfüllen kann, lassen sich die Kiefer nur in geringem Maße seitwärts bewegen. Daher kommt die typische Art zu fressen, bei der das Tier sein Futter eher mit senkrecht aufeinandertreffenden Zähnen zerquetscht, als mahlend kaut. Viele Raubtiere ergänzen ihre Kost mit pflanzlicher Nahrung, die dann von den breiten Backenzähnen hinter den Reißzähnen zerdrückt wird. Alle Raubtiere sondern Speichel ab, der ihnen hilft, das Futter leichter hinunterzuschlingen. Fleisch muß nicht so gründlich zerkaut werden wie Pflanzen. Es wird meist in riesigen Brocken geschluckt und verdaut. Raubtiere haben einen kurzen Darm und sind deshalb, verglichen mit den dickbäuchigen Pflanzenfressern, sehr schlank.

Die meisten Raubtier-Arten sind Einzelgänger. Werbung und Paarung sind nur kurze Perioden, nach denen die Partner in ihre Reviere zurückkehren und sich in der Regel nicht mehr begegnen. Die Weibchen bringen im allgemeinen ziemlich früh im Jahr mehrere Junge zur Welt. Einige Arten werfen zweimal, bei anderen findet die Paarung lange vor dem Werfen statt, und die Tragzeit wird durch einen verzögerten Beginn der Embryonalentwicklung verlängert. Die befruchteten Eier dieser Weibchen bleiben nach einer sehr kurzen anfänglichen Entwicklungszeit, in der sie aber nicht größer werden als ein Stecknadelkopf, mehrere Monate lang unverändert. Sie wachsen nicht weiter, bis irgendein Reiz sie veranlaßt, sich in der Gebärmutterwand einzupflanzen. Danach entwickelt sich der Fötus vollkommen normal weiter. Der Grund für die verzögerte Einnistung (»Implantation«) ist nicht bekannt.

Man vermutet jedoch, daß auf diese Weise sowohl Paarung als auch Geburt jeweils in der dafür günstigsten Zeit stattfinden.

Die Jungen von Raubtieren werden im allgemeinen in einem einsamen, gut geschützten Bau oder in einer Höhle geboren und sind anfangs blind und hilflos. In den meisten Fällen werden sie von der Mutter allein aufgezogen, bei den Füchsen jedoch hilft der Vater, das Futter herbeizuschaffen. Bei den Wölfen werden die Welpen, sind sie erst einmal entwöhnt, vom ganzen Rudel aufgezogen. Unabhängig davon, wie die Familiengemeinschaft beschaffen ist, entwickeln sich junge Raubtiere ziemlich langsam. In spielerischen Kämpfen lernen sie Jagd- und Fluchtverhalten, Angriff und Verteidigung, und es entwickelt sich auch die spätere Rangordnung. Nach einiger Zeit begleiten die Jungen ihre Mütter bzw. Eltern auf die Jagd. Junge Raubtiere, die ohne das Beispiel der Elterntiere aufwachsen, sind, zumindest während des ersten Lebensjahrs, sehr viel schlechtere Jäger als andere.

Die meisten Raubtiere verfügen über einen gut entwickelten Geruchssinn, den sie hauptsächlich dazu anwenden, Beute aufzuspüren. Aber auch im sozialen Verhalten hat er eine wichtige Funktion. Alle Angehörigen der »Ordnung *Carnivora*« haben unter der Schwanzwurzel paarige Stinkdrüsen, deren Sekret dazu benützt wird, die Reviergrenzen zu markieren oder das Anrecht auf ein Beutestück zu erklären. Die meisten Raubtiere hören auch ausgezeichnet. Sie nehmen höhere Töne wahr als der Mensch, und sie können, was für jedes jagende Tier wichtig ist, genau feststellen, aus welcher Richtung ein Laut kommt.

Das Sehvermögen der Raubtiere ist unterschiedlich, aber die meisten Arten sind farbenblind. Raubtiere haben einen guten Tastsinn, verstärkt durch Sinneshaare, die hauptsächlich im Bereich der Schnauze, aber auch über den Augen und bei manchen Arten noch zusätzlich unter dem Kinn und auf den Wangen sitzen.

Ihr meist sehr schönes Fell einerseits, andererseits die Tatsache, daß manche Arten von Menschen als Feinde betrachtet werden, haben dazu geführt, daß Raubtiere stärker als irgendeine andere Tiergruppe verfolgt wurden und noch werden. Einige Arten sind ernstlich in Gefahr, ausgerottet zu werden. Heute sind die meisten von ihnen geschützt, aber viele leben fast ausschließlich in Reservaten. Mehr Verständnis für ihre Lebensweise und ein Ende der Verfolgung würden dafür sorgen, daß Raubtiere auch weiterhin überleben können.

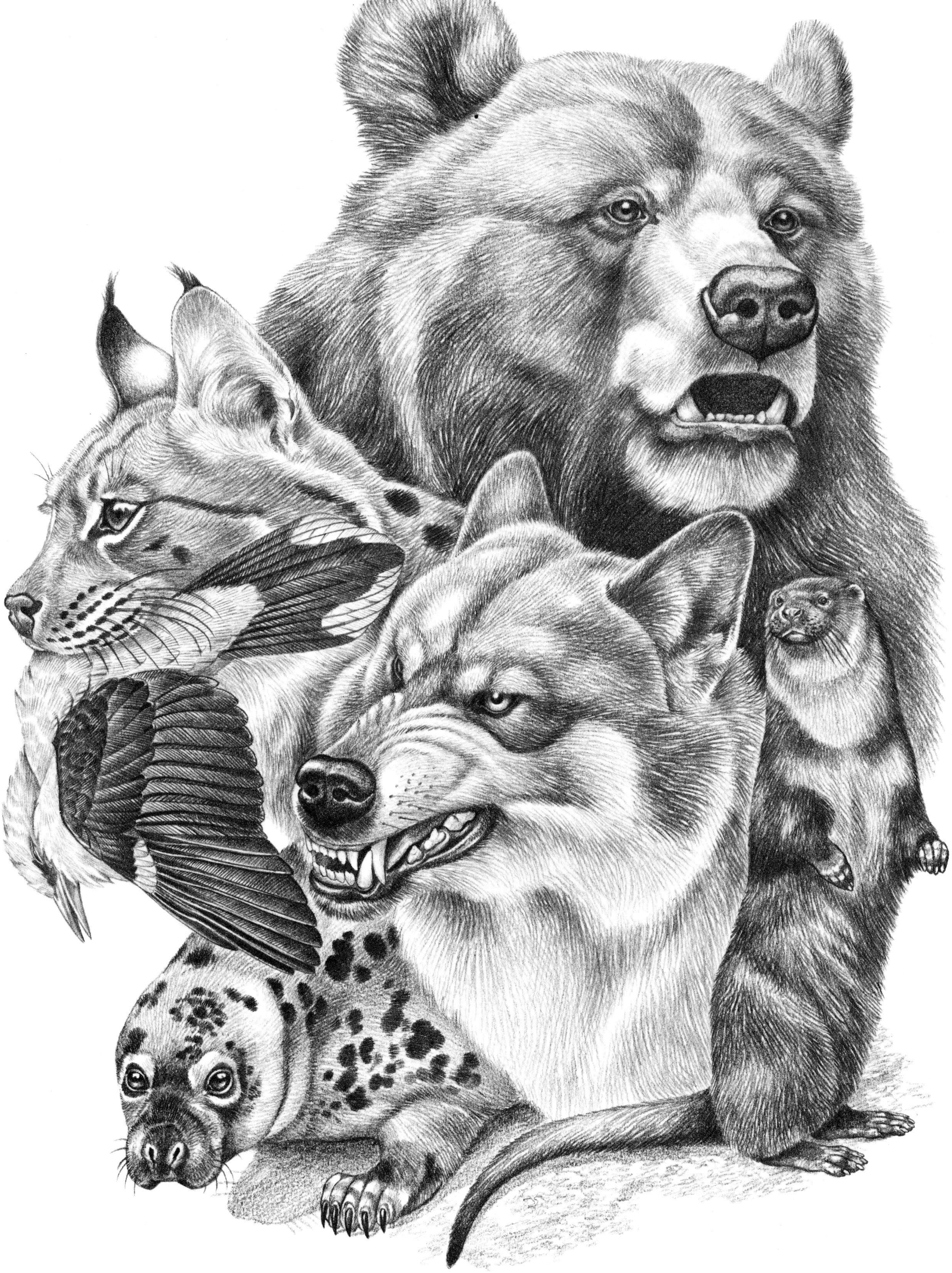

WOLF UND SCHAKAL
Familie Canidae

Zu den Wildhunden Europas gehören der Wolf, der Gold-Schakal, der Eis- und der Rotfuchs und der später eingebürgerte Marderhund. Alle sind langbeinige Jäger, die ihre Beute nach einer ausgedehnten Jagd erlegen. Der Familienverband ist für die »Hundeartigen Raubtiere«, so die zoologische Bezeichnung, der Kern des Gemeinschaftslebens. Zwar verlassen Fuchswelpen die Eltern schon nach dem ersten Sommer, aber junge Schakale und Wölfe bleiben meist länger bei ihnen und die Tiere bilden zusammen ein Rudel. Schakal- oder Wolfsrudel umfassen selten mehr als 10 Tiere, im allgemeinen sogar weniger. Die Rudelstärke ist in gewisser Weise abhängig vom Nahrungsangebot, denn alle Tiere eines Rudels jagen gemeinsam, aber meist reicht die Beute für allzu viele Fresser nicht aus. Wird ein Rudel zu groß, teilt es sich, und beide Gruppen jagen von nun an in getrennten Gebieten. Im Gegensatz dazu kommt es aber auch vor, daß sich bei besonders rauhem Wetter und knappem Futterangebot verschiedene Familienrudel vorübergehend zusammenschließen.

In prähistorischer Zeit haben Wölfe fast überall im europäischen und asiatischen Tiefland, sowie in vielen Gegenden Nordamerikas gelebt. Die ersten Konflikte mit dem Menschen entstanden, als dieser anfing, das Land zu bewirtschaften und wildlebende Tiere zu domestizieren, denn diese ersten Haus- und Nutztiere waren für Wölfe eine bequeme Beute. Heute ist der Wolf in Westeuropa praktisch ausgerottet, lediglich in Spanien und Italien haben winzige Gruppen überlebt. Nur im östlichen Teil des Kontinents sind die Tiere noch etwas zahlreicher, aber selbst dort haben sie sich aus den offenen Tiefebenen, die ihr naturgemäßer Lebensraum sind, zurückgezogen, um im Hochland und in Waldgebieten zu leben, wo sie sicherer sind.

Da der Wolf einst ein großes Verbreitungsgebiet hatte, haben sich durch verschiedene klimatische Einflüsse entsprechende Unterschiede herausgebildet. So waren die nördlichen Wölfe gewöhnlich größer und heller gefärbt als die südlichen, und beide Formen haben sich, trotz des inzwischen stark reduzierten Lebensraums, bis heute erhalten.

Der Wolf ähnelt einem Deutschen Schäferhund, aber seine Ohren sind kleiner, der Schwanz wird niedriger getragen, und eine Haarkrause um das Gesicht herum läßt ihn größer aussehen, als er in Wirklichkeit ist. Das höchste verzeichnete Gewicht eines europäischen Wolfs ist 50 kg. Die Gesamtlänge des Tieres beträgt ca. 180 cm, wovon 40 cm auf den Schwanz entfallen. Wölfe sind ihren domestizierten Verwandten in vieler Hinsicht weit überlegen. Selbst ein kleiner Wolf hat mehr Kraft als ein Haushund. Sein Gehirn ist um etwa 30% größer als das eines Hundes vergleichbarer Größe. Der Wolf gehört zu den intelligentesten aller Landsäugetiere.

Wölfe sind sehr gesellig. Ein Familienrudel beansprucht gewöhnlich ein Revier, das mindestens 30 km² umfaßt. Wie diese Reviere gekennzeichnet und die Grenzen eingehalten werden, weiß man nicht genau. Aber es ist sehr wahrscheinlich, daß sie mit Harn markiert werden. Außerdem hat man beobachtet, daß Wölfe nahe der Reviergrenzen durch Heulen ihre Anwesenheit verkünden, und da ihre Stimmen mehrere Kilometer weit zu hören sind, nehmen andere Rudel diese Eigentumserklärung zur Kenntnis und können ausweichen. Wenn Wölfe jagen, laufen sie kreuz und quer durch ihr Revier, und können bei einem Jagdzug, wenn kein Schnee sie behindert, 50 km und mehr zurücklegen.

Wölfe sind monogam, und man vermutet, daß sie, wenn der Partner stirbt, »ehelos« bleiben. Normalerweise paart sich nur die ranghöchste Wölfin des Rudels, und zwar meistens, aber nicht immer, mit dem ranghöchsten Rüden. Wie bereits erwähnt, können sich große Rudel teilen, und dann paart sich in jeder der beiden Gruppen eine Wölfin. Die Paarungszeit ist zu Anfang des Frühjahrs und, wie beim Haushund, dauert die eigentliche Begattung eine Zeitlang. Dabei bleiben die anderen Mitglieder des Rudels meist in der Nähe, denn

Die Vorderpfote eines Wolfes ähnelt sehr der eines Hundes. Wenn Wölfe laufen, »schwenken« sie nicht ihren Hinterleib, wie manche Hunde das tun.

Der Wolfsschädel zeigt eine große Hirnkapsel, eine lange Reihe nicht zu dicht stehender Zähne und einen ausladenden Knochenbogen, unter dem die großen, starken Kaumuskeln verlaufen. Diese sind an einem Ende am Unterkiefer befestigt, am anderen Ende am oberen Schädelknochen.

Die stärksten Zähne des Wolfes sind die Reißzähne, die im hinteren Teil der Kiefer liegen und dazu benützt werden, zähes Fleisch von einem Beutetier abzureißen und zu zertrennen.

Alle Hunde stammen von Wölfen ab, die von den Steinzeitmenschen zum erstenmal domestiziert wurden. Ein Hund ist normalerweise wesentlich schwächer als ein Wolf gleicher Größe, seine Zähne sind kleiner und seine Kiefer schwächer. Hundekiefer (oben) und Wolfskiefer (unten).

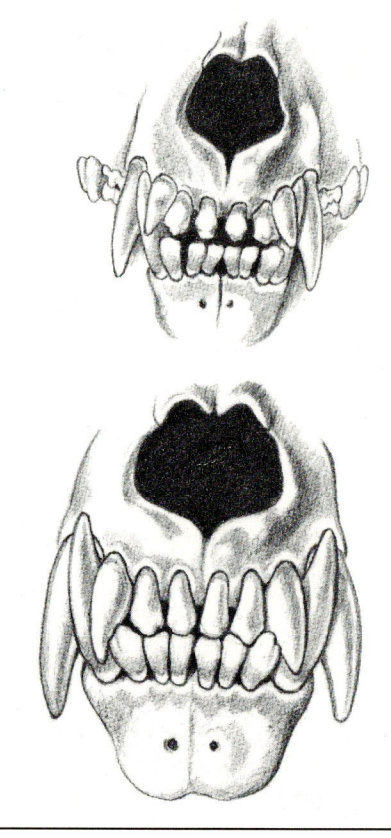

Wolfswelpen verlassen den Bau, in dem sie geboren sind, zum erstenmal im Alter von 3 Wochen. Außer von den Elterntieren werden sie auch von den anderen Mitgliedern des Rudels versorgt. Die bringen ihnen Futter, indem sie bereits vorgekautes Fleisch wieder auswürgen, so daß die ersten festen Mahlzeiten der Welpen von erwachsenen Tieren schon zum Teil vorverdaut sind.

87

während der Begattung ist das Paar hilflos und kann sich nicht verteidigen. Die Tragzeit dauert 61–63 Tage, und kurz bevor sie zu Ende geht, sucht die Wölfin einen geeigneten Platz, um einen Bau für die Welpen zu graben. Im allgemeinen wählt sie dafür einen erhöhten Platz im Gelände, von dem aus sie herannahende Feinde gut sehen kann. Dieser Platz soll möglichst trocken sein, aber zugleich nahe am Wasser liegen. Oft übernehmen Wölfinnen auch verlassene Dachsbaue oder erweitern alte Fuchsbaue. Der »Kessel«, in dem die Jungen geboren werden, liegt am Ende eines unterirdischen Ganges, der 2–10 Meter lang sein kann.

Ein Wurf besteht aus 5–6 Welpen, von denen jeder bei der Geburt fast 0,5 kg wiegt. Anfangs sind sie blind und taub, haben aber schon ein kurzhaariges, dunkles Fell. In den ersten 14 Wochen wachsen sie schnell heran und nehmen dabei jede Woche 1 kg zu. Zwischen dem 11. und dem 15. Lebenstag öffnen sich die Augen, aber deutlich sehen können die Jungen erst einige Wochen später. Wenige Tage nachdem die Augen offen sind, brechen die ersten Zähne durch, im Alter von 3 Wochen nimmt das Gehör seine Funktion auf. Bis zu diesem Zeitpunkt bleibt die Wölfin im Bau, säugt, leckt und säubert die Welpen und sorgt für Hygiene, indem sie deren Kot frißt. Während dieser intensiven Pflegezeit wird sie vom Vater der Jungen gefüttert und geht nur fort, um zu trinken. Nach etwa 3 Wochen kann ein Welpe laufen und ab und zu schon den Bau verlassen, um vor dem Eingang mit seinen Geschwistern zu spielen und die ersten Ausflüge in die Außenwelt zu unternehmen. Wie alle jungen Raubtiere tragen auch Wolfswelpen Scheinkämpfe aus, um die Rangordnung festzulegen und um auf spielerische Weise Jagd- und Kampfverhalten zu trainieren. Außerdem erlernen sie dabei auch das komplizierte Repertoire von Körperhaltungen und Mienenspiel, mit dem sie ihre Position im Rudel festlegen und später aufrechterhalten. In Wolfsrudeln herrscht eine strenge Hierarchie, und ein Tier niedrigen Ranges hat wenig Aussicht, jemals Anführer zu werden. Bald nachdem die Welpen den Bau zum erstenmal verlassen haben, beginnt die Entwöhnung; sie können aber noch weiter gesäugt werden, bis sie ca. 8 Wochen alt sind. Da sie jedoch in dieser Zeit rapide wachsen, können ihre Eltern allein nicht mehr genug Futter für sie heranschaffen. Dann helfen die anderen Wölfe des Rudels, indem sie bereits verschlungene Fleischstücke für die Welpen wieder herauswürgen. Dieses Verhalten dient zweierlei Aufgaben: einerseits werden die Jungtiere damit in die Gemeinschaft des Rudels aufgenommen, andererseits haben die erwachsenen Tiere, die selbst keine Jungen bekommen, die Möglichkeit, den gemeinsamen Rudelnachwuchs mitaufzuziehen.

Solange die Welpen heranwachsen, führt das Wolfsrudel ein relativ seßhaftes Leben. Naht der Winter, werden sie wieder mehr zu Nomaden, denn nun wird auch die Nahrung knapper, und auf der Suche nach Beute müssen sie oft das ganze Revier durchstreifen. In Nordamerika, wo man Wölfe eingehend studiert hat, sind auch einige ihrer Jagden vom Anfang bis zum Ende verfolgt worden. Dabei stellte sich heraus, daß die meisten Beutetiere durch die bloße Anwesenheit von Wölfen gar nicht beunruhigt waren. Selbst sehr wachsame Tiere zeigten keinerlei besondere Erregung. Die Wölfe ihrerseits witterten ihre Beute schon, bevor sie sie sahen. Fast jedes entdeckte Tier wurde gejagt. Wenn es jedoch bei der Flucht mehr als 100 Meter Vorsprung hatte und diesen auch länger als 10–15 Sekunden halten konnte, gaben die Wölfe auf und suchten sich eine andere Beute. Meist liefen sie in einer Front hinter dem verfolgten Tier her. Machte dieses einen Bogen, schnitten sie ihm den Weg ab, um es abzufangen. Manchmal ging die Verfolgung über 2,5 km weit, meist aber waren die Strecken kürzer, was nicht immer mit einer erfolgreichen Beendigung der Jagd zu tun hatte, denn ein gesunder Hirsch beispielsweise, kann einem Wolf ohne weiteres davonlaufen. Es kam auch vor, daß verfolgte Tiere sich umwandten und sich den Wölfen stellten. Das verzögerte den Angriff der Jäger, denn offensichtlich brauchen Wölfe als Ansporn eine fliehende Beute.

Das Fassungsvermögen eines Wolfsmagens beträgt etwa 5 kg. Normalerweise verschlingen die Tiere die Nahrung sehr schnell und in großen Stücken. Beim Zerlegen eines Beutetieres wird zuerst immer der Inhalt des Darms gefressen, nicht aber der des Magens. Bleibt von der Beute, nachdem das Rudel gesättigt ist, noch etwas übrig, kommen die Tiere später so oft zurück, bis der Kadaver vollkommen beseitigt ist und nur die allergrößten Knochen zurückbleiben. Getötete Haustiere dagegen werden meist nach einer einzigen Mahlzeit zurückgelassen. Das kann daran liegen, daß die große Nähe von Menschen die Wölfe besonders vorsichtig macht, aber auch daran, daß Haustiere, die von Wölfen nur in Zeiten größter Not getötet werden, nicht gejagt werden müssen und durch diesen fehlenden Anreiz über den ersten Hunger hinaus »uninteressant« sind.

Die Zukunft des Wolfs ist heute stark vom Schutz durch den Menschen abhängig, und in immer mehr Gebieten gibt es Maßnahmen, die verhindern sollen, daß dieses schöne und vielseitig begabte Tier ausstirbt.

In den Balkanländern, im europäischen Rußland und in einigen Gegenden Ungarns haben kleine Populationen des Gold-Schakals überlebt. Der Schakal ist wesentlich kleiner als der Wolf – seine Gesamtlänge beträgt meist weniger als 130 cm, und er wird kaum schwerer als 15 kg. Äußerlich gleicht er einem schlanken, langschnäuzigen Hund. Seine Heimat ist die Trockensteppe oder die Halbwüste, und dort bevorzugt er buschbewachsene Plätze, die genug Deckung bieten. Seine Hauptnahrung sind Nagetiere und Vögel, aber auch Aas. Manchmal sucht er sogar in der Nähe von menschlichen Behausungen nach Abfällen. Daß er außerdem Haustiere wie Hühner und Lämmer angreift, macht ihn bei den Menschen genauso unbeliebt wie den Wolf. Auch der Gold-Schakal lebt in Rudeln und hat Jagdreviere, die er mit Harn markiert. Afrikanische Schakale sind sehr eingehend erforscht worden, aber ob deren Lebensweise mit der ihrer europäischen Verwandten übereinstimmt, weiß man noch nicht.

Mit ihrem unverkennbaren Geheul halten Wölfe Kontakt mit den Mitgliedern des eigenen Rudels und warnen benachbarte Rudel vor Revierverletzungen.

Wölfe markieren die Grenzen ihres Gruppen-Territoriums mit Harn; ein Verhaltensmerkmal, das man auch bei Haushunden findet.

Den »eleganten« Goldschakal findet man in Südosteuropa. Er lebt oft im Umkreis von Dörfern und ernährt sich häufig auch von Abfällen.

Ein wichtiger Teil der »Wolfssprache« ist die Mimik. Oben: Ein ranghohes Tier hat nach vorne gerichtete Ohren, die Augen sind ganz geöffnet. Rechts darunter: Dieses Gesicht signalisiert Aggression, aber ohne Furcht. Links darunter: Die zurückgelegten Ohren, die halb geschlossenen Augen und das »verkniffene«, geschlossene Maul drücken Unterwerfung aus.

Weil sie in Rudeln jagen, sind Wölfe fähig, Beutetiere zu erlegen, die wesentlich größer und stärker sind, als sie selbst. Aber normalerweise töten sie nur schwache Tiere – ein gesunder Elch oder Hirsch kann ihnen in den meisten Fällen entkommen.

Bei der Paarung sind Wölfe so miteinander verbunden, daß sie in dieser Stellung bei einem Angriff wehrlos wären. Daher bleiben andere Mitglieder des Rudels in der Nähe, um das Paar notfalls zu verteidigen.

Ebenso wie Hunde reiben Wölfe die Seiten ihrer Köpfe oft in besonders stark riechenden Substanzen, so etwa in Losungen von Beutetieren.

DER ROTFUCHS
Familie Canidae

Der Rotfuchs gehört zu den häufigsten Säugetieren Europas. Er lebt in allen Gebieten des Kontinents und fehlt dabei nur in extrem kalten Lebensräumen, wie in vegetationslosen Bergregionen und in der Arktis. Außerhalb Europas kommt er in allen gemäßigten Klimaregionen Asiens vor, in vielen Gebieten Nordamerikas und Nordafrikas. In Australien ist er eingebürgert worden.

Der Rotfuchs hat einen kräftig-rötlichen Pelz und einen buschigen Schwanz, die »Rute«, deren Spitze weiß ist. Das Tier kann insgesamt bis zu 125 cm lang werden, auf die Rute entfallen dabei über 40 cm. Rüden werden bis zu 10 kg schwer, was aber die Ausnahme ist, denn die Mehrzahl ist viel leichter und erreicht gerade das Gewicht einer normalen Hauskatze (ca. 5–6 kg). Füchse sind hauptsächlich in der Abenddämmerung und in der Nacht aktiv. Aber in Gegenden, in denen sie vom Menschen nicht verfolgt werden, bekommt man sie auch am Tag zu sehen.

Füchse sind Einzelgänger. Die meiste Zeit des Jahres verbringen sie allein, und jedes Tier hat ein eigenes Territorium, das mit Harn und Duftsekret markiert wird. Die Größe eines Reviers ist je nach der Art des Lebensraums verschieden. In nahrungsarmen Hochlandgebieten kann es 15 km^2 groß sein, im Tiefland dagegen, wo das Futterangebot vielseitig ist, sind oft 0,5 km^2 ausreichend. An Plätzen, an denen genügend Deckung vorhanden ist, legen Füchse normalerweise keine unterirdischen Baue an, sondern errichten ihre Lager unter dichten Hecken oder in hohlen Bäumen. In der Paarungszeit, der »Ranzzeit«, erweitern die weiblichen Tiere, die »Fähen«, auch verlassene Kaninchenbaue oder übernehmen unbenützte Teile von Dachsbauen, um die Welpen sicher unterzubringen.

Füchse fressen fast alles, was sich ihnen bietet. Am liebsten haben sie wohl Wildkaninchen und Nagetiere, aber einen relativ großen Teil der Nahrung bilden auch Insekten, Würmer und andere Wirbellose. Wie alle »Hundeartigen Säugetiere« können Füchse auch pflanzliche Nahrung gut verdauen, und im Herbst werden Äpfel, Pflaumen und Brombeeren sogar in größeren Mengen gefressen. Darüber hinaus ernähren sich Füchse auch von Aas, und im Frühjahr beseitigen bergbewohnende Tiere oft totgeborene Lämmer und die Nachgeburten von Schafen. Eine beliebte Beute sind auch Vögel, besonders solche, die auf dem Boden nisten, deren Eier und Nestlinge. Den Populationen wildlebender Vogelarten wird dadurch aber nur wenig Schaden zugefügt. Schlimmeres kann ein Rotfuchs anrichten, wenn es ihm zum Beispiel gelingt, in ein Hühnerhaus einzudringen. Dort kann er innerhalb kürzester Zeit alle Vögel töten. Der Mensch hat dieses Verhalten oft als bösartigen »Blutdurst« betrachtet, wahrscheinlicher ist aber, daß der natürliche Jagdinstinkt der Füchse von den flatternden und gackernden Hühnern besonders stark angeregt wird. Rotfüchse heben jeden Futterüberschuß auf, damit sie zu Zeiten geringer Jagderfolge darauf zurückgreifen können.

Einige maßgebende Fachleute nehmen an, daß Füchse sich fürs Leben paaren (d. h., immer wieder mit dem gleichen Partner zusammentreffen, nicht aber ständig mit ihm leben), aber das ist nicht gewiß. Die »Brautschau« der Rüden dauert relativ lange, und im Spätwinter kann man oft ein helles Jaulen und Bellen hören, mit dem die Fähen umworben werden. Die Welpen, meist 3–5, seltener 6, werden nach einer Tragzeit von 52–53 Tagen geboren. Bei der Geburt wiegen sie jeweils 100–130 Gramm und haben bereits ein schönes, dunkles Fell. Während der ersten 3 Lebenswochen verläßt das Muttertier den Bau nicht und wird in dieser Zeit vom Rüden versorgt. Danach geht sie wieder selbst auf Nahrungssuche, kehrt aber immer nach kurzer Zeit zurück, um die Welpen zu säugen. Etwa in der 4. Woche fressen die Jungen auch von den Elterntieren herausgewürgtes Fleisch, werden aber erst im Alter von 6–7 Wochen vollständig der Muttermilch entwöhnt. Kurz darauf öffnen sich ihre Augen und sie verlassen zum erstenmal den Bau. Unter der ständigen Obhut der Erwachsenen finden die ersten Erkundungsgänge statt. Auch Fuchswelpen lernen in spielerischen Kämpfen die typischen Verhaltensweisen ihrer Art. Die Jungtiere bleiben noch bis zum Herbst bei den Eltern und wandern dann fort. Nun müssen viele von ihnen weite Strecken zurücklegen, ehe sie ein noch unbesetztes Revier finden.

Füchse haben keine natürlichen Feinde. Sie sind aber stark durch Tollwut gefährdet. Ihr größter Gegner ist der Mensch, der die unterschiedlichsten Methoden anwendet, um sie zu töten. Rotfüchse werden gejagt, geschossen, in Fallen und Schlingen gefangen, vergiftet und vergast. Trotzdem ist es ihnen bisher gelungen, zu überleben.

Viele Füchse haben entdeckt, daß sich in Abfalltonnen und auf Müllhalden oft reichlich Nahrung finden läßt. Deshalb leben sie heute häufig in der Nähe von Städten.

In Vogelschutzgebieten finden Füchse leichte Beute.

Die Welpen werden zu Beginn des Frühjahrs in den Bauen geboren. Im Alter von 4 bis 5 Wochen kommen sie zum erstenmal heraus, um im Freien zu spielen. In diesem Alter beginnt auch die Entwöhnung.

Ein Fuchs braucht am Tag etwa 500 Gramm Futter. Kleine Beutetiere, wie etwa Feld- und Waldmäuse, erlegt er, indem er sich auf sie stürzt. Er bevorzugt Wühlmäuse; Spitzmäuse oder Maulwürfe frißt er nur, wenn er sehr hungrig ist.

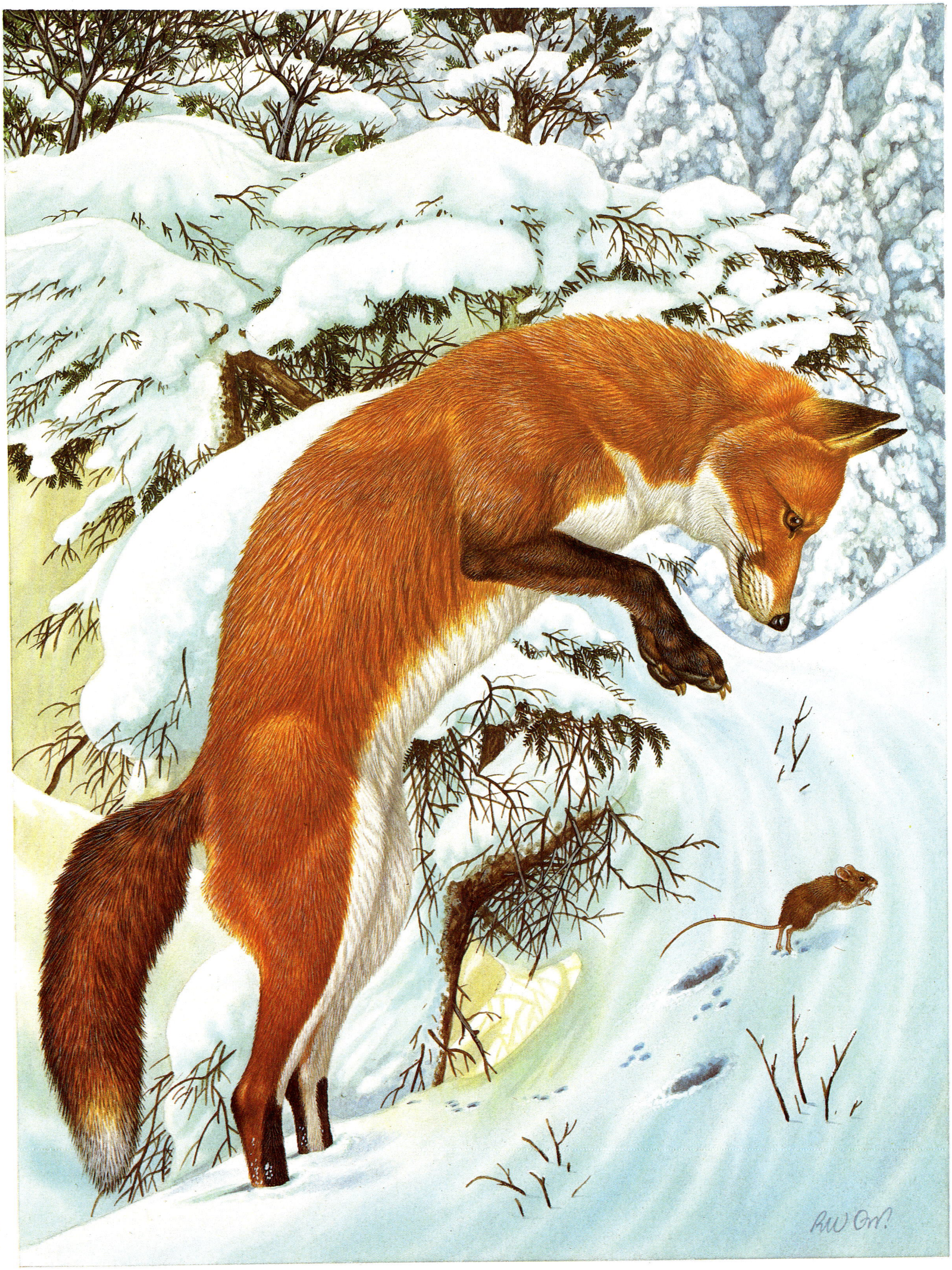

DER EISFUCHS
Familie Canidae

Der Eisfuchs ist das größte Landsäugetier der Tundraregionen Europas, Asiens und Nordamerikas, das ausschließlich und während des ganzen Jahres in dieser Vegetationszone lebt. In Europa kommt er auch in den Gebirgen Skandinaviens vor. Island, sowie die vielen anderen nördlichen Inseln, die er bewohnt, hat er wahrscheinlich auf treibenden Eisschollen erreicht.

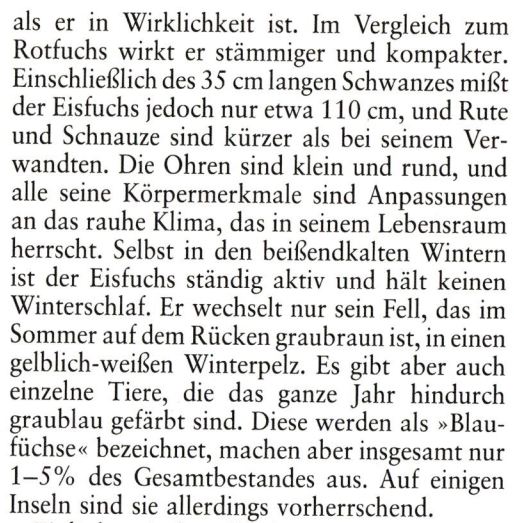

Der Eisfuchs hat einen besonders dichten, schützenden Pelz, der ihn größer aussehen läßt, als er in Wirklichkeit ist. Im Vergleich zum Rotfuchs wirkt er stämmiger und kompakter. Einschließlich des 35 cm langen Schwanzes mißt der Eisfuchs jedoch nur etwa 110 cm, und Rute und Schnauze sind kürzer als bei seinem Verwandten. Die Ohren sind klein und rund, und alle seine Körpermerkmale sind Anpassungen an das rauhe Klima, das in seinem Lebensraum herrscht. Selbst in den beißendkalten Wintern ist der Eisfuchs ständig aktiv und hält keinen Winterschlaf. Er wechselt nur sein Fell, das im Sommer auf dem Rücken graubraun ist, in einen gelblich-weißen Winterpelz. Es gibt aber auch einzelne Tiere, die das ganze Jahr hindurch graublau gefärbt sind. Diese werden als »Blaufüchse« bezeichnet, machen aber insgesamt nur 1–5 % des Gesamtbestandes aus. Auf einigen Inseln sind sie allerdings vorherrschend.

Eisfüchse sind, vielleicht gerade wegen ihrer harten Lebensbedingungen, noch flexibler in ihrem Verhalten als Rotfüchse. Sie können am Tag ebenso aktiv sein wie nachts, was aber wohl hauptsächlich mit den typisch nordischen Lichtverhältnissen in ihrem Verbreitungsgebiet zu tun hat. Sie haben keine festen Reviere und wandern bei der Nahrungssuche oft über große Entfernungen. Artgenossen gegenüber sind sie toleranter als andere Füchse. Manchmal wandern sogar mehrere Tiere gemeinsam, es kommt aber nie zur Rudelbildung, wie etwa bei Wölfen oder Schakalen. Wenn das Nahrungsangebot ausreichend ist, leben sogar mehrere Familien friedlich nahe nebeneinander. Eisfüchse fressen alles, was sie finden können, wobei der Sommer oft eine Zeit des Überflusses ist, denn dann kommen Unmengen von Bodenbrütern wie Enten, Gänse und Watvögel in die Tundra. Außerdem nisten in der warmen Jahreszeit in den felsigen Regionen Millionen Seevögel. Gelege und Nachwuchs aller dieser Vogelarten, oft aber auch die brütenden Tiere selbst, sind eine leichte Beute. Ein Gebiet mit großem Nahrungsangebot sind auch Küsten und Strände. Hier gibt es viele Arten von Weichtieren, und als Aasfresser vertilgt der Eisfuchs auch angeschwemmte Fische, Reste einer Eisbärenbeute oder frißt von gestrandeten Walkadavern. Weiter im Landesinneren bilden Lemminge den Hauptteil der Kost. Die Abhängigkeit der Eisfüchse von den Lemmingen ist sogar so groß, daß ihre Bestände übereinstimmend mit dem Vierjahreszyklus dieser Beutetiere schwanken. Jede Nahrung, die nicht sofort verzehrt werden kann, wird aufbewahrt und versteckt oder vergraben. Im kalten arktischen Klima bleibt sie lange frisch und bildet so einen Vorrat für nahrungsärmere Zeiten. Wie viele andere Tiere, die selten oder nie mit dem Menschen in Berührung kommen, zeigt der Eisfuchs wenig Furcht vor ihm, kommt sogar in menschliche Lager und Zelte und durchsucht sie nach Nahrung.

Eisfüchse paaren sich fürs Leben und halten wahrscheinlich das ganze Jahr über Kontakt miteinander. Im Frühjahr, kurz nach der Tag- und Nachtgleiche, besetzen die Rüden Reviere, die sie mit Harn markieren. Es werden Baue gegraben, meist in Moränen, die mehrere verzweigte Gänge und unterirdische Verbindungen mit den Nachbarbauen haben. Nach der Paarung und einer Tragzeit von ungefähr 53 Tagen werden 3–4, manchmal aber auch 8–10 Welpen geboren, wobei sich die Wurfgrößen nach dem Nahrungsangebot richten und es auch vorkommen kann, daß bei sehr schlechten Verhältnissen der Nachwuchs ganz ausbleibt. Bereits eine Woche nachdem sie geboren haben, können die Fähen erneut trächtig werden und etwa Mitte Juli einen zweiten Wurf zur Welt bringen. Eisfuchswelpen wachsen schnell. Im Alter von 14 Tagen öffnen sie die Augen, und 1 Woche später verlassen sie zum erstenmal den Bau. Nach 6 Wochen sind sie bereits ganz entwöhnt.

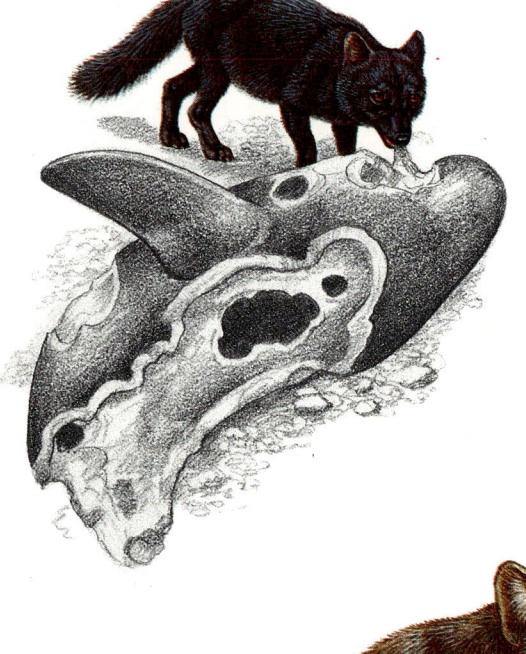

Manche Eisfüchse haben das ganze Jahr über ein blaugraues Fell. Diese »Blaufüchse« findet man hauptsächlich auf einigen nördlichen Inseln; sie sind aber bereits sehr selten geworden, denn bei den Menschen gelten sie als besondere Jagdbeute.

Im Sommer streifen Eisfüchse auf Felsen umher, auf denen Seevögel nisten und deren Eier und Küken leichte Beute sind.

Eisfüchse horten alles, was sie nicht sofort fressen können. Manchmal nehmen sie auch nutzlose Dinge wie leere Konservendosen und anderen Müll von Touristen-Lagerplätzen mit.

Der Eisfuchs jagt alle kleinen Lebewesen, die er finden kann. Sein weißer Winterpelz ist eine gute Tarnung in der schneebedeckten Umgebung, und so wird er selbst von besonders wachsamen Tieren, wie diesem Schneehuhn oft zu spät bemerkt.

93

DER MARDERHUND
Familie Canidae

Das ursprüngliche Heimatgebiet des Marderhundes reicht vom kühlen sibirischen Amur-Gebiet bis in die subtropischen Zonen Vietnams, sein bevorzugter Lebensraum sind weite Laubwaldregionen. Wegen seines dichten und üppigen Fells hat man ihn in das europäische Rußland gebracht, und von dort aus hat er sich westwärts über ganz Deutschland, im Süden bis in die Schweiz und im Norden bis nach Finnland ausgebreitet. Dort gedeiht er sogar in Nadelwäldern und Sumpfgelände.

An manchen Orten überschneidet sich sich das Vorkommen des Marderhundes mit dem des Waschbären, der ebenfalls nach Europa importiert worden ist. Beide Tiere haben im Bereich der Augen eine schwarze »Maske«, aber der Marderhund hat eine stumpfere Schnauze und einen etwas plumperen Körperbau. Er kann bis zu 82,5 cm lang werden, den 17,5 cm langen Schwanz, der im Gegensatz zu dem des Waschbären nicht gestreift ist, eingeschlossen. Der Marderhund ist ein Nachttier und daher selten zu sehen. Nur im nördlichsten Teil seines Verbreitungsgebietes ist er, wie der Eisfuchs, wegen der typischen Lichtverhältnisse tags und nachts aktiv. In allen anderen Gegenden ruht er während der hellen Tagesstunden im dichten Schilf oder Buschwerk. Findet er dort nicht genug Schutz, übernimmt er auch manchmal Teile eines verlassenen Dachsbaues, oder er gräbt sich selbst eine bauartige Lagerstatt, die aber nur eine einfache Kammer am Ende eines etwa 2 Meter langen Ganges ist und mindestens einen Notausgang hat.

Ebenso wie die Füchse, jagen Marderhunde die meiste Zeit des Jahres allein. Sie sind echte Allesfresser, und ihr Gebiß ist im Vergleich zu dem der Fleischfresser leicht abgewandelt. Ihre Reiß- und Backenzähne sind besser geeignet, pflanzliche Nahrung zu zerkauen, als Fleisch zu zerstückeln, und auch die Eckzähne sind viel kleiner als bei den Fleischfressern. Außerdem besitzen sie einen längeren Darm als die meisten anderen Raubtiere und sind daher imstande, auch den großen Faseranteil von Früchten, Getreide, Zwiebeln und Eicheln zu verdauen. Die fleischliche Nahrung der Marderhunde besteht im wesentlichen aus Wühlmäusen, Lurchen, Weichtieren, einigen langsamen Fischarten und auf dem Boden brütenden Vögeln. Aber auch Insekten, wie etwa Grillen oder Mistkäfer, gehören dazu. Außerdem fressen sie Aas und, so wurde berichtet, sogar den Kot anderer Tiere. Marderhunde legen, wie Dachse und Bären, im Körper einen Fettvorrat an, der es ihnen erlaubt, den Winter relativ untätig zu verbringen, vorwiegend in ihren Höhlen zu bleiben und im Halbschlaf zu dösen. Zwar verlangsamt sich in dieser Zeit der Stoffwechsel bis zu einem gewissen Grad, aber die Minderung der körperlichen Aktivität ist nicht so groß, daß man diesen Zustand als Winterschlaf bezeichnen könnte.

Bald nachdem sie im Frühling wieder ganz munter geworden sind, paaren sich zwei Tiere, die sich wahrscheinlich schon gegen Ende des letzten Jahres zum erstenmal begegnet sind. Ist das Weibchen zur Paarung bereit, markiert es das Gebiet, in dem es lebt, mit stark riechendem Harn. Ein Wurf besteht meist aus 6–7 Welpen, die nach einer Tragzeit von 54 Tagen geboren werden. Die Welpen sind blind und haben ein dichtes, dunkles Fell. Schon in den ersten Tagen erhalten die Jungen feste Nahrung, wie etwa Frösche und Insekten, aber ganz entwöhnt werden sie erst nach etwa 2 Monaten. Selbst danach bleibt das Männchen noch bei der Familie, schläft in der gleichen Höhle und hält sich manchmal noch den ganzen Winter über darin auf.

Im Gegensatz zu den meisten anderen eingebürgerten Tieren, haben die Marderhunde in Europa eine noch unbesetzte ökologische Nische gefunden. Im allgemeinen werden sie nicht als Schädlinge angesehen.

Marderhunde haben sich in Europa in vielen Lebensräumen angesiedelt, die sich von ihrer ursprünglichen Heimat stark unterscheiden. Oft hausen sie sogar im Schilf und jagen Frösche, Schildkröten und Fische.

Das Weibchen des Marderhunds markiert sein Revier mit starkriechendem Harn, um anzuzeigen, daß es zur Paarung bereit ist.

Der »Kessel« eines Marderhundes liegt gewöhnlich am Ende eines bis zu 2 Meter langen Ganges. Im allgemeinen ist wenigstens ein leicht verschlossener Notausgang vorhanden, durch den das Tier bei Gefahr entkommen kann.

Der Marderhund wurde wegen seines wertvollen Fells von Ostasien importiert. Tiere, die aus der Gefangenschaft entkommen sind, haben sich hier angesiedelt, dabei aber, im Gegensatz zu vielen anderen eingebürgerten Arten, offenbar keine einheimischen Säugetiere verdrängt.

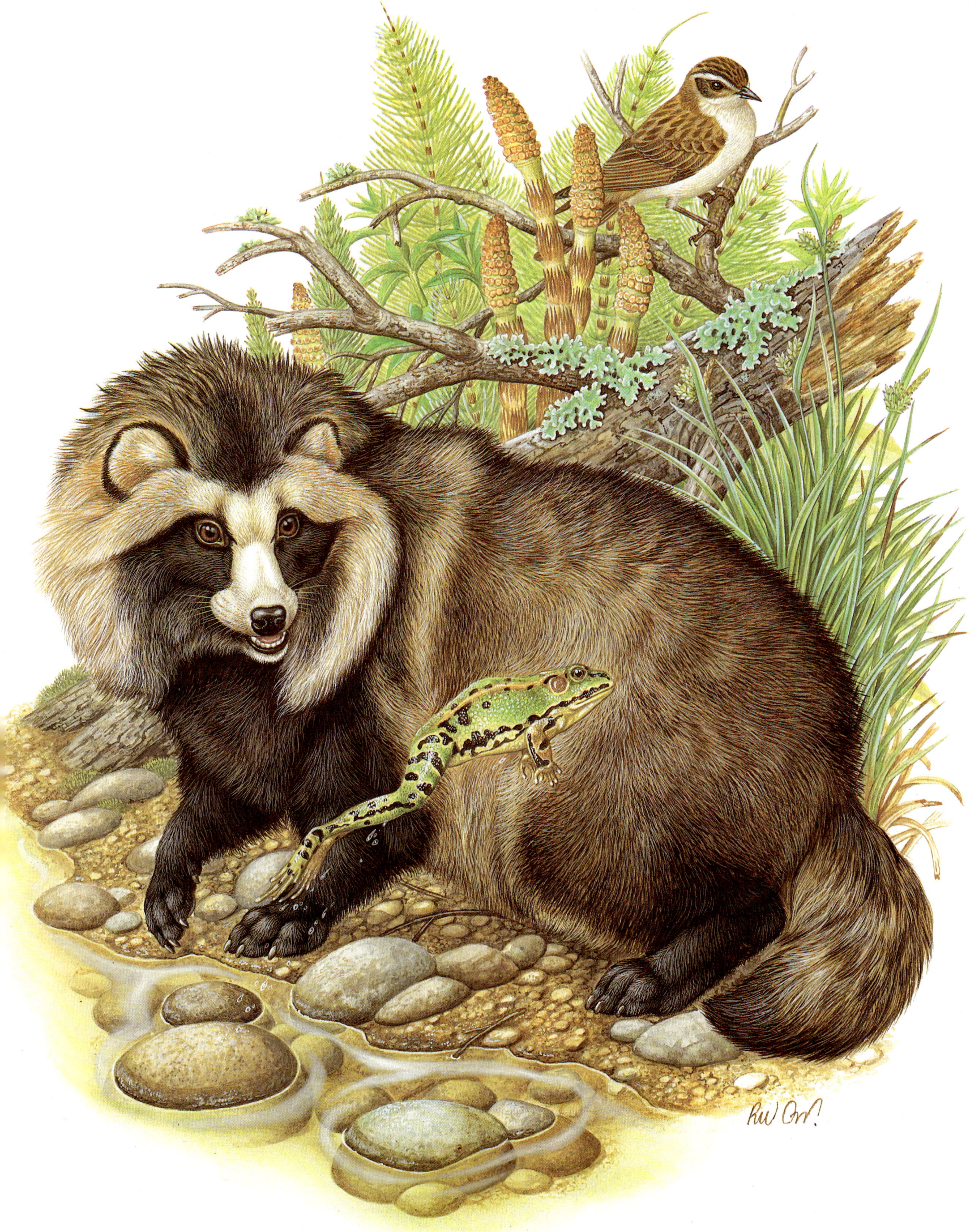

EISBÄR UND BRAUNBÄR
Familie Ursidae

Der Eisbär bewohnt im wesentlichen das Packeis der nördlichen Küsten Europas, Amerikas und Asiens. Es gibt Berichte, nach denen einzelne Tiere sogar noch im Bereich des 88. nördlichen Breitengrads gesehen worden sind, aber am häufigsten findet man sie weiter südlich, wo es zwischen dem Eis reichlich offenes Wasser mit großen Robbenvorkommen gibt. Die größten Bestände leben an den Küsten von Spitzbergen und Nowaja Semlja. Auf treibenden Eisschollen erreichen sie auch die Küsten Islands und Nordskandinaviens.

Eisbären sind hervorragende Schwimmer. Im Wasser benützen sie die Vorderpranken als Paddel, an Land oder auf dem Eis aber haben sie einen plumpen watschelnden Gang, der ihnen bei den Robben- und Walfängern alter Zeit den Namen »Farmer« (das bedeutet hier soviel wie »Bauerntölpel«) eingetragen hat. Doch seine Tolpatschigkeit täuscht. Ein Eisbär kann an Land weite Strecken zurücklegen und über kurze Entfernungen eine Geschwindigkeit von 30 km/h erreichen.

Ein männliches Tier wird ca. 250 cm lang und wiegt bis zu 450 kg. Die Weibchen sind etwas kleiner. Der Kopf des Eisbären ist im Verhältnis zu dem riesigen Körper ziemlich klein, die Gliedmaßen dagegen sind relativ groß und um einiges massiver, als die des Braunbären. Der langhaarige, dichte Pelz ist bei erwachsenen Tieren meist gelblich-weiß und bildet an Land eine gute Isolierschicht gegen die Kälte. Im Wasser wird der Eisbär von einer dicken Fettschicht unter der Haut warm gehalten. Um ein Ausgleiten auf Eis und Schnee zu verhindern, sind auch die Unterseiten der riesigen Tatzen dicht behaart.

Da keine große Nahrungsvielfalt zur Verfügung steht, haben sich die Eisbären fast zu reinen Fleischfressern entwickelt, was allein schon am Gebiß erkennbar ist. Die Eckzähne sind länger als die des Braunbären, die Backenzähne dagegen kleiner und haben scharfe Kronen, die zum Zerteilen von Fleisch besonders geeignet sind. Wenn aber Eisbären etwas anderes als Fleisch bekommen können, schrecken sie vor nichts zurück. Oft plündern sie die Vorräte von Polarforschern und verschlingen dabei sogar Tabak, Segeltuch und Motoröl. Außerdem durchwühlen sie regelmäßig alle erreichbaren menschlichen Mülldeponien. Gelegentlich fressen sie auch Aas, etwa von gestrandeten Walen, aber den allergrößten Teil ihrer Nahrung bilden Robben, denen sie überall und auf unterschiedlichste Weise nachstellen. Liegen Robben beispielsweise an den Rändern von Eisschollen, schwimmen die Bären unter Wasser vorsichtig an sie heran, bis sie fast neben der Beute auftauchen können und ihr so kaum eine Fluchtmöglichkeit lassen. Im Frühling graben sie die Jungen der Ringelrobben aus ihren schützenden Schneehöhlen. Oft lauern Eisbären auch neben den Atemlöchern von unter dem Eis schwimmenden Robben und töten sie, wenn sie herauskommen, um Luft zu holen, mit einem einzigen Prankenschlag. Auf diese Weise können selbst kleinere Wale, wie der Weißwal (der immerhin ca. 4 Meter lang ist) erlegt werden, wenn sie in ein Gebiet mit nur schmalen offenen Wasserrinnen geraten. Die Kraft eines Eisbären ist so groß, daß er sogar solche Tiere, die um ein Mehrfaches schwerer sind als er selbst, aus dem Wasser zerren kann. Im Spätsommer, wenn auf dem Festland ein Großteil des Eises abgetaut ist, kann man den Eisbären gelegentlich auch dort finden. Dann frißt er Beeren, Gräser, Moose und Flechten, aber auch Lemminge und Vögel.

Eisbären sind das ganze Jahr über aktiv, selbst im extremsten arktischen Winter. Die Weibchen sind mit 4 Jahren geschlechtsreif. Dann graben sie tiefe Höhlen in den Schnee, in denen die Temperatur bis zu 20° C über der Außentemperatur liegen kann. Dort bringen sie mitten im Winter, meist in der ersten Dezemberhälfte, 1–2, seltener 3 Junge zur Welt, die bei 350 Gramm Geburtsgewicht nicht größer sind als (ausgewachsene) Meerschweinchen. Anfangs entwickeln sich die jungen Eisbären nur langsam und verlassen die Höhle erst, wenn sich das Wetter ändert und die Mutter sie an die Küste bringen kann. Im ersten Jahr bleibt die Familie zusammen, und erst vor dem zweiten Winter machen sich die Jungen selbständig.

Der Braunbär ist das größte Landraubtier Europas. Da er bis zum Auftreten des Menschen keine ernsthaften Rivalen hatte, war er früher in den unterholzreichen Wäldern Europas, Asiens und Nordamerikas sehr verbreitet. Von den einstmals großen europäischen Beständen existiert heute nur noch ein winziger Bruchteil, der sich in die entlegenen Gebirgsregionen Nordspaniens, Polens und der Balkanländer zurückgezogen hat. Nur in Skandinavien und Rußland findet man noch etwas größere Bestände.

Wie bei allen Tieren, die weit verbreitet sind oder es einmal waren, haben sich verschiedene

Für den Winter graben sich die Eisbärenweibchen tiefe Höhlen in Schneewehen. Zwar wird der Eingang wieder zugeschneit, ist aber bei Bedarf leicht aufzubrechen.

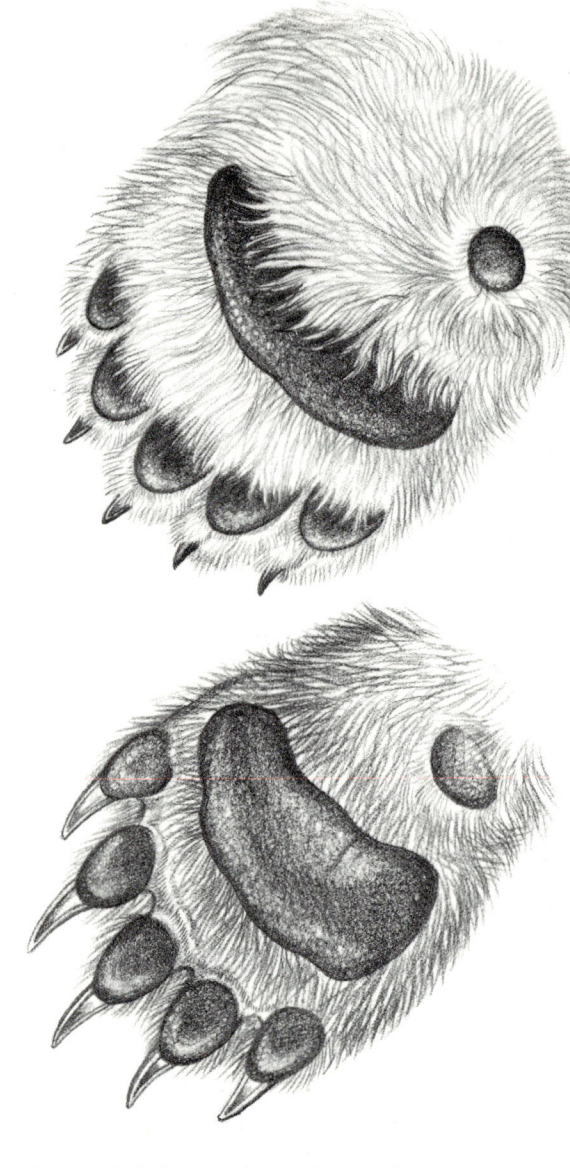

Der Vorderfuß eines Eisbären (oben) und der eines Braunbären (darunter). Jeder Fuß hat fünf Zehen mit kräftigen Klauen. Die Tatzen des Eisbärs sind an der Unterseite besonders dicht behaart, damit ein Ausgleiten auf glattem Schnee und Eis verhindert wird.

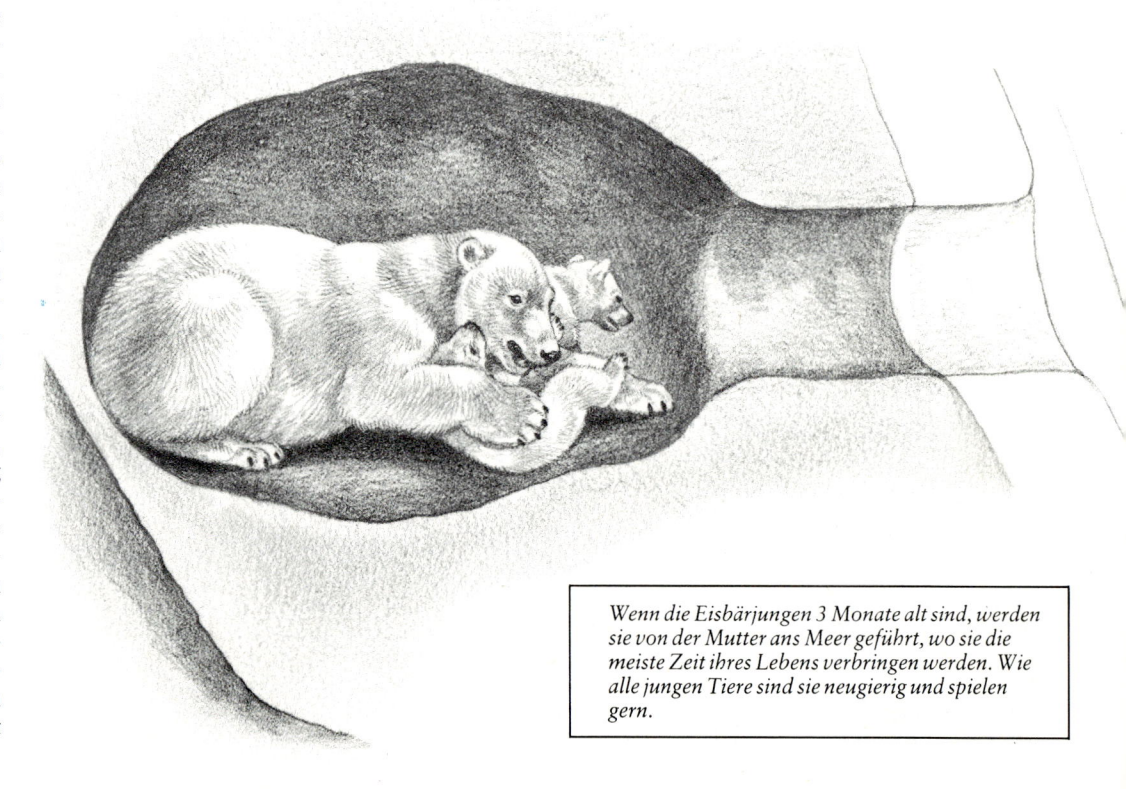

Wenn die Eisbärjungen 3 Monate alt sind, werden sie von der Mutter ans Meer geführt, wo sie die meiste Zeit ihres Lebens verbringen werden. Wie alle jungen Tiere sind sie neugierig und spielen gern.

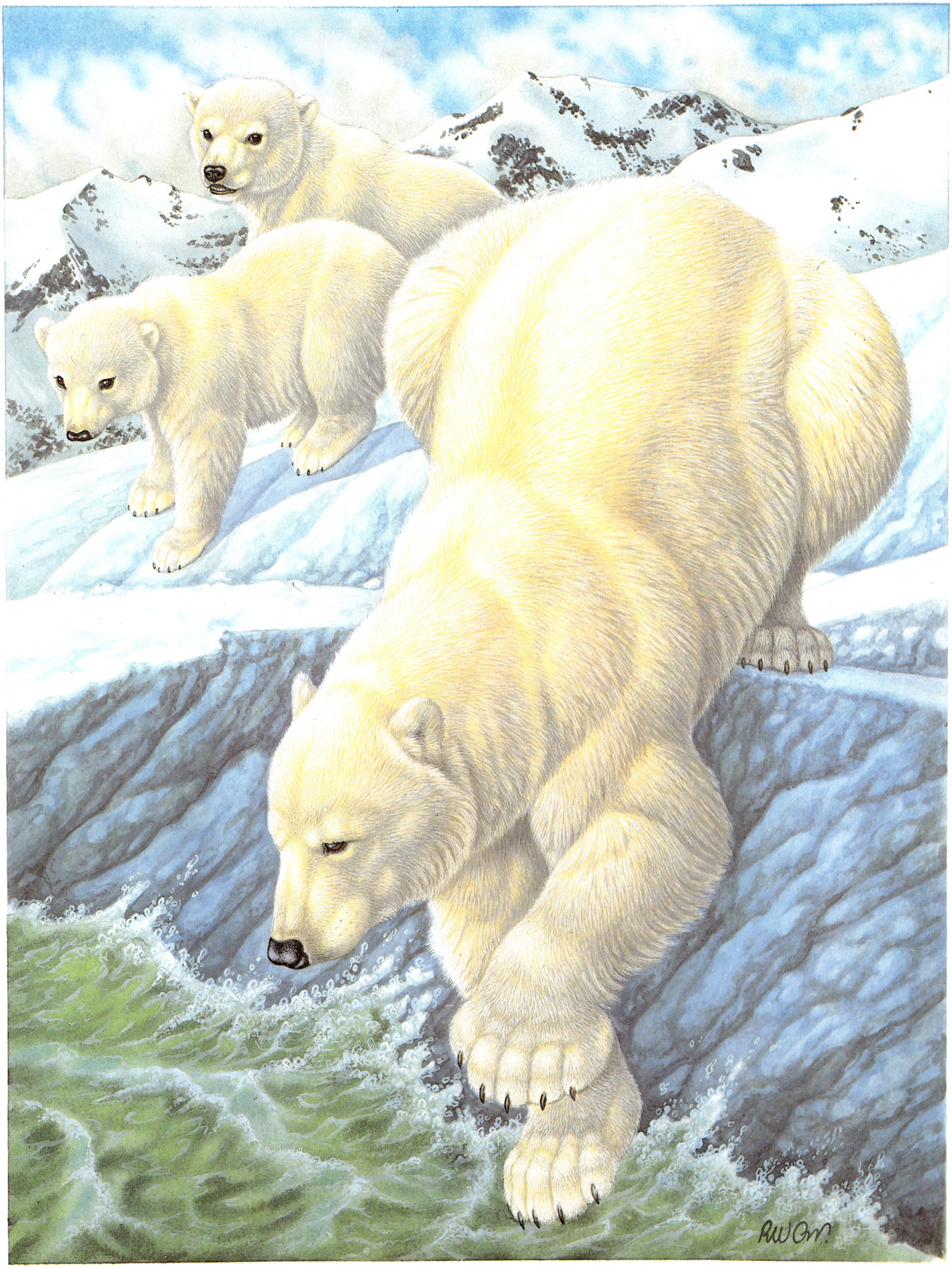

regionale Einflüsse auf Größe und Färbung ausgewirkt. So können also Braunbären ein sehr unterschiedliches Äußeres haben, und selbst die riesigen amerikanischen Grizzlybären gehören nach Ansicht der Zoologen zur gleichen Spezies wie die europäischen Formen. Die auf unserem Kontinent heimischen Männchen werden rund 200 cm lang, haben keinen Schwanz und wiegen etwa 265 kg. Die Weibchen sind etwas kleiner. Die Färbung ist variabel, sie reicht von einer hellen Cremefarbe bis zum Schwarzbraun, wobei Jungtiere oft eine Halskrause haben, die heller ist als das übrige Fell. Die Fußspuren eines Braunbären ähneln – abgesehen vom Format und von den Abdrücken der langen, starken Klauen – in Form und Umriß entfernt denen des Menschen. Wie der Mensch, so ist auch der Bär vorwiegend »Sohlengänger«. Normalerweise trabt er auf allen vieren, richtet sich aber sehr häufig auf den Hinterbeinen auf und kann sich auch in dieser Stellung fortbewegen. Das Aufrichten dient meist dazu, Witterungen besser aufzunehmen, höher hinauf greifen und sehen zu können und zu Angriff und Verteidigung beim Kampf. Bären haben einen sehr scharfen Geruchssinn und ein ausgezeichnetes Gehör, sind aber kurzsichtig.

Durch seinen mächtigen Körper ist der Braunbär zwar für alle Raubtiere unangreifbar, hat seinetwegen aber auch viele Nachteile, die sich besonders bei der Nahrungssuche auswirken. Da sich die Tiere nur relativ langsam bewegen und daher kaum jagen können, ist der Braunbär hauptsächlich Pflanzenfresser. Der fleischliche Futteranteil besteht aus Insekten, Vögeln, die auf dem Boden brüten, aus Säugetieren, wenn er sie bekommen kann, und aus Fischen und Aas. Die Reißzähne (s. S. 84) haben breite Kronen und eignen sich so hervorragend zum Zermalmen pflanzlicher Nahrung. Die Eckzähne sind relativ klein und der Darm ist länger als bei Tieren, die hauptsächlich von Fleisch leben. Im Herbst setzt der Braunbär Fett an, das ihm erlaubt, während des Winters untätig zu bleiben, obwohl er keinen ausgesprochenen Winterschlaf hält.

Braunbären sind während der meisten Zeit ihres Lebens Einzelgänger. Jeder von ihnen hält ein Revier von 15–20 Kilometern Durchmesser besetzt, das sich aber meist mit denen benachbarter Bären überschneidet. Jeder Bär markiert bestimmte Stellen, an denen sich Pfade kreuzen oder besonders beliebte Futterplätze befinden, so daß andere vor seiner Anwesenheit gewarnt werden. An solchen Stellen hinterlassen die Tiere Harn-Marken oder reiben Nacken und Brust an einem Baumstamm, den sie vorher mit Klauen und Zähnen entrindet haben. Von Jungbären wird behauptet, daß sie sogar vor Bäumen mit den Markierungen ihrer eigenen Eltern zurückweichen. Trotz ihres Einzelgängertums können sich Bären gelegentlich an guten Futterplätzen versammeln, vermeiden dabei aber sorgfältig einen zu engen Kontakt mit anderen. Kommt es dennoch zu Konflikten, weichen alle vor dem größten Männchen zurück, und sogar Muttertiere mit Jungen, die sonst sehr respektiert werden, ordnen sich ihm unter.

Die Paarungszeit der Braunbären beginnt im Frühsommer. Die Werbung der männlichen Tiere dauert nur kurze Zeit, und nach der Begattung trennt sich das Paar wieder. Manche Forscher berichten von Beobachtungen, nach denen sich in bestimmten Gebieten die selben Paare in mehreren aufeinanderfolgenden Jahren wiedertreffen und erneut paaren. Andere Fachleute berichten von wahlloser Paarung. Eine endgültige wissenschaftliche Aussage läßt sich hierzu jedoch nicht machen. Nach der Befruchtung wächst das Ei für kurze Zeit, doch dann verzögert sich die Einnistung in die Gebärmutter, und die Jungen werden erst im folgenden Januar oder Februar geboren, während sich die Bärin in der Höhle im winterlichen Ruhezustand befindet. Verglichen mit der Mutter sind die Jungen winzig, nämlich nur 22 cm lang und ca. 350 Gramm schwer. Auch nach der Geburt und beim Säugen bleibt das Muttertier im Halbschlaf und die Familie hält sich ca. 3 Monate ausschließlich in der Höhle auf. Sind die Jungen 4 Monate alt, beginnt die Entwöhnung. Bärinnen sind sehr fürsorgliche Mütter, die ihre Jungen kaum aus den Augen lassen. Droht Gefahr, treiben sie die Jungen auf den nächsterreichbaren Baum und verteidigen sie wütend. Jungbären sind erst im 2. Lebensjahr vollkommen unabhängig, und daher können die Weibchen auch nur in jedem zweiten Jahr werfen.

Der Mensch hat sich von so mächtigen Raubtieren wie den Bären immer bedroht gefühlt und war ihnen gegenüber immer sehr mißtrauisch. Doch für gewöhnlich fliehen Braunbären vor dem Menschen und greifen ihn nur an, wenn sie keine andere Möglichkeit mehr haben. Doch immer wieder gibt es Berichte, nach denen Menschen von Bären »böswillig« und »ohne Grund« angegriffen worden seien. In diesem Zusammenhang werden aber häufiger Eisbären erwähnt, denn sie haben im allgemeinen sehr wenig Kontakt mit Menschen und nähern sich ihnen deshalb mit weniger Furcht.

Schon seit frühester Zeit tötet der Mensch Bären wegen ihres Pelzes, wegen des Fettes, der Zähne und der Klauen. Relativ neue Motive für die Bärenjagd sind einerseits rein sportliche Ambitionen, andererseits ein vermeintlicher Prestigegewinn. Außerdem hat der Mensch viele Lebensräume der Bären zerstört und durch alle diese Eingriffe die Bestände drastisch reduziert. Heute schätzt man den Restbestand der Eisbären auf der ganzen Welt auf ca. 12 000 Tiere, die sich über eine Gesamtfläche von einigen Millionen Quadratkilometern verteilen. Bären zählen heute zu den gefährdeten Arten, und der Eisbär ist ganz, der Braunbär teilweise geschützt.

Robben bilden den Hauptbestandteil der Nahrung und werden im und außerhalb des Wassers gejagt.

Wenn Eisbären den Kadaver eines gestrandeten Wals finden, fressen sie auch Aas.

Einige Robben der Arktis bleiben im Winter unter der Eisdecke und nagen Atemlöcher hinein. An diesen Löchern lauern die Eisbären und töten auftauchende Robben mit einem Prankenhieb.

Der Schädel eines Europäischen Braunbären ist etwa 34 cm lang. Die Kiefer sind kräftig haben große Eckzähne. Die Backenzähne jedoch haben flache Kronen, denn ein Braunbär frißt viel pflanzliches Futter, das mehr zermahlen als zerrissen werden muß. Eisbären besitzen längere, schlankere Eckzähne (unten links), *die mehr an Fleischnahrung angepaßt sind.*

Junge Braunbären können leichter auf Bäume klettern als erwachsene Tiere, weil ihre Klauen stärker gekrümmt sind.

Im Frühling suchen Braunbären nach Kadavern von Tieren, die im Winter verendet sind. Alles, was nicht sofort gefressen werden kann, wird in geringer Tiefe unter abgestorbenen Ästen und Erde vergraben.

Der neugeborene Braunbär ist fünfhundertmal kleiner als seine Mutter (links). *Die Jungen werden in der Winterhöhle ernät, bis sie rund 3 Monate alt sind. Beim Säugen liegt die Bärin auf dem Rücken* (rechts).

DER WASCHBÄR
Familie Procyonidae

Die Vernichtung von Bären und anderen großen Raubtieren hat in vielen Gebieten Europas ökologische Nischen für andere, oft kleinere und anpassungsfähigere Arten freigemacht. Eine davon ist der Waschbär, der in den wärmeren Regionen nordamerikanischer Wälder heimisch ist. In Europa wurde er in den 30iger Jahren eingeführt, wahrscheinlich, um ihn wegen seines Pelzes auf Farmen zu züchten. Freigekommene Tiere und deren Nachkommen verbreiteten sich von der Eifel aus – dort waren sie zuerst aufgetaucht – in ganz Deutschland. Heute kommen sie in den dortigen Tieflandgebieten, vor allem im Moseltal, vor. Außerdem weiß man von einer größeren Kolonie, die sich in der DDR angesiedelt hat. Fachleute vermuten, daß sich aber in Zukunft ihr Verbreitungsgebiet vergrößern wird.

Waschbären sind sehr anpassungsfähig und können in offenem Gelände ebenso gut leben wie im Wald. An Lebensräume und Nahrungsangebot stellen sie die gleichen Anforderungen wie die Marderhunde, und in manchen Gegenden sind bereits Populationen beider Tiere zu finden. Aber bisher ist ihre Zahl wahrscheinlich so gering, daß sie noch friedlich nebeneinander leben können. Erst wenn der gemeinsame Lebensraum zu eng wird, wird sich zeigen, welche von beiden Arten sich dauerhaft durchsetzen kann.

Waschbären sind Nachttiere und daher selten zu sehen. Bekommt man doch einen zu Gesicht, kann man ihn vom Marderhund an den spitzen Ohren und dem gestreiften, buschigen Schwanz unterscheiden. Die schwarze »Maske« im Bereich der Augen ist beiden Tieren gemeinsam. Seine Anwesenheit verrät der Waschbär durch Kratzspuren im Bereich von Baumhöhlen und durch seine typische Fährte. Er ist »Sohlengänger« und seine Spur weist 5 Zehenabdrücke auf, wobei die Vorderpfoten besonders charakteristisch, weil extrem weit gespreizt, sind. Waschbären sind einschließlich des 20 cm langen Schwanzes 70–90 cm groß und wiegen bis zu 25 kg. Sie können als Einzelgänger oder auch in Familienverbänden leben. Ein Revier, das sich mit denen anderer Artgenossen überschneiden kann, ist mindestens 40 Hektar groß. Die Tiere jagen meist auf dem Boden, können aber auch gut klettern. Am Tage halten sie sich vorwiegend in hohlen Bäumen auf.

Die Zähne des Waschbären haben breitere Kronen als die von ausgesprochenen Fleischfressern, denn die Tiere ernähren sich von sehr gemischter Kost, darunter Mollusken (Weichtiere), Krebse, Früchte und Getreide. Ein Grund für ihr erfolgreiches Überleben ist vielleicht, daß sie sich in der Nähe menschlicher Behausungen ansiedeln, wo sie Mülltonnen und -deponien durchstöbern, aber auch Eier und sogar Hühner stehlen. Waschbären halten keinen Winterschlaf, aber in der kalten Jahreszeit ist ihre Aktivität reduziert; sie ruhen über lange Zeiträume in ihren Höhlen und zehren von den im späten Sommer angefressenen Fettpolstern.

Im Frühling verlassen Waschbären ihr Winterquartier und gehen auf Futter- und Partnersuche. 63–65 Tage nach der Paarung werden die Jungen geboren. Sie haben dann bereits ein wolliges Fell und die dunkle Maske ist von Anfang an deutlich ausgeprägt. Ihre Augen öffnen sich erst, wenn sie 2–3 Wochen alt sind. Mit ungefähr 7 Wochen verlassen sie die Höhle und unternehmen ihre ersten Streifzüge. Gleichzeitig beginnen sie, festes Futter anzunehmen, obwohl sie erst ca. 9 Wochen später vollkommen entwöhnt sind. Junge Waschbären bleiben im ersten Sommer bei der Mutter und lernen von ihr das artspezifische Verhalten.

Waschbären stehen in dem Ruf, ihr Futter in jedem verfügbaren Wasser zu waschen (daher auch der Name), wobei es aber seltsamerweise vollkommen gleichgültig ist, ob das Wasser sauber ist. Neuere Untersuchungen an wildlebenden Waschbären haben gezeigt, daß dieses Verhalten in der Natur nicht vorkommt. Da also nur gefangene Tiere ihr Futter waschen, eigentlich sogar nur rituell naß machen, hat man daraus geschlossen, daß diese »Anstrengung« ein Ersatz für die entfallene Jagd und das mühevolle Erlegen der Beute ist.

Die Vorderpfote des Waschbären ähnelt einer Hand (oben). Sie befähigt das Tier, sehr geschickt mit Futter und anderen Gegenständen umzugehen. Die Hinterpfote (darunter) ist lang und schmal.

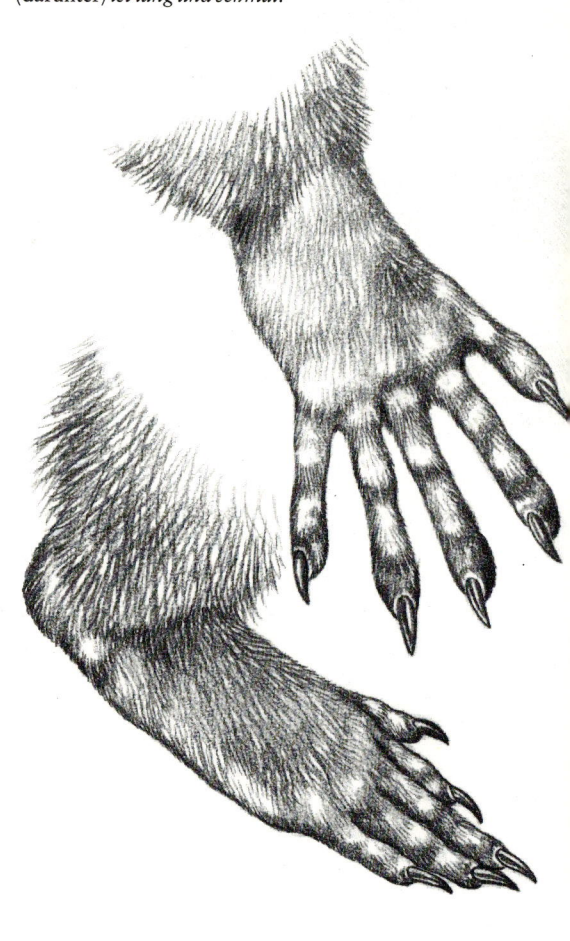

Waschbären können gut klettern und hausen gerne in hohlen Bäumen. Der Eingang einer Wohnhöhle ist von den scharfen Krallen der Tiere oft ganz zerkratzt.

Waschbären, die in der Nähe von Dörfern leben, lernen sehr schnell, auch Hühner zu töten.

Beim Säugen der Jungen nehmen Waschbärenweibchen eine sitzende Stellung ein.

Der Amerikanische Waschbär ist heute auch in Teilen Mittel- und Westeuropas heimisch. Er bewohnt unterschiedliche Lebensräume, hier zum Beispiel ein Flußufer, wo er sich vom Fischfang ernährt. Die Jungen begleiten die Mutter auf ihren Jagdausflügen und lernen von ihr.

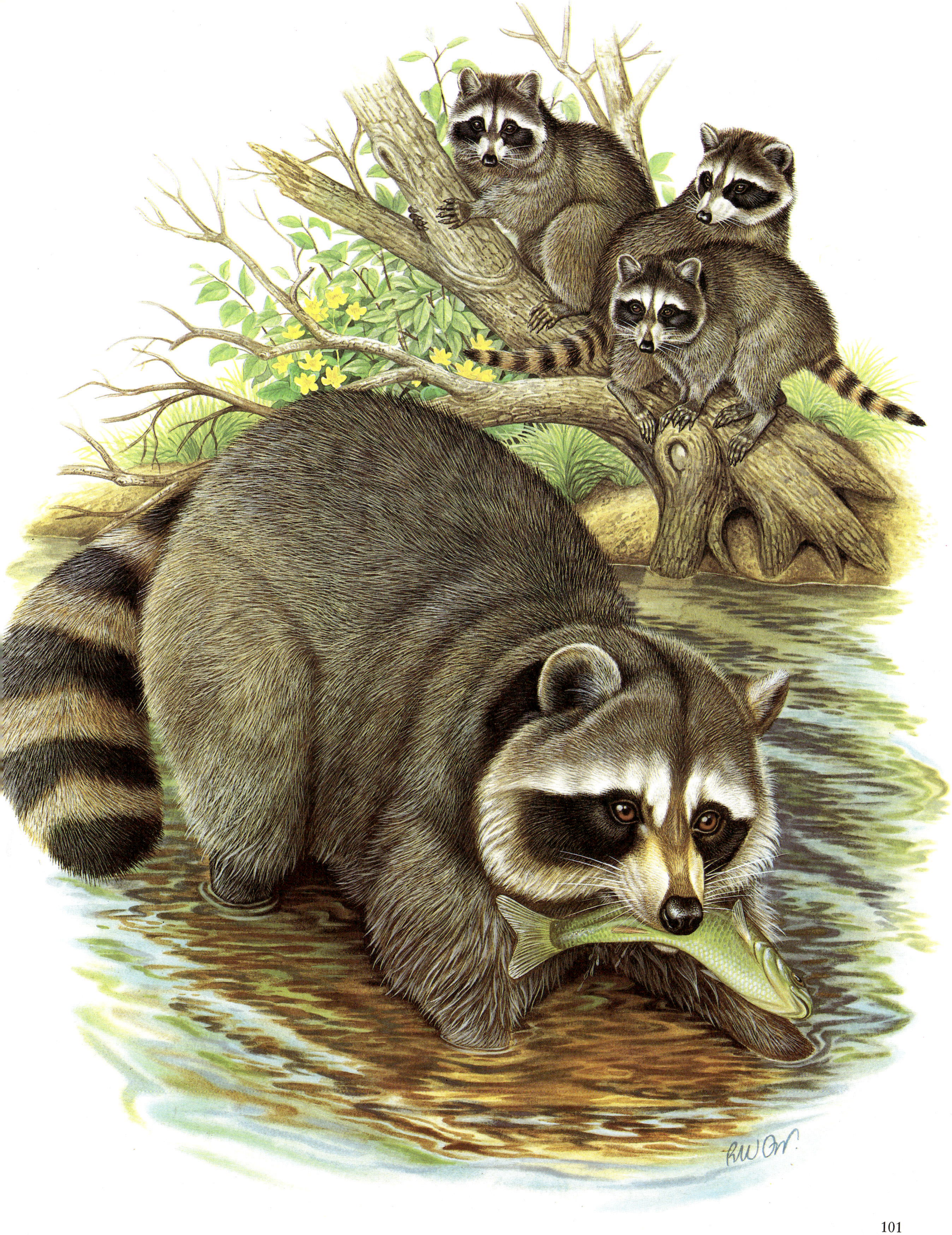

HERMELIN UND MAUSWIESEL
Familie Mustelidae (Marder)

Fast die Hälfte aller europäischen Raubtiere gehört zur Familie der Marder. Die meisten Angehörigen dieser Gruppe haben einen langgestreckten, wendigen Körper, kurze Beine und sind »Sohlengänger«. Ihre typische Gangart ist der »Marderlauf« oder »Mardersprung«, ein Galopp, bei dem sich die Tiere mit den Vorder- und Hinterfüßen gleichzeitig abstoßen und dabei den Rücken krümmen. Marder haben kurze Schnauzen, und ihre Gebisse verfügen über kräftige Zähne, wobei die Reißzähne (s. S. 84) besonders gut ausgebildet sind, denn die Nahrung besteht fast ausschließlich aus Fleisch. Die kleineren Mitglieder der Familie jagen sehr viele verschiedene Beutetiere, dagegen haben sich die meisten größeren Arten spezialisiert. So hat sich der Fischotter ans Wasser angepaßt, der Baummarder – wie der Name schon sagt – hält sich viel auf Bäumen auf und jagt auch oft dort, und der Vielfraß oder Järv ist Allesfresser und dabei ein wichtiger Aasvertilger. Bei den meisten kleineren Arten besteht zwischen Männchen und Weibchen ein beträchtlicher Größenunterschied, was manchmal dazu führt, daß sie sogar verschiedene Beute jagen.

Hermelin und Mauswiesel sind die kleinsten Vertreter der Marderfamilie. Sie brauchen wenig Deckung um sich zu schützen und können daher verschiedene Lebensräume besetzen, von Tieflandwäldern bis zu Hochlandmooren. Oft hausen sie sogar in Steppen, vorausgesetzt sie finden dort geeignete Nahrung. In manchen Gebieten sind sie sehr zahlreich, und da sie sowohl am Tag als auch nachts jagen, bekommt man sie gelegentlich zu Gesicht. Zwar sind sie sehr vorsichtig, aber in gleichem Maße auch neugierig, und wenn irgend etwas ihre Aufmerksamkeit erregt, überwinden sie manchmal sogar Angst und Fluchttrieb. Oft richten sie sich dann auf den Hinterbeinen auf, um mehr zu sehen.

In Größe und Färbung sind die einzelnen Exemplare von Hermelinen und Mauswieseln so unterschiedlich, daß sie oft für mehrere verschiedene Arten gehalten wurden. Doch heute wird allgemein anerkannt, daß es nur zwei Arten sind. Das Hermelin findet man in Großbritannien und Irland, sowie auf dem ganzen europäischen Festland nördlich der Alpen und der Pyrenäen. Es ist außerdem in ganz Asien und in vielen Gebieten Nordamerikas verbreitet. Das Mauswiesel fehlt in Irland und auf den meisten schottischen Inseln, ist aber in den südlichsten Gegenden des europäischen Festlands, in ganz Asien und in Nordamerika verbreitet. Das Hermelin ist gewöhnlich größer als das Mauswiesel, es hat eine schwarze Schwanzspitze, der Rücken ist braun, die Unterseite milchweiß, und beide Farben sind in einer geraden Linie voneinander getrennt. Der Schwanz des Mauswiesels ist sehr kurz und hat keine schwarze Spitze. Das helle Braun des Rückens geht unregelmäßig ins Weiß der Unterseite über, das dann häufig, besonders im Bereich der Kehle, von braunen Flecken durchsetzt ist. Jedes Mauswiesel hat eine so individuelle Zeichnung, daß Verhaltensforscher in der freien Natur einzelne Exemplare allein anhand ihres Musters wiedererkennen konnten. Beide, Hermelin und Mauswiesel, haben jeweils im Frühling und im Herbst einen Haarwechsel. In kälteren Gebieten ihres Verbreitungsbereichs werden beide im Winter weiß, doch das Hermelin verliert niemals die schwarze Schwanzspitze. Wo die Winter wärmer sind, behalten beide Arten die braune Färbung bei.

In Großbritannien erreicht ein Hermelinrüde,

Ein Hermelin »tanzt« oft in der Nähe von Kaninchen herum, die dadurch neugierig werden und das Raubtier so nahe herankommen lassen, bis es zuschlagen kann.

Hermeline und Mauswiesel sind sehr neugierige Tiere. Oft erheben sie sich auf die Hinterbeine, um mehr sehen zu können.

Ein Mauswiesel lockt eine Amsel, indem es wild herum »tanzt«. Diese Verhaltensweise hat es mit den Hermelinen gemeinsam.

Ein von einem Hermelin angegriffenes Kaninchen ist vor Angst gelähmt, so daß es noch nicht einmal den Versuch macht, sich zu verteidigen. Gewöhnlich tötet das Hermelin sein Opfer mit einem Biß in den Hinterkopf.

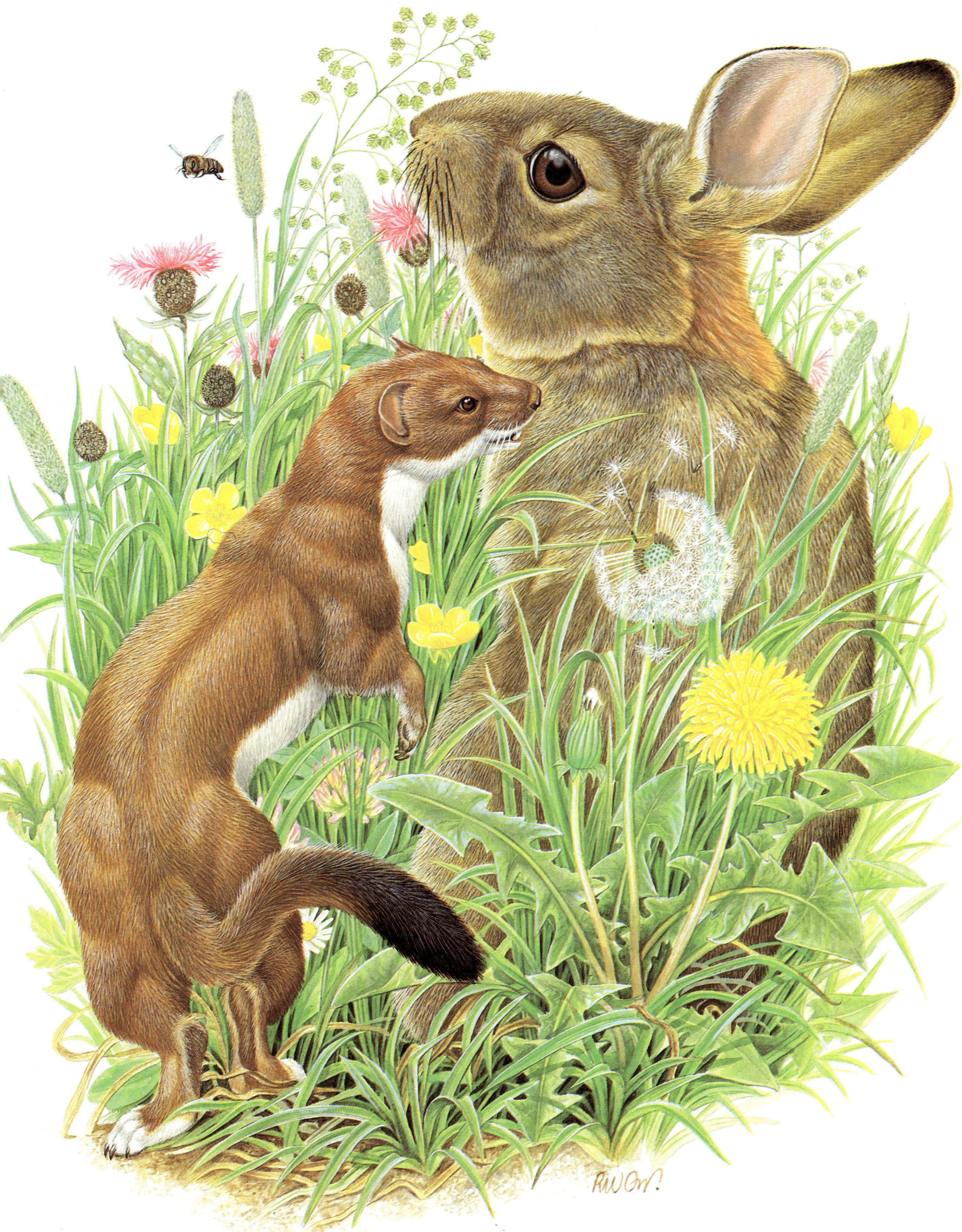

einschließlich des 11 cm langen Schwanzes, eine Körperlänge von ca. 40 cm und wiegt etwa 320 Gramm. Das Weibchen ist ca. 26 cm lang, der Schwanz zusätzlich 11,5 cm und es wiegt ungefähr 210 Gramm. Außerhalb Großbritanniens sind die Tiere beträchtlich kleiner. Wo Mauswiesel und Hermelin nebeneinander leben, sind die Mauswiesel deutlich kleiner. In Südeuropa jedoch gibt es keine Hermeline, und dort kann ein Mauswiesel sogar größer werden als ein durchschnittliches Hermelin. In Großbritannien kann ein Mauswiesel-Rüde 22 cm messen, der Schwanz zusätzlich 6,5 cm. Das Weibchen, die »Fähe«, wird nur 15 cm lang, ihr Schwanz 4,5 cm, und wiegt nie mehr als 45 Gramm.

Abgesehen von lockeren Familienverbänden sind Hermelin und Mauswiesel Einzelgänger, und jedes Tier besetzt ein Territorium, das mit einer moschusartig riechenden Losung markiert wird. Die Reviergröße eines Hermelins hängt von der Art der Umgebung und vom Nahrungsangebot ab und schwankt zwischen 10 und 200 Hektar, wobei die Fähen stets kleinere Reviere haben als die Rüden. Ein Revier kann mehrere Schlupfwinkel haben und ist in mehrere Jagdgebiete eingeteilt, die im regelmäßigen Wechsel von einigen Tagen durchstreift werden. Mauswiesel-Reviere sind kleiner, manchmal weniger als 1 Hektar, selten mehr als 15 Hektar groß. Auch sie werden mit moschusartigen Duftsekreten und mit Exkrementen markiert. Das ganze Revier wird regelmäßig durchstöbert, und auf einer einzigen Jagdexpedition können Strecken bis zu 2,5 Kilometer zurückgelegt werden.

Der lange, schlanke Körper von Hermelin und Mauswiesel ist nicht gerade sehr energiesparend. Beide Arten müssen täglich Nahrungsmengen von 23–33% ihres Körpergewichts aufnehmen. Ihre Beute besteht hauptsächlich aus kleinen Säugetieren. Das Mauswiesel hat sich – wie schon der Name sagt – überwiegend auf Mäuse verschiedener Art spezialisiert, während Hermeline größere Beutetiere jagen, besonders Kaninchen, sofern sie vorhanden sind, aber auch Ratten und Schermäuse. Sie fressen außerdem Frösche, Eidechsen, kleine Vögel, Insekten, Aas, und wenn sie sehr hungrig sind, Spitzmäuse, Regenwürmer und sogar Pflanzen.

Auch die Jagdmethoden sind unterschiedlich, denn während Mauswiesel klein genug sind, um manche Tiere bis in deren Baue hinein zu verfolgen, jagen Hermeline fast immer nur auf dem Boden. Beide Arten können gut klettern und so junge Vögel rauben, aber Mauswiesel haben selbst dabei oft Vorteile, weil sie sich auch durch die engen Eingangslöcher von Nistkästen zwängen können. Hermeline lauern manchmal ihrer Beute auf und verlassen sich dabei auf die Neugier, die Wildkaninchen und Vögel allem Ungewöhnlichen gegenüber zeigen. Deshalb benimmt sich ein Hermelin auf der Jagd oft sehr auffallend, tobt und springt herum oder wälzt sich auf dem Boden. Das Beutetier sieht verblüfft zu, solange bis das Hermelin nahe genug herangekommen ist, um zum vernichtenden Sprung anzusetzen, und die Beute mit einem Biß in den Hinterkopf zu töten. Die langen Eckzähne des Jägers dringen dabei tief ins Gehirn des Beutetiers ein und verursachen den sofortigen Tod. Besonders große Beutetiere werden am Genick gepackt und mit den langen Klauen der Hinterfüße aufgerissen. Ehe das Hermelin mit der Mahlzeit beginnt, leckt es wahrscheinlich das herausquellende Blut auf, wodurch wohl die Legende entstanden ist, daß die Tiere ihren Opfern das Blut aussaugen. Mauswiesel wenden die gleiche Methode an wenn sie kleine Beutetiere erlegen, aber mit einem größeren Tier müssen sie lange kämpfen, bis es so weit geschwächt ist, daß sie es töten können. Auch das Mauswiesel leckt austretendes Blut ab, ehe es seine Mahlzeit in ein Versteck schleppt. Ist sehr reichlich Beute vorhanden, töten Hermelin und Mauswiesel mehr als sie fressen können.

Obwohl sich die beiden Arten in so vieler Hinsicht ähnlich sind, verhalten sie sich bei der Fortpflanzung völlig unterschiedlich. In nahrungsreichen Gebieten können Mauswiesel fast jederzeit Junge werfen. Aber meist paaren sie sich im März und bringen in den letzten April- oder ersten Maiwochen 4–5 Junge zur Welt. Ein zweiter Wurf kann im Juli oder August geboren werden. Die Jungen des ersten Wurfs wachsen sehr schnell heran, öffnen nach 4 Wochen die Augen und sind im Alter von 8 Wochen imstande, Beute zu töten. Im Spätsommer können sie sich bereits zum erstenmal selbst fortpflanzen. Der Nachwuchs aus den Herbstwürfen dagegen wächst viel langsamer und wird erst im nächsten Jahr geschlechtsreif.

Hermeline paaren sich im Sommer, doch da sich die Einnistung des Eis in die Gebärmutter verzögert, werden die 6–12 Jungen erst im nächsten Frühling geboren. Sie wachsen sehr schnell, und noch bevor sie ganz entwöhnt sind, können sich die jungen Weibchen mit den erwachsenen Rüden paaren. Doch die so gezeugten Jungen werden erst geboren, wenn die Mütter selbst ganz erwachsen sind. Hermeline öffnen etwa 5–6 Wochen nach der Geburt die Augen, und im Alter von 12 Wochen können sie Beute erlegen.

Bei beiden Arten können die Familienverbände zusammenbleiben und manchmal, besonders im Winter, jagen Mauswiesel gemeinsam, wodurch dann (meist übertriebene) Berichte von »Rudeln, die die Gegend terrorisieren«, entstehen.

Wie bei allen kleinen Säugetieren schwanken auch bei Hermelin und Mauswiesel die Populationsgrößen und richten sich nach der Reichhaltigkeit des Nahrungsangebots. Nachdem in der Mitte der 50er Jahre die Myxomatose in Europa nahezu alle Kaninchen vernichtet hatte, nahmen die Hermelin-Bestände drastisch ab und haben ihren früheren Umfang bis heute nicht wieder erreicht.

Die natürlichen Feinde der Hermeline und Mauswiesel sind vor allem Eulen und Greifvögel, manchmal auch größere Säugetiere. Weil sie manchmal die Eier und Küken von für den Menschen jagdbaren Vögeln fressen und auch in Geflügelställen bisweilen großen Schaden anrichten, werden sie in Europa unbarmherzig verfolgt und nur wenige Tiere erreichen das 2. Lebensjahr. Aber die Tatsache, daß eine Mauswieselfamilie in einem Jahr ungefähr 2000 Mäuse vernichten kann, sollte man ihnen zugute halten.

In kälteren Gebieten Europas bekommen Hermelin und Mauswiesel ein weißes Winterfell. Beim Hermelin bleibt die Schwanzspitze schwarz. In wärmeren Gegenden färbt sich das Fell nur teilweise (rechts).

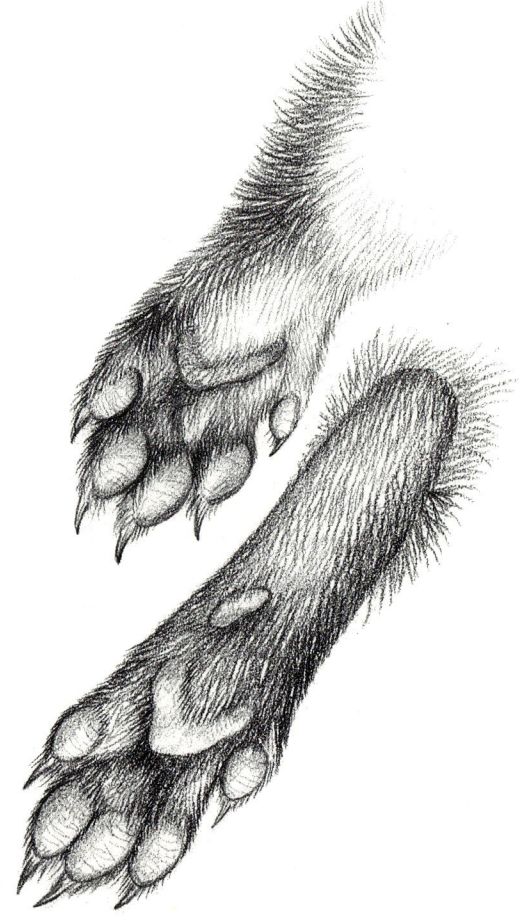

Die Anordnung der Ballen auf dem Vorderfuß (oben) *und dem Hinterfuß* (darunter) *des Mauswiesels ist unterschiedlich.*

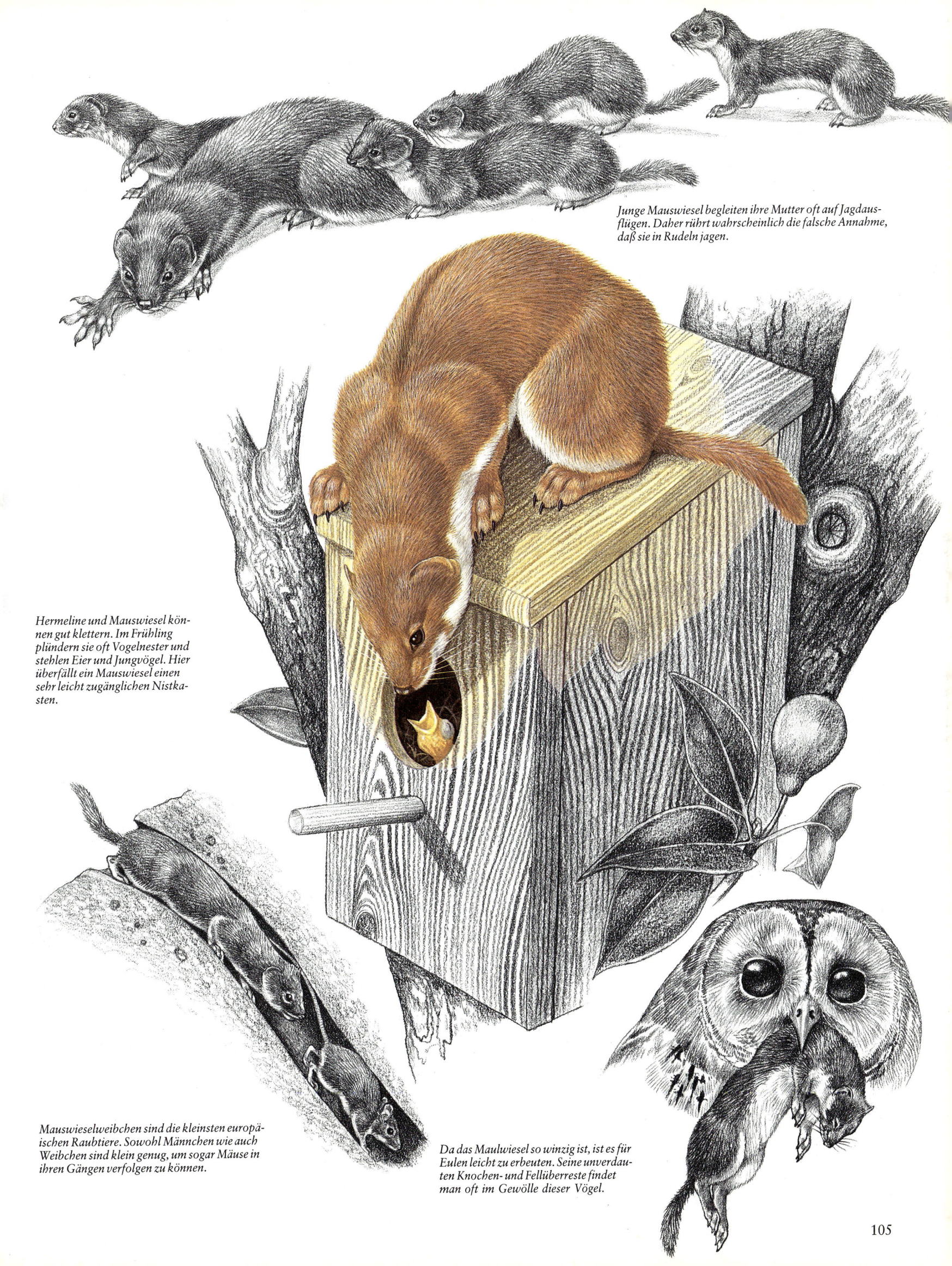

Junge Mauswiesel begleiten ihre Mutter oft auf Jagdausflügen. Daher rührt wahrscheinlich die falsche Annahme, daß sie in Rudeln jagen.

Hermeline und Mauswiesel können gut klettern. Im Frühling plündern sie oft Vogelnester und stehlen Eier und Jungvögel. Hier überfällt ein Mauswiesel einen sehr leicht zugänglichen Nistkasten.

Mauswieselweibchen sind die kleinsten europäischen Raubtiere. Sowohl Männchen wie auch Weibchen sind klein genug, um sogar Mäuse in ihren Gängen verfolgen zu können.

Da das Maulwiesel so winzig ist, ist es für Eulen leicht zu erbeuten. Seine unverdauten Knochen- und Fellüberreste findet man oft im Gewölle dieser Vögel.

105

ILTISSE
Familie Mustelidae

Das unverwechselbare Erkennungszeichen des Iltis ist seine schwarze »Räubermaske« über den Augen, die bei allen Arten vorhanden ist. Den Europäischen Iltis, auch Waldiltis genannt, findet man in allen Tieflandgebieten südlich der Taiga und westlich der Steppe. Der Steppeniltis lebt, wie sein Name sagt, in den trockenen Graslandgebieten Osteuropas. Außerdem findet man ihn in Asien, nördlich des Himalaya. Der Tigeriltis bevorzugt noch trockenere Gebiete und ist in entsprechenden Lebensräumen von Osteuropa bis Peking verbreitet. Inwieweit Waldiltis und Steppeniltis miteinander verwandt sind, weiß man nicht genau; manche Fachleute sagen, daß beide der selben Art angehören und sich nur aufgrund ihrer unterschiedlichen Verbreitungsgebiete zu zwei verschiedenen Rassen entwickelt haben. Beide ähneln sich in Größe und Lebensgewohnheiten, sind jedoch verschieden in der Färbung und in Einzelheiten des Schädelbaus. Dort, wo sich die Verbreitungsgebiete überschneiden, existieren beide ohne Zwischenform nebeneinander. Die Artenfrage wird noch dadurch kompliziert, daß sich Frettchen (die domestizierte Albinoform des Iltis), deren Schädelmerkmale auf eine Verwandtschaft mit dem Steppeniltis hindeuten, auch mit dem Waldiltis paaren.

Obwohl Iltisse weit verbreitet sind, bekommt man sie selten zu sehen, weil sie im Verborgenen leben und außerdem Nachttiere sind. Der Wald- und der Steppeniltis sind 32–44 cm lang, dazu kommt jeweils der bis zu 18 cm lange Schwanz. Der Tigeriltis ist etwas größer.

Iltisse sind Bodenbewohner. Ihre Bewegungen sind weniger schlängelnd als die anderer Marderarten, und folgen sie einer Witterung, halten sie den Körper ganz starr und laufen nahe an den Boden geduckt. Das Sehvermögen scheint bis zur Endphase der Jagd keine Rolle zu spielen, sondern erst in dem Moment, in dem die Beute gepackt und auf die typische Art in den Hinterkopf gebissen wird (vgl. Hermelin). Da Waldiltisse feuchte Lebensräume lieben, gehören zu ihrer Nahrung neben Wildkaninchen, auf dem Boden nistenden Vögeln und deren Brut und Nagetieren auch viele Lurche und Schermäuse. Ob Iltisse bestimmte Jagdreviere einhalten, weiß man nicht; aber von Tieren, die man beim Kampf mit Artgenossen beobachtet hat, nimmt man an, daß es dabei um die Festlegung von Territorien ging. Die Reviermarkierung erfolgt wahrscheinlich mit starkriechenden Exkrementen und mit einem moschusartigen Duftsekret, das aus großen Afterdrüsen ausgeschieden wird. Dieses Sekret wird vermehrt erzeugt, wenn das Tier erregt oder verängstigt ist, und nur der Tigeriltis verwendet es auch dazu, Feinde abzuschrecken und sich zu verteidigen.

Steppen- und Tigeriltisse übernehmen oft die Baue von Perlzieseln oder anderen Nagetieren. Waldiltisse graben sich Höhlen unter Baumwurzeln oder in Uferböschungen, benutzen aber gelegentlich auch Kaninchenbaue. In ihren Behausungen bringen die Weibchen im Frühsommer bis zu 10 Junge zur Welt, von denen jedes ca. 7 cm lang ist und etwa 10 Gramm wiegt. Bei der Geburt sind Iltisse von seidigen weißen Haaren bedeckt, die im Laufe von 5 Wochen durch ein dunkles, wolliges Fell ersetzt werden. In diesem Alter öffnen sich außerdem die Augen, und von nun an wachsen die männlichen Jungen schneller als die weiblichen und werden auch größer als diese.

Ihre versteckte Lebensweise schützt Iltisse vor den meisten größeren Fleischfressern, doch fallen sie manchmal Greifvögeln und Eulen zum Opfer. Ihr größter Feind ist jedoch zweifellos der Mensch, denn einerseits hausen Iltisse oft in der Umgebung von landwirtschaftlichen Anwesen und machen Jagd auf Hühner, andererseits sind sie beliebte Pelztiere. Nur wenige leben daher länger als 4–5 Jahre, obwohl sie in Gefangenschaft bis zu 14 Jahre alt werden können. In Großbritannien wurden sie in den 30er Jahren weitgehend ausgerottet. Aber in einigen Gebieten auf dem europäischen Festland haben Iltisse gelernt, neben den Menschen zu existieren, bewohnen heute sogar oft Städte und sind dort Abfallfresser geworden. Wahrscheinlich garantiert diese Anpassungsfähigkeit das Überleben der Art.

Der Tigeriltis, so genannt wegen seiner Fell-Zeichnung, ist ein Bewohner trockener Lebensräume. Sein Verbreitungsgebiet reicht von Osteuropa bis über weite Teile Asiens.

Zu der vielseitigen Nahrungspalette des Iltis gehören auch Schlangen; sogar giftige, die er nach typischer Marderart mit einem Biß in den Hinterkopf tötet.

Das Lager des Iltis ist an einem geschützten Platz zu finden. Oft wird auch nur eine Höhle unter den Wurzeln eines Baums gegraben.

Iltisse leben hauptsächlich in entlegenen Moorgebieten und oft an feuchten Orten, wo sie Lurche, Wühlmäuse und manchmal Stelzvögel, wie diesen Brachvogel, jagen.

107

DER EUROPÄISCHE DACHS
Familie Mustelidae

Der stämmige, untersetzte und kurzbeinige Europäische Dachs ist einer der größten Vertreter der Marderfamilie. Ein Rüde wird bis 80 cm lang und kann in Großbritannien fast 17 kg wiegen. Je nach Verbreitungsgebiet und Jahreszeit schwankt das Gewicht stark; bei osteuropäischen Tieren kann es im Herbst bis zu 27 kg betragen. Die Fähe ist gewöhnlich kleiner und schlanker und hat einen schmaleren Kopf.

Dachse meiden die Gesellschaft des Menschen und gehen ihm möglichst aus dem Weg. Bekommt man doch einmal einen zu sehen, erkennt man ihn leicht an den deutlich ausgeprägten schwarzen und weißen Streifen auf Kopf und Schnauze. Vermutlich ermöglicht diese starke Zeichnung dem kurzsichtigen Tier, seine Artgenossen zu erkennen. Aber in erster Linie ist sie wohl dazu da, Feinde abzuschrecken, und kaum ein Raubtier außer Wolf und Luchs würde es wagen, einen erwachsenen Dachs anzugreifen. Wird ein Jungtier attackiert, wendet es sich knurrend dem Angreifer zu, plustert sein Fell auf, so daß es größer und wütender aussieht, als es in Wirklichkeit ist. Diese drohende Haltung in Verbindung mit der »aggressiven« Färbung genügt meist, Angreifer zum Rückzug zu veranlassen, und es könnte sein, daß die Zeichnung hauptsächlich das Überleben der Jungen sichern soll.

Der Europäische Dachs ist von Südskandinavien bis in die Mittelmeerregion verbreitet, in west-östlicher Richtung von Großbritannien und Irland bis Asien. Er kann in den meisten Lebensräumen existieren, außer im Hochgebirge, in Wüsten und an allzu feuchten Orten. Im allgemeinen bevorzugt er Laubwälder mit angrenzendem Ackerland, und in solcher Umgebung können auf 1000 Hektar Fläche bis zu 58 Tiere leben.

Dachse sind Nachttiere, und obwohl sie im Sommer mit der Futtersuche oft schon beginnen, wenn es noch hell ist, ist es schwierig, sie in der freien Natur zu beobachten. Aber ein Zeichen für die Anwesenheit der Tiere sind die großen, mindestens 20 cm breiten Eingangslöcher zu ihren Bauen, die sie gewöhnlich in Hügelhänge graben. In diesen Bauen hausen die äußerst geselligen Tiere in Gruppen von bis zu 12 Mitgliedern. Dachse scheinen einen regelrechten Zwang zum Graben zu haben, denn die Baue werden ständig vergrößert, und ununterbrochen werden neue Gänge und Kessel angelegt. Vor den Eingängen liegen immer wieder neue Haufen ausgeworfener Erde, oft vermischt mit Haaren und anderem Material, mit dem die alten Kessel ausgekleidet waren. Ein Bau kann von Generationen von Dachsen bewohnt werden und nach einigen Jahren, ja sogar Jahrhunderten, unzählige Eingangslöcher haben; die Gänge erstrecken sich dann über mehr als 100 Meter, und die Kessel sind bis 90 cm breit und 60 cm hoch.

Dachse ziehen oft von einem Teil des Baues in einen anderen um oder wechseln sogar die Behausung ganz. Daher ist die Anzahl der Baue nicht unbedingt ein Hinweis auf die in einem Gebiet bestehende Populationsgröße. Zeichen dafür, daß ein Bau bewohnt ist, sind frische Kratzspuren an nahen Baumstämmen; diese Spuren befinden sich oft in ca. 1 Meter Höhe und sind meist mit Schmutz bedeckt. Grobe graue Haare, die an Stacheldraht oder in Dornengestrüpp hängengeblieben sind, zeigen, wo Dachse vorbeigekommen sind, ebenso die typischen breiten Fußspuren mit den Abdrücken der 5 Zehen. In einem Umkreis von 20 Metern um den Bau findet man oft Kotgruben von ca. 15 cm Tiefe. Wahrscheinlich dient die Losung zur Markierung des Reviers. Pfade (»Wechsel«) vom Bau zu den Futterplätzen liegen innerhalb eines großen, nur nachlässig verteidigten Territoriums. Diese Pfade sind oft so ausgetreten, daß man meinen könnte, sie stammten von Menschen, und man sie nur daran unterscheiden kann, daß sie ohne Unterbrechung unter niedrigen Hindernissen hindurchführen. Dachse sind in ihren Lebensgewohnheiten sehr »konservativ«, und die gleichen Wege werden von vielen Generationen benutzt. Wo diese Wechsel Autostraßen kreuzen, werden Dachse oft Ursache und Opfer von Verkehrsunfällen. Um das zu verhindern, hat man an manchen Stellen besondere Tunnel für die Tiere angelegt.

Dachse fressen vielerlei sehr unterschiedliches Futter, wobei Regenwürmer besonders wichtig sind und auch in Unmengen verzehrt werden. Zur Nahrungspalette gehören kleine Säugetiere und deren Junge, auf dem Boden nistende Vögel und deren Eier und Nestlinge, Kriechtiere und Lurche (besonders Frösche), und man hat sogar beobachtet, daß Dachse nach Bärenart Fische aus dem Wasser holen. Außerdem werden Schnecken und Insekten vertilgt, vor allem gro-

Die Vorderpfoten (oben) *haben längere Krallen als die Hinterpfoten* (darunter).

Die Krallen des Dachses sind oft sehr verschmutzt. Er reinigt sie, indem er an einem Baum kratzt und schärft sie dadurch auch gleichzeitig.

Dachse haben einen ausgezeichneten Geruchssinn. Der spezielle Knochenbau der Nase stützt das von vielen Sinneszellen durchsetzte Gewebe.

Die Backenzähne des Dachses haben relativ flache Kronen, und unterscheiden sich so von denen der meisten verwandten Raubtier-Arten. Diese Mahlzähne entsprechen dem großen Anteil pflanzlicher Nahrung.

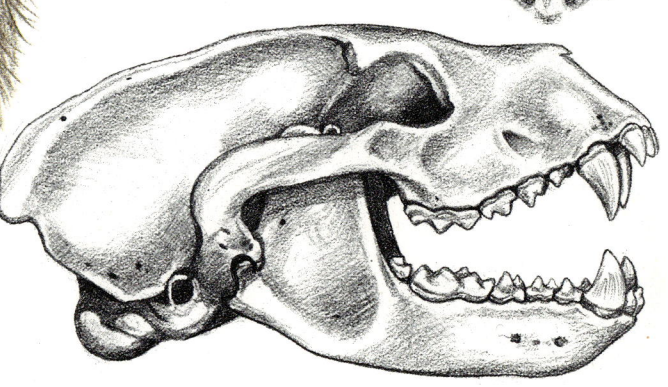

Ein Dachs, der sich bedroht fühlt, stellt sein Fell auf und wirkt dadurch größer und furchterregender, als er in Wirklichkeit ist.

Dachsjunge werden sehr früh im Jahr geboren, verlassen den Bau aber erst, wenn sie mindestens 2 Monate alt sind. Bei ihren Spielen werden sie von der Mutter bewacht. Sollte ein Junges entkommen, kann es sich noch nicht gegen Feinde verteidigen. Eine gewisse Schutzwirkung hat die aggressive Zeichnung des Kopfes, die es gefährlicher erscheinen läßt, als es ist.

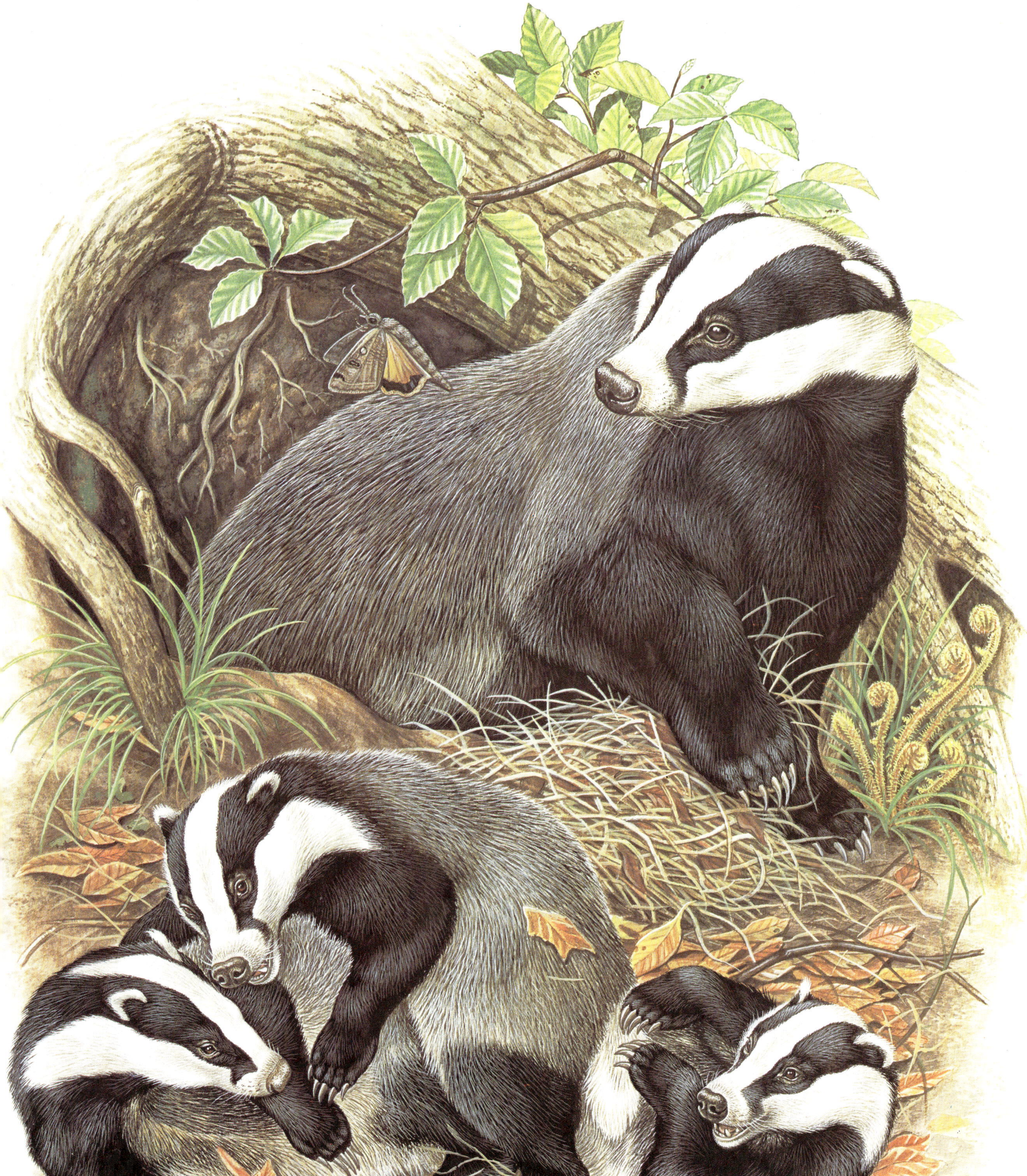

ße Käfer. Von einem Dachs wird berichtet, daß er unter einer Laterne lauerte und die zum Licht taumelnden Maikäfer schnappte. Auch Pflanzen bilden einen großen Nahrungsanteil – im Spätsommer und Herbst fressen die Tiere vor allem Früchte, sehr früh im Jahr, wenn anderes Futter noch rar ist, graben sie die nahrhaften und stärkehaltigen Wurzeln des wildwachsenden »Aronstabs« aus. Dachse werden oft beschuldigt, Geflügel und Lämmer zu töten. In den meisten Fällen sind die wahren Räuber aber Füchse, denn nur alte und kranke Dachse, die nicht mehr genügend normales Futter finden, riskieren eine Annäherung an den Menschen. Außerdem fressen sie auch Aas, und viele der auf Weiden gestohlenen Lämmer sind wahrscheinlich bereits tot gewesen. Manche Dachse leben in Parkanlagen innerhalb bebauter Gebiete und dringen oft in Gärten ein, wo sie auf der Suche nach Futter Komposthaufen und Mülltonnen durchwühlen.

Die kleinste Gruppe in der sozialen Familienstruktur der Dachse ist die Fähe mit den Jungen, die während des ersten Lebensjahrs, manchmal auch länger, bei der Mutter bleiben. Im gleichen Bau können ein oder mehrere Rüden leben, die sich aber meistens in anderen Kesseln aufhalten. Abgesehen vom aggressiven Verhalten der Muttertiere bei der Verteidigung des Nachwuchses, scheinen zwischen allen Angehörigen der Gruppe gegenseitige Toleranz und Freundschaft zu herrschen. Fremde Eindringlinge, auch der gleichen Art, sind unwillkommen. Die Mitglieder einer Sippe erkennen einander hauptsächlich am Geruch. Mit einem öligen, moschusartigen Sekret, das von einer Drüse unter dem Schwanz abgegeben wird, »salben« die Tiere sich selbst, einander gegenseitig und auch ihre ganze Umgebung.

Dachse polstern ihre Wohnkessel mit viel und verschiedenartigem Material aus, hauptsächlich mit Heu, Farnen, Stroh und welken Blättern. Im Sommer werden oft die grünen Blätter von Glockenblumen ins Nest geholt. Im Winter verrottet das Lager und erzeugt dadurch Wärme. Jeweils im Frühling und im Herbst wird das alte Polster hinausgeworfen und durch ein neues ersetzt.

Am Ende des Sommers, wenn reichlich Futter vorhanden ist, fressen die Dachse viel und werden sehr fett. In Gegenden mit mildem Klima können sie den ganzen Winter über aktiv bleiben, in Osteuropa jedoch ziehen sie sich für lange Zeit in ihre Baue zurück, halten aber keinen echten Winterschlaf. In dieser Zeit langer Untätigkeit bringen die Fähen die Jungen zur Welt. In Großbritannien geschieht dies meist in den letzten Januar- und ersten Februar-Wochen, in nördlichen und östlichen Gebieten etwas später, im Süden vermutlich früher. Es werden bis zu 5 Junge geboren, aber oft überleben nicht mehr als 2 davon den Sommer. Bei der Geburt sind die Jungen etwa 12 cm lang und wiegen bis zu 130 Gramm. Sie sind blind und hilflos, aber die schwarz-weißen Streifen sind schon vorhanden. Die Muttertiere bleiben nicht ununterbrochen bei ihnen, kommen aber sehr oft, um sie zu füttern und nach dem Rechten zu sehen. Die Jungen bleiben enganeinandergeschmiegt im Kessel, bis sie 6–7 Wochen alt sind. Dann beginnen sie, den Bau zu erkunden. Im Alter von etwa 8–10 Wochen wagen sie sich zum erstenmal für kurze Zeit in die Außenwelt. Bald werden ihre Ausflüge länger und abwechslungsreicher, ihre Spiele wilder und lärmender, und sie beginnen auch schon gelegentlich mit der Futtersuche. Bereits in einem sehr frühen Stadium lernen die Jungen auf spielerische Weise die artspezifischen Verhaltensmuster. Sie üben Angriff und Verteidigung, und schon bei ihren allerersten Schritten vor den Bau markieren sie Holzstücke und andere Gegenstände mit ihrem Duftsekret. Sie bohren mit der Schnauze Löcher in den Boden, als wollten sie Futter suchen, und schon ehe sie 3 Monate alt sind, sammeln sie abgestorbene Pflanzenteile und tragen sie in ihre Höhle. Dachsjunge werden mindestens 3 Monate lang gesäugt. Nach weiteren 3–4 Wochen haben sie die Milchzähne verloren und sind entwöhnt. Zu dieser Zeit ist das pflanzliche und fleischliche Nahrungsangebot groß, und die Jungen wiegen jetzt schon fast genausoviel wie ein kleines erwachsenes Tier. Im Alter von 1 Jahr sind sie geschlechtsreif und können 10 Jahre und länger leben.

Schon sehr bald nachdem die Jungen geboren sind, paart sich die Fähe erneut und tut das mehrmals im Laufe des Sommers, bis zum Oktober. Die Einnistung der bei diesen Paarungen befruchteten Eier in die Gebärmutter erfolgt erst zu einem späteren Zeitpunkt, so daß alle wildlebenden Jungen nach einer Tragzeit von 7 Wochen im Winter geboren werden. Ist das Weibchen außerordentlichen Belastungen ausgesetzt, kann sich die Implantation der Eizelle abnorm verzögern. Es wird von Dachsen berichtet, die in Gefangenschaft ihre Jungen erst über ein Jahr nach der Paarung geboren haben.

Viele Jahrhunderte lang hat der Mensch die Dachse verfolgt. Heute hat man eingesehen, daß sie wenig Schaden anrichten und mancherorts sogar eher nützlich sind, weil sie Schädlinge vernichten. Dachse, die mit tuberkulosekranken Rindern auf dem gleichen Grund und Boden leben, können sich infizieren und die Erreger auf andere Rinder übertragen. In diesem Zusammenhang ist aber nicht geklärt, wie lange, nachdem das Vieh wieder gesund ist, Dachse noch krank bleiben.

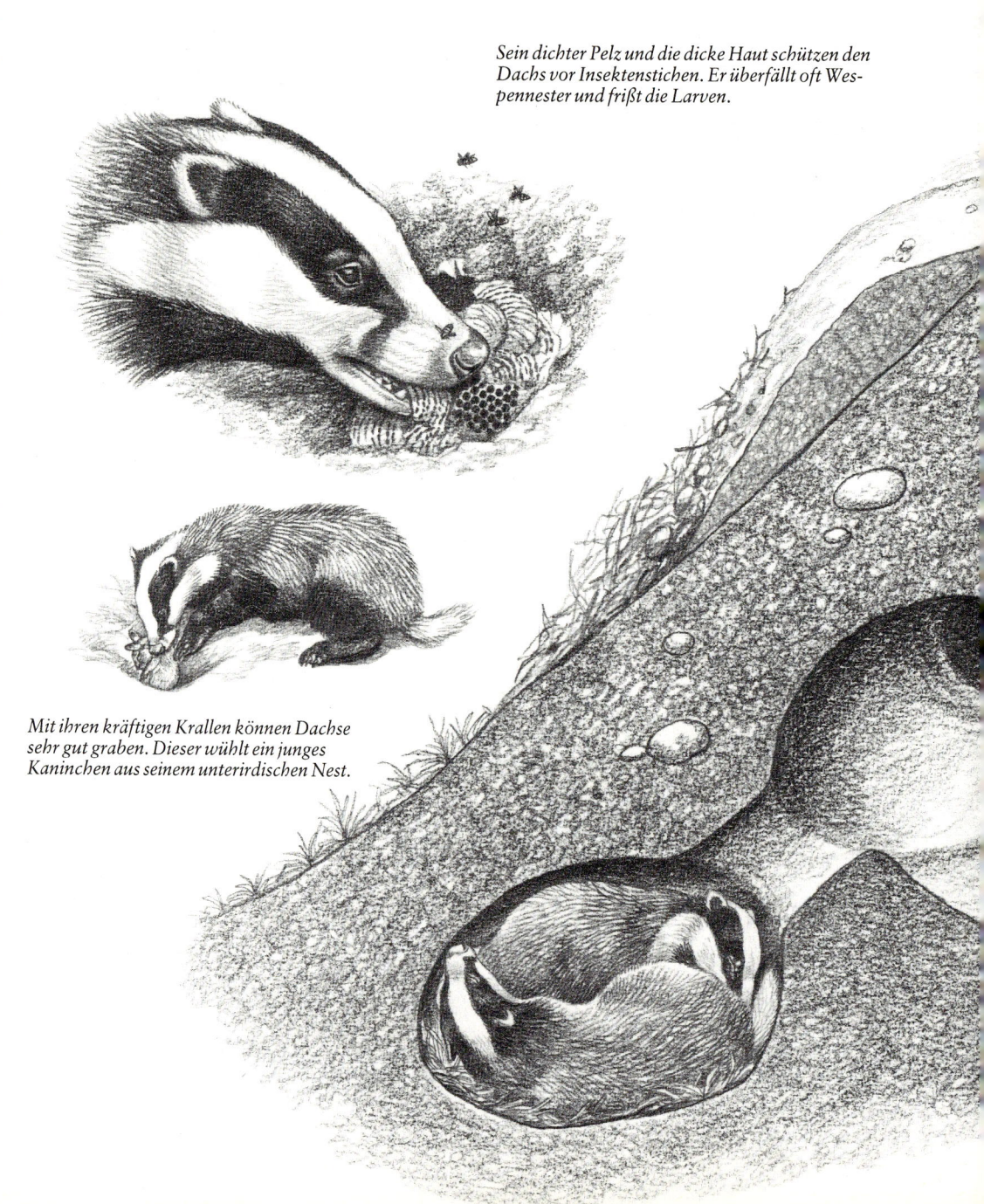

Sein dichter Pelz und die dicke Haut schützen den Dachs vor Insektenstichen. Er überfällt oft Wespennester und frißt die Larven.

Mit ihren kräftigen Krallen können Dachse sehr gut graben. Dieser wühlt ein junges Kaninchen aus seinem unterirdischen Nest.

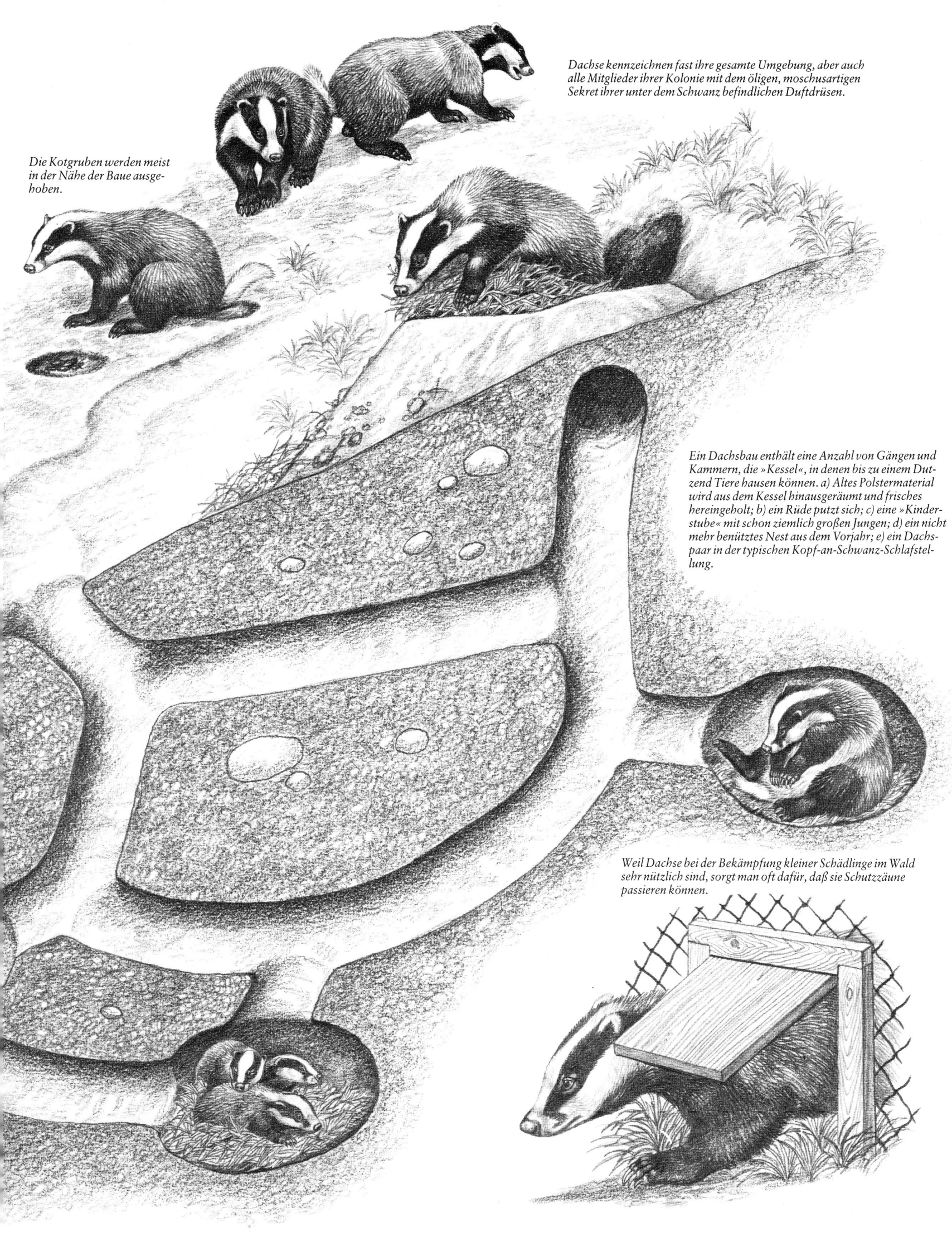

Dachse kennzeichnen fast ihre gesamte Umgebung, aber auch alle Mitglieder ihrer Kolonie mit dem öligen, moschusartigen Sekret ihrer unter dem Schwanz befindlichen Duftdrüsen.

Die Kotgruben werden meist in der Nähe der Baue ausgehoben.

Ein Dachsbau enthält eine Anzahl von Gängen und Kammern, die »Kessel«, in denen bis zu einem Dutzend Tiere hausen können. a) Altes Polstermaterial wird aus dem Kessel hinausgeräumt und frisches hereingeholt; b) ein Rüde putzt sich; c) eine »Kinderstube« mit schon ziemlich großen Jungen; d) ein nicht mehr benütztes Nest aus dem Vorjahr; e) ein Dachspaar in der typischen Kopf-an-Schwanz-Schlafstellung.

Weil Dachse bei der Bekämpfung kleiner Schädlinge im Wald sehr nützlich sind, sorgt man oft dafür, daß sie Schutzzäune passieren können.

FISCHOTTER UND NERZ
Familie Mustelidae

Obwohl der Mensch von einem Fischotter meist nicht mehr sieht als eine V-förmige Spur im Wasser, kann umgekehrt der Otter selbst sogar beim Schwimmen seine Umgebung genau beobachten. Seine Augen sitzen hoch auf dem flachen Kopf und verschaffen ihm einen optimalen Gesichtskreis. Jahrhundertelang wurde der Fischotter gejagt und verfolgt, einerseits wegen seines Pelzes, andererseits deshalb, weil er gelegentlich in Lachs- und Forellenbeständen Schaden angerichtet hat. Heute kommt dazu noch die Bedrohung und Vernichtung durch Gewässerverschmutzung und Ruhestörung. An vielen Orten, an denen er früher in großen Mengen vorkam, findet man heute kein einziges Exemplar mehr.

Der Fischotter gehört zu den Raubtieren mit dem weitesten Verbreitungsgebiet. Man findet ihn in ganz Europa, demnach also auch in allen heimischen Klimazonen, und außerhalb Europas in Asien von den Regionen nördlich des Himalaya bis nach Japan und in Nordamerika.

Fischotter gehören zu den größten Mitgliedern der Marderfamilie. Ein Rüde mißt mindestens 115 cm, wobei ein Drittel der Länge auf den schweren, spitzzulaufenden Schwanz entfällt. Normalerweise wiegt ein männliches Tier 10–15, in einzelnen Fällen auch bis 20 kg. Die Fähe ist viel kleiner als ihr Partner und wiegt selten mehr als 10 kg. Die stromlinienförmige Gestalt und die mit Schwimmhäuten versehenen Füße befähigen den Fischotter, so anmutig und wendig zu schwimmen, wie sonst nur Robben und Delphine. Beim langsamen Paddeln an der Wasseroberfläche benutzt er, ähnlich wie ein Hund, die Vorderpfoten. Unter Wasser werden alle vier Beine, wenn sie nicht zum Steuern dienen, an den Körper angelegt, und die hintere Körperhälfte führt senkrechte Wellenbewegungen aus. Auf diese Weise kann der Fischotter Geschwindigkeiten von bis zu 12 km/h erreichen. Seine sehr großen Lungen ermöglichen ihm, bei Bedarf bis zu 4 Minuten lang unter Wasser zu bleiben. Üblicherweise dauern die Tauchphasen aber nicht länger als 1 Minute; in dieser Zeit können die Tiere ca. 400 Meter zurücklegen.

Das Fell des Fischotters besteht aus einem dichten »Unterkleid« aus feinen Haaren, zwischen denen sich Luftbläschen sammeln und im Wasser ein Luftpolster um den Körper herum bilden, und aus den langen Deckhaaren, die sich eng darüber legen. Durch diese Struktur wird verhindert, daß die Haut des Tieres naß wird. Kommt der Fischotter an Land, schüttelt er sich kräftig, wobei die Deckhaare sich zu Strähnen zusammenfügen und alles Wasser an ihnen abläuft. Augen und Nüstern liegen beim Fischotter hoch oben auf dem Kopf, so daß er sehen und atmen kann, ohne weit auftauchen zu müssen. Die langen Tasthaare an der Schnauze helfen ihm wahrscheinlich, in größeren Tiefen, wo es dunkler ist, Futter zu finden. Die Ohren sind klein und zum Schutz vor dem Wasserdruck mit speziellen Hautklappen verschließbar. An Land sehen Fischotter aus, als ob sie einen Buckel hätten. Das kommt daher, daß die Hinterbeine länger sind als die Vorderbeine, was aber nicht bedeutet, daß die Tiere dadurch schwerfällig wären. Wenn es notwendig ist, können sie sogar schneller galoppieren, als ein Mensch laufen kann.

Wo Fischotter häufig von Menschen gestört werden, sind sie sehr scheu und werden nur während der Dämmerstunden und nachts aktiv. Als einziges Zeichen ihrer Anwesenheit findet man dann die Spuren ihrer mit Schwimmhäuten versehenen Füße und ihre Losung. Daß Fischotter nomadenartig umherwandern, trifft nach Ergebnissen schwedischer Untersuchungen höchstens auf einige Rüden und kinderlose Fähen zu. Im allgemeinen besetzt ein männliches Tier ein großes Territorium, das einen Uferstreifen von bis zu 14 km Länge enthalten kann. Die Reviere überschneiden sich mit denen von Nachbarn – Auseinandersetzungen werden aber vermieden, indem individuell wichtige Stellen mit Losungen markiert werden. Die Inspek-

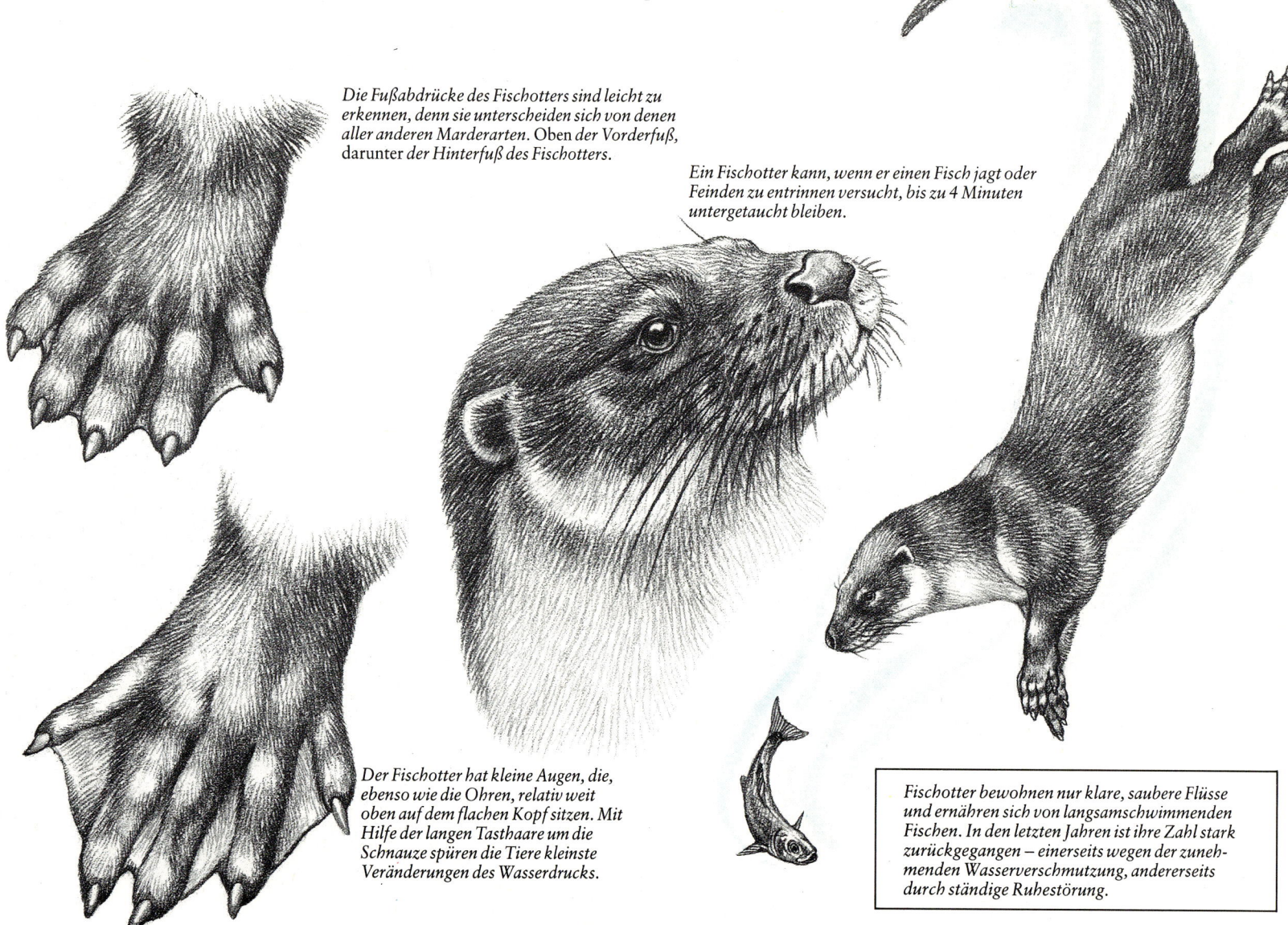

Die Fußabdrücke des Fischotters sind leicht zu erkennen, denn sie unterscheiden sich von denen aller anderen Marderarten. Oben der Vorderfuß, darunter der Hinterfuß des Fischotters.

Ein Fischotter kann, wenn er einen Fisch jagt oder Feinden zu entrinnen versucht, bis zu 4 Minuten untergetaucht bleiben.

Der Fischotter hat kleine Augen, die, ebenso wie die Ohren, relativ weit oben auf dem flachen Kopf sitzen. Mit Hilfe der langen Tasthaare an die Schnauze spüren die Tiere kleinste Veränderungen des Wasserdrucks.

Fischotter bewohnen nur klare, saubere Flüsse und ernähren sich von langsamschwimmenden Fischen. In den letzten Jahren ist ihre Zahl stark zurückgegangen – einerseits wegen der zunehmenden Wasserverschmutzung, andererseits durch ständige Ruhestörung.

113

tion solcher Markierungen spielt eine wichtige Rolle im Sozialverhalten der Otter. Eine Fähe mit Jungen besetzt einen Teil des Reviers eines Rüden, der wahrscheinlich auch ihr Partner ist.

Fischotter halten keinen Winterschlaf, reduzieren aber ihre Aktivität und verbringen viel Zeit in ihren Bauen. Diese befinden sich meist unter großen Uferbäumen oder an anderen geschützten Plätzen. In kälteren Regionen ihres Verbreitungsgebiets graben die Otter auch Baue in den Schnee. In der kalten Jahreszeit ernähren sie sich hauptsächlich von überwinternden Lurchen und Krebsen oder anderen träge gewordenen wechselwarmen Tieren. Im Sommer fressen sie sehr unterschiedliche fleischliche Nahrung, so etwa Wasserinsekten, Schnecken, junge Vögel, Schermäuse, Kaninchen und Krabben. Grundsätzlich aber scheinen sie Fische vorzuziehen, besonders solche, die langsam schwimmen und sich leicht fangen lassen. Das sind zum Beispiel Stichlinge, Weißfische oder einzelne kleine, schwache Exemplare schnellerer Arten.

Fischotter können zu jeder Zeit Junge haben, die meisten kommen jedoch im Frühjahr zur Welt. Ein Wurf besteht gewöhnlich aus 2–3 Tieren, die nach einer Tragzeit von ungefähr 62 Tagen geboren werden. Bei der Geburt sind sie blind und hilflos, etwa 15 cm lang und von einem samtartigen grauen Fell bedeckt. Nach 2–3 Wochen beginnen sie lebhaft zu werden, aber die Augen öffnen sich erst, wenn sie mehr als einen Monat alt sind. Im Alter von 7 Wochen nehmen sie die erste feste Nahrung zu sich, aber die Mutter versorgt sie noch lange danach mit Milch.

Ein seltsames Phänomen ist die offensichtliche Wasserscheu der jungen Fischotter. Sobald sie beginnen, die Welt außerhalb des Baus zu erkunden, klettern und krabbeln sie zwar an der Uferböschung herum, interessieren sich aber nicht für das Wasser. Zu den ersten Schwimmversuchen müssen sie von der Mutter ermutigt werden, manchmal auch gewaltsam, indem sie einfach ins Wasser gestoßen werden. Es wird sogar von einer Fähe berichtet, die beim Schwimmen ein Junges auf dem Rücken trug, dann nach kurzer Zeit untertauchte und so das Junge zwang, selbständig zu schwimmen. Allerdings sollen Fischotter nicht ins Wasser gehen, bevor sie 2–3 Monate alt sind, denn vorher ist das Fell noch nicht wasserdicht, und es besteht die Gefahr, daß das Junge durchnäßt wird und friert. Otter bleiben das ganze erste Lebensjahr bei der Mutter, und es wird angenommen, daß die Weibchen nur alle 2 Jahre werfen.

Fischotter sind sehr verspielte Tiere, und sowohl Junge wie Erwachsene toben wild herum, rutschen mit Vorliebe schlammige und schneebedeckte Hänge hinunter und vergnügen sich auf die unterschiedlichste Weise.

In der Mitte der 50er Jahre gingen die Bestände stark zurück. Ursache war die erste umfangreiche Anwendung von organischen Phosphaten und chlorierten Kohlenwasserstoffen als Insektenvertilgungsmittel. Aber nicht nur Insekten wurden vergiftet, sondern auch viele Gewässer, die darin lebenden Fische und Lurche, und letztendlich auch die Fischotter, die auf dieses Futter angewiesen waren. Heute ist in einigen Gebieten, in denen die Fischotter vollkommen geschützt sind und viel für die Reinhaltung des Wasser getan wird, wieder eine geringe Zunahme der Bestände festzustellen. Doch nur wenn diese Betreuung fortgesetzt wird, ist die Zukunft der Tiere gesichert.

Ein anderes im Wasser lebendes Mitglied der Marderfamilie ist der Nerz, der nur noch in Osteuropa vorkommt. Abgesehen von einem weißen Fleck im Bereich von Kinn und Schnauze, ist er einheitlich dunkelbraun gefärbt. Einschließlich des 13–14 cm langen Schwanzes mißt der Nerz ca. 54 cm. Da er wegen seines Pelzes außergewöhnlich stark verfolgt wurde, ist er aus den meisten seiner ehemaligen westeuropäischen Lebensräume verschwunden. In Skandinavien und Großbritannien hat seinen Platz der Amerikanische Nerz, der »Mink«, eingenommen, den man in den 20er Jahren als Pelzlieferanten importiert hat. Die Nachkommen freigekommener Tiere haben sich schnell eingebürgert und gedeihen so gut, daß sie in manchen Gebieten häufiger vorkommen als alle anderen Raubtiere. Der Amerikanische Nerz ist ein wenig größer als die in Europa heimische Spezies. Auch er hat ein dunkles Fell, den weißen Fleck aber nur am Kinn. Graue und hellbraune Tiere stammen von Kreuzungsprodukten ab, mit denen man neue Farben züchten wollte. Als die Anzahl der Amerikanischen Nerze zunahm, befürchtete man, daß sie mit den Fischottern in Konflikt geraten würden. Da sie aber die schlechteren Schwimmer sind, jagen sie ihre Fisch-Beute nur in Ufernähe und finden dort andere, kleinere Arten, als die vom Fischotter bevorzugten. An Land ernähren sie sich mehr von warmblütigen Tieren und können unter brütenden Wasservögeln verheerenden Schaden anrichten. Sie fressen aber auch Scher- und Spitzmäuse, plündern gelegentlich Hühnerhöfe und töten sogar junge Katzen.

Normalerweise sind Nerze nur nachts aktiv, aber Fähen mit hungrigen Jungen jagen manchmal auch am Tag. Wie der Fischotter ist der Nerz Einzelgänger und markiert sein Revier, das sich über 4 km am Ufer entlang erstrecken kann, mit seiner Losung. Jedes Revier enthält wahrscheinlich mehrere Baue, von denen jeder nur kurze Zeit bewohnt wird. Europäische Nerze paaren sich zu Beginn des Frühjahrs, die amerikanische Spezies etwas später. Eine verzögerte Ei-Implantation kann die normale 30tägige Tragzeit auf 39–76 Tage verlängern. Der Amerikanische Nerz scheint sich ein wenig schneller zu entwickeln als der Europäische. Bei einigen Arten werden die 4–5 Jungen im August von der Mutter unabhängig, und die Familien lösen sich auf. Im Alter von etwa 3 Monaten sind die Tiere geschlechtsreif und werfen im folgenden Frühjahr selbst. In Gefangenschaft können Nerze 8–10 Jahre alt werden.

Junge Fischotter wachsen langsam heran und gehen erst im Alter von 3–4 Monaten ins Wasser. Sie scheinen sich davor zu fürchten und müssen zu den ersten Schwimmversuchen von der Mutter ermutigt werden.

Fischotter paaren sich im Wasser oder an Land. Sie haben keine festgelegten Brunstzeiten wie andere Raubtiere, und die Jungen können zu fast jeder Zeit des Jahres geboren werden.

Der Europäische Nerz ist auf unserem Kontinent fast ganz ausgestorben. Der eingebürgerte Amerikanische Nerz dagegen (unten) breitet sich immer weiter aus. Weil er soviel kleiner ist als der Fischotter (oben), besteht keine Rivalität zwischen beiden.

Fischotter sind in jedem Alter sehr verspielt und rutschen gerne über Schlamm oder Schnee.

Der Amerikanische Nerz hält sich mehr an Land auf als der Fischotter. An manchen Orten hat er unter den Wasservögeln verheerend gewütet.

Der Fischotter legt seinen Bau oft unter den Wurzeln eines großen, am Ufer wachsenden Baumes an.

MARDER
Familie Mustelidae

Die meisten Mitglieder der Marderfamilie können gut klettern, aber keines von ihnen ist darin so perfekt wie die Baum- und die Steinmarder. Mit ihrem geschmeidigen Körper, den großen Pfoten und dem buschigen Schwanz, der wie eine »Balancierstange« wirkt, sind sie so behende, daß sie sogar Eichhörnchen jagen und fangen können. Marder findet man überall auf der nördlichen Hemisphäre. Der Baummarder lebt hauptsächlich in Nadel- und Mischwäldern. Sein Verbreitungsgebiet reicht von Irland und Großbritannien quer durch ganz Europa bis nach Sibirien und in nordsüdlicher Richtung bis Skandinavien und Nordspanien. Der Steinmarder kommt in ganz Südeuropa vor und ist außerdem in Asien bis zum Himalaya verbreitet. Die Vorkommen beider Arten überschneiden sich in den meisten Gegenden Frankreichs, Italiens, Mitteleuropas und des Balkan, aber beide scheinen dort sehr gut nebeneinander existieren zu können, wahrscheinlich, weil keine von ihnen allzu häufig ist und beide außerdem unterschiedliche Lebensräume bevorzugen. In den Alpen findet man den Baummarder nicht mehr in Regionen über 2000 Metern, den Steinmarder aber sogar noch in 2400 Metern Höhe.

Der Steinmarder ist ein ausgesprochenes Nachttier, während der Baummarder die Hälfte seiner aktiven Zeit am Tag hat und nachts nur dort jagt, wo er tagsüber zu sehr gestört würde. Bei Beobachtungen wurde außerdem festgestellt, daß Baummarder bei Nacht weniger sicher klettern. Beide Marder sind ungefähr so groß wie eine Katze, der Baummarder dabei aber geringfügig größer als der Steinmarder, nämlich einschließlich des ca. 27 cm langen Schwanzes zwischen 72 und 82 cm. Ein kräftiges Männchen wiegt ungefähr 1,4 kg; die weiblichen Tiere erreichen immer nur Dreiviertel der Größe der Männchen und haben schmalere Köpfe. Osteuropäische Tiere sind meist kleiner.

Der Baummarder hat eine kräftige dunkelbraune Färbung, die bei manchen Tieren im Sommer einen rötlichen Ton annehmen kann. Das Fell des Steinmarders dagegen ist um einiges blasser. Beide Arten haben unter der Kehle einen hellen »Latz«, der bei jedem einzelnen Tier eine etwas andere Form hat. Der Steinmarder hat größere Augen und kürzere Beine als der Baummarder und wirkt daher etwas gedrungener.

Ein gravierender und seltsamer Unterschied besteht im Verhältnis zum Menschen. Der Baummarder scheut seine Nähe, während der Steinmarder sie oft geradezu sucht und sich sogar in Scheunen und anderen unbewohnten Gebäuden niederläßt. Abgesehen von dieser unterschiedlichen Verhaltensweise nimmt man an, daß der Steinmarder, von dem man noch sehr wenig weiß, ähnlich lebt wie der Baummarder.

Baummarder sind Einzelgänger. Die Größen ihrer Territorien können je nach Art der Umgebung und des Nahrungsangebots zwischen 1 km² und 20 km² schwanken. Man nimmt an, daß Männchen und Weibchen in benachbarten Revieren leben. Auf der Jagd können täglich Strecken von 6–7 km zurückgelegt werden. In Großbritannien verlaufen die Reviere oft am Fuß niedriger Berghänge entlang. Territoriumsgrenzen bleiben jahrelang unverändert, selbst wenn die Inhaber wechseln. Die Markierung erfolgt mit Losungen und dem Sekret aus Analdrüsen, und diese Zeichen werden auf Steinen oder an anderen auffälligen Stellen im Gelände angebracht. Wo ein Wechsel über dem Boden, beispielsweise von Baum zu Baum, verläuft, werden die Äste mit Duftsekret markiert. Die Sekrete des Baummarders riechen nicht unangenehm, und deshalb wird er in Großbritannien, im Gegensatz zum »stinkenden Iltis«, »Süßmarder« genannt. Seine Lager errichtet der Baummarder in hohlen Bäumen, alten Vogelnestern

Ihre Geburtsnester haben Baummarder auf dem Boden. Die erwachsenen Tiere hingegen hausen gerne in hohlen Bäumen.

Steinmarder haben weniger Angst vor den Menschen als Baummarder. Oft leben sie in Scheunen oder unbewohnten Nutzgebäuden.

Der Steinmarder ist etwas kleiner als der Baummarder, hat kürzere Beine und ist häufiger nachts aktiv.

Der Baummarder ist der beste Kletterer der Marderfamilie. Er bewegt sich dabei so flink und gewandt, daß er selbst Eichhörnchen jagen kann. Oft sucht er sich aber auch leichtere Beute auf dem Boden.

117

und verlassenen Eichhörnchenkobeln, oft aber auch inmitten von Geröllhaufen oder in Felsspalten.

Marder klettern auf die gleiche Weise wie Eichhörnchen, nämlich indem sie den Stamm eines Baums umfassen und sich mit den scharfen Krallen festhalten. Beim Abwärtsklettern bewegen sie sich nicht rückwärts, sondern mit dem Kopf voran. Bei Bäumen mit glatter Rinde, wie Eschen und Buchen, haben sie Schwierigkeiten, und es kommt vor, daß sie von ihnen herunterfallen. Während eines Sturzes können sich die Tiere aber nach Katzenart so drehen, daß sie auf allen vieren landen. Es wird von einem Marder berichtet, der einen Sturz aus 18 m Höhe überlebt hat.

Baummarder finden einen beträchtlichen Teil ihrer Beute auf dem Boden und können bei der Jagd über kurze Strecken sehr schnell laufen. Sie jagen meist dann, wenn sich eine gute Gelegenheit ergibt und nehmen mit der Beute vorlieb, die gerade verfügbar ist. Die bevorzugte Beute der Baummarder sind Erdmäuse, aber sie fressen auch andere Nagetiere, Wildkaninchen, Insekten und Vögel, sowie Aas von verendeten Hirschen und Schafen. Im Frühling klettern sie auf die Bäume, um Vogelnester zu plündern. Nacktschnecken werden vor dem Verzehr auf dem Boden herumgerollt, um sie von ihrem ungenießbaren bitteren Schleim zu befreien. Die Nahrung des Steinmarders ist ähnlich, nur der Anteil an Kriechtieren und Lurchen ist größer. Im Sommer und im Herbst ernähren sich beide Arten auch von Früchten. Baummarder haben eine besondere Vorliebe für Himbeeren, und oft brechen sie deshalb sogar in Gärten ein. In der Ernährung des Steinmarders spielen im Spätsommer und zu Beginn des Winters Samen eine wichtige Rolle.

Baummarderweibchen sind im Juli und August mehrmals empfängnisbereit, allerdings immer nur in 2tägigen Perioden. Die Paarung findet normalerweise auf dem Boden statt, kann aber auch auf Bäumen vollzogen werden. Die Eieinnistung verzögert sich bis Anfang Februar, und die Jungen, meist 3 Stück, werden nach 28 Tagen weiterer Tragzeit im März geboren. Das Nest ist mit der Wolle von Schafen und anderem Material warm ausgepolstert und befindet sich meistens auf dem Boden. Die Jungen sind bei der Geburt blind, wiegen rund 28 Gramm, und ihr Fell ist nur ganz schwach gefärbt. Erst wenn sie 3 Wochen alt sind bekommen sie das dunklere, flaumige »Babyfell«. Die Augen öffnen sich im Alter von 4–5 Wochen. Entwöhnt werden die Jungen etwa in der 7. Lebenswoche, aber noch bis zu deren 3. Lebensmonat kann das Muttertier weiter Milch geben. 8 Wochen nach der Geburt kommt der Nachwuchs zum erstenmal ins Freie. Die jungen Marder klettern nur sehr zaghaft, und noch fehlt ihnen vollständig die Schnelligkeit und Anmut der erwachsenen Tiere. Die meisten Jungen werden, wie schon erwähnt, auf dem Boden geboren. Manche kommen aber auch in Baumhöhlen zur Welt, und ihre allerersten Schritte und Ausflüge finden demnach in den Zweigen statt. Entsprechend größer ist die erste Unsicherheit. Die Jungtiere sind sehr verspielt und lernen unter den Augen der wachsamen Eltern alles, was sie zum Überleben brauchen. Nach der Entwöhnung wachsen die Männchen schneller als die Weibchen und wiegen im Alter von 6 Monaten ca. 1,7 kg, die Weibchen nur 1,35 kg. Obwohl Baummarder schon im ersten Sommer vollkommen ausgewachsen sind, pflanzen sie sich erst im Alter von 15 Monaten fort. Die Aufzucht eines Wurfs dauert fast einen ganzen Sommer lang, und daher bringt ein Weibchen nur in jedem zweiten Jahr Junge zur Welt.

In Gefangenschaft können Marder bis zu 18 Jahre lang leben, aber wildlebende Tiere werden nicht annähernd so alt. Zu ihren wenigen natürlichen Feinden gehören Füchse, und wo diese sehr zahlreich sind, kommen Marder selten vor, selbst wenn diese Plätze als Lebensräume geeignet wären. In ihrem nördlichen Verbreitungsgebiet fallen die Tiere in offenem Gelände häufig Goldadlern zum Opfer, was sie dazu veranlaßte, häufiger nachts zu jagen.

Der Erzfeind des Marders ist der Mensch. Von ihm wurden die Tiere immer erbarmungslos verfolgt; einerseits, weil sie gelegentlich Hühner oder andere kleine Haustiere rauben, andererseits wegen ihres schönen Fells. In jüngster Zeit wurden jedoch durch umfangreiche Aufforstungen in Großbritannien neue Lebensräume geschaffen und den Baummardern ermöglicht, sich von ihren letzten schottischen Bastionen aus wieder weit über das Land zu verbreiten. Es gab auch Vorschläge, Marder in ihren ehemaligen Heimatgebieten zur Kontrolle der Wühlmaus- und Eichhörnchenbestände wieder anzusiedeln; das ist aber bisher noch nicht geschehen. An manchen Plätzen hat man Marder dabei beobachtet, wie sie Körner aus Vogelhäuschen holten; seitdem werden sie von manchen Tierfreunden gefüttert, hauptsächlich mit Eiern und – Himbeermarmelade. Auf dem Festland, wo die Wälder noch relativ großflächig sind, können sich die Marder gegen die Eingriffe des Menschen gerade noch behaupten.

Der Baummarder (rechts) *hat einen gelblichen Brustlatz, der vom Kinn aus abwärts verläuft. Beim Steinmarder* (links) *ist dieser Latz weiß und kann unterschiedlich groß sein. Speziell die auf Kreta lebenden Steinmarder* (unten) *haben nur einen sehr kleinen Kehlfleck.*

Mit ihren großen, sehr beweglichen Pfoten können sich Marder an dünne Äste klammern, auf denen sie manchmal unvorsichtige Vögel jagen.

Marder benützen ihre scharfen Krallen, um sich beim Klettern festzukrallen. Beim Abstieg von einem Baum klettern sie mit dem Kopf voran. Selbst wenn sie ausgleiten, finden sie meist sofort wieder Halt.

Auf dem Boden werden Reviergrenzen mit Riechstoffen aus den Afterdrüsen markiert, auf Ästen mit Sekreten aus Drüsen am Unterleib.

Im Wald können Marder längere Strecken zurücklegen, ohne den Boden zu berühren, indem sie mehr als 3 m weit von Ast zu Ast springen.

Samen und Früchte sind für Marder ein wichtiger Bestandteil der Nahrung. Baummarder haben eine besondere Vorliebe für Himbeeren.

119

DER VIELFRASS
Familie Mustelidae

Der Vielfraß, auch Järv genannt, ist das größte Mitglied der Marderfamilie. Er lebt in der Taiga Europas, Asiens und Nordamerikas; in Skandinavien findet man ihn auch in Bergregionen unterhalb und oberhalb der Baumgrenze. In den Sommermonaten wandert er nach Norden in die Tundra, wo er für kurze Zeit Futter im Überfluß findet.

Sein Fell ist dunkel gefärbt, hat aber einen hellen Streifen, der sich über die Schnauze und über beide Flanken bis zum Schwanzansatz zieht. Der Vielfraß ähnelt einem kleinen Bären, unterscheidet sich aber durch den buschigen Schwanz und die hochstehenden Ohren. Seine Bewegungen sind wesentlich weniger »schlängelnd« als die der meisten seiner nahen Verwandten, aber mit seinem kräftigen, ausdauernden Paßgang wandert er weite Strecken über rauhes Land mit unebenen Böden. Der Rüde ist größer als die Fähe und kann einschließlich des 15 cm langen Schwanzes bis zu 95 cm lang werden und ca. 25 kg wiegen.

Vielfraße sind hauptsächlich nachts aktiv, vermutlich weil sie tagsüber zu sehr vom Menschen gestört werden. Abgesehen von der Paarbildung zum Zweck der Fortpflanzung und von Muttertieren, die ihren Nachwuchs großziehen, sind die Tiere Einzelgänger. In der Tundra besetzen die Rüden riesige, bis zu 2000 km² große Reviere, die sich wahrscheinlich mit den Nachbarterritorien überschneiden. Die Fähen scheinen weniger Lebensraum zu benötigen, denn mehrere von ihnen können im Revier eines einzelnen Rüden leben.

Der Vielfraß hat den Ruf, besonders gierig zu sein und sehr große Fleischmengen auf einmal zu verschlingen, was ihm auch seinen Namen eintrug. Außerdem ist er bekannt für seine Kraft und Wildheit. Viele diesbezügliche Berichte mögen zwar übertrieben sein, aber es ist durchaus richtig, daß Vielfraße Gegner oder Beute töten können, die wesentlich größer sind als sie selbst. Im Winter sind sie eine Gefahr für domestizierte Rentiere, aber wildlebende Exemplare sind meist vor ihnen sicher. Alte oder kranke Tiere, die im Schnee steckenbleiben, haben kaum eine Möglichkeit, ihnen zu entfliehen. Auf seinen breiten Tatzen kann sich der Vielfraß ohne einzubrechen über die Schneeoberfläche bewegen, und seine Kiefer und Zähne sind so kräftig, daß er die Knochen der größten Beutetiere bewältigen kann. Auch Aas ist im Winter eine wichtige Futterquelle, und Vielfraße sind ständig auf der Suche nach Tieren, die in dem rauhen Klima verendet oder in Fallen gefangen sind. Dieses Verhalten hat sie in Konflikt mit Pelzjägern gebracht, die alles tun, um Fallenräuber zu vernichten.

Es gibt kaum etwas, was der Vielfraß nicht frißt. Zu seiner Kost gehören Hasen, Lemminge, Wühlmäuse, Eisfüchse, Vögel und deren Eier und alle Fische, die er in seichtes Wasser treiben kann. Im Spätsommer wird die Fleischnahrung durch eine Fülle von Beeren und anderen Früchten ergänzt. Man sagt auch, daß Vielfraße andere Raubtiere, wie beispielsweise Luchse, bis zu deren erlegter Beute verfolgen und sie dann davon vertreiben; ein hungriger Vielfraß kann sogar einem Wolf die Beute abjagen. Alles Freßbare, was nicht sofort verzehrt werden kann, wird versteckt.

Die Paarung findet zwischen April und August statt, aber die Ei-Implantation verzögert sich. Im nächsten Frühling sucht sich die Fähe eine Höhle inmitten von schwerzugänglichem Geröll oder gräbt sich einen tiefen Bau in einer Schneewehe. Dort bringt sie 2–3 blinde Junge zur Welt. Diese haben schon bei der Geburt ein dichtes Fell und entwickeln sich schnell. Nach 3 Wochen öffnen sie die Augen, im Alter von 10 Wochen werden sie entwöhnt. Sie bleiben aber weiterhin bei der Mutter, die während des ganzen ersten Lebensjahrs, oft aber auch noch länger, allein für sie sorgt. Der Vielfraß gehört zu den Säugetieren, die sich am langsamsten fortpflanzen.

Der Vielfraß ist ein unersättlicher Jäger. Er verfügt über so gewaltige Kräfte, daß er sogar Beutetiere bis zur Größe eines schwächlichen Hirsches bewältigen kann. Hier stöbert er einen Schneehasen auf.

Nichtverzehrte Beute wird auf einen kleinen Baum hinaufgezogen und aufbewahrt.

Ein Vielfraß markiert sein Revier und die Überreste erlegter Tiere mit seiner Losung, mit Harn und mit moschusartigen Duftsekreten.

Bäume werden gezeichnet, indem Stücke aus der Rinde gerissen werden.

Vielfraße plündern die aufgestellten Fallen von Pelzjägern und fressen die darin gefangenen oder verendeten Tiere.

MUNGOS
Familie Viverridae

In den Tropengebieten der Alten Welt tritt an die Stelle der Familie der Marder (*Mustelidae*) weitgehend die Familie der Schleichkatzen *(Viverridae)*. Diese Tiere sind alle ziemlich klein, haben einen langgestreckten Körper, kurze Beine und einen langen Schwanz, der von einer breiten Schwanzwurzel aus spitz zuläuft. Beim Laufen huschen sie dicht am Boden entlang. Die meisten sind typische Raubtiere, die kleines Wild fressen. Einige tropische Arten allerdings leben hauptsächlich von Früchten.

Drei Mitglieder dieser Familie kommt in Europa vor, der Ägyptische und der Indische Mungo und die Ginsterkatze. Die Mungos (auch »Ichneumons« genannt) sind ursprünglich in Afrika und Indien heimisch. Der Ägyptische Mungo (oder Eigentliche Ichneumon) wurde aus Ägypten und der Indische Mungo aus Indien nach Europa gebracht.

Der Ägyptische Mungo kam höchstwahrscheinlich in der Römerzeit ins Land – wegen seiner leichten Zähmbarkeit war er bei den römischen Damen als exotisches Haustier sehr beliebt. Noch vor einiger Zeit war er in Spanien und Portugal weit verbreitet, heute aber ist sein Vorkommen fast ausschließlich auf das südliche Drittel der Iberischen Halbinsel beschränkt. Dort kommt er allerdings an einigen Orten noch ziemlich häufig vor. In neuerer Zeit wurde er auch auf der jugoslawischen Insel Mljet eingebürgert.

Der Ägyptische Mungo wird bis zu 100 cm lang, 50 cm davon entfallen auf den Schwanz. Die Schulterhöhe beträgt 20 cm, und er wird 3 kg schwer. Außer an Orten, an denen er sehr vom Menschen belästigt wird, ist er ein Tagtier und jagt früh am Morgen, kurz nach Sonnenaufgang, wenn es noch kühl ist. Seine Lagerplätze legt er gelegentlich im Schilf an, aber normalerweise bevorzugt er trockenere Plätze. Er hat scharfe Krallen, die er aber nicht zurückziehen kann, und er klettert nicht gern. Deshalb, und weil er tagsüber aktiv ist, kann er mit Iltissen und Ginsterkatzen, die beide Nachttiere sind, Lebensraum und Nahrungsangebot teilen.

Die Nahrung des Ägyptischen Mungos ist sehr abwechslungsreich. Zu ihr gehören Insekten, Skorpione, Früchte und sogar Pilze. Überall wo Wildkaninchen vorhanden sind, bilden diese den Hauptanteil des Futters. Auch Kriechtiere werden gefressen, darunter selbst die giftige Montpelierschlange, ebenso wie Nagetiere und Vögel und gelegentlich auch die Eier von Bienenfressern.

Obwohl dieser Mungo schon seit sehr langer Zeit bekannt ist, weiß man wenig über seine Lebensweise. Man nimmt an, daß Paare oder Familiengruppen miteinander in einem Territorium leben, dessen Grenzen auf dem Boden, auf Steinen und auf Bäumen mit Duftstoffen gekennzeichnet werden. Wie viele seiner nahen Verwandten besitzt er Analdrüsen, die ein stark riechendes Sekret erzeugen. Es kommt sogar vor, daß er sich auf den Vorderbeinen aufrichtet, um, sozusagen im »Handstand«, bestimmte schwererreichbare Stellen zu markieren.

In der Gefangenschaft paaren sich Ägyptische Mungos im April, und ungefähr 60 Tage später werden 2–4 Junge geboren. Über Größe, Aussehen und erste Entwicklungszeit dieser Jungen gibt es keine Berichte; nur aus Beobachtungen bei nahe verwandten Arten könnte man schließen, daß sie im Alter von ungefähr einem Monat entwöhnt werden. Danach sieht man sie manchmal im Familienverband, in dem das Männchen vorangeht und das Weibchen mit den Jungen im Gänsemarsch folgt.

Der Indische Mungo ist ein wenig kleiner als der Ägyptische, hat aber im Verhältnis zur Körpergröße einen längeren Schwanz. In der Lebensweise ähnelt er seinem Verwandten. In den 60er Jahren wurde er nach Italien gebracht und in der Nähe von Rom freigelassen, um Kriechtiere und Ratten zu bekämpfen. Aber Naturschützer sind inzwischen skeptisch hinsichtlich der Folgen, die diese Einbürgerung hat, denn der Mungo hat seine »Aufgabe« nicht erfüllt, sondern ist sogar selbst zum Schädling geworden, weil er viele andere Tiere tötet.

Der Ägyptische Mungo klettert bisweilen auf Bäume, aber nur zögernd und mit dem Schwanz voran tastet er sich wieder herunter.

Eier, die zu groß sind oder eine zu harte Schale haben, um sie mit den Zähnen aufzubrechen, schleudert der Mungo zwischen den Hinterbeinen hindurch gegen einen Stein, um sie so zu öffnen.

Ein Ägyptischer Mungo kann Kolonien von Bienenfressern plündern, da er schlank genug ist, um sich in ihre Nisthöhlen zu zwängen und sowohl Eier wie auch Jungvögel zu stehlen.

Der Ägyptische Mungo ernährt sich von verschiedenen Kleintieren, einschließlich giftiger Arten wie dieser Montpelier-Schlange, die mit einem schnellen Biß ins Genick getötet wird.

123

DIE GINSTERKATZE
Familie Viverridae

Die Ginsterkatze oder Genette, auch Kleinfleck-Ginsterkatze oder Kleinfleck-Genette genannt, hat die Bezeichnung »Katze« erhalten, weil gewisse Ähnlichkeiten zwischen beiden Tieren bestehen. Der Körper ist 50–60 cm, der Schwanz bis zu 48 cm lang. Die Schulterhöhe beträgt ca. 20 cm, das Gewicht bis zu 2,2 kg. Beheimatet ist die Genette in ganz Afrika, außer in der Sahara und im äquatorialen Regenwald.

Nach Europa kam die Ginsterkatze wahrscheinlich zuerst als Haustier, denn sie ist nicht nur besonders attraktiv, sondern auch leicht zähmbar. Die Gefangenschaft war aber meist nicht sehr streng, sondern wohl eher wie bei normalen Hauskatzen, und manche Tiere wurden wahrscheinlich auch freigelassen. So wurde die Ginsterkatze schnell als Wildtier heimisch, und früher kam sie in ganz Westeuropa vor, auf den Balearen-Inseln, in Spanien und Portugal, in vielen Gegenden Frankreichs und einigen Regionen Belgiens. Heute haben die Bestände abgenommen – aus dem nördlichen Teil ihres europäischen Verbreitungsgebiets ist sie bereits ganz verschwunden und in den meisten Gebieten Frankreichs sehr selten geworden.

Über wildlebende Genetten weiß man sehr wenig, denn sie sind Nachttiere und Einzelgänger und leben sehr versteckt. Sie bewohnen hauptsächlich Waldland; ihre halbzurückziehbaren Krallen befähigen sie, gewandt zu klettern, und mit dem schlanken Körper können sie selbst durch dichtes dorniges Buschwerk schlüpfen, das sie vor allem im Mittelmeergebiet häufig bewohnen. Bei gefangenen Genetten hat man beobachtet, daß sie, wenn sie genug Platz haben, einander ignorieren. Daraus läßt sich schließen, daß sie sich in der freien Natur strikt an Reviere halten. Sie haben große Duftdrüsen und, vorausgesetzt sie verhalten sich so wie verwandte Arten, markieren mit ihren Sekreten ihre Territoriumsgrenzen.

Ginsterkatzen haben einen guten Geruchssinn und hören auch ausgezeichnet. Ihre Ohren sind ständig in Bewegung und immer empfangsbereit, und die erste Wahrnehmung von Feinden oder Beutetieren ist wahrscheinlich immer eine akustische. Auch ihr Gesichtssinn ist gut ausgeprägt und läßt sie die geringste Bewegung erkennen. Allerdings scheinen Genetten farbenblind zu sein.

Neuere Forschungsarbeiten in Spanien haben gezeigt, daß Ginsterkatzen sich weitgehend von Waldmäusen ernähren. Bei der Jagd schleichen sie sich lautlos an die Beute heran, wobei der Körper fast den Boden berührt. Dieses Verhalten haben sie mit allen Mitgliedern der Familie *Viverridae*, den »Schleichkatzen«, gemeinsam. Manchmal fressen Genetten auch Lurche oder Kriechtiere. Ebenso wie Katzen halten sie die Beute mit den Pfoten fest und spielen mit ihren Opfern, bevor sie sie schließlich durch einen Biß in den Kopf töten. Selbst kleine Beutetiere, wie etwa Mäuse, werden nicht einfach hinuntergeschlungen, sondern vorher in 2–3 einzelne Stücke zerteilt. Obwohl Ginsterkatzen gut klettern können, fressen sie nur selten Vögel. Gelegentlich vertilgen sie große Insekten und Skorpione und im Herbst auch pflanzliche Nahrung in Form von Beeren.

Als Lager benützen Ginsterkatzen oft hohle Bäume, Eichhörnchenkobel, Teile von Kaninchen- oder Dachsbauen, gelegentlich aber auch Felsspalten.

Die Paarung findet gewöhnlich im Februar und März statt. Die 1–3 Jungen werden nach einer Tragzeit von 10–12 Wochen geboren. Anfangs sind sie blind und haben nur auf dem Rücken ein paar Haare. Aber bereits am 4. Tag haben sie ein vollständiges, daunenartiges Fell, auf dem bereits undeutlich die Zeichnung zu erkennen ist. Am 8. Tag öffnen sich die Augen, aber auch dann zeigen die Jungen noch wenig Aktivität. Während des Wachstums entwickeln sich zuerst die Vordergliedmaßen. Mit ihnen können sich die Jungen dann schon ein wenig vorwärtsziehen. Auf allen vieren können sie sich erst im Alter von ca. 3 Wochen aufrichten, und selbst dann sind ihre Bewegungen noch eine weitere Woche lang ziemlich unkoordiniert. Wenn sie zum erstenmal ihr Lager verlassen, brauchen sie noch die Hilfe der Mutter, besonders dann, wenn sie zum erstenmal auf Bäume klettern und nicht mehr herunterkommen können. Im Spätsommer verlassen die Jungen ihre Mütter, denn einige von diesen haben sich im Juli oder August erneut gepaart und bringen im Herbst einen zweiten Wurf zur Welt.

Ginsterkatzen sind ausgesprochene Nachttiere. Während des Tages schlafen sie in ihren Lagern, die sich in Bäumen oder auf dem Boden befinden können.

Ihr schlanker Körper erlaubt der Ginsterkatze, selbst durch dichtes Dornengestrüpp zu schlüpfen.

Das Lieblingsfutter der Ginsterkatzen sind Feld- und Waldmäuse. Nach Katzenart spielen sie oft mit ihren Opfern.

Ginsterkatzen haben ihren Namen, weil sie in ihren Lebensgewohnheiten Katzen ähneln. Sie putzen sich ebenso sorgfältig, aber anders als Katzen benützen sie beim »Waschen« des Gesichts beide Vorderpfoten gleichzeitig.

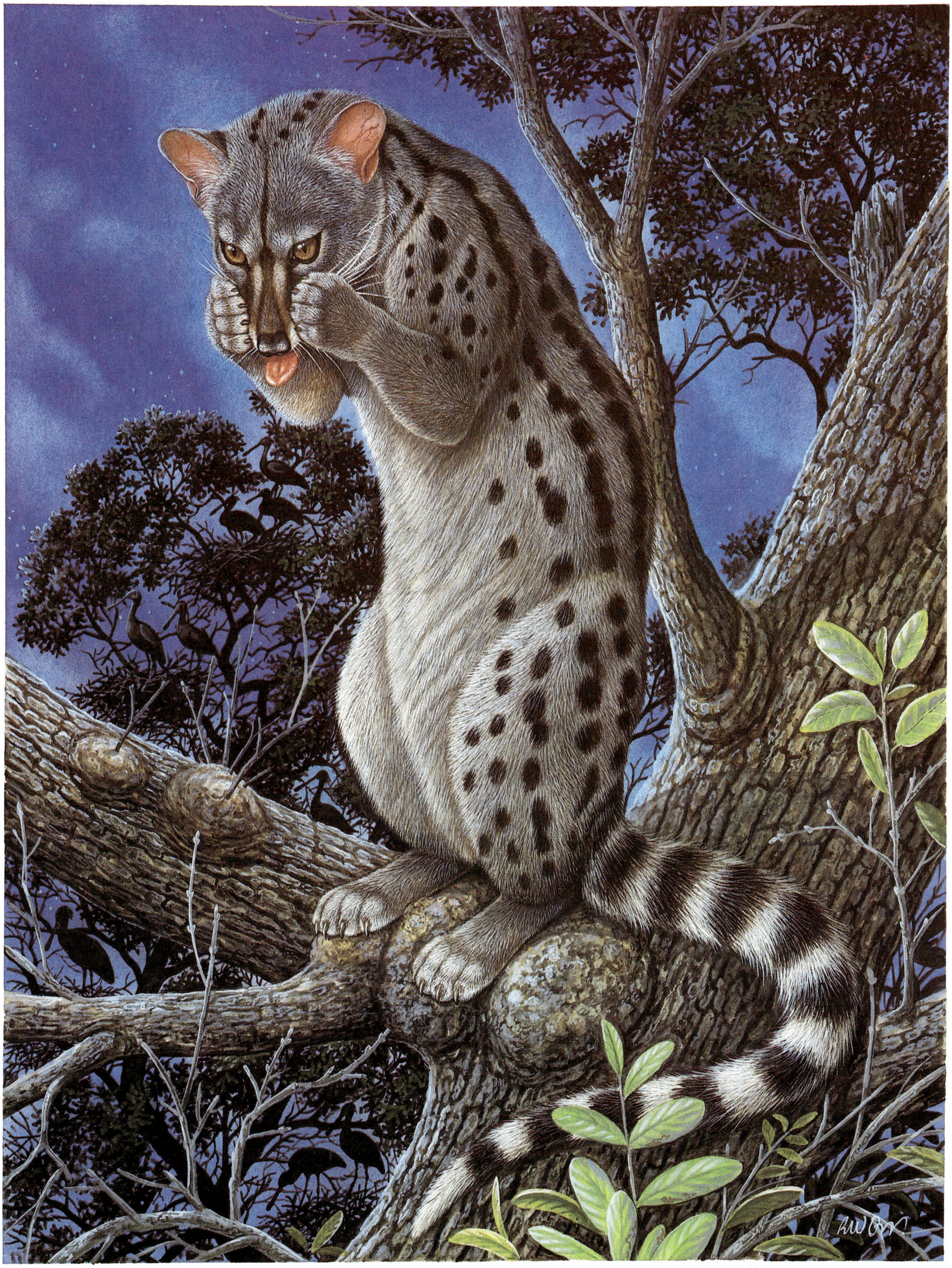

WILDKATZEN
Familie Felidae

Katzen sind wahrscheinlich die bekanntesten Raubtiere, aber nur wenige Menschen haben echte Wildkatzen in ihrer natürlichen Umgebung gesehen. Bei ihnen gibt es wesentlich weniger Variationen in Körperbau und anpassungsbedingten Verhalten, als bei allen anderen jagenden Tierarten. Jeder, der Hauskatzen gehalten oder auch nur gesehen hat, kennt die charakteristischen Eigenschaften, die diese Tiere zu äußerst erfolgreichen Räubern machen.

Alle Katzen jagen, indem sie ihre Beute aus dem Hinterhalt überfallen. Sie liegen auf der Lauer oder schleichen sich möglichst nahe heran, ehe sie ihre Opfer anspringen. Zwar ist manchmal ein kurzer Anlauf nötig, aber Katzen sind keine »Langläufer« und verfolgen ein Beutetier selten weiter als ein paar Meter. Sie ernähren sich ausschließlich von Fleisch, und damit steht im Einklang, daß sie flachere Schnauzen und weniger Zähne haben als andere Raubtiere, die auch pflanzliche Nahrung aufnehmen und deshalb Mahlzähne brauchen. Die Eckzähne der Wildkatze können kraftvoll zustoßen, aber die Schneidezähne haben nicht die feine, pinzettenartige Anwendungsmöglichkeit wie die von Hunden. Das wird aber ausgeglichen von den ausfahrbaren Krallen, die weit mehr Funktionen haben, als die irgendeines anderen Raubtiers. Die verkürzte Schnauze ist ein Zeichen dafür, daß Katzen einen schlechteren Geruchssinn haben als die meisten anderen Tiere, die von der Jagd leben. Auf der Suche nach Beute verlassen sie sich auf ihre guten Augen und das ausgezeichnete Gehör.

In Europa kommen nur zwei Unterarten der Wildkatze vor (vgl. auch S. 130 – »Nubische Falbkatze«). Bei beiden sind die Bestände stark reduziert worden, einerseits zum Schutz von Haustieren, andererseits wegen ihres Fells.

Die Europäische Wildkatze ist eine waldbewohnende Spezies. Früher gab es sie in den meisten Gebieten Europas, außer in Irland und Skandinavien. Heute existiert sie nur noch in entlegenen bewaldeten Hochlandregionen. In Großbritannien lebte sie zuletzt nur noch im schottischen Hochland, breitet sich aber jetzt, wo sie nicht mehr so stark verfolgt wird, wieder aus. Über die Grenzen Europas hinaus erstreckt sich ihr Heimatgebiet bis zum westlichen Himalaya und bis Nordafrika. In Schottland und anderen westlichen Ländern haben die Kater, die »Kuder«, eine durchschnittliche Körperlänge von 58 cm, dazu einen 31 cm langen Schwanz und wiegen ca. 5 kg. In Osteuropa sind sie größer, und dort ist von einem über 14 kg schweren Exemplar berichtet worden.

Weil Wildkatzen so selten sind und außerdem sehr versteckt leben, ist es schwierig, ihre Lebensweise zu erforschen. Normalerweise scheint ein Paar ein Revier von 60–70 Hektar zu besetzen, das mit Losungen und Harn markiert wird. Zudem kennzeichnen sie Bäume mit Kratzspuren, an denen sie wahrscheinlich auch Duftstoffe aus Schweißdrüsen der Pfoten anbringen. Innerhalb eines Territoriums gibt es eine Reihe von Wegen, die immer wieder benutzt werden, und mehrere Lagerplätze, meist inmitten von Geröllhaufen, aber auch in hohlen Bäumen oder sogar in alten Vogelnestern.

Wildkatzen sind hauptsächlich in der Abenddämmerung und ganz früh am Morgen aktiv. In dieser Zeit jagen sie kleine Nagetiere, aus denen der überwiegende Teil der Nahrung besteht. In manchen Gegenden ihres Verbreitungsgebiets erlegen sie auch Wildkaninchen und Hasen, ebenso Vögel und gelegentlich Rehkitze oder kranke Lämmer. Aber ihren Ruf als »erbarmungslose Mörder« verdienen sie nicht.

Die Paarungszeit ist früh im Jahr. Die Ranz ist sehr geräuschvoll und die Kater kämpfen wütend miteinander. Nach einer Tragzeit von ca. 69 Tagen wird ein Wurf von 3–4 Jungen geboren. Sie sind blind und hilflos und wiegen ungefähr 40 Gramm. Die Augen öffnen sich nach 9–10 Tagen, und das Nest verlassen sie zum erstenmal im Alter von 4–5 Wochen. Kurz darauf beginnt die Mutter die Fütterung mit Wühlmäusen und anderen kleinen Säugetieren. Erst wenn sie 10–12 Wochen alt sind begleiten sie das Muttertier auf seinen Jagdzügen; aber es dauert noch einen weiteren Monat, bis sie ganz entwöhnt sind. Ausgewachsen sind sie mit 10 Monaten und geschlechtsreif innerhalb des ersten Lebensjahrs.

Wildkatzen haben an den Pfoten scharfe, einziehbare Krallen.

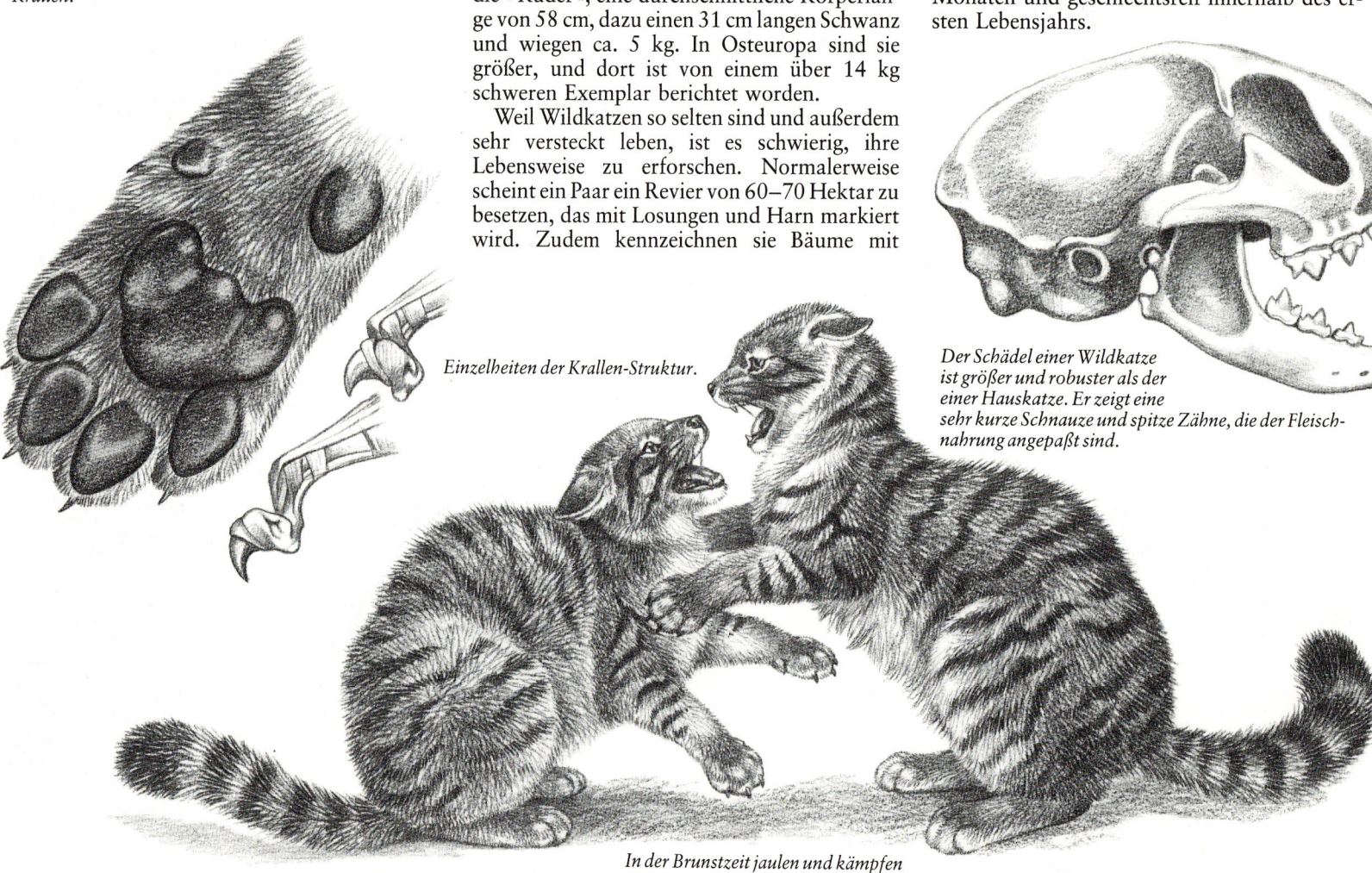

Einzelheiten der Krallen-Struktur.

Der Schädel einer Wildkatze ist größer und robuster als der einer Hauskatze. Er zeigt eine sehr kurze Schnauze und spitze Zähne, die der Fleischnahrung angepaßt sind.

In der Brunstzeit jaulen und kämpfen Wildkatzen genauso wie Hauskatzen.

Diese Wildkatze jagt ein Kaninchen, verfolgt es aber nicht weit, wenn sie es nicht gleich fassen kann.

Wildkatzen fressen fast ausschließlich Fleisch. Der größte Teil der Beute sind Nagetiere, aber gelegentlich werden auch Vögel erlegt – hier ein Rebhuhn.

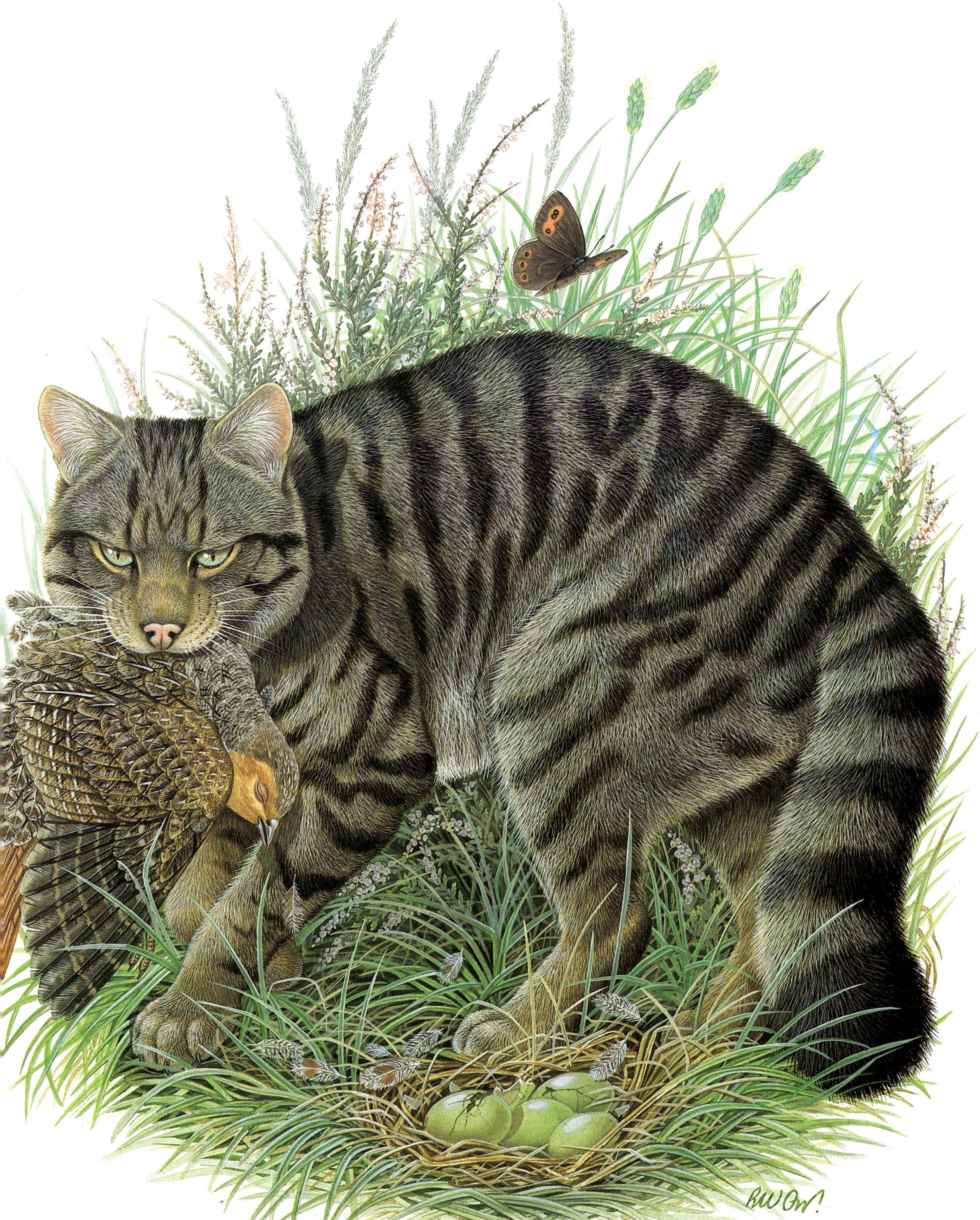

DER LUCHS
Familie Felidae

Wie die Wildkatze ist der Luchs in vielen Gegenden Europas ausgerottet worden. Nur eine geringe Anzahl lebt noch in Skandinavien, in den Ostseeländern, im Balkan, in Rußland, Spanien und Portugal. Außerhalb Europas besiedelt er Nordamerika und einen Großteil des nördlichen Asiens. Die Fellzeichnung der Tiere ist in den verschiedenen geographischen Regionen unterschiedlich. Die Luchse auf der Iberischen Halbinsel und des Balkans sind stärker gefleckt als die in den Karpaten und den Pyrenäen; bei den skandinavischen Tieren ist die Musterung am schwächsten. Der Luchs ist sehr viel größer als die Wildkatze, hat relativ lange Beine, aber einen mit 11–24 cm Länge ziemlich kurzen Schwanz. Das Weibchen ist kleiner als das Männchen; die Körperlänge (ohne Schwanz) schwankt zwischen 80 und 130 cm. Ein kleines Weibchen kann nur eine Schulterhöhe von 60 cm erreichen, während ein Männchen bis 75 cm hoch werden kann; das Gewicht liegt zwischen 18 und 38 kg.

Die Berichte über Reviergrößen sind unterschiedlich. In den Alpenwäldern der Karpaten soll das Territorium eines Luchses etwa 20 km² groß sein, in Nordeuropa dagegen 4–5mal so groß. Die Grenzen werden mit Losungen markiert, die zu diesem Zweck auf dem Boden verstreut, innerhalb des Reviers aber sorgfältig verscharrt werden. Zur weiteren Kennzeichnung dienen Harnmarken und Kratzstellen an Bäumen. In jedem Revier gibt es Unterschlupfmöglichkeiten in hohlen Bäumen, natürlichen Höhlen und im Geröll. Ein Luchs beginnt seine Jagd in dem an ein solches Versteck angrenzenden Gebiet und begibt sich dann in einen anderen Teil seines Reviers. Er streift weit umher, und Tiere, deren Fährte man verfolgt hat, haben auf einem einzigen Jagdzug 22 Kilometer zurückgelegt.

Luchse sehen und hören ausgezeichnet. Sie jagen, indem sie ihre Beute aus dem Hinterhalt überfallen. Manchmal lauern sie auf einem Ast oder einem überhängenden Felsen oberhalb eines Wildwechsels. Häufig schleichen sie sich aber auch so nahe wie möglich an ihr Opfer heran und setzen dann zu einem letzten kurzen,

Wie viele Katzen hat auch der Luchs die Angewohnheit, bestimmte Stellen in seinem Revier anzukratzen und mit Harn zu bespritzen.

höchstens 20 Meter langen Sprint an, bevor sie sich darauf stürzen. Zwar werden viele unterschiedliche Tiere verzehrt, aber Luchse sind vor allem Hasenjäger. Zu den größeren Beutetieren gehören Huftiere wie etwa Hirsche und Schafe; diese werden allerdings meist nur im Winter gejagt, denn dann stolpern sie oft im tiefen Schnee und brechen häufig in Eis ein und sind so für den Luchs eine bequeme Beute. Die Tatzen der Luchse sind auch auf der Unterseite mit Fell bedeckt, wirken dadurch wie Schneeschuhe, und die Tiere können ohne einzusinken auf der Schneedecke laufen. Bei sehr weichem Schnee allerdings sind die Luchse ebenso behindert wie ihre Opfer. Obwohl kleine Beute im Ganzen verschlungen wird, sind Luchse beim Fressen sehr wählerisch. Von großen Tieren nehmen sie nur das beste Fleisch und das Gehirn und kehren nur selten zu dem Kadaver zurück.

Im Februar verlassen die Männchen ihre Reviere, um sich Weibchen für die Paarung zu suchen. Nach einer Tragzeit von 63–73 Tagen werden bis zu 4 blinde und hilflose Junge geboren, jedes etwa 70 Gramm schwer. Ihre Augen öffnen sich nach 16–17 Tagen, und sie verlassen das Nest im Alter von ca. 5 Wochen. Zu dieser Zeit füttert die Mutter sie bereits teilweise mit Fleisch; sie werden aber auch noch weiter gesäugt, bis sie 5 Monate alt oder älter sind. Sie bleiben bis zur nächsten Paarungszeit und wahrscheinlich auch noch eine Weile länger. Luchsweibchen werden im Alter von knapp 2 Jahren geschlechtsreif, die Männchen 1 Jahr später.

In Gefangenschaft hat ein Luchs 17 Jahre lang gelebt, aber es ist höchst unwahrscheinlich, daß dies wildlebenden, denen der Mensch ein unerbittlicher Feind ist, gelingt. An einigen Orten hat man Luchse wieder angesiedelt, und es ist bewiesen, daß sie sich schnell vermehren, wenn sie weniger stark verfolgt werden. Ihre natürlichen Feinde sind hauptsächlich Wölfe; offensichtlich können beide Arten nicht nebeneinander existieren, und wo es zu Begegnungen kommt muß der Luchs weichen. Man hat auch beobachtet, daß Vielfraße gegenüber Luchsen den Vorrang beanspruchten, da sie aber häufig Aas fressen ist der Konkurrenzkampf weniger hart.

Sein dichter Pelz schützt den Skandinavischen Luchs vor dem nordischen Winter. Seine besonders großen behaarten Pfoten verhindern, daß er in den Schnee einbricht; daher kann er selbst im Winter relativ ungehindert jagen.

Der spanische Pardelluchs ist die am stärksten gefleckte europäische Art. Oft lauert er seiner Beute in einem Hinterhalt auf.

Luchsjunge werden im Spätfrühling geboren und kommen im Alter von 5 Wochen zum erstenmal aus ihrem Unterschlupf. Die hier abgebildeten Tiere stammen aus den Karpaten und sind weniger stark gefleckt als der Pardelluchs.

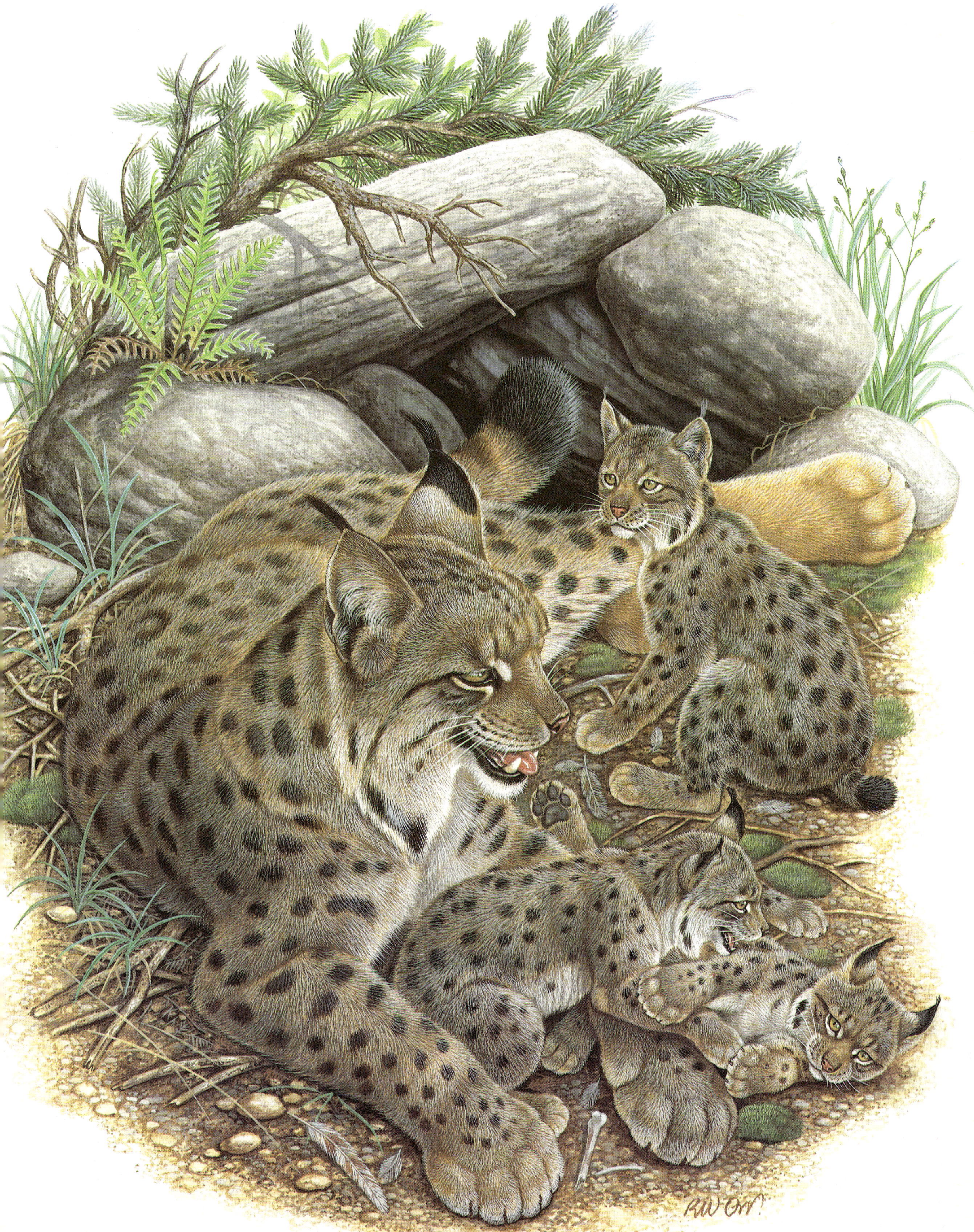

VERWILDERTE RAUBTIERE

Unter den domestizierten Säugetieren spielen Raubtiere eine große Rolle. Hunde, Katzen und Frettchen sind soweit gezähmt worden, daß sie sich in Gefangenschaft ohne weiteres fortpflanzen und heute zu größerer Fügsamkeit veranlagt sind, als ihre wildlebenden Ahnen es waren. Immer wieder wurden Auslesen getroffen, um Formen zu erreichen, mit denen man leichter umgehen konnte; durch die Züchtung von Tieren mit außergewöhnlichen genetischen Mutationen entstanden neue Varianten, die zur Entwicklung von vielerlei Hunde- und Katzenrassen geführt haben. Auch Frettchen sind heute meist kleiner, schwächer und anders gefärbt als ihre wilden Ahnen, die Iltisse.

Gelegentlich entkommen einige Exemplare dieser domestizierten Arten und siedeln sich wieder in der freien Natur an. Solche Tiere bezeichnet man als »verwildert«. Die Verbreitung wildlebender Mungos und Ginsterkatzen in Europa kommt wahrscheinlich daher, daß schon in früher Vergangenheit halbzahme Tiere freikamen. Kämen alle Mungos und Ginsterkatzen, die heute in Gefangenschaft leben, frei, so könnten sich allein aus ihnen keine verwilderten Populationen bilden. Anders verhält es sich bei Katzen, Hunden und Frettchen, denn sie werden auch heute noch in großer Zahl als Haustiere gehalten und entsprechend viele entkommen oder werden ausgesetzt.

Frettchen sind Einzelgänger und deshalb ist es unwahrscheinlich, daß existenzfähige Populationen dieser Tiere entstehen. Außerdem bevorzugen sie leichtzufangende Beutetiere wie etwa Hühner, was natürlich dazu führt, daß sie bald wieder eingefangen oder getötet werden.

Kleine Hunderassen sind so abhängig vom Menschen, daß sie in der freien Natur wahrscheinlich nicht überleben können. Bei größeren Hunden dagegen kommt eine Verwilderung gelegentlich vor. Sie verlieren dann das Vertrauen zum Menschen, werden scheu, ihr Gang wird unsicher und sie laufen geduckt mit schrägabfallendem Rücken. Ständig bewegen sie den Kopf hin und her, in dauernder Angst vor Gefahr. Sie graben sich keine Schlafhöhlen, sondern ruhen auf flachgetretenen Stellen in hohem Gras und lagern aus Vorsichtsgründen alle paar Tage anderswo. Es existieren Berichte über Tiere, die jahrelang auf diese Weise lebten. Sie ernährten sich, indem sie Mülldeponien durchwühlten, in der Nähe menschlicher Behausungen nach Abfällen suchten und gelegentlich Wildkaninchen töteten. Wegen ihres angeborenen Jagdinstinkts werden verwilderte Hunde meist getötet. In vielen Gebieten, in denen streunende Hunde vermehrt vorkommen, hat man Hundefänger eingesetzt, um sicherzugehen, daß sie beseitigt werden, ehe sie Rudel bilden, die den Viehbestand der Bauern gefährden könnten.

Katzen werden fast überall als Haustiere gehalten und dabei im allgemeinen wenig überwacht. Daher ist es für eine Katze üblich, auch außerhalb der Grenzen von Garten und Haus zu jagen. Zwar kommen sie in der Regel immer wieder zu ihren Besitzern zurück, weil sie dort sicheres Futter und Behaglichkeit vorfinden, aber Hauskatzen können monate- und jahrelang in der freien Natur überleben und auch Populationen bilden, die sich fortpflanzen. Sogar inmitten von Städten leben an geeigneten Plätzen große Bestände von verwilderten Katzen, so beispielsweise im Kolosseum von Rom. Sie ernähren sich weitgehend von Mäusen und Tauben, aber ihr Dasein ist auch dadurch gesichert, daß sie zusätzlich von tierliebenden Menschen gefüttert werden. Ganz anders sind Katzen, die auf dem Land verwildern und umherstreunen. Ihr ererbter Jagdinstinkt macht es ihnen leicht, unbegrenzte Zeit von Nagetieren und Vögeln zu leben. Sie bilden fortpflanzungsfähige Populationen, die sogar kleinere Raubtiere aus ihren Lebensräumen verdrängen und sich dann dort ansiedeln können. Wildheger und andere Leute, die sich um den Schutz und die Erhaltung jagdbarer Vögel bemühen, töten jedes Jahr eine große Anzahl verwilderter Katzen. Die Nachkommen dieser Tiere haben ein ähnlich gezeichnetes Fell wie die Wildkatzen und werden auch größer als normale Hauskatzen. In Gebieten, in denen noch echte Wildkatzen vorkommen, können sich Mischformen ergeben, wenn sich Hauskatzen mit ihnen paaren.

Zum erstenmal gezähmt wurden Katzen im alten Ägypten, und alle Hauskatzen stammen von der Nubischen Falbkatze ab. Diese wird heute als eine Unterart der Europäischen Wildkatze betrachtet und unterscheidet sich nur durch die geringere Größe, den spitzzulaufenden Schwanz und in ihrem Verhältnis zum Menschen. Die Europäische Wildkatze gilt als schwer zähmbar, während die Nubische Falbkatze gern mit Menschen zusammenlebt. Beide Rassen können sich miteinander paaren, und manche Fachleute nehmen an, daß etwa ein Viertel der Wildkatzen gemischter Abstammung sind.

Noch bevor man die Gesetze der Vererbung kannte, hat der Mensch immer solche Tiere gehalten, die sich besonders schnell fortpflanzten. Hunde, Schweine, Hühner und Katzen sind Beispiele dafür, daß Tiere unter dem Gesichtspunkt der Fruchtbarkeit ausgesucht und gezüchtet worden sind. Diese Eigenheit scheint bei der Paarung domestizierter mit wilden Katzen vererbt zu werden. Solche Kreuzungsprodukte können – anders als reinrassige Wildkatzen – mehr als einmal im Jahr werfen, der wilde Elternteil dagegen gibt die schlechte Zähmbarkeit weiter.

Verwilderte Frettchen finden in der freien Natur meist keine Paarungspartner, so daß keine großen Populationen entstehen können.

Entlaufene und verwilderte Frettchen haben weniger Angst vor den Menschen als die meisten echten Wildtiere. Sie leben häufig in der Nähe von Häusern oder Bauernhöfen und brechen oft in Hühnerhöfe ein.

Verwilderte Hunde finden meist nicht genügend Futter und müssen sich oft sogar von den Losungen pflanzenfressender Wildtiere ernähren.

Verwilderte Hunde sind sehr scheu. Ihr Gang ist schleichend, sie ziehen die Schwänze ein und drehen ununterbrochen die Köpfe hin und her, um alle Gefahren und jedes Futter sofort zu sehen.

Verwilderte Hunde lagern nur kurz an Plätzen, an denen sie sich nur das Gras geringfügig zurechttreten.

Manchmal bilden sich in Städten große Kolonien verwilderter Katzen. Sie ernähren sich hauptsächlich von Tauben, Mäusen und Ratten.

Der Jagdinstinkt verwilderter Katzen ist stark entwickelt. Oft verursachen sie in Vogelschutzgebieten schweren Schaden.

WASSERRAUBTIERE
Ordnung Pinnipedia

Europas lange und auf weiten Strecken einsame Küstenregion bietet Nahrung und Lebensraum für viele Tiere, unter denen Säugetiere aber sehr spärlich vertreten sind. Nur zwei Gruppen haben das Meer als Lebensraum: die Wale (S. 160–169), die ständig im Wasser leben, und die Wasserraubtiere, die die Zeit, in der sie ruhen und ihre Jungen gebären, an Land oder auf dem Eis verbringen.

Die Wasserraubtiere sind verwandt mit den Raubtieren. In erdgeschichtlich früher Zeit spalteten sie sich vom Grundstock fleischfressender Tiere ab und haben seit dem Miozän eine eigene Evolution gemacht. Heute unterscheiden sie sich so stark von allen anderen Säugetieren, daß man sie in eine eigene Ordnung, die *Pinnipedia* (»Flossenfüßer«), gestellt hat. Zwei Hauptgruppen dieser Ordnung leben in europäischen Gewässern: die Hundsrobben und Seehunde und die Walrosse. Häufiger sind die Robben; man findet sie vom arktischen bis zum Mittelmeer, während das Walroß nur im Bereich von Spitzbergen seine Jungen zur Welt bringt, sich manchmal aber auch an den Küsten des Festlands aufhält.

Die Flossenfüßer haben sich in ihrer Lebensweise ganz auf das Wasser eingestellt und sich äußerlich und in den Körperfunktionen hervorragend angepaßt. Die Dichte des Meerwassers hat die Entwicklung einer stromlinienförmigen Gestalt erfordert, eines glatten Körpers mit kurzem Hals und ohne »abstehende Teile«, wie etwa äußere Ohren. Die Beine sind kurz und die Pfoten haben sich flossenähnlich umgebildet und sind mit Schwimmhäuten ausgestattet. Bei den Hundsrobben und Seehunden sind die Hintergliedmaßen zurückgestreckt, so daß diese Fuß-Flossen am Körperende herausragen; um das Tier im Wasser voranzutreiben holen sie kraftvoll nach beiden Seiten aus und werden dann wieder zusammengeschlagen. Die Vordergliedmaßen werden, wenn sie nicht zum Steuern verwendet werden, an den Körper angelegt. Im Wasser bewegen sich alle Robben äußerst geschmeidig, an Land dagegen sind sie sehr schwerfällig. Die Hintergliedmaßen können keinerlei Gewicht tragen und daher muß das Tier raupenartig »robben«.

Auch die inneren Organe der »Flossenfüßer« sind dem Schwimmen und Tauchen in kaltem Wasser angepaßt. Im Gegensatz zu den meisten Süßwasser-Säugetieren, die von einem dicken Pelz trockengehalten werden, haben die *Pinnipedia* ein relativ dünnes Fell, dafür aber unter der Haut eine dicke Schicht ölgefüllter Zellen (Blubber). Beim Walroß und anderen großen Arten kann diese Schicht bis zu 15 cm stark sein. Sie verhindert einen Wärmeverlust des Körpers und dient gleichzeitig als Nahrungsreserve.

Wie alle Säugetiere müssen auch Flossenfüßer beim Tauchen den Atem anhalten, können das aber wesentlich effektiver als Landbewohner. Zwar brauchen ihre Zellen ebensoviel Sauerstoff, aber für eine kurze Zeit können sie ohne ihn auskommen. Dabei entsteht ein Sauerstoffdefizit, das aber sofort beim nächsten Atmen wieder ausgeglichen wird. Die Aufnahmefähigkeit des Gewebes für das beim Nichtatmen sich ansammelnde Kohlendioxid ist viel größer als bei Landtieren. Nur das Gehirn muß ständig gleichbleibend mit Sauerstoff versorgt werden, und um das zu gewährleisten, ist bei den *Pinnipedia* das System der Blutgefäße so konstruiert, daß bei großer Belastung allein das Gehirn versorgt wird. Auch kann die Zahl der Herzschläge auf 10 oder weniger pro Minute sinken, wodurch sich der Blutkreislauf sehr verlangsamt. Außerdem enthält der Körper ungewöhnlich viel Blut mit hohem Hämoglobingehalt. In den Muskeln befinden sich große Mengen Myoglobin, eine weitere chemische Verbindung, die besonders gut für den Sauerstofftransport geeignet ist. Durch alle diese Komponenten sind »Flossenfüßer« besonders gerüstet, minutenlang zu tauchen und dabei vollständig leistungsfähig zu bleiben.

Pinnipedia können sich zwar im Wasser paaren, aber um die Jungen zur Welt zu bringen, müssen sie aufs Eis oder ans Ufer kommen. Jedes Weibchen hat in einer Fortpflanzungsperiode nur ein Junges, manche Arten sogar nur in jedem zweiten Jahr. Neugeborene Robben sind relativ groß und bereits gut behaart. Manche haben einen weichen, weißen Pelz, andere verlieren dieses Babyfell schon vor der Geburt und ersetzen es durch das Haarkleid, das sie dann während der ganzen Jugendzeit tragen. In den ersten Lebenstagen sind die Jungen noch sehr runzelig, werden aber durch die sehr fettreiche Muttermilch schon nach kurzer Zeit rundlich und drall. Die Stillzeit ist nur sehr kurz, dauert manchmal sogar nur 14 Tage lang, danach macht sich der Nachwuchs selbständig.

Die meisten Flossenfüßer-Arten sind polygam. Bei diesen sind die Männchen meist viel größer als die Weibchen. Schon einige Zeit bevor die hochträchtigen Kühe an Land kommen, treffen die Bullen an den Brutplätzen ein und beziehen ihre Reviere. Binnen weniger Tage werden die Jungen geboren, und bereits kurz darauf findet die nächste Paarung statt. Die Ei-Implantation und die Entwicklung des Fötus verzögern sich, manchmal sogar um mehrere Monate, so daß die Tragzeit insgesamt ein Jahr lang dauert.

Die Ernährung der *Pinnipedia* ist verschiedenartig. Manche Arten fressen Fische, andere hauptsächlich Krebstiere, auf dem Meeresboden lebende Organismen oder größeres Plankton, das sie aus dem Wasser filtern.

Um ihre Jungen zur Welt zu bringen kommt die Sattelrobbe im Frühling auf das Packeis. Wie alle nordatlantischen Robben muß sie sich an Land raupenähnlich fortbewegen (»robben«), denn sie kann die Hinterfüße nicht belasten.

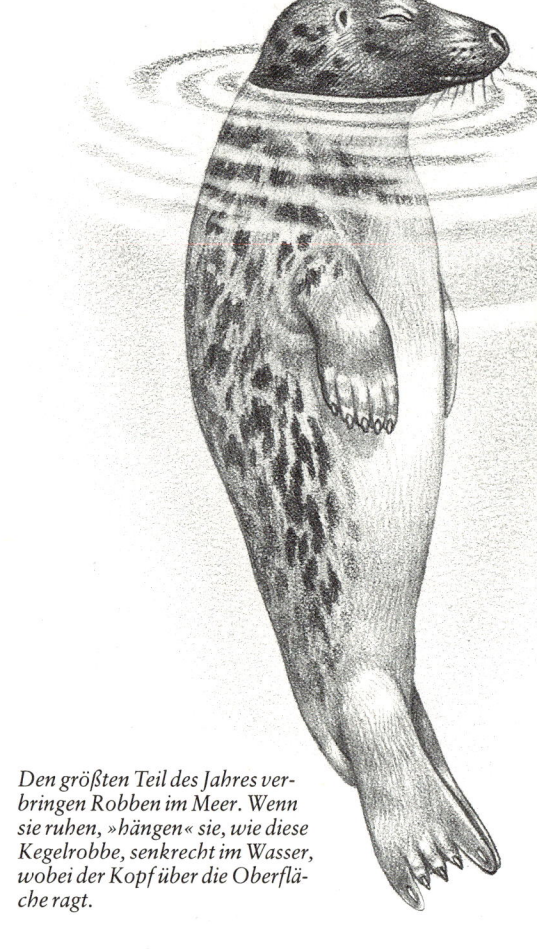

Den größten Teil des Jahres verbringen Robben im Meer. Wenn sie ruhen, »hängen« sie, wie diese Kegelrobbe, senkrecht im Wasser, wobei der Kopf über die Oberfläche ragt.

Die Ringelrobbe ist die in der Arktis am häufigsten vorkommende Art. Sie hat kleine Zähne und ernährt sich von Krill, Plankton und kleinen Fischen. Die Jungen werden im April in Schneehöhlen geboren.

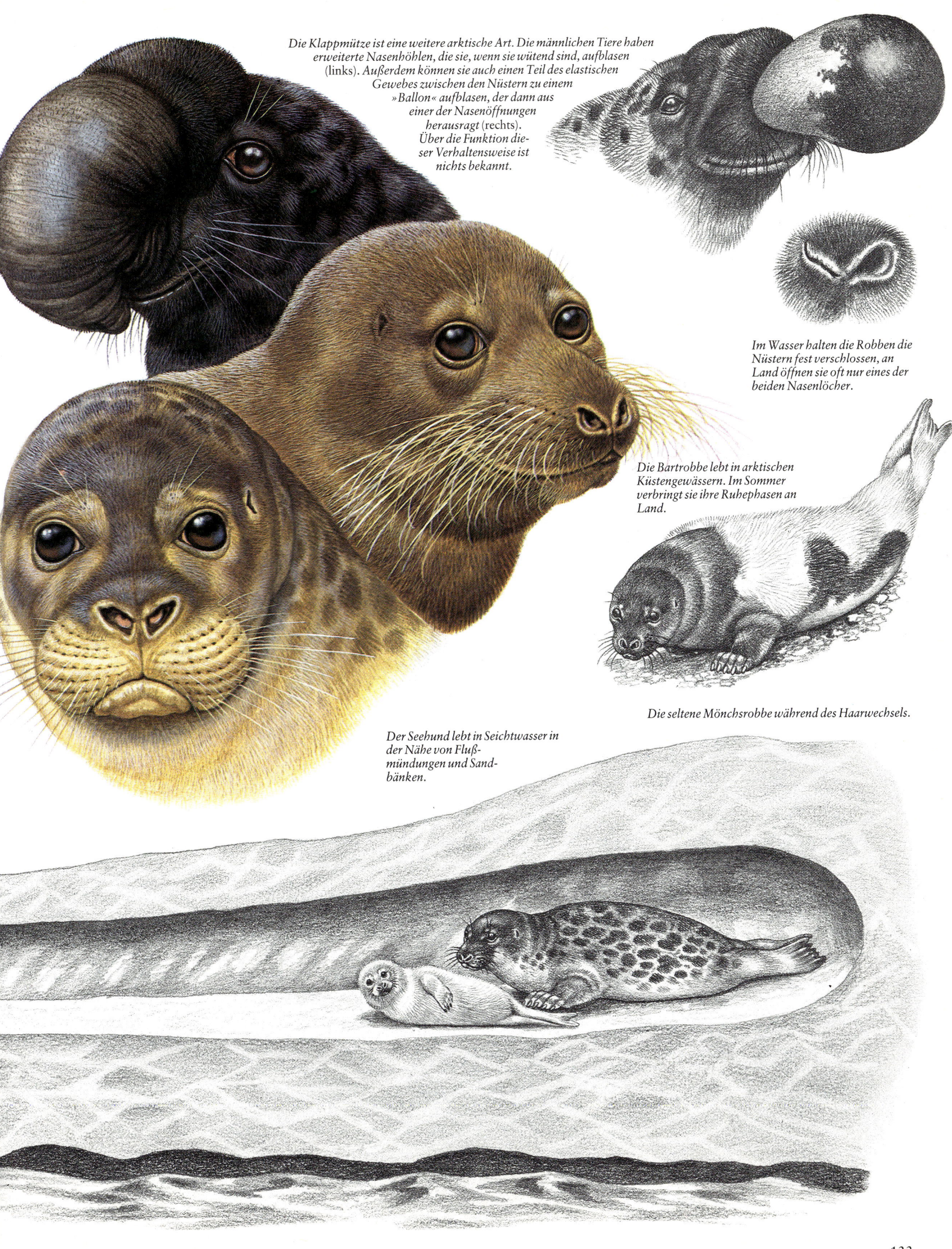

Die Klappmütze ist eine weitere arktische Art. Die männlichen Tiere haben erweiterte Nasenhöhlen, die sie, wenn sie wütend sind, aufblasen (links). Außerdem können sie auch einen Teil des elastischen Gewebes zwischen den Nüstern zu einem »Ballon« aufblasen, der dann aus einer der Nasenöffnungen herausragt (rechts). Über die Funktion dieser Verhaltensweise ist nichts bekannt.

Im Wasser halten die Robben die Nüstern fest verschlossen, an Land öffnen sie oft nur eines der beiden Nasenlöcher.

Die Bartrobbe lebt in arktischen Küstengewässern. Im Sommer verbringt sie ihre Ruhephasen an Land.

Die seltene Mönchsrobbe während des Haarwechsels.

Der Seehund lebt in Seichtwasser in der Nähe von Flußmündungen und Sandbänken.

HUNDSROBBEN UND SEEHUNDE
Familie Phocidae

Die Kegelrobbe, die typische Vertreterin der Hundsrobben, ist in der gemäßigten Zone in den Gewässern und an den Küsten des Atlantik heimisch. Die nördlichsten Brutplätze liegen in der Nähe von Murmansk. Einzelne Kolonien finden sich an der Südseite Islands, zum Teil an der Ostsee und auf den norwegischen Fro-Inseln. Die größten Vorkommen gibt es an den westlichen und nördlichen Küsten Großbritanniens. Auf der anderen Seite des Atlantiks findet man die Kegelrobben im Golf von St. Lawrence und rings um die Küsten Neufundlands.

Kegelrobben sind sehr große Tiere, ein Bulle mißt ca. 3 Meter, die Kuh ist etwa 50 cm kürzer. Ihr Verbreitungsgebiet überschneidet sich mit dem des sehr viel kleineren Seehunds zwar im geographischen, nicht aber im ökologischen Sinn; die Kegelrobbe geht normalerweise an felsigen Küstenstrichen an Land, der Seehund dagegen zieht Sandstrände vor. Beide Arten lassen sich durch das unterschiedliche Nasenprofil unterscheiden; die Kegelrobbe hat eine »Adlernase«.

Zwar wird an den britischen Küsten in jedem Monat neuer Kegelrobbennachwuchs verzeichnet, die höchsten Geburtenzahlen gibt es aber in der Zeit zwischen Oktober und Dezember. Zu Beginn dieser Phase kämpfen die Bullen miteinander um die Territorien. Obwohl diese »Schlachten« furchterregend aussehen und sich schrecklich anhören, werden beide Gegner selten ernstlich verletzt. Aber im Lauf der Zeit bekommen die männlichen Tiere Unmengen von Schrammen an Kopf und Schultern. Eine Kuh dagegen kann auf der Suche nach einem geeigneten Platz durch mehrere Territorien wandern, ohne von einem Bullen belästigt zu werden. Hat sie eine Stelle gefunden, die ihr zusagt und weit oberhalb der Flutgrenze liegt, bringt sie ein Junges von 14–15 kg Gewicht zur Welt. Dieses säugt sie 2–3 Wochen lang 4–5mal am Tag. In diesem Zeitraum wird das Jungtier rund 45 kg schwer, verliert das weiße Babyfell und unternimmt die ersten Schwimmversuche. Wenn es von der Mutter verlassen wird, kann es bereits schwimmen, sucht sich selbst sein Futter und durchstreift ohne bestimmtes Ziel seine Umgebung. Es gibt Berichte, nach denen man Junge aus britischen Brutkolonien einige Wochen nach ihren ersten Ausflügen an skandinavischen oder französischen Küsten gefunden hat. Das Muttertier paart sich bald wieder, und zwar meistens mit dem Bullen, in dessen Territorium sie sich für die vorangegangene Geburt niedergelassen hat. Sie kann sich aber auch später mit anderen Partnern paaren. Die Bullen kehren erst einige Zeit nach den Kühen ins Meer zurück – etwa 2 Monate verbringen sie an Land und fasten.

Die langen Schnurrhaare der Kegelrobben sind ausgezeichnete Tastorgane. Selbst blinde Tiere, die man gelegentlich findet, sind immer wohlgenährt, denn Robben »spüren« ihre Beute durch Veränderungen des Wasserdrucks. Auch das Gehör ist sehr gut, und ihre Stimmen sind sowohl im wie auch außerhalb des Wassers laut zu vernehmen. Der Geruchssinn ist weniger gut entwickelt, aber Robben haben einen charakteristischen modrigen »Duft«, an dem sich Muttertiere und Junge erkennen.

Kegelrobben ernähren sich hauptsächlich von Fischen, fressen aber auch Tintenfische und Seevögel. Bei einer einzigen Mahlzeit können sie 7–11 kg verschlingen, müssen aber nicht jeden Tag fressen. Die großen Fischmengen, die sie vertilgen, bringen sie in Konflikt mit den Menschen. In britischen Gewässern hat die Population in jüngster Zeit stark zugenommen, und jährlich werden viele Tiere getötet, um die Bestände auf einem gesunden Niveau zu halten.

Links: Die flossenähnlichen Hintergliedmaßen der Hundsrobben haben fünf Zehen und dicke, behaarte Schwimmhäute. Die »Zehennägel« ragen nicht über die Schwimmhaut hinaus. Darunter: Die Vorderpfoten sind viel kleiner, haben lange »Nägel« und sind wesentlich flexibler als die hinteren. Mit ihnen können die Tiere viele Körperstellen erreichen und sich kratzen. Darunter: Der Vorderfuß einer Bartrobbe ist ungewöhnlich, weil der dritte Finger länger ist als die übrigen.

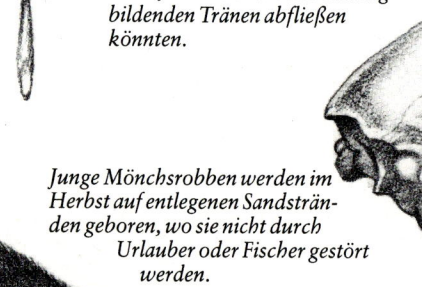

Robben besitzen keinen Tränenkanal, durch den die sich ständig bildenden Tränen abfließen könnten.

Junge Mönchsrobben werden im Herbst auf entlegenen Sandstränden geboren, wo sie nicht durch Urlauber oder Fischer gestört werden.

Der Schädel eines Seehunds mit den für die meisten Robben charakteristischen, sehr einfachen Zähnen.

Der Großteil aller auf der Welt lebenden Kegelrobben kommt während der Wintermonate an einsame felsige Plätze der West- und Nordküste Großbritanniens und bringt dort die Jungen zur Welt.

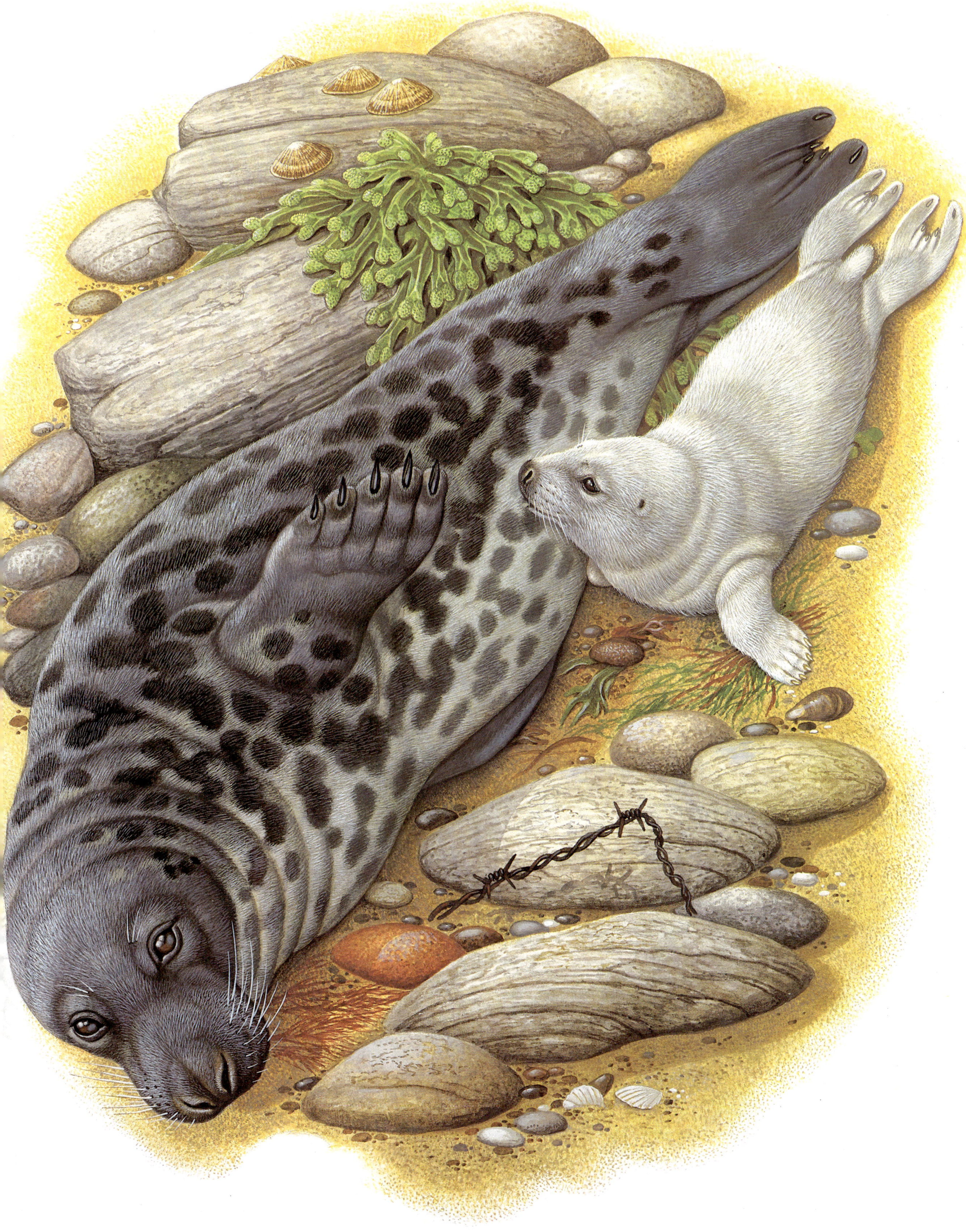

DAS WALROSS
Familie Odobenidae

Außer in den Gewässern um Spitzbergen ist das Walroß im europäischen Raum selten, nur an der Küste Islands und manchmal noch etwas weiter südlich davon sieht man regelmäßig einige Einzeltiere. Ein Bulle dieser größten »Flossenfüßer«-Art kann 3,7 Meter lang werden und 1350 kg wiegen, während eine Kuh nur 3 Meter lang und 900 kg schwer wird. Seine Größe, die faltige, fast haarlose Haut und die riesigen Stoßzähne unterscheiden das Walroß deutlich von allen anderen Mitgliedern der Ordnung *Pinnipedia*. Ein junges Walroß hat eine Zeitlang ein, wenn auch spärliches, Fell aus rötlichen Haaren, die mit zunehmenden Alter immer weniger werden. Die Haut dagegen wird stetig dicker, bis sie bei einem erwachsenen Tier 5 cm stark ist; darunter liegt eine ca. 7,5 cm dicke Blubberschicht.

Die Stoßzähne, vielleicht das seltsamste Merkmal der Walrosse, sind die riesenhaft vergrößerten Eckzähne. Sie wachsen während des ganzen Lebens nach und können bei den Bullen über 1 Meter lang werden. Die der Weibchen sind schlanker und kaum länger als 60 cm. Im Körperbau ist das Walroß mit dem Seelöwen verwandt, und wie er ist es imstande, die flossenartigen Hinterfüße nach vorne unter den Körper zu schlagen, damit sie einen Teil des Gewichtes tragen bzw. stützen können. Ein weiteres einzigartiges Merkmal der Walrosse sind zwei Hauttaschen an der Kehle, die aufgeblasen werden können und, wenn das Tier sich im Wasser ausruhen will, wie eine Schwimmweste wirken.

Walrosse leben in Seichtwassergebieten, meist dort, wo sie gut an Land gehen können. Obwohl sie ihren Lebensraum mit einigen arktischen Robben teilen, scheinen sie andere Arten ungern in ihrer Nähe zu haben. Den größten Teil ihrer Nahrung holen sie sich vom Meeresgrund in Tiefen von bis zu 75 Metern. Dabei werden Schnauze und Stoßzähne benützt, um Weichtiere und andere seßhafte Meerestiere aufzustöbern. Die Beute wird mit der außerordentlich beweglichen Oberlippe in das Maul »manövriert«, wo das Fleisch aus den harten Schalen und Panzern herausgesogen wird. Gelegentlich fressen Walrosse aber auch Fische, und manchmal töten sie sogar Robben. Besonders außergewöhnlich ist ein Bericht, nach dem ein Walroß beim Verzehr eines Narwals beobachtet wurde. Allerdings weiß man nicht, ob der Narwal erbeutet oder bereits als Kadaver vorgefunden wurde.

Wie die meisten Flossenfüßer sind Walrosse sehr gesellig. Die Bullen sind polygam, wobei aber kein ausgesprochenes Haremssystem zu existieren scheint. Etwa die Hälfte der Kühe einer Herde bringt im April oder Mai nach einer Tragzeit von 15 Monaten (einschließlich einer kurzen Verzögerung der Ei-Implantation) je ein Junges zur Welt. Dieses ist bei der Geburt über 1 Meter lang und wiegt ca. 40 kg. Während des ganzen ersten Lebensjahrs wird es gesäugt, bleibt aber darüberhinaus mindestens noch ein weiteres Jahr bei der Mutter. Wahrscheinlich kann es selbst nicht genug Futter suchen, weil die Stoßzähne noch zu klein sind. Die weiblichen Tiere sind mit etwa 5 Jahren geschlechtsreif und bekommen alle 3 Jahre ein Junges, werfen aber mit zunehmenden Alter (das bei Walrossen bis zu 30 Jahre betragen kann) immer seltener.

Die einzigen natürlichen Feinde der Walrosse sind Eisbären und Schwertwale. Vom Menschen werden sie schon seit dem 9. Jahrhundert gejagt, wobei die Populationsgrößen aber immer gleich blieben. Erst in den letzten 200 Jahren wurden sie stark dezimiert, hauptsächlich, um an das Elfenbein der Stoßzähne zu gelangen. In den letzten Jahren wurde die Jagd reduziert, und die Bestände beginnen wieder zu wachsen.

Wo das Meer im Winter zufriert, hacken Walrosse mit ihren Stoßzähnen Atemlöcher in die Eisdecke.

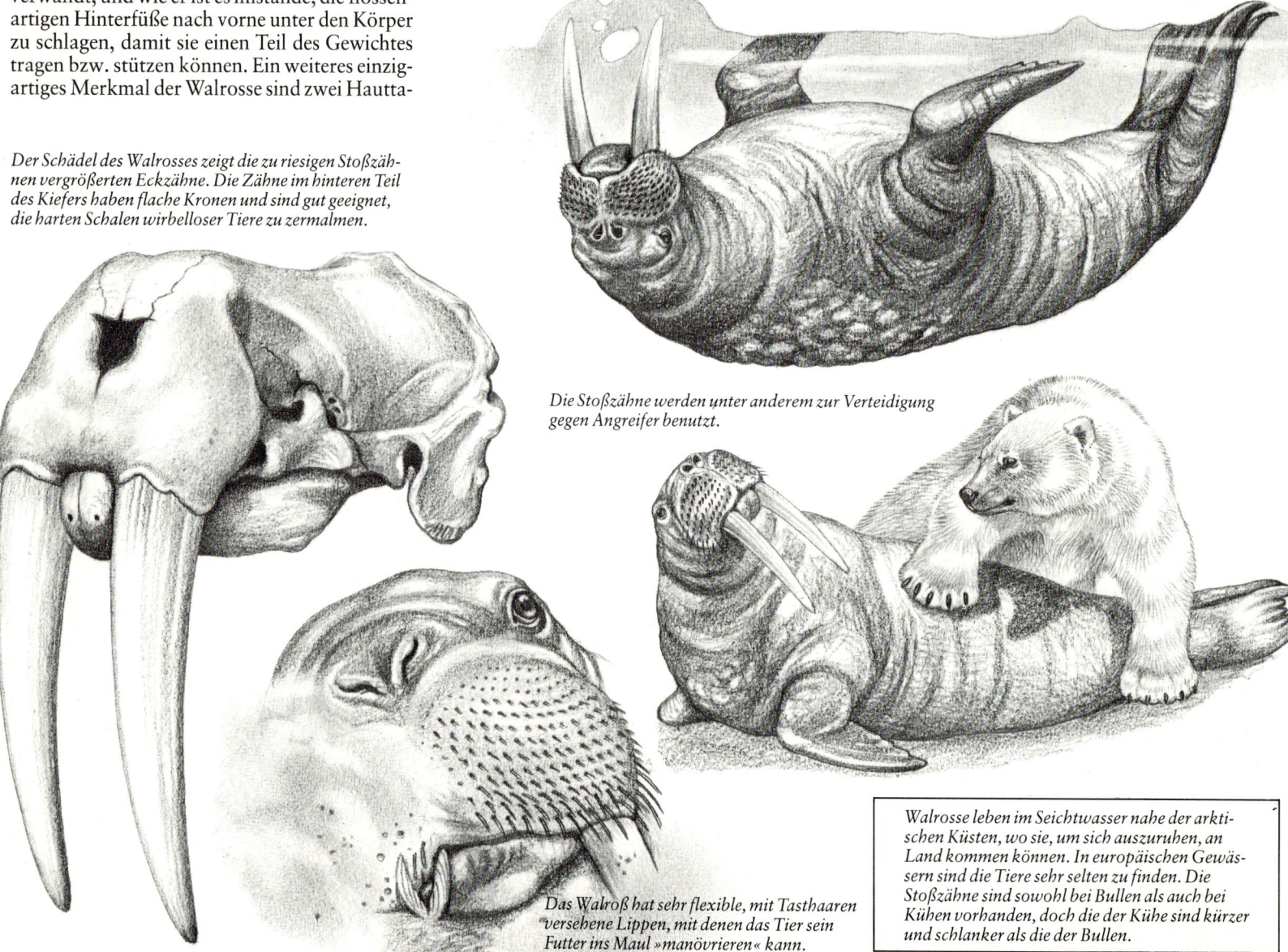

Der Schädel des Walrosses zeigt die zu riesigen Stoßzähnen vergrößerten Eckzähne. Die Zähne im hinteren Teil des Kiefers haben flache Kronen und sind gut geeignet, die harten Schalen wirbelloser Tiere zu zermalmen.

Die Stoßzähne werden unter anderem zur Verteidigung gegen Angreifer benutzt.

Das Walroß hat sehr flexible, mit Tasthaaren versehene Lippen, mit denen das Tier sein Futter ins Maul »manövrieren« kann.

Walrosse leben im Seichtwasser nahe der arktischen Küsten, wo sie, um sich auszuruhen, an Land kommen können. In europäischen Gewässern sind die Tiere sehr selten zu finden. Die Stoßzähne sind sowohl bei Bullen als auch bei Kühen vorhanden, doch die der Kühe sind kürzer und schlanker als die der Bullen.

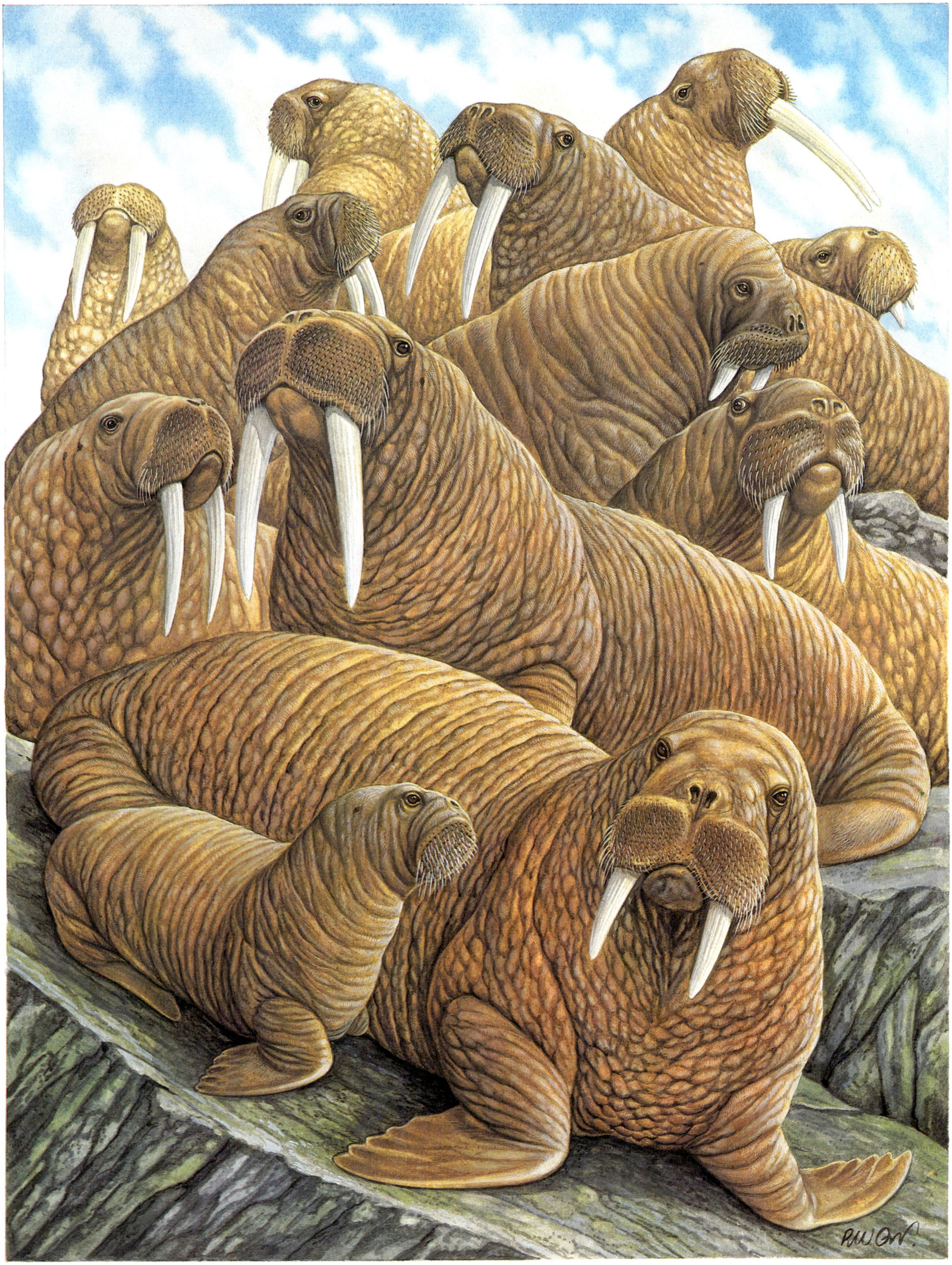

HUFTIERE

Dem Fachausdruck »Huftiere« oder »Ungulaten« kann nur eine geringe wissenschaftliche Bedeutung beigemessen werden, denn er beinhaltet weltweit Lebewesen mit sehr unterschiedlichem Körperbau und Lebensgewohnheiten. In Europa hat diese Bezeichnung jedoch eine gewisse Gültigkeit, da hier nur eine einzige Hauptgruppe der Huftiere beheimatet ist. Bis vor einiger Zeit gab es noch eine zweite, zu der beispielsweise auch das Wildpferd gehört, das allerdings heute in Europa nicht mehr zu finden ist.

Viele Huftiere legen weite Strecken zurück. Ihre Gliedmaßen sind lang und schlank, weisen aber grundsätzlich die gleiche Knochenstruktur auf, wie die langsamerer Tiere, z. B. Igel oder Biber. Daß sie aber verhältnismäßig viel schneller sind, kommt daher, daß sie »Zehenspitzengänger« sind, jeder Schritt also um die Länge des restlichen Fußes vergrößert wird.

Innerhalb der Ordnung der Huftiere unterscheidet man Paarzeher und Unpaarzeher. Das Gewicht der Gliedmaßen ist im Verhältnis zum Körpergewicht geringer als bei allen anderen Säugetieren, denn ein Teil der jeweils 5 Zehen, die bei den primitiven Vorfahren der Huftiere noch gleichmäßig stark ausgebildet waren, sind bei allen heute lebenden Arten stark zurückgebildet oder ganz verkümmert. Die Mittelhand- und Mittelfußknochen der vorderen bzw. der hinteren Extremitäten sind zu jeweils einem einzigen stabilen »Kanonenknochen« verschmolzen. Dadurch entsteht eine vorteilhafte Steifheit der Gliedmaßen und ein Verdrehen bei starker Laufbelastung wird vermieden. Die Zehenspitzen, die das ganze Gewicht des Tieres tragen, sind durch starke Horngebilde geschützt, die Hufe bzw. die Klauen, welche die empfindlichen Zehensohlen umfassen und sie vor der direkten Berührung mit dem Boden schützen. Die äußeren Ränder der Hufe bestehen aus abgestorbenen Hornzellen, die zwar ständig abgenützt, jedoch immer wieder durch nachwachsendes lebendes Gewebe ersetzt werden.

Huftiere sind Pflanzenfresser. Aufgrund der reichlich vorhandenen und leicht zugänglichen Nahrung konnten alle europäischen Arten sehr groß werden. Alle Huftiere, die in Europa als Wildtiere überlebt haben, sind Artiodaktylen oder Paarzeher, oft auch als »Klauentiere« bezeichnet. Ihre Endgliedmaßen weisen keine Daumen und keine großen Zehen auf. Das Gewicht jedes Tieres ruht auf 4 Klauen, die jeweils aus den gleichmäßig entwickelten 3. und 4. Zehen bestehen. Die stark zurückgebildeten 2. und 5. Zehen werden als »Afterklauen« bezeichnet, sind gewöhnlich klein und berühren den Boden nicht. Bei weichem Grund versinken die Hauptzehen im Schlamm, womit das Gewicht des Tieres nun auch von den Afterklauen mitgetragen wird.

Die andere Ordnung der Ungulaten sind die Perissodaktylen, zu denen in den gemäßigten Klimazonen der Erde aber nur die Pferde gehören, die allerdings in Europa nicht mehr wildlebend vorkommen. Bei diesen Tieren verteilt sich das Körpergewicht auf die 4 stark vergrößerten 3. Zehen, obwohl manche Arten der Gruppe, z. B. Tapire und Nashörner, die aber hier nicht heimisch sind, die 2. und 4. Zehen aufweisen. Sie zeigen somit eine bzw. drei Zehen und werden deshalb als Unpaarzeher bezeichnet. Nach der Eiszeit war das Pferd das einzige in Europa beheimatete unpaarzehige Tier. Vor einem Jahrhundert wurde es ausgerottet. Wildponies und Wildesel werden noch an manchen Orten gefunden, obwohl diese keine echten Wildtiere sind.

Von den beiden Huftier-Ordnungen scheinen die Paarzeher, bzw. Klauentiere, in der modernen Welt überlebensfähiger zu sein. In Europa finden sich mindestens 18 wilde und einige ungezähmte Spezies, darunter Schweine, Schafe, Ziegen, Rinder und Hirsche. Neben den anatomischen Unterschieden an den Extremitäten bestehen zwischen Paarzehern und Unpaarzehern noch viele andere Differenzen. Pferde bewohnen und grasen im allgemeinen auf offenem Land, während die meisten Klauentiere ihr Futter im Wald suchen. Sowohl die Art der Nahrungsaufnahme als auch die Nahrung selbst unterscheiden sich bei den einzelnen Arten. Pferde fressen fast ausschließlich Gras und kneifen dieses mit ihren Schneidezähnen, die sich ganz vorne im Ober- und Unterkiefer befinden, ab. Anschließend wird es zwischen den langen Reihen vorderer und hinterer Backenzähne (Prämolaren und Molaren) im hinteren Bereich der Mundhöhle gemahlen. Die Zähne des Pferdes haben offene Wurzeln und wachsen kontinuierlich während des ganzen Lebens nach, eine Anpassung an die rauhe, faserhaltige Grasnahrung. Pferde verbringen einen wesentlichen Teil des Tages mit der Aufnahme der notwendigen Nahrungsmenge, denn jeder Bissen muß vor dem Schlucken sorgfältig gekaut werden. Das Fassungsvermögen des Magens ist, bezogen auf die Körpergröße, nicht sehr groß. Eine Tagesration an Nahrung kann nicht auf einmal aufgenommen werden. Die einzigen Klauentiere, die in beiden Kiefern Schneidezähne haben und sich auf ähnliche Weise ernähren wie Pferde, sind die Schweine. Alle übrigen europäischen Paarzeher weisen spezifisch unterschiedliche Verdauungsapparate auf, die jeweils durch Anpassung an die Lebensbedingungen der entsprechenden Spezies wesentlich zu deren Überleben beigetragen haben. Bei Rindern, Hirschen und verwandten Arten werden die Schneidezähne des Oberkiefers durch eine verhornte Platte ersetzt, gegen die die Zunge und die Schneidezähne des Unterkiefers drücken. Das Futter wird sehr rasch in die Mundhöhle aufgenommen und unzerkaut in den vorderen Abschnitt des geräumigen und komplexen vierteiligen Magens geschluckt. Später wird es in kleinen Mengen in die Mundhöhle zurückbefördert und sorgfältig zerkaut. Nach erneutem Schlucken gelangt das zerkleinerte Futter in einen anderen Abschnitt des Magens, in dem es weiter verdaut wird. Dieses »Wiederkäuen« hat einen entscheidenden Vorteil. In der Zeit, in der sie ungestört sind, fressen die Tiere große Mengen, die deshalb notwendig sind, weil das Futter nur wenig nahrhaft ist. In Zeiten der Gefahr dann, beispielsweise wenn Raubtiere in der Nähe sind, können sie sich in ihren Verstecken niederlegen und die bereits aufgenommene Nahrung wiederkäuen und verdauen.

Wiederkäuer tragen gewöhnlich Auswüchse an ihren Köpfen, sogenannte »Stirnwaffen«. Manche haben die Form von verzweigten knöchernen Geweihen und werden regelmäßig abgeworfen, andere sind feste Hörner, bei denen der innere Knochenkern von einer verhornten Scheide umgeben ist. Beide werden zur Verteidigung, bei Rangkämpfen und bei der Verteilung des spezifischen Geruchs des jeweiligen Tieres auf Pflanzen benützt.

Mit Ausnahme des Wildschweins leben alle europäischen Klauentiere in Gruppen. In einer Fortpflanzungsperiode bringen die weiblichen Tiere in der Regel ein, höchstens zwei Jungtiere zur Welt. Diese sind schon bei der Geburt gut entwickelt und verhältnismäßig groß. Nach kürzester Zeit können sie stehen und bereits nach wenigen Tagen ihren Müttern folgen, um sich der Herde anzuschließen.

Ebenso wie die meisten anderen Fluchttiere besitzen Huftiere gut ausgeprägte Sinne, haben dagegen keine so große Intelligenz wie Raubtiere.

Seit frühester Zeit werden Huftiere vom Menschen wegen ihres Fleischs, ihres Fells und manchmal sogar aus reinem Geltungsbedürfnis gejagt. Der Auerochs, der Vorfahre des heutigen Hausrinds, wurde im 17. Jahrhundert, das Wildpferd im 19. Jahrhundert ausgerottet. Wildschafe und Wildziegen gehören heute zu den seltensten wildlebenden Säugetieren Europas. Die Domestizierung war für das Fortbestehen der Wildtierbestände nicht gerade hilfreich. Kreuzungsprodukte von wilden mit gezähmten Tieren wurden als Kümmerlinge betrachtet und ausgerottet, denn solcher Nachwuchs hatte eine geringere Fügsamkeit und Stärke im Vergleich zu den Tieren, die über viele Generationen besonders auf diese Eigenschaften hin gezüchtet worden waren. Erst seit kurzem ist die Bedeutung dieser ungezähmten Arten anerkannt worden, denn sie sind die letzten, die noch Ähnlichkeiten mit den einstigen Urformen aufweisen. Heute werden sie größtenteils in Naturreservaten sorgfältig geschützt.

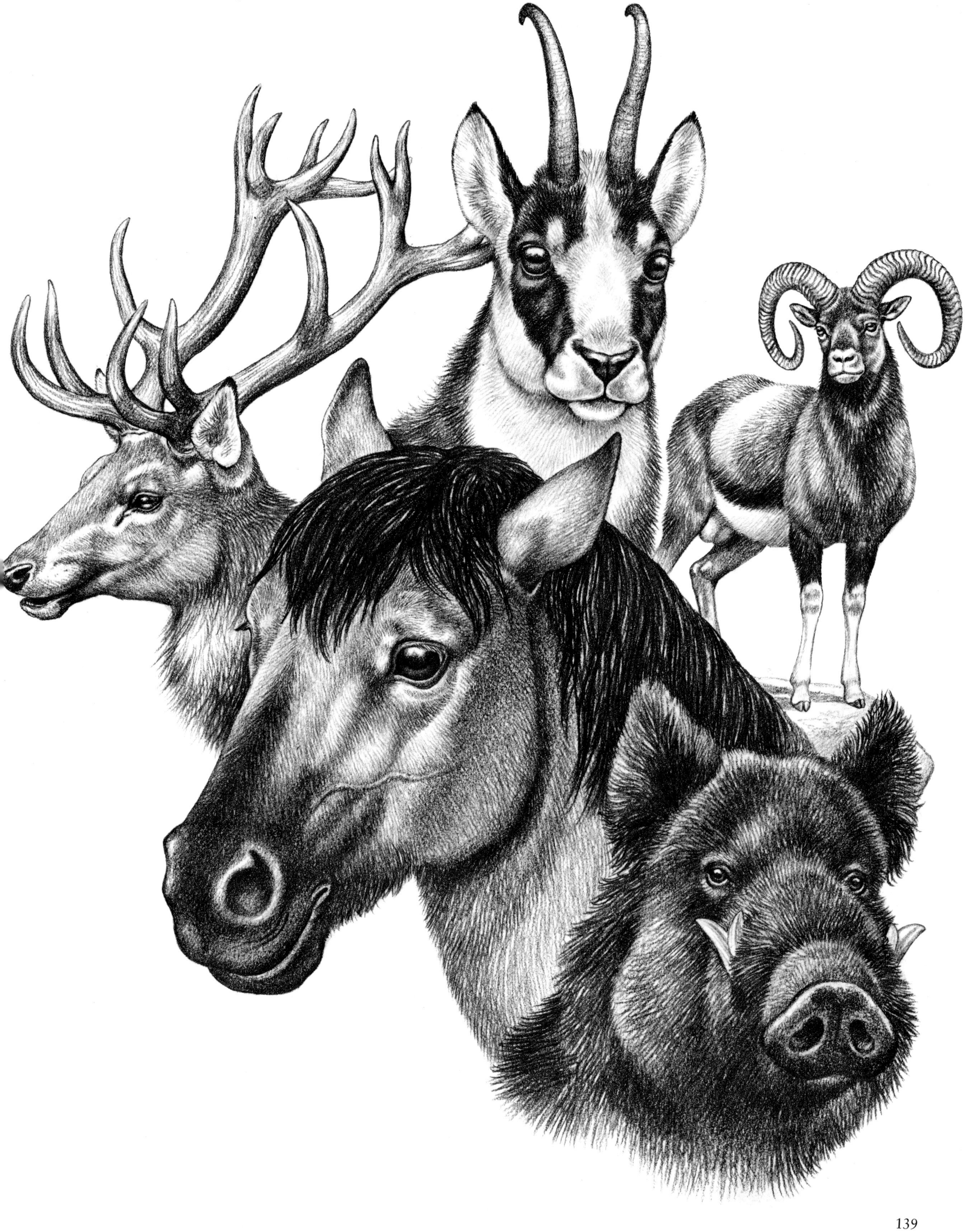

PFERDE
Familie Equidae

Gegen Ende der Eiszeit zogen viele Wildpferde und Tarpane durch die kalten Ebenen Europas. Wie man aus Höhlenzeichnungen in Frankreich und Spanien schließen konnte, waren sie eine wichtige Beute des Frühmenschen. Als das Eis zurückwich, wurden durch Klima- und Vegetationsveränderungen die Bestände stark verringert. Kurze Zeit später wurden Pferde, aber auch Esel, im westlichen Teil Asiens zum erstenmal domestiziert. Hand in Hand mit der Domestizierung gingen auch Zucht und Handel dieser Tiere, und bis zum Jahre 2000 v. Chr. hatten sie sich über ganz Europa verbreitet. Die wenigen Wildpferde, die in den westlichen Steppen überlebt hatten, wurden von Bauern ausgerottet, die einerseits Getreideschäden, andererseits unliebsame Kreuzungen mit den Haustieren vermeiden wollten. Die letzten europäischen Wildpferde sollen im Jahr 1851 getötet worden sein. Wildponies, die keine eigene Art sind, sondern Kreuzungen zwischen wilden und domestizierten Pferden entstammen, wurden in Waldreservaten in Polen neu angesiedelt. Diese harten, unabhängigen und schwer zu zähmenden Tiere, die sogar den Krieg überlebten, bilden heute Herden, die in ihrer Größe den ursprünglichen Wildbeständen fast gleichkommen. Zwei andere polnische Rassen mit viel Tarpanblut sind die »Hukul« aus den Karpaten und die »Konik« im Flachland. Es sind starke, zähe und genügsame Tiere, die bis ins hohe Alter von kargem Futter leben können. In vielen anderen Teilen Europas finden sich kleine Herden verwilderter Pferde, die in abgelegenen, meist gebirgigen Gegenden leben. Es handelt sich um die Nachkommen gezähmter Pferde, die ausgebrochen sind oder freigesetzt wurden. Zur Bestimmung der Eigentumsverhältnisse werden sie regelmäßig zusammengetrieben. Sie sind gewöhnlich klein, und ihre Schulterhöhe beträgt weniger als 145 cm. Das Shetlandpony, die kleinste Rasse, mißt vom Boden bis zur Schulter nur etwa 100 cm.

Ponies sind besonnene und trittsichere Tiere, die auch noch in sehr kargen Gegenden Futter finden und aufgrund ihrer Widerstandsfähigkeit in rauhen Klimazonen ohne Schutz überleben können. Die ursprünglichen Vorfahren sind möglicherweise zu bestimmten Verwendungszwecken gezüchtet worden, aber danach nahm die natürliche Selektion einen prägenden Einfluß auf Körperbau und Charakter. Gebirgsponies haben schmale Hufe, die der Camargue dagegen breite, die ihnen Standfestigkeit auf den sumpfigen Böden gewähren. Es wird behauptet, daß einige Arten, wie das »Exmoor Pony« im Westen Englands und die »Pottocks« in Südfrankreich, Nachkommen uralter Gattungen sind, möglicherweise der ersten domestizierten Pferde Westeuropas. Bei vielen anderen Ponies gab es Veredelungsversuche, indem man Hengste größerer Rassen in die Herden einbrachte. Heute dagegen bemüht man sich, die vielen regional verschiedenen Rassen zu erhalten.

Wildponies leben generell in kleinen Herden, die sich aus einem Hengst, einigen Stuten und deren Nachwuchs zusammensetzen. Sobald die jungen männlichen Tiere das Erwachsenenalter erreichen, werden sie aus der Herde ausgeschlossen. Pferde fressen im wesentlichen Gras, und um die notwendige Futtermenge zu finden, durchziehen sie im Jahr mehrere 100 Hektar Land. Die Fohlen werden gewöhnlich im Frühsommer geboren, der Jahreszeit, in der Wetter und Nahrungsangebot am günstigsten sind. Obwohl sie bereits kurz nach der Geburt Gras fressen können, sind sie im ersten Lebensjahr noch teilweise von den Müttern abhängig. Der Geruchssinn spielt für Pferde keine große Rolle, denn ihre hervorragende Sehfähigkeit ermöglicht ihnen, sich weitgehend durch Körpersprache zu verständigen. In Südeuropa kommen mancherorts verwilderte Esel vor. Ihre Rassenvielfalt ist allerdings bei weitem geringer als die der Ponies.

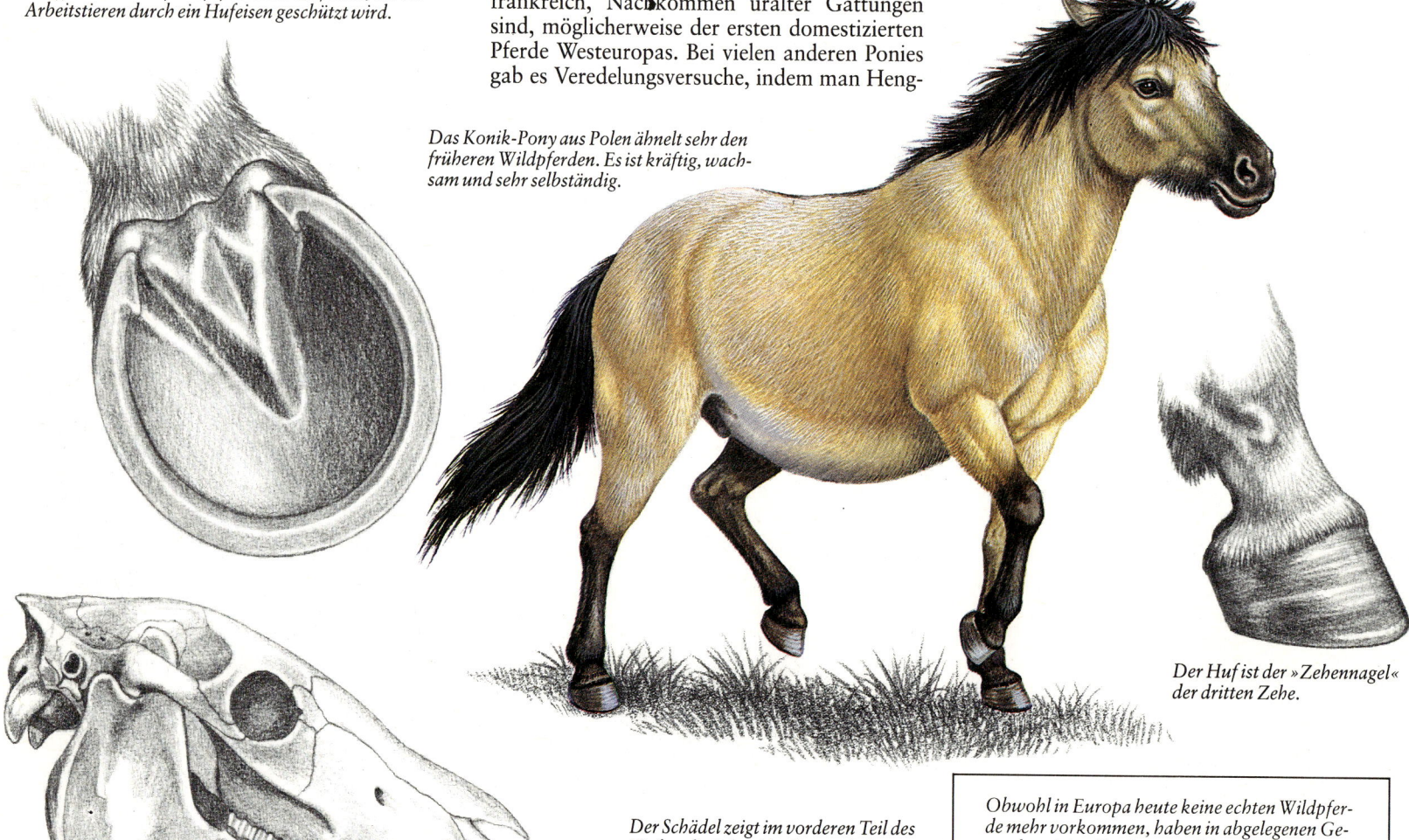

Lauffläche eines Pferdefußes ist die Hufsohle, die bei Arbeitstieren durch ein Hufeisen geschützt wird.

Das Konik-Pony aus Polen ähnelt sehr den früheren Wildpferden. Es ist kräftig, wachsam und sehr selbständig.

Der Huf ist der »Zehennagel« der dritten Zehe.

Der Schädel zeigt im vorderen Teil des Kiefers die Schneidezähne, mit denen das Gras abgerupft wird. Im hinteren Kieferbereich finden sich die abgeflachten Backenzähne. Sie haben offene Wurzeln und wachsen während des ganzen Lebens kontinuierlich weiter, denn sie werden durch das rauhe Futter ständig abgenützt.

Obwohl in Europa heute keine echten Wildpferde mehr vorkommen, haben in abgelegenen Gegenden einige Herden verwilderter Tiere überlebt. Manche zeigen ähnliche Merkmale wie sehr frühe Wildformen. Das Exmoor-Pony wird als die primitivste Art unter den ungezähmten Kleinpferden angesehen. Es ist gewöhnlich kastanienbraun, hat eine mehlfarbene Nase und einen blassen Ring um das Auge.

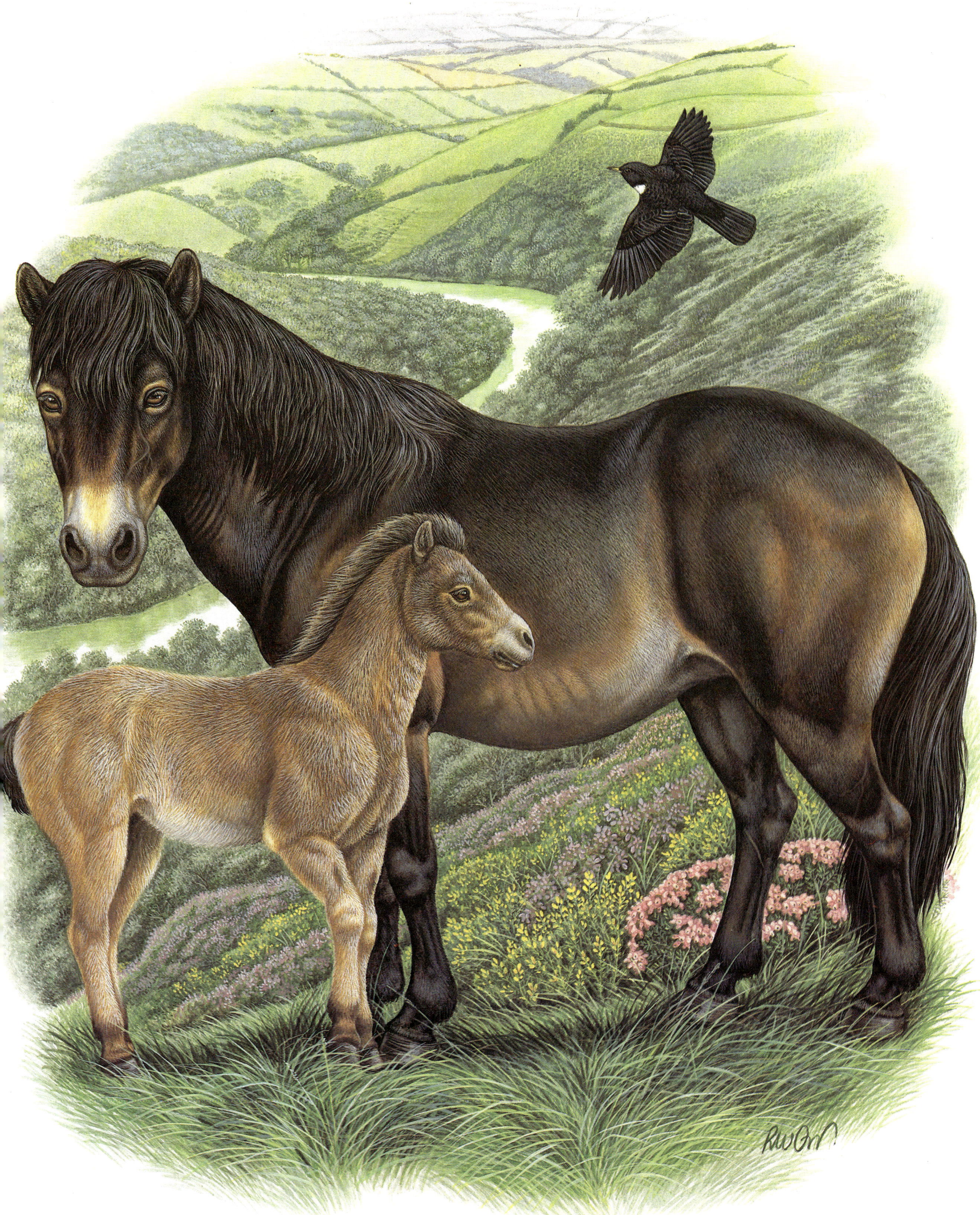

WILDSCHWEINE
Familie Suidae

Das Wildschwein ist das einzige wildlebende Mitglied der Familie der Schweine, das man heute in Europa findet. Dieser Vorfahr des Hausschweins kommt, im Gegensatz zu den Ahnen der meisten anderen Haustiere, noch relativ häufig vor. Ursprünglich war das Wildschwein ein Bewohner der dichten Laubwälder Großbritanniens (nicht aber Irlands) und weiter Teile des europäischen Festlands. In östlicher Richtung war es über die europäischen Grenzen hinaus bis nach Südasien verbreitet. In Großbritannien ist das Wildschwein im 17. Jahrhundert ausgestorben. Seine Verbreitung in Europa hat sich durch die fortschreitende Zerstörung der Wälder immer mehr reduziert. Dennoch hat die Stärke der Bestände trotz intensiver Jagd in den letzten Jahren zugenommen. An einigen Stellen wurden die Tiere neu angesiedelt, und sie wurden sogar in Gebiete gebracht, wo zuvor keine natürlichen Vorkommen vorhanden waren, so etwa nach Südskandinavien. Aufgrund ihrer ausgeprägten Anpassungsfähigkeit kommen Wildschweine heute häufig auch im Bereich offener landwirtschaftlicher Flächen vor und stellen bereits eine gewisse Belästigung dar, denn sie plündern Getreide, Kartoffeln, Melonen und Trauben. Zwar ist die tatsächlich gefressene Menge klein, aber es werden erhebliche Schäden an jungen Pflanzen angerichtet. Somit ist verständlich, daß Landwirte Wildschweinen gegenüber eine feindselige Haltung einnehmen.

Wildschweine haben eine durchschnittliche Körperlänge von 150 cm, einen 20–40 cm langen Schwanz und eine Schulterhöhe von etwa 100 cm. Ihre Körpergröße wird allerdings durch ihren Lebensraum wesentlich beeinflußt. Wildschweine der großen Wälder Osteuropas wiegen zwischen 300 und 345 kg, wogegen in Frankreich ein Gewicht von mehr als 100 kg kaum erreicht wird. Die Wildsau, die »Bache«, ist immer etwas kleiner und fetter als der Wildeber, der »Keiler«. Die Farbe des rauhen borstigen Haarkleids variiert bei jedem Tier; die Palette reicht von grau bis gelblich-rotbraun, und wird jeweils im Winter dunkler. Im allgemeinen sind Wildschweine Einzelgänger. Allerdings wird die Bache gewöhnlich von den Ferkeln, den »Frischlingen«, ihres letzten Wurfs und manchmal auch noch von den fast ausgewachsenen Jungen des Vorjahres begleitet.

Die Reviergröße eines Wildschweines hängt in starkem Maße von der Reichhaltigkeit der Umgebung ab. Es ist wahrscheinlich, daß die von den Keilern, möglicherweise aber auch von den Bachen angelegten Suhlen territoriale Bedeutung haben. Schweine haben viele Duftdrüsen im Gesicht, am Rumpf und an den vorderen Gliedmaßen, deren Sekrete wohl zur Abgrenzung der Territorien dienen. Der säuerliche Geruch von Wildschweinen ähnelt dem von feuchten Eichenblättern und ist so stark ausgeprägt, daß sogar der Mensch die Anwesenheit der Tiere riechen kann. Innerhalb seines Reviers hat ein Wildschwein mehrere Lagerplätze. Sie können sich im Bereich abgestürzter Felsbrocken befinden, aber meistens sind es nur flache Gräben im Schutze eines umgestürzten Baumes oder heruntergebrochenen Astes. Sie sind entweder gar nicht oder bestenfalls mit abgestorbenen Blättern oder Gras gepolstert.

Wildschweine fressen fast alles, was sie auf dem Boden finden. Der kräftige Rüssel wird durch einen nur bei Schweinen vorkommenden kleinen Knochen, das Rüsselbein, geschützt. Mit ihm wühlen sie nach unterirdischen Wurzeln, Knollen und Zwiebeln und spüren auch kleine Tiere auf, z. B. Schnecken, oder hilflose junge Säugetiere, wie Wildkaninchen und Nagetiere. In einem gewissen Maße wählen sie das Futter nach seinem Geschmack aus. Während wilder Knoblauch und Türkenbundknollen mit großem Genuß gefressen werden, meiden sie die Zwiebeln wilder Narzissen, auch wenn diese reichlich und in direkter Nähe anderer Futterpflanzen vorhanden sind. Im Herbst stellen Eicheln und Bucheckern einen wesentlichen Teil der Nahrung dar, von denen die Tiere sehr fett werden. Trotz ihrer großen Fettreserven sind Wildschweine während des Winters sehr aktiv. Die männlichen Tiere gehen jetzt auf die Suche nach Weibchen und paaren sich. Die Partner bleiben noch einige Wochen zusammen, trennen sich dann jedoch wieder.

Nach einer Tragzeit von 4 Monaten bereitet die Bache ein grobes Lager vor. Darin werden bis zu 10 Frischlinge geboren, die sich aber nur einige Tage lang dort aufhalten. Bei der Mutter bleiben sie bis zu 2 Jahre lang. Dann sind sie geschlechtsreif und paaren sich im nächsten Winter selbst.

Die Hakenzähne (Hauer) einer Bache (oben) sind wesentlich schwächer und weniger kantig als die des Keilers (unten).

Der Rüssel wird durch einen nur bei Schweinen vorkommenden kleinen Knochen geschützt.

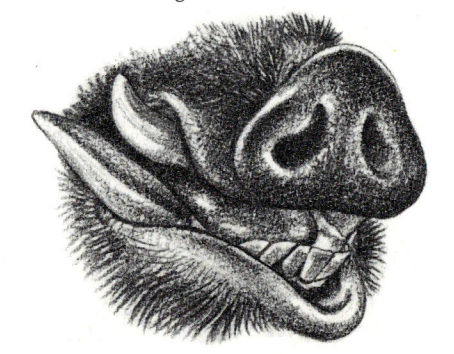

Der Fuß eines Wildschweines zeigt zwei starkentwickelte Afterklauen, die hinter den Hauptklauen liegen und auf weichem Boden die Standfestigkeit des Tieres verstärken.

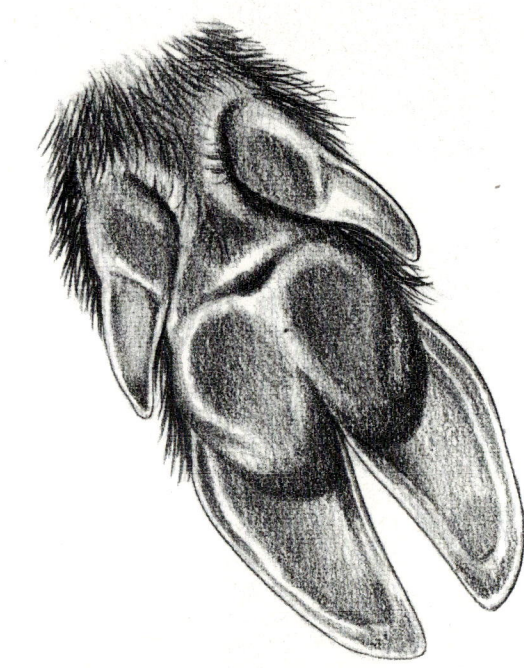

Das Wildschwein sucht sein Futter auf dem Boden und wühlt mit seinem kräftigen Rüssel nach pflanzlicher oder tierischer Nahrung.

Das Gebiß setzt sich aus 44 Zähnen zusammen – das ist die größte Anzahl, die bei plazentalen Säugetieren vorkommt.

> *Die Ferkel der Wildschweine, die Frischlinge, sind bei der Geburt weniger gut entwickelt als die Jungen der meisten anderen Klauentiere. In den ersten Lebensmonaten sind sie durch ihr gestreiftes Haarkleid getarnt.*

143

HIRSCHE
Familie Cervidae

Hirsche sind die wichtigsten in Europa vorkommenden Vertreter der Klauentiere. Es finden sich 5 einheimische Arten, weitere 5 wurden später eingeführt und haben sich in geeigneten Lebensräumen angesiedelt. Hirsche gehören zu den wiederkäuenden Pflanzenfressern. Mit Ausnahme des Rentiers waren sie schon immer Waldbewohner, und auch heute noch findet man dort die größten Bestände und die stärksten und schwersten Einzeltiere. Aber dank ihrer guten Anpassungsfähigkeit können viele auch in offenen Parklandschafen und in Moorgebieten leben. Einige der kleineren Arten sind in den letzten Jahren sogar bis in Vororte und Städte vorgedrungen, wo sie in großen Grünanlagen und Gärten Schutz und Nahrung gefunden haben. Daß sie dort existieren können, liegt im wesentlichen auch daran, daß sie den größten Teil ihres Lebens als Einzelgänger verbringen. Größere Hirsche dagegen sind gesellige Tiere und leben normalerweise in Rudeln, die im Bereich von Städten keinen Lebensraum finden.

Hirsche verfügen über einen sehr feinen Geruchssinn, und alle Arten sind im Gesicht und an den Gliedmaßen reichlich mit Duftdrüsen ausgestattet. Ihr Geruchssinn ist aber nicht nur gegenüber den feinen Nuancen im eigenen Rudel, sondern auch gegenüber fremden Duftstoffen äußerst empfindlich. Von Feinden wird zuallererst die Witterung wahrgenommen – schneller als alles andere. Auch das Gehör ist außerordentlich scharf. Zwar werden die Tiere bei fremden Geräuschen sofort aufmerksam, fliehen aber erst nach Wahrnehmung des Feindes durch den Geruchssinn. Obwohl die Augen relativ groß sind, spielen sie als Sinnesorgan eine vergleichbar unwichtige Rolle. Insbesondere unbewegliche Objekte werden häufig nicht gesehen, auch wenn sie sich in unmittelbarer Nähe befinden.

Das markanteste Merkmal, das die Hirsche von allen anderen Tieren unterscheidet, ist das Geweih. Diese am Schädel befindlichen Knochenauswüchse sind die »Hoheitszeichen« der männlichen Tiere aller Arten, ausgenommen der geweihlosen Chinesischen Wasserhirsche. Nur bei den Rentieren tragen auch die weiblichen Tiere ein kleines Geweih. Die Knochenstangen sitzen auf zwei Fortsätzen des Stirnbeins, den Rosenstöcken, die ein bleibendes Charakteristikum des Schädels darstellen. Das Geweih wird jedes Jahr abgeworfen, meist im Spätwinter, und sofort darauf beginnt ein neues nachzuwachsen. Die ersten Stangen der Jährlinge sind gewöhnlich nur einfache Spieße. Bis zur Geschlechtsreife wird das Geweih größer und verzweigter, um danach mit fortschreitendem Alter in der Größe wieder abzunehmen. Das jährliche Wachstum wird hormonell gesteuert, ist jedoch nicht konstant und kann durch ungünstige Lebensbedingungen beeinträchtigt werden. Normalerweise bilden sich die Stangen innerhalb von 2–3 Monaten im Frühsommer. In dieser Zeit wird die wachsende Knochenmasse von einer dicht behaarten Haut, dem sogenannten »Bast«, umgeben und durch ihn reichlich mit Blut versorgt. Während seiner Neubildung kann das Geweih sehr leicht verletzt werden, und bereits ein kleiner Stoß kann ein abnormales Wachstum verursachen. Wenn das Geweih seine volle Größe erreicht hat, wird die Blutzufuhr zum Bast unterbrochen, der Bast stirbt ab und wird von den Hirschen an Baumstämmen abgekratzt (»gefegt«). Die Stangen haben jetzt ihren »funktionsfertigen« Zustand erreicht.

Diese jährliche Periode des Geweihwachstums stellt für die Hirsche eine größere physiologische Belastung dar, besonders für diejenigen Tiere mit sehr großen Geweihen. Sie müssen nämlich beträchtliche Mengen an Mineralstoffen zu sich nehmen, die in kargen Lebensräumen kaum vorhanden sind. Aber häufig erhalten sie ihren Bedarf, indem sie das alte, abgeworfene Geweih fressen. Das Verlangen nach Mineralstoffen wird durch das Kauen an Knochen- oder anderem tierischen Gewebe gestillt. Hirsche kauen sogar die schweißgetränkten Griffe von menschlichem Werkzeug (z. B. Äxten), um so an die lebenswichtigen Salze heranzukommen.

Das Geweih wird hauptsächlich während der Brunftzeit beim Kampf um die weiblichen Tiere und zur Festlegung der sozialen Rangordnung innerhalb des Rudels verwendet. Eine weitere Aufgabe ist die Verteilung des von den Gesichtsdrüsen gebildeten spezifischen Duftes, und es wird angenommen, daß dies sogar seine ursprüngliche Funktion war.

Hirsche werden in ihren Lebensräumen ständig von Raubtieren bedroht, ihr Hauptfeind ist jedoch der Mensch. Tiefgreifende Zerstörung der Wälder hat die Anzahl der Tiere erheblich vermindert, und in manchen Gebieten werden sie zusätzlich durch übermäßige Jagd ausgerottet. Heute wird ihr Abschuß in einigen Ländern Europas durch gesetzliche Maßnahmen überwacht.

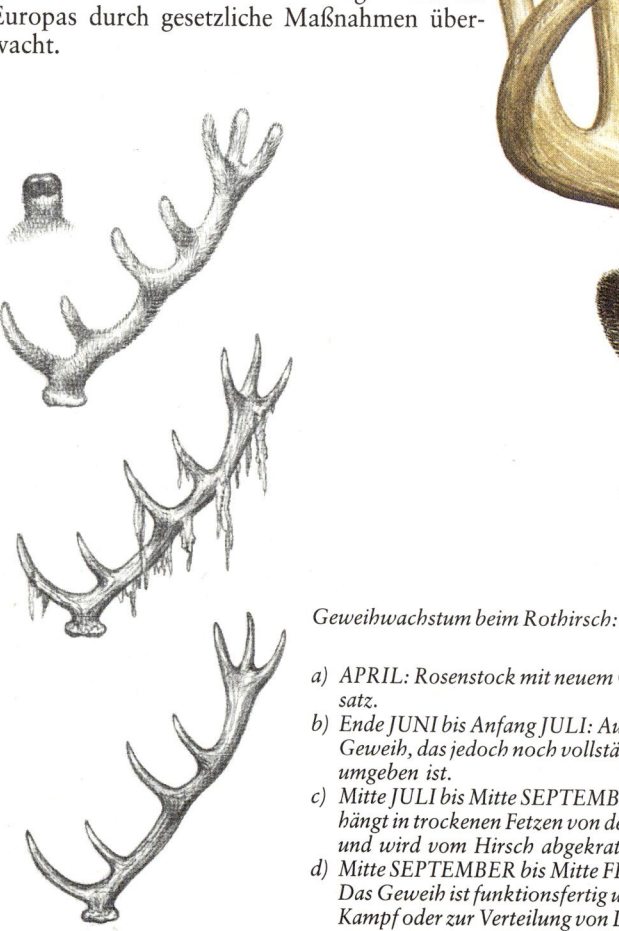

Chinesischer Wasserhirschbock

Weißwedelhirschbock

Geweihwachstum beim Rothirsch:

a) *APRIL: Rosenstock mit neuem Geweihansatz.*
b) *Ende JUNI bis Anfang JULI: Ausgewachsenes Geweih, das jedoch noch vollständig vom Bast umgeben ist.*
c) *Mitte JULI bis Mitte SEPTEMBER: Der Bast hängt in trockenen Fetzen von den Stangen und wird vom Hirsch abgekratzt (»gefegt«).*
d) *Mitte SEPTEMBER bis Mitte FEBRUAR: Das Geweih ist funktionsfertig und wird zum Kampf oder zur Verteilung von Duftstoffen eingesetzt.*
e) *Mitte FEBRUAR bis MÄRZ: Das Geweih ist bereits abgeworfen; am Schädel ist nur noch der Rosenstock erkennbar.*

Rothirschbock

Damhirschbock

Muntjakbock

Hirsche sind trotz Naturschutznahmen von Wilderern bedroht, von denen sie meist auf unmenschliche Art getötet werden. Manche können schwerverletzt entkommen. In einem Naturschutzgebiet Schottlands fand man diesen Unterkieferknochen eines Rothirschskeletts. Er wurde durch eine Kugel zertrennt, und wuchs in dieser Stellung wieder zusammen.

145

ROTHIRSCHE
Familie Cervidae

Der Rothirsch ist das größte wildlebende Tier Zentral- und Westeuropas. Seine Größe wird nur vom Elch in Südskandinavien und vom Wisent in Polen übertroffen. Am größten werden die Tiere in den fruchtbaren alten Tieflandwäldern Osteuropas, wo Gewichte von über 225 kg verzeichnet wurden, während ein durchschnittlicher (allerdings bereits ausgenommener) Rothirschbock der Insel Rhum in Schottland etwa 85 kg wiegt. Die auf dem Festland lebenden Arten haben eine Körperlänge von bis zu 260 cm und eine Schulterhöhe von 150 cm, während die auf Rhum nur eine Körperlänge von maximal 201 cm und eine Schulterhöhe von 122 cm erreichen.

Die Reviergröße richtet sich nach der Art des Lebensraums. Bei einem Hochlandhirschbock kann sie eine Ausdehnung von fast 800 Hektar erreichen, die entsprechende Hirschkuh kommt mit der Hälfte dieser Fläche aus. Wie groß die Territorien von waldbewohnenden Hirschen sind, ist unbekannt. Auch die Rudelgröße wird von den Lebensbedingungen beeinflußt. In offenem Gelände wurden sehr große Gruppen beobachtet, während in den Wäldern die Rudel gewöhnlich kleiner sind.

Während der Brunftzeit im Oktober verhalten sich Rothirsche besonders auffällig. Dann nämlich dringen die Hirschböcke in die Reviere der Hirschkühe ein und verkünden ihre Paarungsbereitschaft durch dumpfes »Röhren«, das über weite Entfernungen zu hören ist. Dadurch sollen Weibchen angelockt und Nebenbuhler gewarnt werden. Die Hirschböcke scheuern sich an kleinen Bäumen und verteilen dabei mit dem Geweih die Sekrete ihrer im Gesicht befindlichen Duftdrüsen. Die älteren Böcke sind als erste an den Brunftplätzen und fordern ihre möglichen Rivalen durch Röhren heraus, um so die Stärke der Konkurrenz abzuschätzen, wobei ein schwacher Gegner niemals den Platzhirsch, den »Herrscher des Rudels«, herausfordern wird. Wenn dagegen ein starker Rivale auf der Szene erscheint, beginnt der Kampf mit einer vorsichtigen »Vorrunde«, während der sich jedes Tier wieder zurückziehen kann. Dann aber gehen die Böcke plötzlich mit gesenkten Köpfen aufeinander los, verhaken ihre Geweihe ineinander und kämpfen um die Vorherrschaft bei den Hirschkühen. Sobald einer der beiden Gegner den anderen schließlich nicht mehr zurückdrängen kann, lösen beide Tiere die Geweihe durch eine schnelle seitliche Kopfbewegung, und der Besiegte zieht sich schnell zurück. Der Sieger folgt ihm höchstens ein paar Schritte, denn sonst könnte er seine Hirschkühe an einen anderen Bock verlieren. Für die Arterhaltung wäre es nicht von Vorteil, wenn der Verlierer ernsthaft verletzt oder getötet würde, denn er könnte später einen anderen Gegner besiegen oder in den nachfolgenden Jahren Kälber zeugen. Zwar können bei den Rangkämpfen auch Unfälle passieren, bei denen es zu Verletzungen oder, sehr selten, auch zum Tod eines Tieres kommt, aber in der Regel haben Sieg und Niederlage nur psychologische Wirkung, und der Besiegte wird den Sieger im gleichen Jahr nicht noch einmal herausfordern. Der Platzhirsch verbringt seine Zeit damit, den Harem zu bewachen, Nebenbuhler zu bekämpfen und sich zu paaren. Selten kommt er dazu, zu äsen oder sich auszuruhen, und so muß er seine Hirschkühe bald aufgeben, die für ihn aber ohnehin nicht viel Bedeutung haben.

Im Mai oder Juni bringt jede Hirschkuh ein Kalb zur Welt, das etwa eine Woche lang oder länger im Unterholz verborgen liegt, getarnt durch sein geflecktes Fell. Bis zum Alter von etwa einem Monat folgt es seiner Mutter in den Abendstunden, kehrt dann jedoch zu seinem Liegeplatz zurück, um sich tagsüber dort zu verstecken. Danach kann das Kalb mit den erwachsenen Tieren des Rudels mitlaufen, wird allerdings noch etwa 10 Monate lang gesäugt.

Die soziale Ordnung eines Rothirschrudels ist grundsätzlich matriarchalisch, und die jungen Böcke bleiben nur bis zu einem Alter von 2 oder 3 Jahren bei den Kühen. Im allgemeinen sind Böcke mehr oder weniger Einzelgänger. Nur bei Mangel an Schutz und Nahrung im Winter schließen sie sich manchmal zusammen. Von den Hirschkuhrudeln, die einen festeren Zusammenhalt haben und normalerweise die Plätze mit den besseren Äsungs- und Schutzmöglichkeiten bewohnen, halten sie sich fern. Hirschkälber werden fast von allen großen Raubtieren, einschließlich Adlern, angegriffen. Aber erwachsene Rothirsche haben außer Wölfen und Menschen keine Feinde. Sie können ein Alter von 20 Jahren erreichen.

Das Geweihwachstum eines Rothirschbocks beginnt im ersten Lebensjahr. Die ersten Stangen sind nur kurze Spieße. Mit fortschreitendem Alter wird das Geweih größer und verzweigter.

Nach dem Abwurf des Geweihs verbleiben nur die Rosenstöcke am Schädel. Aus ihnen wachsen die neuen Stangen.

Rothirsche wälzen sich oft auf dem Boden, einerseits, um ihren Duft zu verbreiten, andererseits, um den von Insektenstichen hervorgerufenen Juckreiz zu lindern.

Böcke kämpfen, indem sie ihre Geweihe ineinander verkeilen und sich gegeneinander stemmen.

Rothirsche sind im wesentlichen Waldbewohner, können jedoch auch in anderen Lebensräumen existieren, hier z. B. in kargem Hochland. Während der Brunftzeit im Herbst hört man oft das laute, dumpfe Röhren der Platzhirsche, die damit Konkurrenten zum Kampf herausfordern, aber auch die Hirschkühe anlocken.

147

DAMHIRSCHE UND REHE
Familie Cervidae

Damhirsche bewohnten ursprünglich die Wälder des Mittelmeerraums, wurden später allerdings in vielen nördlicheren Gebieten angesiedelt. Heute findet man sie in allen geeigneten Tiefebenen von Skandinavien bis Nordgriechenland und zu den Pyrenäen. Einzelne isolierte Bestände leben in Italien, Spanien und Sardinien. Nach Großbritannien sollen sie angeblich durch die Römer gekommen sein, aber nach archäologischen Funden zu urteilen wurden sie wohl eher von Normannen eingeführt. Früher wurden sie häufig in Wildparks und Gehegen gehalten, und zu diesem Zweck wurden Tiere mit besonders reizvollen Farben ausgesucht. Daraus ergab sich, daß Damwild heute wesentlich mehr verschiedenen Färbungen aufweist als andere wildlebende Tiere. Die Farbpalette reicht von schwärzlich bis milchig-weiß. Aber gewöhnlich haben die Tiere im Sommer ein kastanienbraunes, mit weißen Flecken übersätes Fell, das im Winter zu einer dunkelgraubraunen Färbung wechselt.

Das Damwild ist eng verwandt mit dem Rotwild, wird aber nicht so groß. Der Damhirsch erreicht eine Körperlänge von etwa 150 cm und eine Schulterhöhe von 120 cm. Beide haben eine ähnliche Lebensweise, aber es gibt entscheidende Unterschiede bei der Brunft. Die Paarungszeit beginnt beim Damwild etwas später im Jahr als beim Rotwild. Die brünftigen Damhirschböcke reiben ihr Geweih auf dem uringetränkten Boden und verteilen dann die feuchte Masse auf Pflanzen. Dabei wühlen sie häufig den Boden auf und schmieren sich den stinkenden Schlamm an die Flanken. Die männlichen Tiere bleiben nach der Paarung beim Rudel, das gewöhnlich von einer alten Hirschkuh geführt wird. Die Hirschkälber werden im Mai oder Juni geboren, und schon bald nach der Geburt können sie ihren Müttern folgen. Damwild ist sehr vorsichtig und klug und häufiger tagsüber aktiv als andere Hirscharten. Die Tiere äsen mehr und fressen auch Eicheln, Bucheckern und viele Feldfrüchte.

Das Reh ist mit einer Körperlänge von etwa 120 cm und einer Schulterhöhe von bis zu 75 cm der kleinste Vertreter der in Europa heimischen Hirscharten. Rehe sind am weitesten verbreitet, nämlich fast in ganz Europa (außer Irland). Ihr bevorzugter Lebensraum sind die schützenden Laub- und Mischwälder dieses Kontinents. Im Sommer haben die Tiere ein leuchtend-kastanienbraunes, im Winter ein graubraunes Fell. Rehe sind nicht so gesellig wie die größeren Hirscharten, und ungewöhnlich ist, daß die Weibchen ihre Reviere während des ganzen Jahres beibehalten, die nicht territorial gebundenen männlichen Tiere aber große Gebiete durchwandern. Aufgrund der schlechten Lebensbedingungen im Winter schließen sie sich dann zu losen Rudeln von bis zu 30 Tieren zusammen. Die Position eines Tieres in der sozialen Rangordnung einer solchen Herde richtet sich danach, wann es im Revier angekommen ist und wie weit es vorher davon entfernt war.

Die Brunftzeit der Rehe liegt zwischen Mitte Juli und Mitte August, und im Oktober findet eine zweite »Scheinbrunft« statt. Im Bereich der Brunftplätze werden die Böcke unruhig, verteilen ihren Duft auf Pflanzen und scharren mit den Vorderläufen. Das Reh ist das einzige europäische Huftier, bei dem das befruchtete Ei längere Zeit in einem Ruhestadium verharrt, damit der Embryo sich erst gegen Ende des Jahres schneller entwickelt und die Geburt in den Mai oder Juni fällt. Die Jungen oder »Kitze« haben ein weißgeflecktes Fell und sind so an ihren im Unterholz versteckten Lagerstätten gut getarnt. Das Muttertier, die »Ricke«, äst immer in ihrer Nähe. Ungefähr 20 % der Ricken werfen Zwillinge, aber es kommt selten vor, daß beide Kitze überleben, denn sie sind sehr klein und eine leichte Beute für viele Raubtiere und fallen oft auch wildernden Hunden zum Opfer. Die Jungen, die am Leben bleiben, werden den ganzen Winter hindurch gesäugt und sind im Alter von 14 Monaten fortpflanzungsfähig. Die Lebenserwartung der Rehe ist unbekannt. Manchmal werden Tiere entdeckt, deren Alter auf ca. 10 Jahre geschätzt wird.

Kreis- oder 8-förmige Pfade um Bäume oder Sträucher werden als Brunftringe bezeichnet und entstehen durch die Werbungszeremonie der Rehpaare.

Am Hinterteil der Rehgeiß befindet sich eine weiße Fläche (»Blume«), die die Form eines umgedrehten Herzens hat (oben), *während die des Rehbocks gelblich und nierenförmig ist* (darunter).

Während der Brunft scharrt der Rehbock auffallend häufig auf dem Boden. Er bringt auf diese Weise Markierungen an, denn Rehe besitzen besonders starke Duftdrüsen an den Füßen.

Wie alle Rotwildarten ist auch das Reh Zehenspitzengänger. In der Abbildung ist der ganze Fuß dargestellt, von der Zehe bis zum Sprungbein. Die Afterklauen befinden sich so hoch oben, so daß sie nur dann den Boden berühren, wenn die Tiere tief einsinken.

Auch beim Rehbock ist das wachsende Geweih von einer derben behaarten Haut, dem sogenannten Bast, bedeckt.

In der Zeit, in der das Geweih noch vom Bast umgeben ist, wird es nicht zum Kämpfen benutzt. Die Gegner erheben sich dann häufig auf den Hinterbeinen und »boxen« mit den Vorderläufen. Bei Damwild findet man eine wesentlich größere Farbpalette als bei allen anderen Hirscharten.

Obwohl Damhirsche sehr gut springen können, ziehen Sie es vor, unter einem Hindernis hindurchzulaufen.

Das gefleckte Fell des Damhirschkalbs ist eine gute Tarnung. Während der ersten beiden Lebenswochen liegt das Kalb im Unterholz versteckt, danach kann es seiner Mutter folgen.

Beim Laufen (nicht aber bei der hastigen Flucht) springt das Damwild oft ein paar Sätze weit mit allen vieren gleichzeitig hoch und bleibt dann wieder stehen. Im allgemeinen bewegen sie sich eher durch Springen fort, als durch Laufen.

Die Kotkügelchen des Damhirsch-Männchens sind bis zu 16 mm lang und an einem Ende eingedrückt, die des Weibchens kleiner und fast rund.

ELCHE UND RENTIERE
Familie Cervidae

Das Ren und der Elch kommen in Nordeuropa, in vielen Teilen Asiens und in Nordamerika vor. Der amerikanische Name des Rens ist »Karibu«, der des Elchs »moose«.

Der Elch ist mit einer Körperlänge von 280 cm und einer Schulterhöhe von bis zu 220 cm der größte aller heute existierenden Hirsche. Er lebt in sumpfreichen, von Flüssen und Seen unterbrochenen Waldgebieten. Elche ernähren sich von Pappeln, Espen und Weiden, von denen sie bei Tag und Nacht Laub und Triebe abreißen. Außerdem fressen sie Ufervegetation und sogar Wasserpflanzen, wobei die Tiere im Wasser stehen und mit dem ganzen Kopf untertauchen, um an Stiele und Wurzelstöcke zu gelangen. Im Herbst, wenn die Blätter der Laubwälder abfallen, beginnt der Elch, Schößlinge und Rinden von Nadelhölzern zu fressen.

Elche sind weniger gesellig als andere große Hirscharten und leben gewöhnlich als Einzelgänger. Gegen Ende des Sommers, wenn sie vom vielen Fressen gut genährt sind, verkünden die männlichen Tiere ihre Paarungsbereitschaft durch ein dumpfes Röhren. Elchbullen liefern sich oft heftige Kämpfe, nicht aber um einen Harem, sondern immer nur um ein einziges Weibchen. Nach der Paarung trennen sich die beiden Tiere wieder, und der Bulle sucht sich eine neue Gefährtin. Die Brunft ist im September, und während dieser Zeit nehmen die männlichen Tiere keine Nahrung zu sich, und danach sind alle ihre Energiereserven erschöpft. Bevor der nordische Winter anbricht, den viele von ihnen nicht überleben könnten, ziehen die Tiere in weiter südlich gelegene Wälder.

Im Mai, nach einer Tragzeit von etwa 8 Monaten werden die Kälber, meistens Zwillinge, geboren. Die Jungen sind, im Gegensatz zu denen der meisten anderen Hirsche, ungefleckt, fallen aber in den ersten Lebenstagen ebensooft Raubtieren zum Opfer, hauptsächlich Bären und Wölfen. Erwachsene Elche werden nur von Wölfen und vom Menschen bedroht. Aufgrund menschlicher Aktivitäten kommt der Elch in Deutschland und Frankreich nicht mehr vor. In den noch verbliebenen Verbreitungsgebieten wird die Elchjagd nun streng überwacht und die Bestände erholen sich so schnell, daß die Tiere in Teilen Skandinaviens bereits als Verkehrshindernis betrachtet werden.

Das Ren ist die Hirschart, die am weitesten nördlich lebt, und es zeigt einen noch ausgeprägteren Wandertrieb als der Elch. Wenn der Winter naht, ziehen riesige Herden aus der unwirtlichen Tundra in südlichere Regionen. Die wandernden Rentiere sind die Nahrung vieler Raubtiere, aber auch des Menschen, der in dieser Zeit als Nomade lebt und mit den Herden zieht, von denen er dann vollkommen abhängig ist. Rentiere sind Fleisch-, Milch- und Fellieferanten, Zug-, Last- und Reittiere. Manche werden auch auf bestimmte Leistungen hin gezüchtet. Die domestizierten Tiere sind kleiner als die ursprünglichen Wildformen, die eine Körperlänge von etwa 210 cm und eine Schulterhöhe von bis zu 120 cm erreichen. Mit der Domestizierung ist auch die graubraune Wildfarbe verloren gegangen, die bei anderen Haustieren bestehende Vielfalt an Züchtungen zeigt sich allerdings noch nicht.

Im Gegensatz zu allen anderen Hirscharten tragen beide Geschlechter ein Geweih, doch ist das der Renkuh kleiner, als das des Renhirsches. Nach der von September bis Oktober dauernden Brunft werfen die Männchen ihr Geweih ab, das erst im Frühling neu gebildet wird. Das Weibchen dagegen behält das Geweih und wirft es erst im Frühsommer ab, nach der Geburt ihres (einzelnen) Jungen. Das Kalb wird 12 Monate lang gesäugt und erreicht seine Geschlechtsreife am Ende des zweiten Lebensjahrs.

Die Nahrung des Rentiers verändert sich mit seiner Umgebung und setzt sich im Sommer aus Gräsern, Riedgras und vielen breitblättrigen Pflanzen zusammen. Im Winter werden Knospen, Schößlinge und Flechten, das sogenannte Rentiermoos, gefressen.

Das Ren ist die einzige Hirschart, bei der auch die weiblichen Tiere ein Geweih tragen.

Im Winter müssen Rentiere ihre Nahrung freischarren.

Wenn das Geweih ausgewachsen ist, stirbt der Bast ab und muß entfernt werden. Hier fegt ein Elch den Bast an einem Baum ab.

Die Zehen des Rens sind weit spreizbar, wodurch ein tiefes Einsinken in weichem Boden verhindert wird. Die beiden Hufe eines Fußes sind nur locker miteinander verbunden. Beim Anheben des Fußes schlagen die Hornmäntel aneinander und verursachen ein charakteristisches Geklapper.

Der Elch ist der mächtigste aller Hirscharten. Er bewohnt feuchte Waldgebiete; im Sommer watet er häufig im Wasser, um die darin wachsenden Pflanzen zu äsen und um den quälenden Stechfliegen zu entkommen.

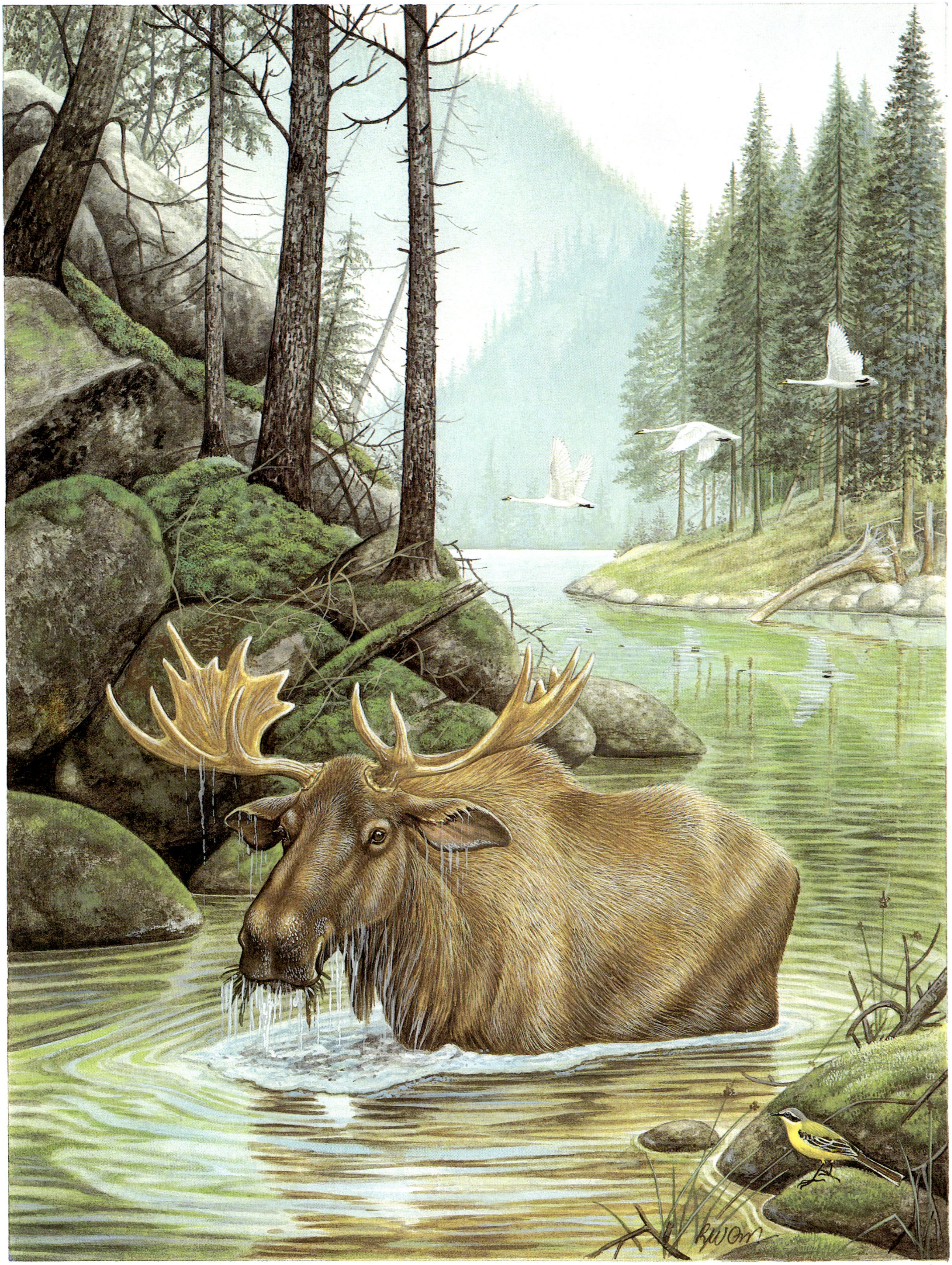

EXOTISCHE HIRSCHE
Familie Cervidae

Im letzten Jahrhundert war es eine weitverbreitete Ansicht, man könne die Nahrungsmittelerträge der Welt steigern, indem man geeignete Tierarten in neuen Gebieten ansiedelt. Mit dem Gedanken, Tiere anderer Erdteile nach Europa einzuführen und europäische Tiere zu exportieren, wurden »Akklimatisations-Gesellschaften« gegründet. Im Vorfeld ihrer Programme standen unter anderem die Hirsche, denn sie waren eine der relativ wenigen Tierarten, die sich in fremden Lebensräumen gut entfalteten. Manchmal entwickelten sie sich zu gut, und so werden beispielsweise die Rothirsche in Neuseeland heute als Plage betrachtet. Auch in Europa wurden exotische Hirsche eingeführt, zunächst als Attraktion für Gutsbesitze und Ländereien. Zwangsläufig entkamen einige dieser Tiere und haben sich überall in den europäischen Wäldern angesiedelt. In vielen Fällen haben sie sich gerade dort niedergelassen, wo ebenfalls exotische Nadelhölzer angepflanzt worden waren.

Der Sikahirsch, der ursprünglich aus Ostasien stammt, bewohnt viele Gebiete Westeuropas, einschließlich Großbritannien und Irland. Er hat eine Körperlänge von etwa 120 cm und eine Schulterhöhe von 85 cm und ist somit kleiner als der nahe verwandte Rothirsch, mit dem er sich gelegentlich kreuzt. Das Geweih ist kleiner, hat aber eine ähnliche Form, das Fell ist im Sommer getüpfelt, im Winter graubraun. Außerdem lassen sich beide Arten durch die Farben ihrer Hinterteile voneinander unterscheiden, das beim Sikahirsch reinweiß, bei den einheimischen Tieren dagegen gelblich ist. Sikahirsche leben gewöhnlich in kleinen Rudeln. Tagsüber bleiben sie in ihren Verstecken und kommen erst nachts hervor, um auf Waldlichtungen oder in offenem Gelände nahe der Waldränder zu äsen.

Der Axishirsch gehört zur Gattung der Fleckenhirsche. Auch er ist eine aus Indien stammende Spezies, die man häufig in Wildparks antrifft. Er hat sich in den Waldgebieten verschiedener Teile Zentraleuropas, einschließlich Nordjugoslawiens niedergelassen. Er ist etwas kleiner als das Damwild, ähnelt diesem aber in seiner Lebensweise, und sein Fell hat ebenfalls leuchtend weiße Tupfen, die es allerdings während des ganzen Jahres beibehält. Das Hinterteil ist nicht ganz so weiß wie das des Damhirschs, und das schmale Geweih ist nicht abgeflacht.

Der Weißwedelhirsch, der in Nordamerika die am weitesten verbreitete Hirschart ist, wurde an einigen Plätzen Europas angesiedelt, auch in Großbritannien und Finnland. Er hat etwa die Größe eines Damhirschs und ein leuchtendbraunes, ungeflecktes Sommerfell, das im Winter grau wird. Die weiße Fläche an seinem Hinterteil wird beim Äsen fast vollständig von dem buschigen Schwanz verdeckt. Dieser wird jedoch auf der Flucht mit gespreiztem Haar hochgestellt, so daß seine weiße Unterseite sichtbar wird. Die obere Hälfte des Geweihs ist nach vorne geneigt, und es hat auch sonst wenig Ähnlichkeit mit dem europäischer Hirsche.

Zwei sehr kleine Hirscharten sind der Muntjak und der Chinesische Wasserhirsch. Beide kommen aus den östlichen Teilen Asiens und wurden in Großbritannien angesiedelt. Ebenfalls beide sind sehr scheue Einzelgänger, und deshalb sieht man sie selten. Der Chinesische Wasserhirsch ist etwas kleiner als ein Reh, der Muntjak kaum größer als ein Fuchs. Charakteristisch für den Muntjak ist das kleine, spießartige Geweih und die sehr langen Rosenstöcke. Der Wasserhirschbock hat kein Geweih und benutzt beim Kampf seine starken, hauerartigen Eckzähne. Beide Spezies äsen viele unterschiedliche Sträucher und Baumfrüchte, einschließlich Eicheln. Im Vergleich zu den meisten anderen Hirschen vermehren sie sich sehr rasch. Beim Muntjak gibt es keine bestimmte Brunftzeit, und nachdem das Weibchen ihr Kalb geworfen hat, paart es sich innerhalb der darauffolgenden Tage von neuem. Ein Muntjak-Weibchen setzt jährlich mindestens 2 Junge. Die Chinesische Wasserhirschkuh wirft im Mai oder Juni und dann gewöhnlich Zwillinge. Häufig sind es aber auch 3 oder 4 Junge, und es gibt sogar Berichte von bis zu 6 Kälbern in einem Wurf. Solche Mehrlingsgeburten kommen bei keiner anderen Hirschart vor.

Die »Rechtsstellung« der Hirsche hat sich im Laufe der Jahrhunderte erheblich verändert. Im Mittelalter waren sie Beutetiere der Könige. Später war ihr Ansehen kaum höher als das von Schädlingen, die auf jede Art und zu jeder Zeit zu töten seien. Heute ist man der Meinung, daß sie zwar den wachsenden Bäumen großen Schaden zufügen, daß dieser in gesunden Wäldern aber relativ gering ist, die Tiere selbst andererseits aber einen natürlichen Bestandteil des Waldes darstellen. In vielen Gebieten werden Hirsche heute durch Gesetze geschützt. Zum einen werden die Bestände der einzelnen Arten überwacht, so daß das Gleichgewicht mit ihrer Umwelt bestehenbleibt, zum anderen wird einer unmenschlichen Massenbejagung vorgebeugt. Als Ergebnis dieser Bemühungen wächst die Anzahl der Hirsche in den meisten Teilen Europas. Die vor kurzem eingetretene Haustierhaltung dient Fleisch-, Fell- und Milchgewinnung. In der Sowjetunion werden Elche domestiziert. In Großbritannien werden Rothirsche seit einiger Zeit auf Fügsamkeit hin gezüchtet und auf die Bereitschaft, in kleinen Gebieten zu leben, denn diese Faktoren sind für die Haustierhaltung von besonderer Bedeutung.

Die meisten Hirscharten haben Duftdrüsen an den Hinterbeinen und -füßen und unter den Augen, Rehböcke noch zusätzliche zwischen den Rosenstöcken.

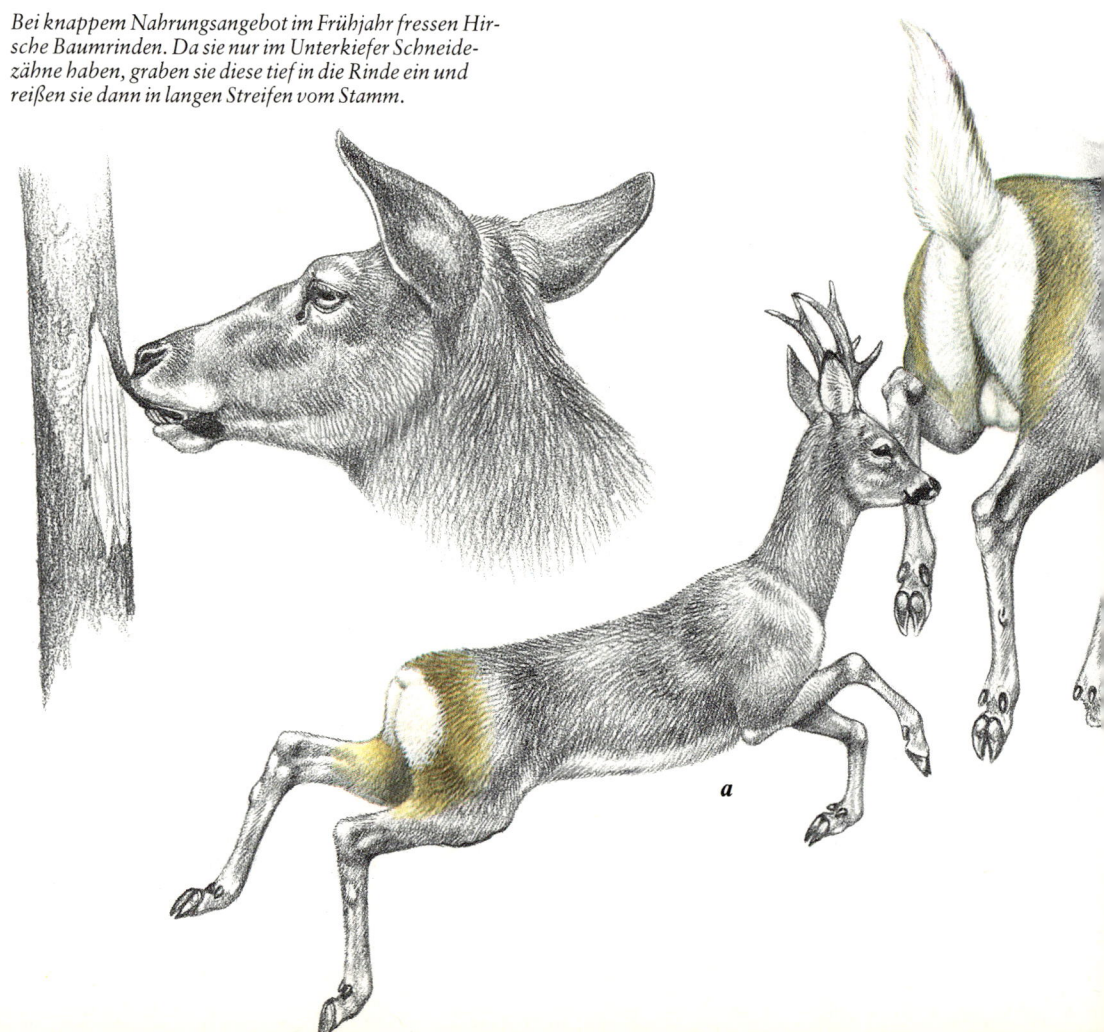

Bei knappem Nahrungsangebot im Frühjahr fressen Hirsche Baumrinden. Da sie nur im Unterkiefer Schneidezähne haben, graben sie diese tief in die Rinde ein und reißen sie dann in langen Streifen vom Stamm.

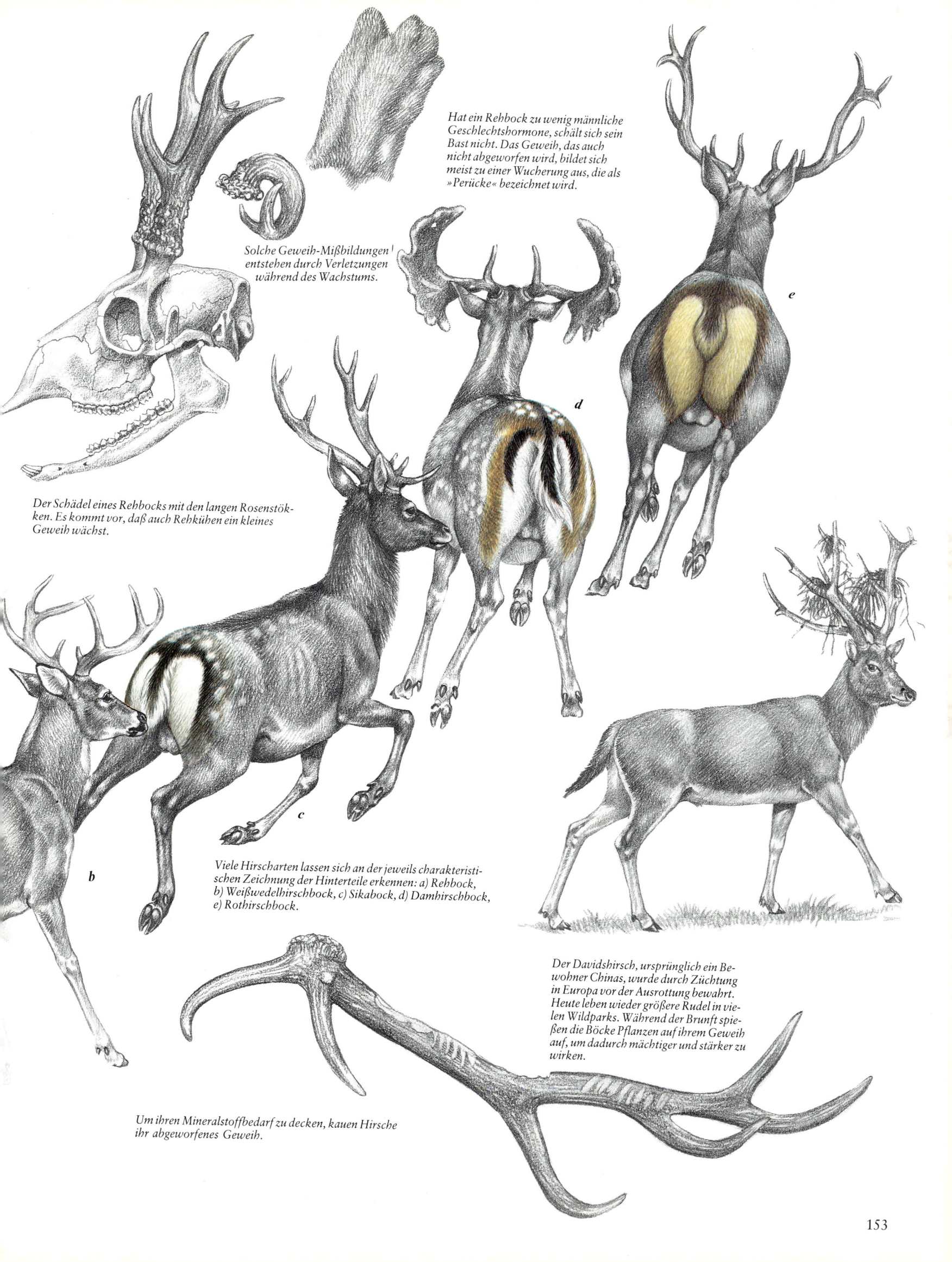

Hat ein Rehbock zu wenig männliche Geschlechtshormone, schält sich sein Bast nicht. Das Geweih, das auch nicht abgeworfen wird, bildet sich meist zu einer Wucherung aus, die als »Perücke« bezeichnet wird.

Solche Geweih-Mißbildungen entstehen durch Verletzungen während des Wachstums.

Der Schädel eines Rehbocks mit den langen Rosenstöcken. Es kommt vor, daß auch Rehkühen ein kleines Geweih wächst.

Viele Hirscharten lassen sich an der jeweils charakteristischen Zeichnung der Hinterteile erkennen: a) Rehbock, b) Weißwedelhirschbock, c) Sikabock, d) Damhirschbock, e) Rothirschbock.

Der Davidshirsch, ursprünglich ein Bewohner Chinas, wurde durch Züchtung in Europa vor der Ausrottung bewahrt. Heute leben wieder größere Rudel in vielen Wildparks. Während der Brunft spießen die Böcke Pflanzen auf ihrem Geweih auf, um dadurch mächtiger und stärker zu wirken.

Um ihren Mineralstoffbedarf zu decken, kauen Hirsche ihr abgeworfenes Geweih.

153

RINDER
Familie Bovidae

Horntragende Wiederkäuer waren in Europa niemals in solcher Fülle und so artenreich vertreten wie geweihtragende, und die Arten, die bis heute als Wildtiere überlebt haben, sind extrem selten. Der Moschusochse, der am Ende der Eiszeit in Europa weit verbreitet war, starb dort in vorgeschichtlicher Zeit aus, überlebte allerdings in Grönland und Nordamerika. Im Jahre 1929 wurde eine kleine Herde in Spitzbergen ausgesetzt, eine weitere 1932 im Süden Norwegens, die sich dann über die Grenze nach Südschweden ausbreitete. Es ist jedoch unwahrscheinlich, daß sich die Tiere jemals wieder sehr weit über Europa verbreiten werden.

Der Moschusochse ist klein, hat mächtige Hörner, und sein dichtes, zottiges Haarkleid ermöglicht ihm, selbst härteste Winter zu überstehen. Während des ganzen Jahres leben Bullen und Kühe in kleineren Gruppen zusammen, die sich dann im Winter an geschützteren Orten zu größeren Herden zusammenschließen. Die Brunft findet im Sommer statt, und die Kälber werden im darauffolgenden Mai geboren.

Der Auerochs oder Ur, auf den alle domestizierten Rinderrassen zurückzuführen sind, ist in der Mitte des 17. Jahrhunderts ausgestorben. An wenigen Orten kann man noch Rückkreuzungen sehen, die den ursprünglichen Formen sehr ähnlich sind. In Schutzreservaten finden sich einige kleine Herden primitiver Rinderrassen, die in einigen Merkmalen stark an den Auerochsen, den Stammvater der heutigen auf Milch- und Fleischleistung gezüchteten Rassen, erinnern. Die meisten dieser Tiere sind sehr groß, haben ein weißes Fell, lange mächtige Hörner und außerdem einen unberechenbaren Charakter.

Dem europäischen Wisent erging es etwas besser. Zwar ist er nahe verwandt mit dem nordamerikanischen Bison und sieht ihm auch sehr ähnlich, kam jedoch viel seltener vor. Der Wisent bevorzugt waldreiche Gebiete und ist ziemlich standorttreu. Sein ursprüngliches Verbreitungsgebiet beinhaltete die meisten Laubwaldgebiete Europas, ausgenommen Großbritanniens. Zu Anfang des 20. Jahrhunderts wurden die Wisente bis auf eine kleine Anzahl ausgerottet, und die meisten der in Ostpolen überlebenden Tiere wurden während des Ersten Weltkriegs getötet. Bis zur Mitte der 20er Jahre starben die verbleibenden kleinen Herden Litauens und des Kaukasus aus. Die Spezies der Wisente wurde jedoch nicht vollständig ausgerottet, denn einige Tiere haben in Zoos und Wildparks überlebt. Durch die Zusammenarbeit dieser zoologischen Gärten gelang es, Nachkommen der überlebenden Wisente wieder in Polen im Wildpark von Bialowieza auszusetzen. Die Herde wurde zunächst eingezäunt und überwacht, dann aber freigelassen, und ihr Bestand wächst kräftig. Eine zweite kleine Herde lebt heute wieder in Litauen. Zahlreiche Wisente sind in Gefangenschaft verblieben, und durch die Führung eines Zuchtbuchs wird ihre Fortpflanzung beobachtet und eine übermäßige Inzucht vermieden. Nach den letzten Berechnungen gibt es heute auf der ganzen Welt wieder etwa 2000 Tiere.

Das Sozialgefüge der Wisente ähnelt dem der Rothirsche. Die weiblichen Tiere leben während des ganzen Jahres in kleinen Herden, wogegen die männlichen, außer in der Brunft im August, Einsiedler sind. Um diese Zeit schlagen die Bullen auf Bäume ein und wühlen den Boden mit ihren Hörnern auf, um ihre Brunftplätze zu markieren. Im Mai oder Juni sondern sich die Kühe für kurze Zeit von der Herde ab und bringen jeweils ein einzelnes Kalb zur Welt. Die Jungen folgen ihren Müttern bald und sind bereits im Herbst entwöhnt. Nach 3 Jahren ist der Wisent geschlechtsreif, sein Wachstum ist jedoch vergleichsweise langsam. Das Tier erreicht seine volle Größe erst im Alter von 6 Jahren, dann hat es eine Länge von bis zu 250 cm und eine Schulterhöhe von ca. 190 cm.

Wisente ruhen gewöhnlich tagsüber und sind hauptsächlich in der Dämmerung und nachts aktiv. Sie ernähren sich von Blättern und Trieben vieler Laubbäume und im Herbst auch von Eicheln und Bucheckern. Im Winter fressen sie Heidekraut und Nadelhölzer.

Wenn sie sich bedroht fühlen formieren sich Moschusochsen zu einem engen Kreis. Die Köpfe zeigen nach außen, um dem Feind die breite Brust und die mächtigen Hörner zu zeigen. Über den eng zusammengedrängten Körpern bildet sich in der kalten Luft eine Dampfwolke.

Der Moschusochse zeigt, wie alle arktischen Tiere, einen gedrungenen Körperbau. Sein langes, dichtes Fell schützt ihn gut vor dem rauhen Klima. Das äußere Haarkleid ist grob, darunter liegt ein Mantel feiner Unterwolle, die von den Eskimos zur Herstellung von Kleidung verwendet wird.

Männliche Moschusochsen leben im allgemeinen friedlich miteinander. Nur in der Brunstzeit im Juli und August tragen sie heftige Rivalitätskämpfe aus.

Der Wisent wird in vielen zoologischen Gärten gehalten. Nachkommen dieser in Gefangenschaft lebender Tiere wurden in den Waldreservaten Polens und Litauens wieder angesiedelt. Staubbäder stellen im Sommer einen wichtigen Teil der Körperpflege dar.

155

SCHAFE UND ZIEGEN
Familie Bovidae

Wildschafe bewohnten früher höchstwahrscheinlich die Steppengebiete vieler Teile Süd- und Osteuropas. Aber die wenigen wirklich wilden Bestände, die heute noch am Leben sind, haben sich in die Bergregionen zwischen Westasien und der Mongolei zurückgezogen. Das letzte europäische Wildschaf, der Mufflon, lebt nur noch auf Korsika, Sardinien und Zypern. Seine Herkunft ist noch ungeklärt, aber wahrscheinlich stammt er von frühen domestizierten Formen ab, die vom Menschen auf diese Inseln gebracht wurden. Der Mufflon hat sich im Vergleich mit seinen wildlebenden Vorfahren nur wenig verändert, und noch heute ist sein Fell eher haarig als wollig. Vor einigen Jahren wurde das Muffelwild in Frankreich, Deutschland und an einigen Stellen Süd- und Osteuropas wieder eingebürgert. Es hat sich aus ökologischer Sicht als sehr vielseitig erwiesen, da es sich im allgemeinen in dichten, gestrüppreichen Waldgebieten angesiedelt hat, wo es jedoch hauptsächlich auf Lichtungen grast und keine Holzpflanzen anfrißt oder Baumtriebe abreißt. Die Brunftzeit liegt kurz vor dem Winteranfang, und die Lämmer, meist Zwillinge, werden im April geboren. Mufflons werden mit etwa 18 Monaten geschlechtsreif. Ausgewachsen sind sie bis zu 120 cm lang und haben eine Schulterhöhe von etwa 70 cm.

Die wildlebenden Vorläufer der Hausziegen, die Bezoarziegen, haben in Europa nur noch auf einigen Mittelmeerinseln überlebt, aber außerhalb dieses Kontinents kommen sie in den kargen Gebirgen der Türkei, des Iran und der südlichen Sowjetunion vor.

Die Bezoarziege unterscheidet sich vom Steinbock und von den Hausziegen durch ihren kräftigen Kinnbart und ihre säbelartig nach hinten gerichteten Hörner. Diese erreichen beim Bock eine Länge von ca. 60 cm, das Gehörn der Geiß ist allerdings viel kürzer. Bezoarziegen sind zwar sehr aktiv, aber auch besonders wachsam. Der einzige Schutz für die Restbestände der Art besteht in der Abgelegenheit der Lebensräume, in die sie sich zurückgezogen haben. Zwar gibt es gesetzliche Schutzverordnungen, aber diese werden häufig mißachtet, so daß die Anzahl der Wildziegen ständig weiter abnimmt.

Brunftzeit ist im November, und im darauffolgenden Mai gebiert die Geiß meist Zwillinge. Schon innerhalb von 3 Tagen können die Kitze den Müttern folgen und bleiben bis zu einem Jahr lang bei ihnen, obwohl sie bereits lange vorher der Muttermilch entwöhnt werden und das herbe, rauhe Futter der trockenen, kargen Hügel äsen. Es wird angenommen, daß die meisten Wildbestände zu einem gewissen Grad von den domestizierten Tieren abstammen, denn frühere Kreuzungen zwischen Wild- und Hausziegen waren absolut fruchtbar.

Hausziegen sind sehr genügsam, versorgen sich selbst und brechen oft aus der Gefangenschaft aus. Folglich finden sich in zahlreichen abgelegenen Gebieten verwilderte Herden. In Großbritannien kommen sie im Hochland von Wales, Schottland und Irland vor, wo sie oft Gelände bewohnen, das sogar für Hochlandschafe zu rauh und zu felsig ist. Wo sie keine Konkurrenten vorfinden, äsen sie allerdings auch in tiefergelegenen Weidegebieten. Viele halbwilde Ziegenarten haben ein zottiges, geschecktes Haarkleid.

Der Alpensteinbock war einst in den Bergen Süd- und Zentraleuropas verbreitet. Durch drastische Schutzbestimmungen konnte ein Aussterben dieser Tierart gerade noch verhindert werden. Das wurde als einer der größten Erfolge der Naturschutzbewegung angesehen.

Steinböcke sind wegen ihrer großen Geschicklichkeit in felsigem Gelände sehr beeindruckende Tiere. Ihre Körperlänge beträgt bis zu 150 cm, die Schulterhöhe bis zu 80 cm. Ihre säbelförmig nach hinten gebogenen Hörner haben mächtige Querleisten und erreichen eine Länge von bis zu 75 cm. Im allgemeinen lebt der Steinbock in Rudeln oberhalb der Waldgrenze und ist deshalb ein gutes Ziel für Jäger. Zu Anfang dieses Jahrhunderts wurden die Tiere beinahe völlig ausgerottet, und nur ganz wenige Exemplare hatten in den italienischen Alpen überlebt. Wegen der sorgfältigen und strengen Schutzmaßnahmen in Italien haben sich die Bestände wieder vermehrt, und Tiere aus dieser Population wurden in einigen Gebirgszügen Frankreichs, der Schweiz und Deutschlands wiederangesiedelt.

Steinböcke bilden getrenntgeschlechtliche Rudel. Die männlichen Tiere leben in der Regel in höheren Zonen als die weiblichen. Beide steigen nachts in tiefere Regionen ab, meiden jedoch die unterhalb der Waldgrenze liegenden Gebiete. Sie fressen verschiedene Arten von Hochgebirgsvegetation, im Winter größtenteils Flechten. Die Brunftzeit fällt in den Dezember und Januar und nach einer Tragzeit von etwa 6 Monaten gebiert die Geiß häufig Zwillinge.

Der etwas kleinere Iberische Steinbock kommt in nur noch geringer Zahl in Spanien vor. Er wird durch gesetzliche Maßnahmen strengstens geschützt und langsam erholen sich seine Bestände.

Der Iberische Steinbock lebt nur noch in kleinen isolierten Gruppen in einzelnen Teilen der Iberischen Halbinsel. Die heutige Form seiner Hörner hat sich wahrscheinlich durch Kreuzungen mit Hausziegen entwickelt.

Wildziegen haben säbelartig nach hinten gerichtete Hörner und je einen dunklen Streifen auf dem Rücken und über der Schulter.

Verwilderte Ziegen haben spiralenförmig nach außen gedrehte Hörner.

Mufflonwidder haben mächtige Hörner und helle »Sattelflecken« an beiden Flanken. Weibliche und junge männliche Tiere besitzen diese Flecken nicht. Nur speziell bei den auf Korsika lebenden Tieren tragen auch die Weibchen ein Gehörn.

Alpensteinböcke leben in der Regel in noch höheren Gebirgsregionen als Wildziegen. Obwohl die Brunftzeit in der Mitte des Winters liegt, tragen die männlichen Tiere zu allen Jahreszeiten Rivalitätskämpfe aus, indem sie mit den Hörnern aufeinander losgehen.

157

GEMSEN
Familie Bovidae

Gemsen sind schon auf den ersten Blick von allen anderen ziegenartigen Hochgebirgstieren zu unterscheiden. Ihre eigentümlichen Hörner sind an den Spitzen hakenförmig gebogen und ihr Gesicht hat eine auffällige gestreifte Zeichnung. Gemsen sind kleiner und schmäler als Steinböcke, haben eine Körperlänge von bis zu 130 cm und eine Schulterhöhe von bis zu 80 cm. Viele kleine Populationen finden sich in weiten Teilen der europäischen Gebirge, wobei die Hohe Tatra die nördlichste Grenze ihres Verbreitungsgebiets bildet. Obwohl auch die Gemsen in großem Umfang verfolgt wurden, erging es ihnen dennoch besser als ihren nahen Verwandten. Das hängt wahrscheinlich damit zusammen, daß sie sich häufig in Waldregionen aufhalten, wo sie sich sowohl bedrohlichen Klimasituationen als auch der Aufmerksamkeit der Jäger entziehen.

Untersuchungen im Hochgebirge haben gezeigt, daß eine Gemse ein 4,5 km² großes Revier bewohnt. Die Tiere leben sehr gesellig und bilden kleine Trupps, die dann entsprechend große Territorien besetzen. Ihr Sozialgefüge ist nicht streng geregelt; besondere Bindungen bestehen nur zwischen den Geißen und Kitzen, die etwa 80 % des Rudels bilden. Das Ungleichgewicht zwischen den Geschlechtern beruht offensichtlich auf einer hohen Sterblichkeitsrate der Böcke während der strengen Winter. Dann nämlich sind sie von der Anstrengung während der Brunft geschwächt, und oft kommt ein massiver Parasitenbefall hinzu. Im Sommer halten sich Gemsen weitgehend in großen Höhen auf, sind allerdings im steilen und felsigen Gelände weniger geschickt als Steinböcke. Dennoch äsen sie oft an schwindelerregenden Steilhängen und Felsvorsprüngen. Im Gegensatz zum Steinbock, der offensichtlich die Wärme liebt, meiden Gemsen sonnenbestrahlte Felsen und lassen sich oft im Schatten oder auf Eisfeldern nieder. Das helle Sommerkleid wird im Herbst gewechselt, das Winterkleid ist dunkler, länger und reich an Unterwolle.

Nach diesem Haarwechsel beginnt die Brunftzeit. Die Gamsböcke markieren bestimmte Areale mit dem Duftsekret zweier Drüsen am Hinterkopf, und versuchen, kleine Gruppen von Weibchen an diesen Brunftplätzen zu versammeln. Das Imponiergehabe der männlichen Tiere besteht darin, daß sie sich anderen gegenüber so in Positur stellen, daß jeweils eine volle Körperseite zu sehen ist. Zusätzlich wird die dunkle Rückenmähne hochgestellt, um größer zu wirken, und der Kopf hoch aufgerichtet, so daß der Gegner das gestreifte Gesicht sehen kann. Bedingt durch das vielseitige Drohverhalten, das sich aus heftigem Schnauben, Stampfen, Meckern und Springen zusammensetzt, verringert sich die Notwendigkeit eines tatsächlichen Zusammenstoßes an Stellen, wo heftige Kämpfe zu einem tödlichen Absturz beider Rivalen führen könnten.

Gegen Ende der ca. 25wöchigen Tragzeit lösen sich die Weibchenrudel auf, und jede Geiß sucht eine abgelegene Stelle, an der sie ihr Junges zur Welt bringt. Die Kitze werden gewöhnlich kurz nach Tagesanbruch geboren und können bereits nach kürzester Zeit stehen. Gesäugt werden sie mit kleinen Milchportionen, das allerdings 14–16mal am Tag. Die Mutter achtet ständig scharf auf mögliche Feinde, besonders auf Adler. Innerhalb weniger Tage nach der Geburt finden sich die Geißen mit ihren Kitzen wieder zur Gruppe zusammen.

Gemsen säugen nur ihre eigenen Jungen, und beide erkennen einander, allerdings auf unterschiedliche Weise – die Geiß ihr Junges durch sorgfältiges Beriechen, das Kitz dagegen seine Mutter durch Ansehen. Gemsenmütter sind um ihre Jungen immer äußerst besorgt. Nach vermißten Kitzen suchen sie 6–8 Tage lang, wenn sie sie tot auffinden, bleiben sie ebenfalls mehrere Tage lang bei ihnen.

Im Alter von 3 Wochen beginnen die Kitze, selbständig zu äsen. Sie sind sehr verspielt und tragen oft Scheinkämpfe miteinander aus, an denen sich manchmal sogar die Muttertiere beteiligen. Im Alter von 6 Monaten kennen die Jungen alle Pfade ihres jeweiligen Lebensgebiets und sind fast ganz unabhängig. Sie werden nur noch selten gesäugt, höchstens 1–2mal am Tag. Bis zur nächsten Brunftzeit haben sie dann eigene getrenntgeschlechtliche Rudel gebildet, und die jungen Weibchen paaren sich 1–2 Jahre später. Bei großem Frost steigen die Jungtiere in niedrigere Regionen ab, aber dennoch verendet in jedem Winter ein erheblicher Teil von ihnen.

Gamsböcke zeigen sich einander in seitlicher Körperposition, um ihre auffällige Kopfzeichnung möglichst beeindruckend zur Schau zu stellen. Außerdem richten sie ihre Rückenmähne auf, um dadurch größer und furchterregend zu wirken.

Gemsen haben Duftdrüsen am Kopf hinter den Hörnern. Während der Brunft verteilen sie deren Sekrete an Zweigen und Felsen.

Mit ihren schmalen, spitzzulaufenden Hufen finden Gemsen beim Klettern an jeder kleinsten Unebenheit festen Halt. Beim Bergablaufen wird der hintere Teil des Hufs aufgesetzt, und die Afterklauen bilden eine zusätzliche Verankerung.

Die Geiß erkennt ihr Junges am Geruch, das Kitz seine Mutter jedoch durch ansehen. In einer bestimmten Entwicklungsphase fressen junge Gemsen Erde und erhalten dadurch lebenswichtige Mineralstoffe.

Bei tiefem Schnee gehen Gemsen in einer Spur hintereinander, und jedes Tier steigt genau in die Trittlöcher des führenden.

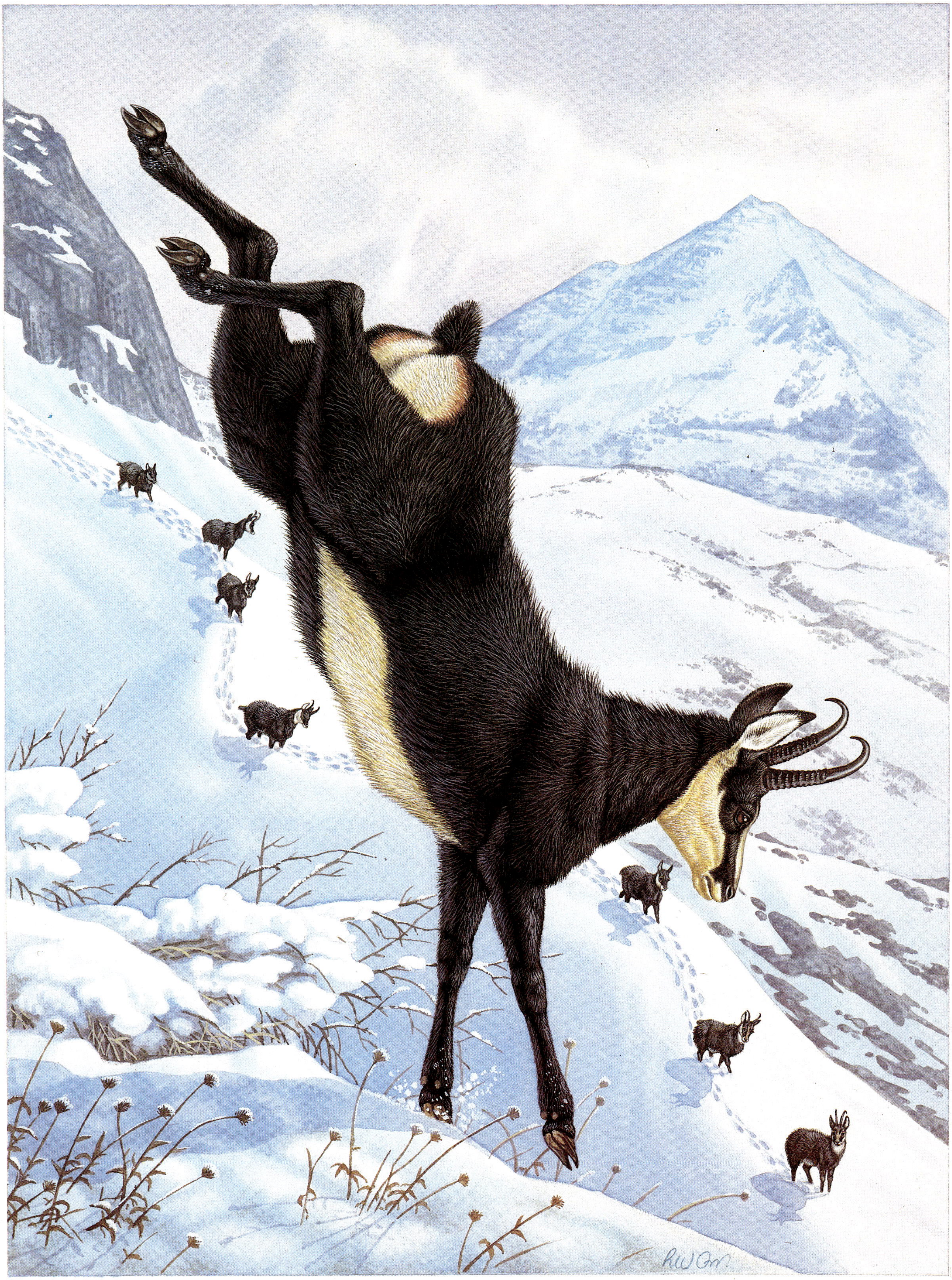

WALTIERE
Ordnung Cetacea

Die meisten Menschen verbinden mit dem Wort »Wal« ein Ungeheuer aus den Meerestiefen. Die Ordnung mit dem wissenschaftlichen Namen *Cetacea* umfaßt jedoch auch viele relativ kleine Arten, die man gewöhnlich als Schweinswale oder Delphine bezeichnet. Außer in der Größe unterscheiden sich die Waltiere auch sonst stark von anderen Säugetieren; sie haben einen stromlinienförmigen Körper und sind ganz an den Lebensraum Wasser angepaßt, außerhalb dessen sie nicht mehr lebensfähig sind. Trotz ihrer extremen Umgestaltung gehören die Waltiere dennoch zu den Säugetieren – sie sind Lungenatmer, haben warmes Blut, gebären lebendige Junge und säugen sie.

Lebende Wale bekommt man selten in ihrer ganzen Größe zu Gesicht. Normalerweise sieht man nur einen Teil ihres Rückens oder einer Seite, nämlich dann, wenn sie kurz auftauchen, um zu atmen. Näher und ausführlich betrachten kann man nur tote und gestrandete Tiere. Die Hintergliedmaßen fehlen gänzlich und werden ersetzt durch eine breite, waagerechte Schwanzflosse, die die einzige Antriebskraft für die Fortbewegung liefert. Hinter dem Kopf befinden sich zwei seitliche Brustflossen, die durch Knochen gestützt werden. Sie sind vergleichbar mit den Vordergliedmaßen anderer Säugetiere, dienen aber hauptsächlich als Steuerungs- und Gleichgewichts»instrumente«. Die Haut der Waltiere ist glatt und unbehaart, nur im Bereich der Kiefer finden sich einzelne Borsten. Ihre hohe Körpertemperatur halten sie durch eine mehr oder weniger dicke Fettschicht aufrecht, die direkt unter der Haut liegt und bei manchen Arten eine Stärke von bis zu 60 cm erreicht. Dieser Speckmantel ist mehr als eine reine Isolierschicht; sie ist von zahlreichen kleinen Blutgefäßen (Kapillaren) durchsetzt und hat eine aktive Funktion. Die Kapillaren werden zwar gewöhnlich geschlossen gehalten, bei dauernder und schneller Muskelbewegung aber, bei der viel Wärme erzeugt wird, erweitern sie sich, so daß die überschüssige Temperatur an die wassergekühlte Körperoberfläche geleitet und durch die Haut abgegeben werden kann. Die Brust-, Rücken- und Schwanzflossen besitzen zwar keine Speckschicht, bleiben aber dennoch warm, weil ihre Venen, die das sauerstoffarme Blut zu den Lungen zurückführen, in Bündel um die Arterien, die das sauerstoffreiche, warme Blut zum Gewebe transportieren, herum angeordnet sind. Das venöse Blut behält somit fast Körpertemperatur. Im Querschnitt zeigen die Gefäßbündel Form und Struktur eines mehrkanäligen Kabelstrangs.

Die Nasenöffnungen der Waltiere liegen in einer Vertiefung am höchsten Punkt des Schädels, der als Spritzloch bezeichnet wird. Vor dem Untertauchen schließt sich das Spritzloch durch ein kräftiges Ventil – würde nämlich Wasser in ihre Lungen einströmen, würden Wale ebenso wie alle anderen Säugetiere ertrinken. Der Eindruck, Wale würden beim Ausatmen eine Wasserfontäne aus ihrem Spritzloch stoßen, entstand ohne Zweifel aus Beobachtungen in den Polargebieten. Was tatsächlich ausgestoßen wird, sind verbrauchte Atemluft und Wasserdampf, die in der kalten Polarluft sofort kondensieren. Es bildet sich dadurch eine Wolke aus Wassertropfen, die als Dampffontäne oder Blast bezeichnet wird. Wenn von einem großen Tier tatsächlich regelrechtes Wasser hochgeblasen wird, so ist es das, das sich in der Mulde seines Spritzlochs befindet. Außerdem kann zusätzlich ein feiner Strahl eines öligen Schaums emporsteigen, so daß der Eindruck eines Wasserstrahls noch verstärkt wird.

Die Augen der meisten Waltiere sind im Verhältnis zum Körper sehr klein und stehen sehr weit auseinander. Mit ihnen können Wale Objekte erkennen, und zwar sowohl im als auch außerhalb des Wassers. Aber der Gesichtssinn spielt keine große Rolle, denn weder in der Dunkelheit größerer Meerestiefen, noch im langen Polarwinter wäre eine besondere Ausprägung sinnvoll. Das wichtigste Sinnesorgan der Wale ist das Gehör; die Tiere benutzen unmittelbare Töne zur Kommunikation untereinander und eine Art Echopeilung (Ultraschallpeilung) zur Ortung von Hindernissen und Beutetieren. Obwohl schon seit dem Altertum bekannt ist, daß Wale vielfältige laute Geräusche erzeugen, wie etwa Knacken, Piepsen und Pfiffe, wurden sie dennoch lange Zeit für taub gehalten, weil ihnen das äußere Ohr fehlt und der von der Schädelaußenseite ins Kopfinnere führende Gehörgang durch eine Substanz verschlossen ist, die aussieht wie Wachs. Wachs stellt eine wirksame Barriere für Schallwellen dar, und die Annahme, Wale könnten nicht hören, erschien somit vernünftig. Neue wissenschaftliche Untersuchungen haben ergeben, daß der im Gehörgang befindliche Pfropfen aber aus einer hornartigen Substanz besteht, die Schallwellen sehr gut übertragen kann.

Wale stoßen drei verschiedene Arten von Lauten aus. Ein im niedrigen Frequenzbereich liegendes Knacken ermöglicht die Orientierung in der Umgebung; Laute mit höheren Frequenzen dienen der Verständigung untereinander (bei manchen Arten, so etwa beim Pottwal, erkennen sich einzelne Tiere durch bestimmte Signaturlaute); die höchsten Laute liegen im Ultraschallbereich, gehen weit über die Gehörschwelle des Menschen hinaus und werden bei der Nahrungssuche eingesetzt.

Das Gehirn der Waltiere ist verhältnismäßig groß und hoch entwickelt, und alle Arten, die in der letzten Zeit wissenschaftlich erforscht wurden, haben sich als äußerst »intelligent« erwiesen. Wie die meisten intelligenten Tiere leben auch Wale in Sozialverbänden, »Schulen« genannt, wobei die einzelnen Gruppen unterschiedlich groß sein können. Es gibt Schulen von der Größe einer Kleinfamilie, aber auch Herden von bis zu mehreren hundert Tieren. In den meisten Fällen herrscht innerhalb der Herde eine bestimmte soziale Rangordnung.

Das Fortpflanzungsverhalten der Waltiere ist je nach Art unterschiedlich, aber bei allen gehen der Paarung Schwimmkunststücke, Geräuschsignale und Flossenzeichen voraus. Die Tragzeit beträgt etwa 1 Jahr, und danach wird ein einzelnes Junges geboren. Der Austritt aus dem Mutterleib beginnt mit der Schwanzflosse. Meist ist ein zweites weibliches Tier, eine »Tante«, bei der Unterwassergeburt dabei und hilft der Mutter, das Neugeborene sofort an die Wasseroberfläche zu heben, wo es dann zum erstenmal atmet. Bei in Gefangenschaft lebenden Delphinen hat man beobachtet, daß sich »Tanten« auch um die Jungtiere kümmern, wenn die Mütter, was selten vorkommt, einmal anderweitig beschäftigt sind. Junge Wale müssen bereits wenige Minuten nach der Geburt schwimmen und sind deshalb sehr groß und gut entwickelt. Ein junger Blauwal ist bei der Geburt 8 Tonnen schwer, ein junger Schweinswal fast halb so lang wie seine Mutter.

Die Ordnung der Waltiere umfaßt zwei große Unterordnungen: die Bartenwale und die Zahnwale. Die meisten Bartenwale sind sehr groß. Zu ihnen gehört der Blauwal, die größte Tierart, die je auf der Erde gelebt hat. Die Kiefer der Bartenwale haben keine Zähne, sondern statt dessen dreieckig geformte Hornplatten, die sogenannten »Barten« (auch bekannt unter dem Namen »Fischbein«), die vom Gaumen in den besonders großen Unterkiefer hinunterhängen. Sie stellen einen hervorragenden Seihapparat dar und filtern riesige Mengen kleiner Meereslebewesen aus dem Wasser, das zuerst mit offenem Maul in die Mundhöhle aufgenommen und dann durch die engstehenden Barten hindurch wieder herausgedrückt wird. Die Zahnwale, unter denen sich auch viele relativ kleine Tiere befinden, haben lange Reihen gleichförmiger, spitzer Zähne und ernähren sich von Fischen und Tintenfischen. Bei manchen Zahnwalen sind die Zähne auf nur wenige kleine, stumpfe Exemplare reduziert oder sogar vollständig zurückgebildet. Es wird vermutet, daß diese Arten, wie wahrscheinlich auch alle anderen Waltiere, schnellschwimmende Beutetiere durch »Beschuß« mit Schallwellen verwirren und betäuben. Das würde erklären, warum sie mit ihren stark deformierten Kiefern überleben können.

Es ist wahrscheinlich, daß die ersten Begegnungen des Menschen mit Walen mit gestrandeten Exemplaren stattfanden. Später trieb er solche Arten, die in Seichtwassergebieten lebten, auf Strände zu; so begann der Walfang, der sich im 19. und frühen 20. Jahrhundert zu einer der zerstörerischsten Industrien entwickeln sollte, die der Mensch je hervorgebracht hat. Die einst riesigen Schulen wurden bis auf einige wenige dezimiert und die Wale wurden an den Rand der Ausrottung geführt. Erst jetzt, wo nur noch einzelne Vertreter der großen Arten überlebt haben, wurde der Walfang im nördlichen Atlantik nahezu eingestellt, und es bleibt zu hoffen, daß die Bestände im Laufe der Zeit wieder ihre ehemalige Größe erreichen.

161

SCHWEINSWALE
Familie Phocoenidae

Von einem Schweinswal sieht man oberhalb der Wasseroberfläche meist nur die stumpfe schwarze Rückenflosse und den dunkelglänzenden Rücken. Es kommt äußerst selten vor, daß er ganz aus dem Wasser herausspringt, wie beispielsweise Delphine es tun. Im allgemeinen bewegt er sich langsam; seine Art zu schwimmen gleicht damit der vieler luftatmender Meerestiere. Zum Einatmen steigt er an die Wasseroberfläche, um danach mit geschlossener Nasenöffnung wieder unterzutauchen. Nur in diesen, in regelmäßigen Abständen erfolgenden Atemphasen befindet sich der Kopf für kurze Zeit an der Luft.

Der Schweinswal ist der kleinste Vertreter der Waltiere, er erreicht eine maximale Körperlänge von 2 Metern und ein Höchstgewicht von 80 kg. Vergleicht man ihn mit anderen Arten, so ist sein Körperbau mehr gedrungen, die Rückenflossen breit und niedrig, die ovalen Seitenflossen sind relativ klein. Er kommt vor allen europäischen Küsten vor, vom Weißen Meer im Norden bis zum Mittelmeer und zum Schwarzen Meer. Nicht selten wandert er weit in Mündungsflüsse hinein. Schweinswale reagieren sensibler auf die zunehmende Wasserverschmutzung als andere Waltiere. In Ost- und Nordsee und im Mittelmeer sind sie heute bereits, verglichen mit den oft ziemlich großen Schulen in anderen Meeren, sehr selten. Sie sind sehr scheu, meiden den Menschen und werden nur selten lebend gefangen. Tiere, die man aus ihrem Lebensraum in tiefen Gewässern herausholen will, erleiden häufig einen Schock und sterben. Einige in Seichtwassergebieten gefangene Exemplare sind am Leben geblieben und erweisen sich in Seewasser-Aquarien als sehr sanftmütig.

Schweinswale sind für ihr außerordentlich scharfes Gehör bekannt; früher hat man sie in die Fangnetze hineingetrieben, indem man mit Stöcken auf das Wasser schlug. Bevor man sie zu den Säugetieren rechnete, galt ihr dunkles Fleisch als Delikatesse für die fleischlosen Fasttage. Aber auch heute noch sind sie die am meisten gefangenen europäischen Wale, obwohl sie als Nahrungsmittel für den Menschen keine bedeutende Rolle mehr spielen.

Aus noch unbekannter Ursache stranden Schweinswale viel häufiger als andere. Meist geraten sie auf flache Sandstrände, wobei man annimmt, daß in deren Nähe ihr auf Echopeilung basierender Orientierungssinn versagt und sie die langsam abnehmende Wassertiefe nicht erfassen können. Außerdem hat man an vielen gestrandeten Exemplaren einen massiven Parasitenbefall, besonders der Ohren und der Lungen, festgestellt, und so könnte es auch sein, daß ihre Fähigkeit, die Wassertiefe zu ermitteln, dadurch zerstört wird.

In den kurzen Kiefern des Schweinswals befinden sich zwischen 88 und 100 kleine, spatenförmige Zähne, mit denen sie Fische wie Heringe und Kabeljau und andere Meerestiere wie Tintenfische und Krebse fangen. Beim Jagen bleiben sie gewöhnlich 5–10 Minuten unter Wasser. Danach tauchen sie auf, rasten an der Wasseroberfläche und machen dabei etwa 6 tiefe Atemzüge pro Minute. Diese Atemgeräusche kann man über weite Entfernungen hören, und bei manchen Fischern heißen die Schweinswale deswegen »Pustefische«.

Wie alle anderen Waltiere werfen die Weibchen in jedem Jahr nur ein Junges. Die Tragzeit beträgt 11 Monate, und die Kälber werden im Juli oder später geboren. Das Junge tritt mit der Schwanzflosse zuerst aus, denn ansonsten würde es ertrinken, bevor es ganz aus dem Mutterleib herausgekommen wäre. Schweinswal-Kälber sind sehr groß und bei der Geburt schon fast halb so lang wie ein erwachsenes Tier. Im Alter von 3–4 Jahren erreichen sie die Geschlechtsreife und können ca. 15 Jahre lang leben.

Die einzigen natürlichen Feinde des erwachsenen Schweinswals sind Schwertwale und Haie. Er wird gelegentlich von Neunaugen befallen, kann sich jedoch offensichtlich von ihnen befreien. Zwar befinden sich an der Haut vieler Tiere Wundmale, die von den Mäulern dieser Parasiten stammen, aber es sind keine Fälle bekannt, bei denen Schweinswale dadurch erheblich geschwächt oder sogar getötet wurden.

Die Schwanzflossen der Wale werden nicht durch Knochen gestützt. Wenn sich das Körperende abwärts bewegt, verbleiben die Flossenspitzen höher als der mittlere Schwanzteil; dasselbe geschieht umgekehrt. Die Antriebswirkung dieser Schwanzbewegungen ist wie die einer Schiffsschraube.

Die Zitzen der Wale sind sehr lang und werden von den Jungen mit den »Mundwinkeln« gegriffen. Die Mutter pumpt die besonders nahrhafte Milch durch Muskelbewegungen heraus. Das Säugen findet häufig an der Wasseroberfläche statt, und die Kuh rollt auf die Seite, damit das Junge beim Trinken atmen kann. Bei sehr jungen Tieren hält sich häufig eine »Tante« in der Nähe auf.

Gestrandete Wale ersticken meist, denn ohne die Stütze des Wassers drücken die schweren Körper die Lungen stark zusammen.

Junge Schweinswale haben spatenförmige Zähne, die im Laufe der Zeit abgeflacht werden.

Wie alle Wale wirft auch der Schweinswal jährlich nur ein einzelnes Junges. Die Geburt findet im Juli oder später statt. Die Geburtsplätze sind nicht genau bekannt, aber eine große Anzahl erwachsener Tiere mit Jungen hält sich bis zum Oktober vor beiden Küsten des nördlichen Atlantiks auf.

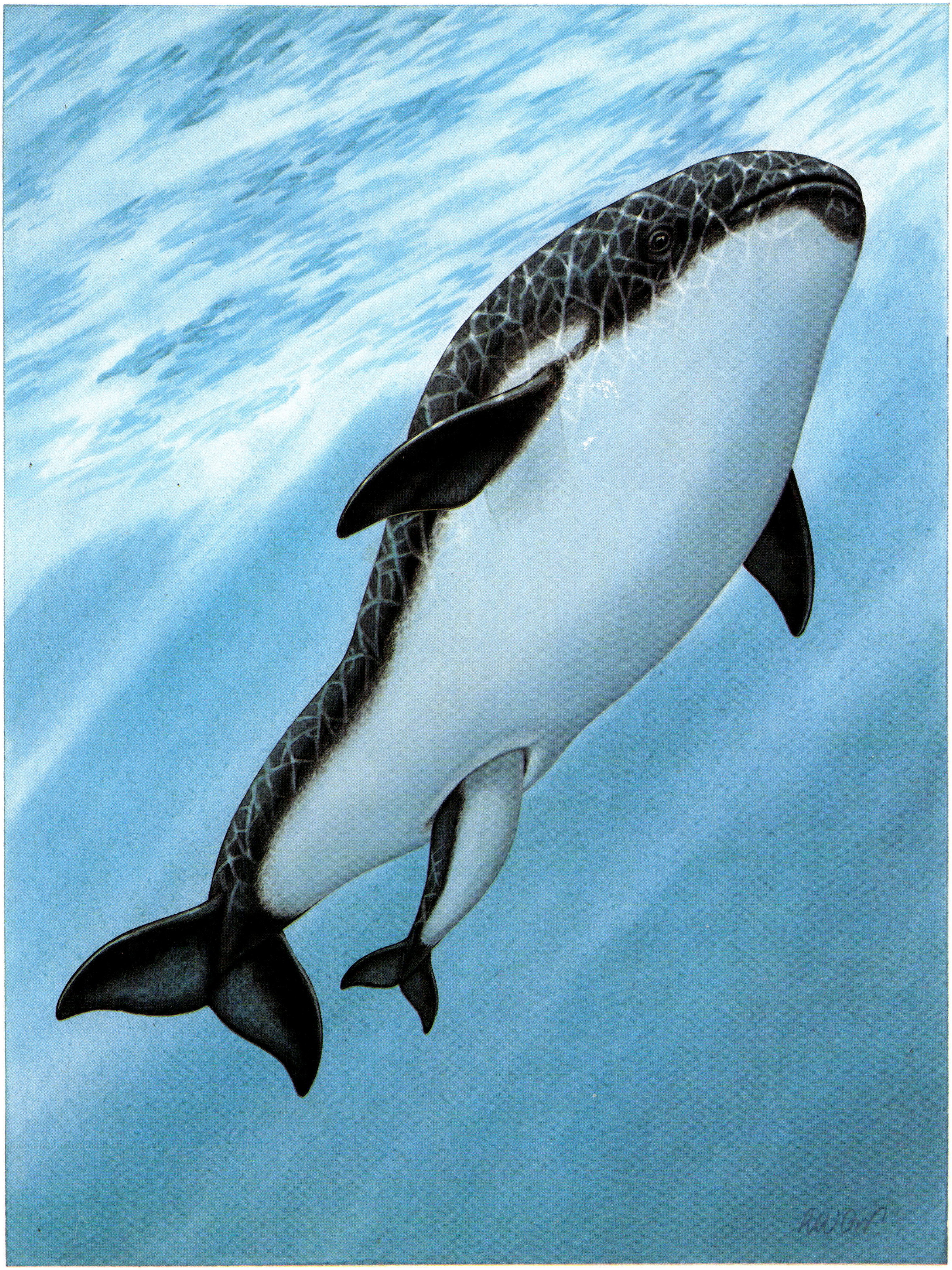

DELPHINE
Familie Delphinidae

Die meisten kleinen Waltiere gehören zur Familie der Delphine. Sie sind auch die bekanntesten, denn einige Arten kommen sehr zahlreich vor, und manche davon verhalten sich dem Menschen gegenüber sehr neugierig. Oft begleiten sie Schiffe und kommen sogar manchmal an die Küsten, um zwischen kleinen Booten und Badenden zu spielen. In den meisten Seewasser-Aquarien (Delphinarien) hält man die Großen Tümmler, die als besonders intelligent und verspielt gelten und gerne mit ihren Wärtern zusammenarbeiten. Sie lassen sich hervorragend zur Vorführung von Schwimmkunststücken dressieren und versuchen sogar, die menschliche Sprache nachzuahmen. Viele detaillierte Kenntnisse über Wale beruhen auf dem Studium dieser Spezies.

In den europäischen Gewässern finden sich 6 Delphin-Arten mit einem deutlich abgesetzten »Schnabel« und einige weitere, größere, ohne »Schnabel«. Die beiden bekanntesten sind der Eigentliche Delphin, der in gemäßigten und tropischen Gewässern weltweit verbreitet ist, und der Große Tümmler, der hauptsächlich in gemäßigten und warmen Zonen des Atlantischen Ozeans und des Mittelmeers vorkommt. Die Eigentlichen Delphine werden häufiger angetroffen; sie schwimmen in großen »Schulen«, bewegen sich sehr schnell und springen oft ganz aus dem Wasser heraus, wobei man deutlich die gelben Flecken an ihren Flanken erkennen kann. Sie sind sehr neugierig, umkreisen häufig spielerisch Schiffe und halten dabei mühelos eine Geschwindigkeit von über 20 Knoten. Zwar werden sie selten länger als 2 Meter und schwerer als 114 kg, aber es sind schon Körperlängen von bis zu 2,4 Metern festgestellt worden. Die Großen Tümmler sind größer und können bis zu einer Körperlänge von 3,7 Meter und einem Gewicht von 394 kg heranwachsen. Sie bilden gewöhnlich kleinere Gruppen und schwimmen langsamer als die Eigentlichen Delphine. Ihre Spitzengeschwindigkeit von 20 Knoten können sie nur kurze Zeit beibehalten.

Beide Arten verfügen über ein großes Repertoire von Pfeif- und Klick-Lauten, die zur Echopeilung und zur Kommunikation benutzt werden. Bei den Eigentlichen Delphinen wird sogar das Auf- und Untertauchen synchron ausgeführt. Innerhalb der Schulen beider Arten herrscht eine soziale Rangordnung. Wie bei vielen anderen Tieren mit gut ausgeprägtem Gemeinschaftsverhalten wird kranken oder jungen Gruppenmitgliedern in Gefahrensituationen geholfen. Große Tümmler zeigen so gut wie keine Angst vor dem Menschen und haben schon mehrmals Schwimmer vor dem Ertrinken gerettet. Möglicherweise erfassen sie, daß panikartig herumzappelnde Menschen in Not sind und helfen ihnen auf die gleiche Weise wie ihren Artgenossen.

Die Schulen der Eigentlichen Delphine setzen sich gewöhnlich aus Tieren jeden Alters und beiderlei Geschlechts zusammen. Anders verhält es sich bei den Großen Tümmlern. Diese bilden außerhalb der Paarungszeit getrenntgeschlechtliche Gruppen. Die Tragzeit der Eigentlichen Delphine beträgt etwa 10 Monate, und die meisten Jungen werden im Juli oder Spätsommer geboren. Die größeren Exemplare der Großen Tümmler haben eine Tragzeit von 12–13 Monaten, und alle in den europäischen Gewässern lebenden Weibchen bringen ihre Jungen im Sommer zur Welt. Tümmler erreichen ihre Geschlechtsreife im Alter von etwa 12 Jahren; beide Arten können etwa 30 Jahre alt werden.

Die Nahrung beider Spezies setzt sich aus vielen verschiedenen Fisch- und Tintenfischarten zusammen. Erwachsene Delphine haben wenige natürliche Feinde. Viele haben typische Narben, die auf die Konfrontation mit Haien hinweisen. Vom Menschen werden sie gewöhnlich geduldet, es sei denn, sie beuten dessen Fischgründe zu sehr aus.

Die Mitglieder einer Delphinschule helfen sich gegenseitig; verwundete oder kranke Tiere werden an die Wasseroberfläche gehoben, damit sie atmen können.

Bei der Echopeilung stoßen Delphine durch das Spritzloch Ultraschalltöne aus. Die Schallwellen werden im Wasser gut übertragen und kommen, wenn sie auf Beute oder Hindernisse gestoßen sind, als Echo an die Ohren der Delphine zurück. Die Echopeilung der Waltiere ist so fein ausgeprägt, daß damit sogar verschiedene Fischarten unterschieden werden können.

Die Eigentlichen Delphine schwimmen in großen Schulen und springen oft gleichzeitig aus dem Wasser. Die Art ist an den gelben Flecken an den Vorderflanken erkennbar. Bei manchen Tieren fehlt der gelbe Fleck, aber das 8-förmige Muster an den Seiten haben alle gemeinsam.

Die Kiefer eines Delphins sind mit einer großen Anzahl gleichförmiger Zähne ausgestattet, die gut zum Fangen und Festhalten von Fischen geeignet sind. Der Schädel hat nicht die genaue Form des Kopfes, denn vor dem Spritzloch befindet sich ein großer Höcker aus knochenlosem, weichem Gewebe, die »Melone«. Sie ist durchsetzt von Nervenenden, die auf Wasserdruck empfindlich reagieren, und wahrscheinlich dient sie auch dazu, das Echo der ausgesandten Ultraschalltöne »auszuwerten«.

Große Tümmler schwimmen meistens in kleinen Trupps von bis zu 20 Tieren. In europäischen Gewässern werden die Jungen im Sommer geboren, die amerikanischen Arten werfen im Frühjahr und Herbst.

165

SCHWERTWALE
Familie Delphinidae

Der Schwertwal, oft als »Mörderwal« oder »Killerwal« bezeichnet, ist in allen Weltmeeren verbreitet. Auch in den europäischen Gewässern ist er überall vertreten, von Spitzbergen bis zum Mittelmeer. Er gehört zu den größeren Vertretern der Familie der Delphine; die Männchen erreichen eine Körperlänge von ca. 9 Metern, die Weibchen werden selten länger als 6 Meter. Dieses Verhältnis ist für Wale ungewöhnlich, denn normalerweise sind die Weibchen etwas größer als die Männchen. Schwertwale sind durch ihre sehr große Rückenflosse gekennzeichnet, die bei alten Männchen bis zu 1,8 Metern hoch wird, bei Weibchen und jungen Männchen aber kleiner und stärker gebogen ist. Die Seitenflossen sind groß und abgerundet und auch, ebenso wie die Schwanzflossen, bei älteren Männchen unverhältnismäßig größer. Beide Geschlechter und alle Altersgruppen zeigen eine großflächige Schwarzweiß-Zeichnung am Kopf, an der Unterseite und an den Flanken.

Der Schwertwal hat den Ruf, das bösartigste aller Waltiere zu sein. Zwar wird zuweilen ein einzelnes Exemplar angetroffen, aber gewöhnlich schwimmen und jagen sie in Trupps von 3 bis zu 40 oder mehr Tieren. Auf beiden Seiten der Ober- und Unterkiefer befinden sich jeweils bis zu 13 spitze kegelförmige Zähne, die beim Beißen ineinandergreifen. Schwertwale können ihre Beute nicht zerteilen oder kauen (die Zähne dienen nur zum Schnappen und Festhalten) und verschlucken sie deshalb, wenn möglich, im ganzen. Die Nahrung besteht aus großen Fischen, Tintenfischen, Vögeln (besonders Pinguinen der Antarktis), Seehunden, Schweinswalen und kleineren Delphinen. Gruppen von Schwertwalen greifen auch junge und sogar erwachsene Großwale an und reißen ihnen Stücke aus Lippen, Zungen und Kehlen heraus. Anscheinend machen die großen Waltiere keinen Versuch, sich zu wehren oder zu fliehen, denn die Schwertwale erreichen eine Schwimmgeschwindigkeit von bis zu 35 Knoten, und es gibt gegen sie keine Verteidigungsmöglichkeit. Beutetiere können ihnen nur entkommen, wenn sie in große Meerestiefen hinabtauchen. In den Polargebieten sammeln sich Schwertwale in der Nähe der Aufzuchtplätze von Seehunden. Sie strecken die Köpfe aus dem Wasser, um zu überprüfen, ob sich Seehunde auf den Eisschollen befinden. Wenn eine »besetzte« Scholle klein, dünn oder wenig stabil ist (die Stärke des Eises bestimmen sie wahrscheinlich mit ihrer Rückenflosse), tauchen sie darunter auf, um sie mit dem Kopf zu zerbrechen oder umzukippen. Die Seehunde rutschen dabei ins Wasser und können dann leicht erbeutet werden. Schwertwale scheinen unersättlich zu sein; Aufzeichnungen zeigen, daß der Magen eines einzelnen Tieres 14 Seehunde, der eines anderen die Reste von 27 Schweinswalen und Seehunden enthielt. Den Menschen scheinen sie seltsamerweise nicht als Feind oder Beute zu betrachten, denn es sind viele Fälle bekannt, bei denen sie Schwimmer im Wasser unbeachtet ließen. In Gefangenschaft werden sie sehr rasch sanftmütig und lassen sich leicht zu »Kunststücken« abrichten. Sie gehören deshalb zu den beliebtesten Attraktionen der Seewasser-Aquarien.

Das Größenmißverhältnis zwischen den Geschlechtern deutet darauf hin, daß Schwertwale polygam sind. Sie können sich während des ganzen Jahres paaren, nur im Norden kommen die Jungen gewöhnlich in der Zeit um den kürzesten Tag des Jahres herum zur Welt. Nach einer Tragzeit von etwa 12 Monaten wird das Kalb mit einer Körperlänge von 2,1 Metern geboren. Die meisten Zahnwale säugen ihre Jungen etwa 1 Jahr lang, und erst kurze Zeit danach paaren sie sich wieder. Folglich wirft ein Weibchen nur alle 2–3 Jahre. In den ersten Lebenstagen stehen die Jungtiere unter dem Schutz der Gruppe. Schwertwale können ein Alter von ca. 40 Jahren erreichen. Ihr einziger Feind ist der Mensch, der aber die Jagd (die in bezug auf diese Art noch niemals große Ausmaße angenommen hat) praktisch eingestellt hat.

Offenbar betrachten Schwertwale den Menschen nicht als Beute. Selbst wildlebende Tiere lassen sich gelegentlich an der Schnauze tätscheln.

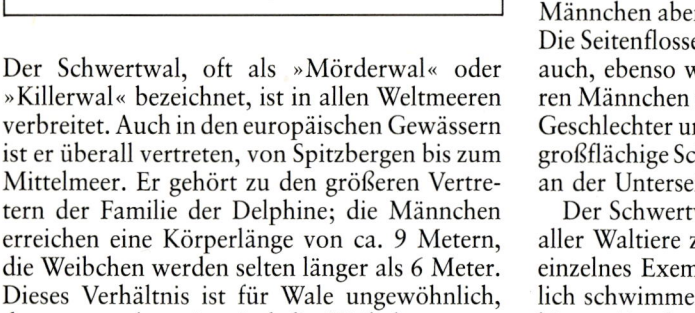

Manchmal schließen sich Schwertwale in kleinen Jagdtrupps zusammen und greifen riesige Bartenwale an. Sie reißen dem Opfer Fleischstücke aus Lippen und Flossen, und die Großwale haben keine Verteidigungsmöglichkeit.

In polaren Gewässern heben Schwertwale mit ihren Köpfen Eisschollen an, um die darauf liegenden Seehunde ins Wasser zu kippen und sie dort zu erbeuten.

167

SONSTIGE WALTIERE
Ordnung Cetacea

Die meisten Waltiere verteilen sich auf nur zwei große Gruppen, eine auf der Nordhalbkugel, die andere auf der Südhalbkugel der Erde. Obwohl viele Walarten weite Strecken zurücklegen, überqueren sie selten den Äquator. Beim Hin- und Herwandern zwischen den polaren bzw. subpolaren Futtergebieten und den wärmeren Paarungsgebieten gelangen viele nordatlantische Waltiere auch in europäische Gewässer. Zwar ist die Bestimmung der jeweiligen Artzugehörigkeit im Meer schwierig, aber zumindest Barten- und Zahnwale können an ihrem Blast voneinander unterschieden werden. Bei den Bartenwalen bildet dieser eine doppelte Dampffontäne, denn die Nasenöffnung, aus der die verbrauchte Luft ausgestoßen wird, besteht noch aus zwei Löchern; bei den Zahnwalen ist die Nasenöffnung zu einem einzigen Spritzloch verschmolzen, der Blast zeigt nur eine Dampffontäne.

Unter den großen Waltieren befinden sich 7 Arten von planktonfressenden Bartenwalen. Alle weisen unterschiedliche Körpergrößen auf, so mißt beispielsweise der Zwergwal nur 10 Meter, der Blauwal dagegen bis zu 30 Meter. Letzterer ist, wie bereits erwähnt, das größte Tier, das je auf der Erde gelebt hat. Glattwale sind langsamschwimmende Arten; sie überschreiten selten die Geschwindigkeit von 8 Knoten. Der Buckelwal ist ebenfalls ein langsamer Schwimmer, zeigt allerdings einen außergewöhnlichen Spieltrieb und schlägt oft »Purzelbäume« in der Luft. Hierbei sind seine langen Brustflossen mit den wellenförmigen Rändern zu sehen. Die Mitglieder der Familie der Furchenwale sind äußerst schnelle Schwimmer mit schlankem Körperbau. In Schulen erreichen sie Geschwindigkeiten von bis zu 30 Knoten. Bei den meisten ist die Körperunterseite blasser gefärbt als der Rücken. Der Finnwal zeigt eine merkwürdige asymmetrische Körperfärbung; seine rechte Kopfseite ist immer viel heller als die linke.

Alle Waltiere verhalten sich sehr geräuschvoll. Sie verständigen sich durch unterschiedlichste Laute in allen Tonlagen. Zu den bekanntesten »Stimmen« gehört wahrscheinlich die des Buckelwals, dessen »klagende Lieder« sich unter Wasser bis zu 200 Kilometer ausbreiten können.

Der Pottwal ist der größte Zahnwal. Die Männchen werden etwa 18 Meter lang, die Weibchen erreichen selten eine Körperlänge von mehr als 10 Metern. Im Wasser kann der Pottwal an seinem nach vorne ausgestoßenen Blast und, falls er über die Wasseroberfläche steigt, an seinem tonnenförmigen Kopf erkannt werden. Eine Schule besteht gewöhnlich aus einem dominanten Männchen, seinem Harem und dem dazugehörigen Nachwuchs. Die Jungen werden erst im Alter von 9–10 Jahren geschlechtsreif. Wie bei vielen polygamen Tieren sind die alten Männchen Einzelgänger. Wenn sie den Walfängern entkommen, können sie 60 Jahre lang oder länger leben; das ist das höchste Alter, das von großen Waltieren erreicht wird. Pottwale sind gewöhnlich langsame Schwimmer und ernähren sich fast ausschließlich von Tintenfischen, auch von sehr großen Tiefsee-Arten. Oft müssen sie auf der Suche nach Beute bis zu 1000 Meter tief tauchen und können bis zu 1 Stunde lang unter Wasser bleiben. Daß sich die riesigen Beutetiere, die in diesen Tiefen leben, nicht kampflos fangen lassen, erkennt man an den Narben auf der Haut vieler Pottwale, die von den starken Saugnäpfen ihrer Beute stammen.

Die Schnabelwale liegen größenmäßig zwischen den Großwalen und den kleinen Delphinen und Schweinswalen. Das größte Mitglied dieser Familie ist der Nördliche Entenwal, der bis zu 9 Meter lang wird. Schnabelwale schwimmen sehr schnell, tauchen besonders tief und ernähren sich hauptsächlich von Tintenfischen. Nur die Männchen tragen sichtbare Zähne, und zwar nur 2 Stück an der Spitze des Unterkiefers. Mindestens eine Art hat eine besonders starke Kiefermuskulatur, die darauf hinweist, daß am Vorgang der Nahrungsaufnahme irgendeine Art von Saugen beteiligt ist.

Zwei weitere kleinere Walarten sind der Weißwal, der in flachen Gewässern vorkommt und manchmal sogar in Mündungsflüsse hineinwandert, und der Narwal. Beide leben gewöhnlich nur in arktischen Regionen, sind sehr gesellig und stimmbegabt und verfügen über ein reiches Repertoire von vielen verschiedenen Lauten. Wegen seines lauten vogelähnlichen Trillerns wurde der Weißwal früher von den Seeleuten »sea canary« (»Kanarienvogel des Meeres«) genannt. Sowohl Weißwale als auch Narwale ernähren sich von Fischen und Tintenfischen. Der Weißwal fängt seine Beute mit seinen bis zu 40 spitzen Zähnen. Der Narwal hat kein gewöhnliches Gebiß. Beim Männchen entwickelt sich der linke (manchmal auch der rechte) Schneidezahn im Oberkiefer zu einem waagerecht nach vorne stehenden, korkenzieherartig gedrehten Stoßzahn, der bis zu 3 Meter lang werden kann. Die genaue Funktion dieses Zahns ist nicht bekannt. Aufgrund seiner sehr langen Pulpahöhle und der dadurch bedingten Zerbrechlichkeit ist eine Verwendung als Kampfwaffe unwahrscheinlich. Möglicherweise dient er zum Herauswühlen von Plattfischen aus dem Meeresboden.

Unsere Kenntnisse über Waltiere beruhen nur zum Teil auf Beobachtungen im Meer. Viele detaillierte Informationen über Größe, Körperform und Gewicht hat man durch gestrandete, erlegte oder gefangene Tiere gewonnen.

Bei den meisten Walarten kommt es immer wieder vor, daß einzelne Tiere auf Strände auflaufen. Manche Spezies sind davon in besonderem Ausmaß betroffen; so gehen beispielsweise auffallend viele Gründelwale auf diese Weise zugrunde. Was oft als artspezifischer »offensichtlicher Drang zum Selbstmord« interpretiert wurde, erklärt sich wahrscheinlich so, daß oft mehrere Tiere Versuche unternehmen, einem einzelnen gestrandeten und sterbenden Gruppenmitglied zu helfen. Dieses Phänomen bestätigt erneut den engen sozialen Zusammenhalt innerhalb der meisten Walschulen.

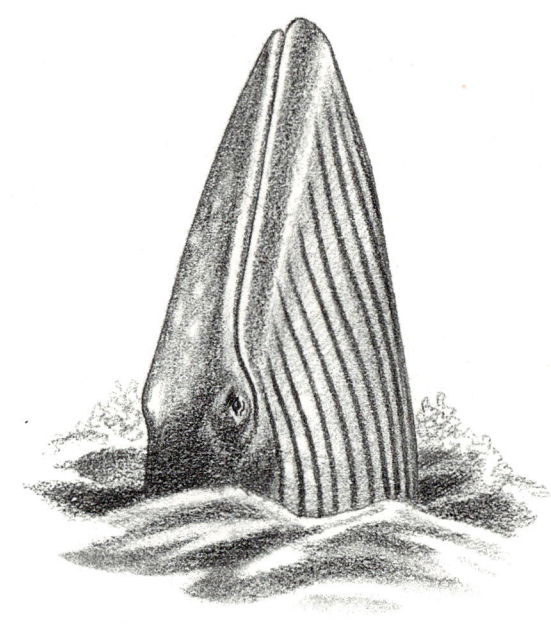

Wale, wie dieser Blauwal, »stellen« sich oft senkrecht ins Wasser, um so den Kopf über die Oberfläche halten zu können und sich dort umzusehen.

Bei allen Zahnwalen sind die Nasenöffnungen zu einem einzigen Spritzloch verwachsen, dementsprechend wird eine einzelne Dampffontäne ausgestoßen. Bartenwale haben noch zwei Nasenlöcher, und ihre verbrauchte Atemluft tritt in zwei Fontänen aus.

Der lange Stoßzahn eines männlichen Narwals ist korkenzieherartig linksgedreht. Er ist sehr zerbrechlich und wird nicht zum Kampf eingesetzt, dient aber möglicherweise zum Aufwühlen von Fischen im Meeresboden. Die Weibchen haben keine Stoßzähne; bei den Männchen kommt es in äußerst seltenen Fällen zu zweien.

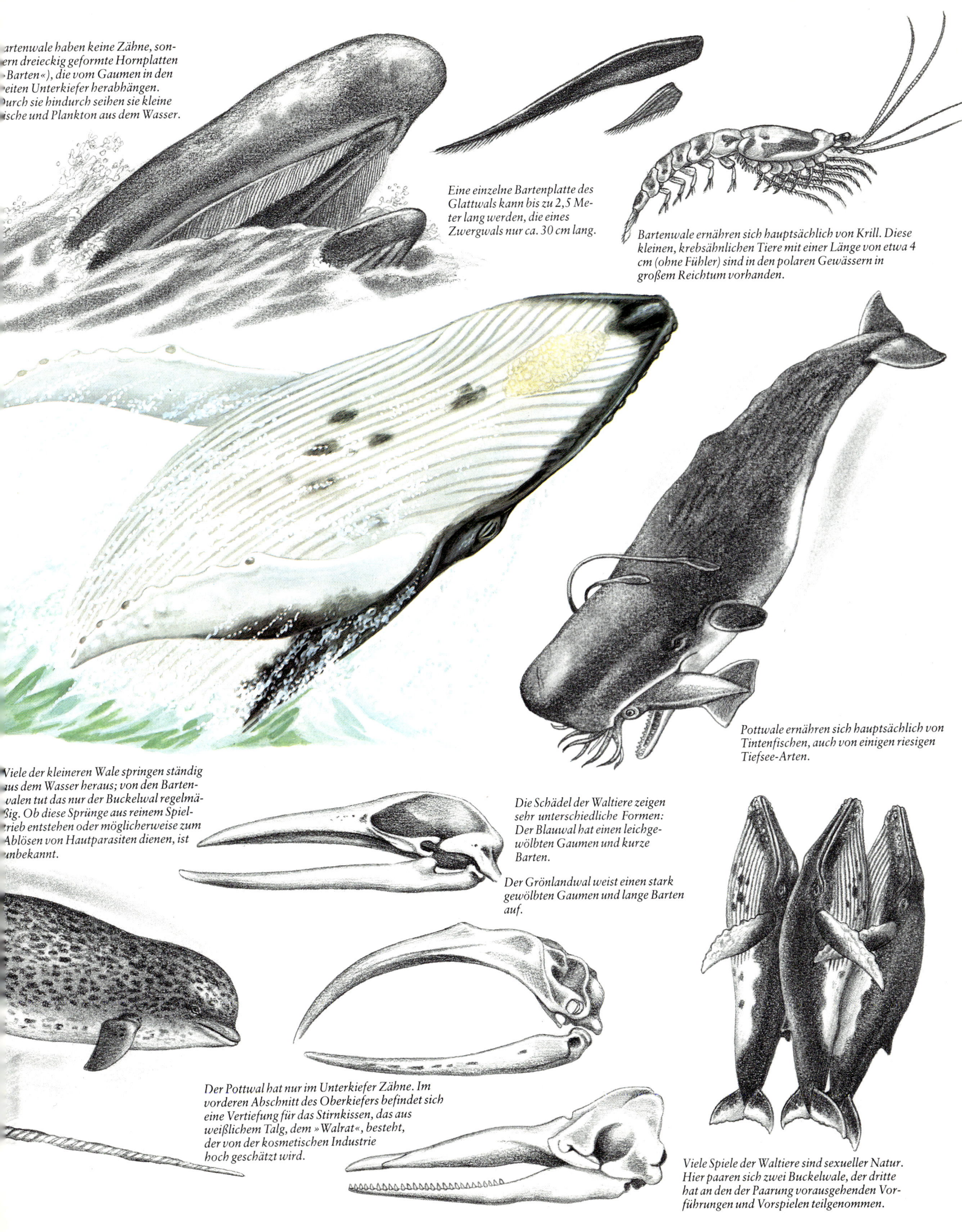

Bartenwale haben keine Zähne, sondern dreieckig geformte Hornplatten (»Barten«), die vom Gaumen in den weiten Unterkiefer herabhängen. Durch sie hindurch seihen sie kleine Fische und Plankton aus dem Wasser.

Eine einzelne Bartenplatte des Glattwals kann bis zu 2,5 Meter lang werden, die eines Zwergwals nur ca. 30 cm lang.

Bartenwale ernähren sich hauptsächlich von Krill. Diese kleinen, krebsähnlichen Tiere mit einer Länge von etwa 4 cm (ohne Fühler) sind in den polaren Gewässern in großem Reichtum vorhanden.

Pottwale ernähren sich hauptsächlich von Tintenfischen, auch von einigen riesigen Tiefsee-Arten.

Viele der kleineren Wale springen ständig aus dem Wasser heraus; von den Bartenwalen tut das nur der Buckelwal regelmäßig. Ob diese Sprünge aus reinem Spieltrieb entstehen oder möglicherweise zum Ablösen von Hautparasiten dienen, ist unbekannt.

Die Schädel der Waltiere zeigen sehr unterschiedliche Formen: Der Blauwal hat einen leichgewölbten Gaumen und kurze Barten.

Der Grönlandwal weist einen stark gewölbten Gaumen und lange Barten auf.

Der Pottwal hat nur im Unterkiefer Zähne. Im vorderen Abschnitt des Oberkiefers befindet sich eine Vertiefung für das Stirnkissen, das aus weißlichem Talg, dem »Walrat«, besteht, der von der kosmetischen Industrie hoch geschätzt wird.

Viele Spiele der Waltiere sind sexueller Natur. Hier paaren sich zwei Buckelwale, der dritte hat an den der Paarung vorausgehenden Vorführungen und Vorspielen teilgenommen.

169

ÜBER DIE BEOBACHTUNG EUROPÄISCHER SÄUGETIERE

Über Aussehen und Lebensweise europäischer Säugetiere ist vieles bekannt. Einige, so etwa Eichhörnchen in Stadtparks oder beispielsweise die Berberaffen von Gibraltar, werden von den Menschen so sorgfältig geschützt, daß sie jede Furcht verloren haben und leicht zu beobachten sind. Leider trifft das nicht auf alle Arten zu – die meisten bekommt man kaum zu Gesicht. Fast alle großen Tiere sind sehr selten oder nur beschränkt verbreitet, kleinere Arten sind zumeist sehr scheu, leben gut verborgen und sind zudem zum Großteil Nachttiere. Obwohl man sie kaum sieht, sind sie vielerorts manchmal in Scharen vorhanden, und da jede Art ihren Lebensraum bis zu einem gewissen Maß beeinflußt, kann man lernen, die Anzeichen für ihre Anwesenheit zu erkennen und richtig zu deuten.

Die Lebensweise der meisten Säugetiere ist stark von Gewohnheiten geprägt. Beim Durchstreifen ihrer Territorien haben sie täglich die gleichen Routen, benutzen die gleichen Wege, so daß mit der Zeit gutausgetretene Pfade (»Wechsel«) entstehen. Alle Landsäugetiere besitzen irgendeinen Unterschlupf oder ein Lager. Dieses kann sich in einem unterirdischen Bau, in einem hohlen Baum oder inmitten dichten Pflanzenwuchses befinden, manchmal sogar (wie bei den Mardern und einigen Nagetieren) in alten Vogelnestern. Oft trifft man in der Natur auf Nester oder Eingänge von Bauen, und kann man sie anhand typischer Merkmale erkennen und zuordnen, weiß man, welche Arten in der Umgebung leben. Die meisten Tiere hinterlassen auch Hinweise auf die Nahrung, die sie gewöhnlich einnehmen. Die Art und Weise etwa, wie die Rinde eines Baumes abgeschält worden ist, verrät, ob hier ein Pony, ein Hirsch oder ein Eichhörnchen am Werk war. Ausgegrabene Wurzeln sind Zeichen für die Anwesenheit von Wildschweinen oder Dachsen.

Bei der Beurteilung solcher Funde muß man aber bedenken, daß Säugetiere in ihrem Verhalten auch flexibel sind. Unter besonderer Belastung oder abnormen Lebensbedingungen können sie typische Verhaltensweisen, Ernährungs- und Wohnbedingungen verändern. Alle Zeichen für die Vorkommen von Säugetieren zu erkennen und mit letzter Sicherheit richtig zu deuten, gehört zum intensiveren Studium, bei dem über den Rahmen dieses Buches hinausgegangen werden muß.

Unveränderbare Zeichen sind Fährten und Losungen, die durch den Körperbau eines Tieres bedingt werden. Fährten kann man in der freien Natur oft nur schwer identifizieren, denn in weichem Schlamm oder Schnee können Einzelheiten der Fußspuren stark verschwommen sein, während sie auf festem Boden meist unvollständig sind. Kleine Tiere hinterlassen wegen ihres geringen Gewichtes kaum Abdrücke, einige nicht einmal im Schnee, denn sie graben Laufgänge unterhalb der Schneedecke. Die Deutung der Fußabdrücke größerer Tiere kann dadurch erschwert werden, daß manche Tiere beim Laufen den Hinterfuß genau auf der gleichen Stelle aufsetzen, wo vorher der Vorderfuß stand. Losungen können zwar je nach Gesundheitszustand und aktuellem Nahrungsangebot variieren, sind jedoch meist für eine Spezies charakteristisch. Typische Beispiele für artenspezifische Fährten und Losungen finden sich auf Seite 172/173.

Der Einfluß des Menschen auf die Natur hat in Europa in der jüngeren Vergangenheit extreme Ausmaße angenommen. Für viele Tiere bedeutete das die starke Reduzierung geeigneter Lebensräume. Zur direkten Bestandsdezimierung durch Jagd – die Gründe hierfür waren meist das Interesse an Fleisch und Pelzen, der Schutz domestizierter Tiere und landwirtschaftlicher Anbauflächen, oft aber auch nur das reine Jagdvergnügen – kam nun also eine indirekte durch Umwelteinflüsse. Einige Tiere, wie etwa Ratten, Füchse und andere, haben gelernt, in der Nähe von Menschen zu leben; das trifft aber bei weitem nicht auf alle zu. Gegen Ende des letzten Jahrhunderts wurde deutlich, daß sowohl viele Landschaften als auch Wildtiere gefährdet waren, und auf freiwilliger Basis bildeten sich verschiedene Organisationen, um beide zu schützen. Die Regierungen allerdings zeigten wenig Interesse für den Naturschutz, obwohl sie von der Errichtung des amerikanischen Yellowstone-Parks im Jahre 1873 sehr beeindruckt waren. Die ersten europäischen Nationalparks entstanden 1909 in Schweden, und langsam folgten auch eine Reihe anderer Nationen diesem Beispiel. Doch die meisten der zu Nationalparks ernannten Gebiete wurden hauptsächlich wegen ihrer landschaftlichen Schönheit ausgewählt, was nicht automatisch den Schutz der darin lebenden Tiere zur Folge hatte. Erst nach dem Zweiten Weltkrieg begannen die meisten europäischen Länder, Gesetze zu erlassen und die in ihnen lebenden Tiere durch ein Netz von Reservaten zu schützen.

Viele Länder sind derzeit damit beschäftigt, Schutzgebiete zu errichten, in denen Pflanzen und Tiere ungestört in ihren ursprünglichen Lebensräumen existieren können. Da dabei solche Gebiete den Vorrang haben, die nicht für Landwirtschaft und Industrie benötigt werden, liegen die meisten Naturparks Europas im Gebirge. Diese Regionen sind heute die letzten Zufluchtsorte für viele, einst weit verbreitete Arten, wie etwa Bären und Wölfe. Weil fast immer das Geld für eine angemessene Zahl von Aufsehern fehlt und die Reservate dadurch nur schwer zu kontrollieren sind, bleiben trotz des guten Willens der Regierungen gerade solche Tiere, denen gegenüber der Mensch eine traditionelle Feindschaft hegt, immer noch in Gefahr. Wildern ist in vielen Schutzgebieten weit verbreitet, denn selbst gesetzlich geschützte Tiere werden von Bauern getötet, wenn sie als Gefahr für die Nutztiere angesehen werden. Vor allem sehr viele Wölfe sind auf diese Weise beseitigt worden.

Da es vorkommt, daß Populationen zum wirkungsvollen Überleben mehr Raum brauchen, als ein Schutzgebiet ihnen gewähren kann, überschreiten sie gelegentlich dessen Grenzen, außerhalb derer sie dann wieder in alter Weise gefährdet sind. Um auch diese streunenden Tiere zu sichern, sind heute auch die Randzonen vieler Reservate geschützt.

Zwar wird in diesem Buch ausführlich erwähnt, in welchen Ländern die jeweiligen Arten verbreitet sind, dabei darf jedoch nicht vergessen werden, daß innerhalb der Gebiete, die sie bewohnen, nur der jeweiligen Lebensweise entsprechend strukturierte Lebensräume geeignet sind, die selbst in großen Arealen sehr selten sein können. Die besten und manchmal einzigen Plätze, an denen man europäische Säugetiere sehen kann, sind Schutzgebiete und Nationalparks. Die meisten großen und selten gewordenen Arten können nur noch in ihnen überleben.

Eines der wichtigsten Naturschutzgebiete Europas ist der Gran-Paradiso-Nationalpark in Nordwestitalien. Wie viele andere Gebiete, in denen Tiere bis heute erhalten geblieben sind, wurde es früher als Jagdreservat benutzt. Im Jahr 1856 erhielt es von der italienischen königlichen Familie einen Sonderstatus, weil hier die letzten Steinböcke der Alpen – nur noch ein paar Dutzend Exemplare – überlebt hatten. Victor Emmanuel II. und Victor Emmanuel III. hatten beide großes Interesse daran, den Steinbockbestand zu vermehren, und so war im Jahr 1914 die Anzahl der Tiere wieder auf schätzungsweise 3000 angestiegen. Im Jahr 1922 wurde dann in einer Höhe von 2000–4000 Metern ein 62 000 Hektar großes Gebiet zum Nationalpark erklärt. Da aber die Schutzbestimmungen nicht für die darunterliegenden Täler galten, wurden viele Tiere getötet, wenn sie im Winter in niedrigere Regionen kamen. Dieses Problem ließ sich jedoch lösen, indem man auch die Peripherie des Parks schützte.

Im Jahr 1963 wurde der Vanoise-Nationalpark, der an einer 7 Kilometer breiten Anschlußstelle direkt an das Gran Paradiso angrenzt, von Frankreich zum Schutzgebiet erklärt. Dadurch kamen 52 839 Hektar streng geschützter Parkfläche hinzu und weitere 144 000 Hektar Randzonen, so daß seitdem die von Italien ins Vanoise-Gebiet wandernden Tiere nicht mehr gefährdet sind. Trotz der Verluste im letzten Krieg wurde die Zahl der Steinböcke im Jahr 1961 auf 3500 geschätzt, und einige davon wurden nun in andere Berggebiete umgesiedelt, aus denen die Art schon seit langem verschwunden war. Bären und Wölfe kommen im Gran-Paradiso–Vanoise-Gebiet zwar nicht mehr vor, dafür aber Gemsen, Murmeltiere, Hasen, Rotfüchse, Dachse, sowie Baum- und Steinmarder. In beiden Parks gibt es Informationszentren und Wanderwege, und im Vanoise findet man zusätzlich unbefestigte Naturpfade, die man in den Sommermonaten begehen kann.

Weitere große Hochlandschutzgebiete liegen in den Pyrenäen, wo Bären und Pyrenäen-Desmane zu sehen sind, andere in der Hohen Tatra und in den Karpaten, wo noch Bären und einige Wölfe leben, und in Skandinavien. Nicht alle diese Parks sind in der gleichen Weise und im gleichen Ausmaß zugänglich, aber im allgemeinen ist man Besuchern behilflich, Landschaft und Tiere zu sehen.

Im Tiefland ist es wesentlich schwieriger, Schutzgebiete zu errichten, denn meist ist es entweder dicht bevölkert oder es wird landwirtschaftlich genutzt. Eine Ausnahme bilden nichtentwässerte Feuchtlandgebiete, und viele davon sind bereits seit einiger Zeit wichtige Schutzgebiete. Das größte ist das Mývatn og Laxá in

Auf der Karte vermerkte Nationalparks und Naturschutzgebiete:

1. Mývatn og Laxá (Island)
2. Sarek, Padjelanta and Stora Sjøfallet (Schweden)
3. Hardangervidda (Norwegen)
4. Beinn Eighe (Schottland)
5. Kingley Vale (Großbritannien)
6. Nordfriesisches Wattenmeer (Deutschland)
7. Baie de l'Aiguillon (Frankreich)
8. Pyrenäen-Nationalpark (Frankreich)
9. Doñana (Spanien)
10. Camargue (Frankreich)
11. Vanoise (Frankreich)
12. Gran Paradiso (Italien)
13. Fränkische Schweiz/Veldensteiner Forst (Deutschland)
14. Tatra-Nationalpark (Tschechoslowakei)
15. Hohe Tauern (Österreich)
16. Mikri-Prespa-See (Griechenland)
17. Hortobágy (Ungarn)
18. Bialowieza (Polen)

Fast jedes europäische Land hat eine Anzahl von Naturschutzgebieten und Wildparks. Diese Karte zeigt einige der größten und wichtigsten davon.

- Tundra und Gebirgsflora
- Nadelwald (Taiga)
- Laubwald
- Grasland (Steppe)
- Mediterraner Wald und Buschwerk

Island mit einer Fläche von 600 000 Hektar; doch am besten bekannt ist wohl die 3279 Hektar große Camargue, die 1975 zum Schutzgebiet erklärt wurde. Ihre Säugetierfauna ist zwar nicht sehr artenreich, aber zu ihr gehören die berühmten weißen Pferde der Camargue, die sich dem feuchten Lebensraum hervorragend angepaßt haben. Der ostungarische Hortobágy-Nationalpark, der 1972 errichtet wurde, schützt 43 550 Hektar Steppe und Sumpfland. Hier kann man die kleineren Säugetiere Osteuropas sehen, so etwa Perlziesel, Blindmäuse und Iltisse. Einer der größten Nationalparks der Welt ist Bialowieza, der 125 610 Hektar im polnisch-russischen Grenzgebiet umfaßt. Dieser Park ist deshalb besonders wichtig, weil er ein Teil der ursprünglichen Laubwaldzone ist, die auf dem übrigen Kontinent weitgehend zerstört wurde. Der Wald besteht aus über 14 verschiedenen Baumarten und bietet eine Vielfalt an Lebensräumen und reiches Nahrungsangebot für kleine Säugetiere, wie etwa Eichhörnchen, Schläfer, Wühlmäuse und Insektenfresser, aber auch Raum und Unterschlupf für mehrere Rotwild-Arten. Die ersten Versuche, die Jagd zu kontrollieren wurden hier bereits 1557 gemacht, aber das Aussterben der Auerochsen im Jahre 1627 konnte dennoch nicht verhindert werden. Der letzte Wisent wurde zu Anfang der 20er Jahre unseres Jahrhunderts getötet, aber 1929 wurde eine Herde von in Gefangenschaft gezüchteten Exemplaren hier wieder ausgesetzt. Einige Wisente werden auch heute noch in zoologischen Gärten gehalten, damit sie jederzeit von Besuchern betrachtet werden können, aber eine viel größere Zahl lebt heute wieder wild im Bialowieza-Park.

Die mediterrane Zone Europas ist dicht bevölkert, und man findet dort nur wenige Schutzgebiete oder Nationalparks. Einer davon ist der Doñana-Nationalpark in Spanien, der 1969 eingerichtet wurde und 39 225 Hektar Fläche umfaßt. Die Mittel dafür stammten weitgehend aus ausländischen Quellen, auf dem Weg über den »World Wildlife Fund«, der weltweit für die Gründung und Verwaltung vieler Schutzgebiete zuständig ist. Der Doñana-Nationalpark liegt nordwestlich der Mündung des Guadalquivir, in einem Gebiet, das wegen seiner früheren Funktion als königliches Jagdgebiet isoliert und ohne dauerhafte menschliche Besiedlung geblieben ist. Es enthält viele unterschiedliche Lebensräume, darunter Sümpfe, Wälder und Heideland, und dieser Abwechslungsreichtum erklärt die besondere Vielfalt der dortigen Säugetierfauna. Der bekannteste Bewohner ist der Pardelluchs (Spanischer Luchs), der hier in kleiner Anzahl überlebt hat. Von den großen Tieren findet man den Damhirsch, den Rothirsch und das Wildschwein, von den kleineren Wildkatzen, Fischotter, Iltisse, Dachse, Rotfüchse, Mungos und Ginsterkatzen. Obwohl dieses Gebiet geschützt ist, wird es bedroht durch die Auswirkungen der überstarken Anwendung von Insektiziden in weiter flußaufwärts gelegenen Regionen. Außerdem bestehen Pläne für den Bau einer Autostraße durch den Nationalpark. Zwar ist es heute noch möglich, das Doñana-Gebiet zu besuchen und dadurch einen so umfassenden Eindruck vom Wildtierreichtum Europas zu bekommen wie nirgendwo anders mehr, aber man benötigt dafür bereits eine besondere Erlaubnis und muß ständig von einem Aufseher begleitet werden.

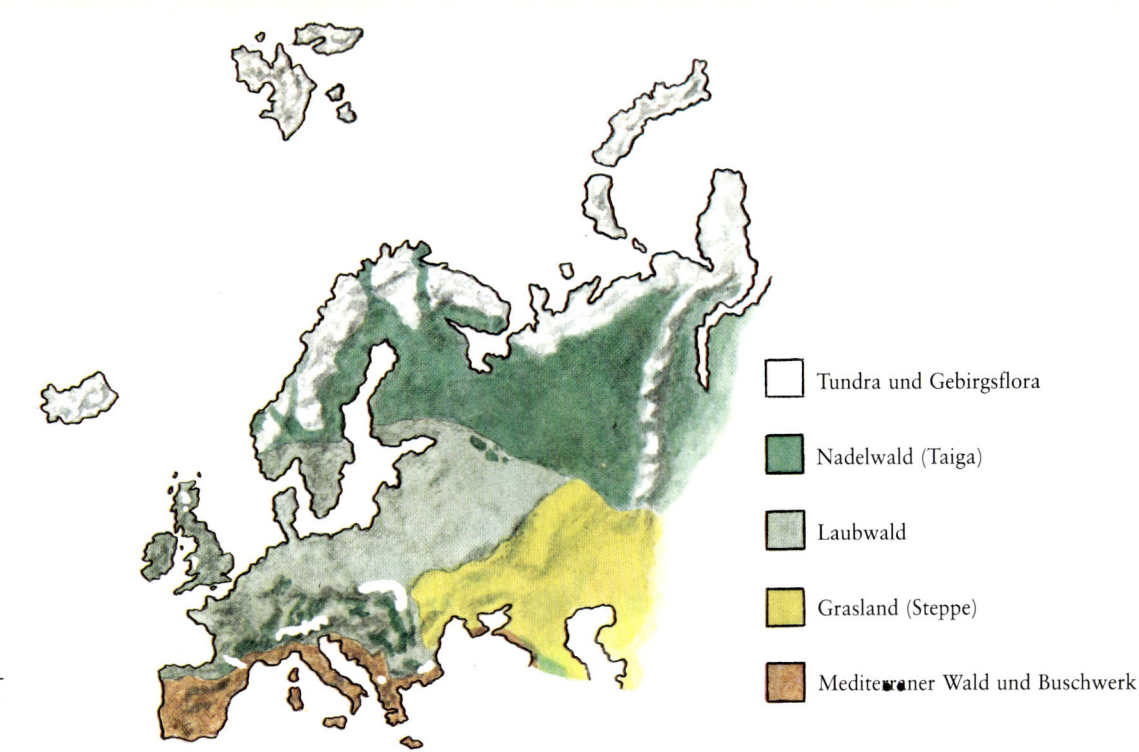

Aus Großbritannien, einem der am dichtesten besiedelten Länder der Welt, sind bereits sehr viele der großen Säugetierarten verschwunden, die man im übrigen Europa noch finden kann, und es steht nicht im gleichen Maßstab wie in anderen europäischen Ländern Raum für die Errichtung von Reservaten zur Verfügung. Zwar werden manche landschaftlich attraktiven Regionen als Nationalparks bezeichnet, können aber mit anderen deshalb nicht verglichen werden, weil sie meist einer intensiven landwirtschaftlichen Nutzung unterliegen und oft sogar in beträchtlichem Ausmaß Städte und Industriegebiete enthalten. Die meisten werden von wahren Touristenscharen besucht, und im allgemeinen ist die Zahl der vorhandenen wildlebenden Tieren nicht sehr reichlich. Eines der größten britischen Schutzgebiete ist das 47,6 Quadratkilometer große Beinn Eighe in Torridon in Schottland. Die Berge sind weitgehend Ödland, aber die Täler enthalten Reste des großen kaledonischen Waldes, der sich einst über weite Teile des Landes erstreckte. Hier findet man Baummarder, Wildkatzen, Eichhörnchen, Hirsche und Rotfüchse, zudem viele Vogelarten, einschließlich seltener Greifvögel. Kingley Vale in Südengland ist nur 1,46 Quadratkilometer groß, aber besonders wichtig deshalb, weil es den schönsten alten Eichenwald umfaßt, den es in Europa noch gibt. Außerdem wächst auf den Berghängen eine Flora, die typisch für die Kalkebenen ist, darunter viele wildwachsende Orchideen. Über 70 Vogelarten sind dort verzeichnet worden, und an Säugetieren findet man Rotwild, Rotfüchse und Dachse. Besonders interessant sind hier die Rehe, denn sie haben die besondere Fähigkeit entwickelt, sich von Eiben zu ernähren, die normalerweise für Weidetiere hochgiftig sind.

FÄHRTEN UND LOSUNGEN

Fährten und Losungen können helfen, die in einem Gebiet vorkommenden Tierarten zu identifizieren.
Die graugedruckten Spuren stammen von den Vorderfüßen, die schwarzen von den Hinterfüßen.

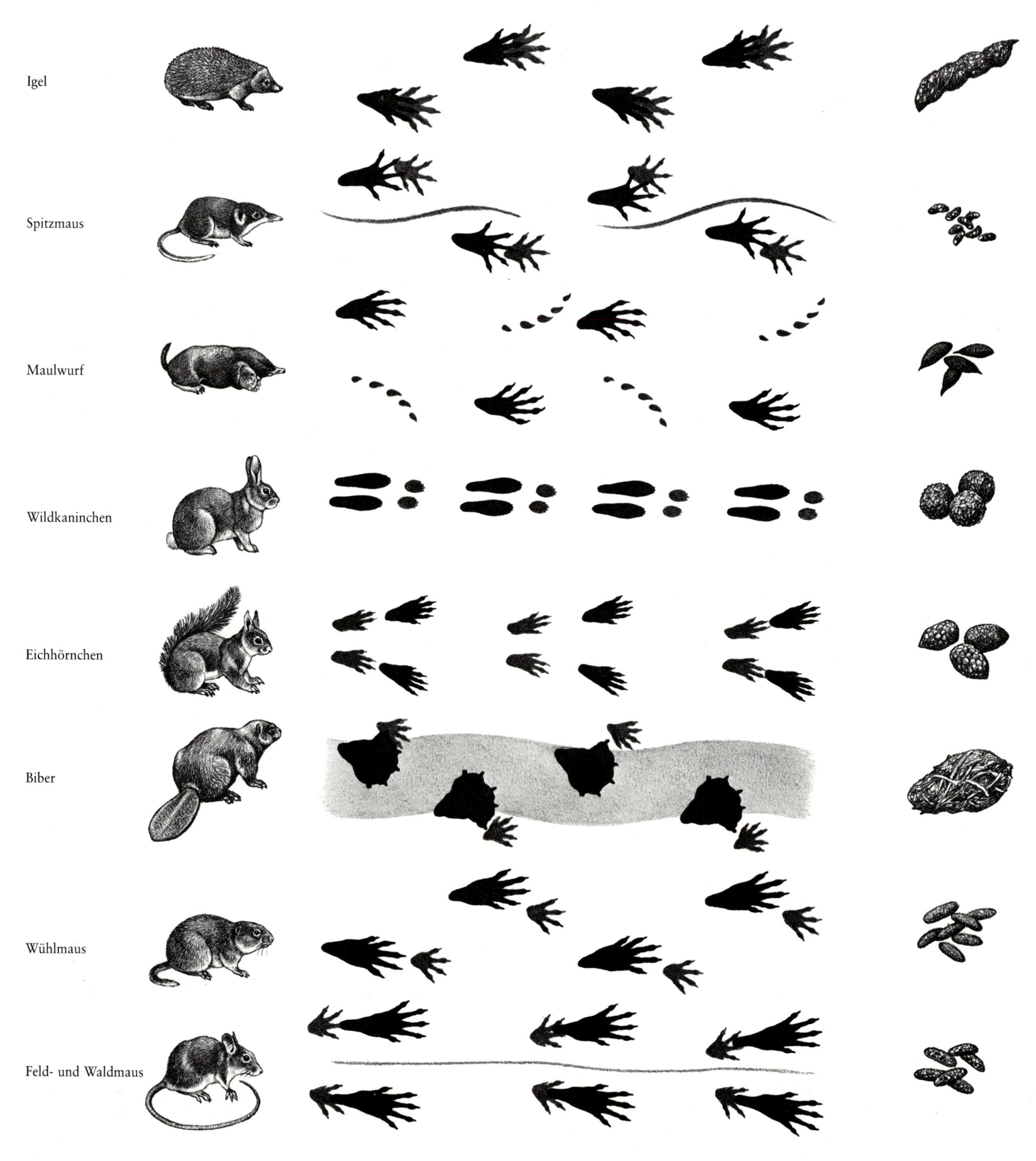

Igel

Spitzmaus

Maulwurf

Wildkaninchen

Eichhörnchen

Biber

Wühlmaus

Feld- und Waldmaus

Sumpfbiber (Nutria)

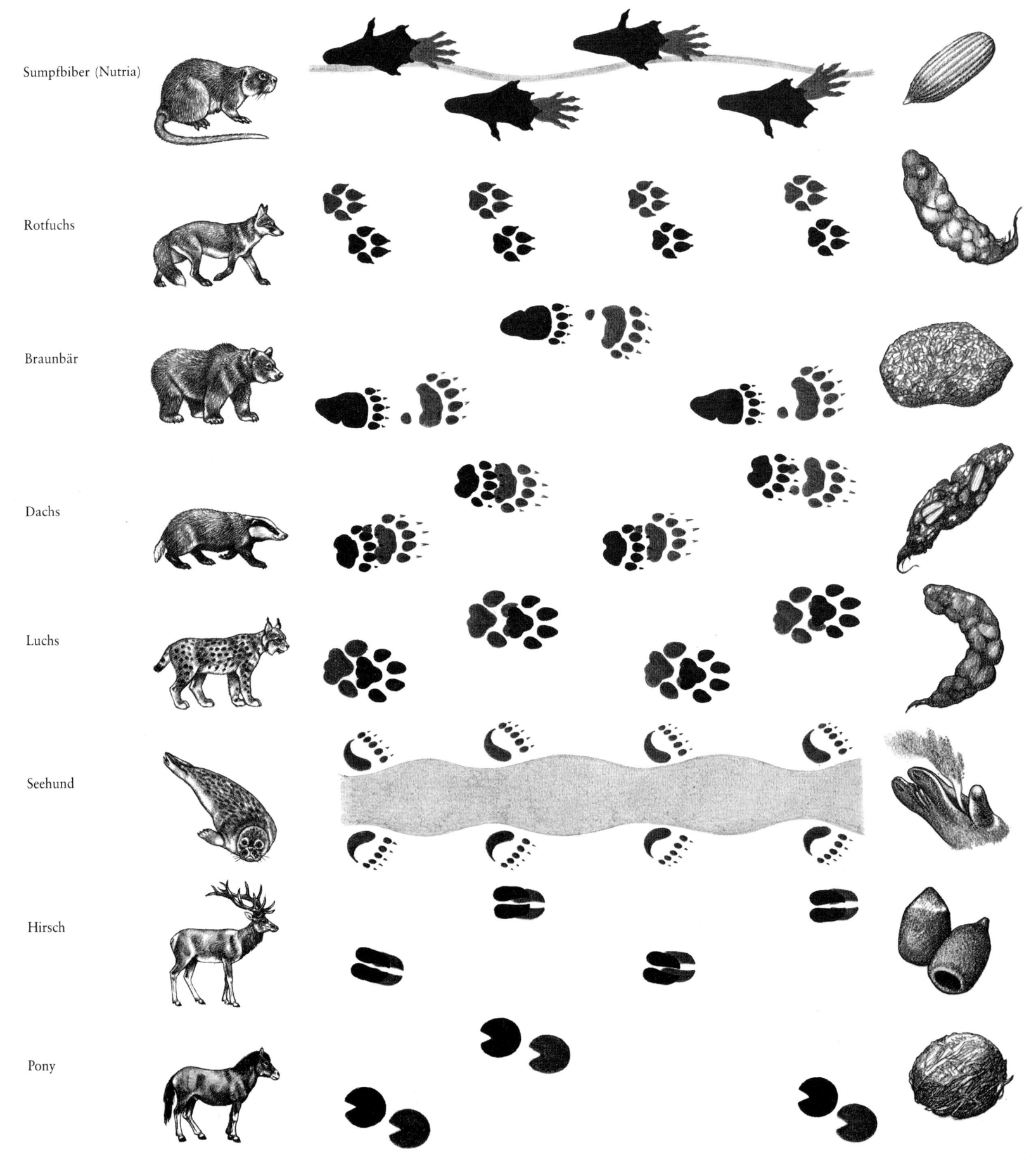

Rotfuchs

Braunbär

Dachs

Luchs

Seehund

Hirsch

Pony

VERZEICHNIS EUROPÄISCHER SÄUGETIERE

ORDNUNG BEUTELTIERE
Familie Känguruhs
Benett-Wallaby

ORDNUNG INSEKTENFRESSER
Familie Igel
Algerischer Igel
Ostigel
Westigel
Familie Maulwürfe
Blindmaulwurf
Europäischer Maulwurf
Römischer Maulwurf
Pyrenäendesman
Russischer Desman
Familie Spitzmäuse
Alpenspitzmaus
Apenninspitzmaus
Etruskerspitzmaus
Feldspitzmaus
Gartenspitzmaus
Güldenstädt's Spitzmaus
Hausspitzmaus
Knirpsspitzmaus
Kreta-Spitzmaus
Maskenspitzmaus
Schabrackenspitzmaus
Spanische Spitzmaus
Sumpfspitzmaus
Taiga-Spitzmaus

Waldspitzmaus
Wasserspitzmaus
Zwergspitzmaus

ORDNUNG HERRENTIERE
Familie Meerkatzenartige
Berberaffe
(Magotaffe)

ORDNUNG FLEDERTIERE
Familie Hufeisennasen
Blasius-Hufeisennase
Große Hufeisennase
Kleine Hufeisennase
Mehely-Hufeisennase
Mittelmeer-Hufeisennase
Familie Glattnasen
Abendsegler
Kleiner Abendsegler
Großer oder Riesen-Abendsegler
Alpenfledermaus
Große Bartfledermaus
Kleine Bartfledermaus

Bechsteinfledermaus

Fransenfledermaus

Langflügelfledermaus
Langfuß-Fledermaus

Braunes Langohr
Graues Langohr
Mausohr (Großes Mausohr)
Kleines Mausohr

Mopsfledermaus
Nordische Fledermaus

Rauhhaut-Fledermaus
Spätfliegende Fledermaus
(Breitflügel-Fledermaus)
Teichfledermaus

Wasserfledermaus

Kleine Wasserfledermaus
Weißgraue Fledermaus
(Silberfledermaus)
Weißrand-Fledermaus
Wimperfledermaus

Zweifarbfledermaus
Zwergfledermaus
Familie Bulldogg-Fledermäuse
Bulldoggfledermaus
Familie Schlitznasen
Geoffrey-Schlitznase

ORDNUNG HASENTIERE
Familie Hasenartige
Kap- oder Wüstenhase
(Europäischer Feldhase)

ORDNUNG MARSUPIALIA
Familie Macropodidae
Macropus rufogriseus

ORDNUNG INSECTIVORA
Familie Erinaceidae
Erinaceus algirus
Erinaceus concolor
Erinaceus europaeus
Familie Talpidae
Talpa caeca
Talpa europaea
Talpa romana
Galemys pyrenaicus
Desmana moschata
Familie Soricidae
Sorex alpinus
Sorex samniticus
Suncus etruscus
Crocidura leucodon
Crocidura suaveolens
Crocidura gueldenstaedti
Crocidura russula
Sorex minutissimus
Crocidura zimmermanni
Sorex caecutiens
Sorex coronatus
Sorex granarius
Neomys anomalus
Sorex sinalis
(*Sorex isodon*)
Sorex araneus
Neomys fodiens
Sorex minutus

ORDNUNG PRIMATES
Familie Cercopithecidae
Macaca sylvanus

ORDNUNG CHIROPTERA
Familie Rhinolophidae
Rhinolophus blasii
Rhinolophus ferrum-equinum
Rhinolophus hipposideros
Rhinolophus mehelyi
Rhinolophus euryale
Familie Vespertilionidae
Nyctalus noctula
Nyctalus leisleri
Nyctalus lasiopterus
Pipistrellus savii
Myotis brandti
Myotis mystacinus
(*Selysius mystacinus*)
Myotis bechsteini
(*Selysius bechsteini*)
Myotis nattereri
(*Selysius nattereri*)
Miniopterus schreibersi
Myotis cappaccinii
(*Leuconoe capaccinii*)
Plecotus auritus
Plecotus austriacus
Myotis myotis
Myotis blythi
(*Myotis oxygnathus*)
Barbastella barbastellus
Eptesicus nilssoni
(*Vespertilio nilssoni*)
Pipistrellus nathusii
Eptesicus serotinus
(*Vespertilio serotinus*)
Myotis dasycneme
(*Leuconoe dasycneme*)
Myotis daubentoni
(*Leuconoe daubentoni*)
Myotis nathalinae
Lasiurus cinereus

Pipistrellus kuhlii
Myotis emarginatus
(*Selysius emarginatus*)
Vespertilio murinus
Pipistrellus pipistrellus
Familie Molossidae
Tadarida teniotis
Familie Nycteridae
Nycteris thebaica

ORDNUNG LAGOMORPHA
Familie Leporidae
Lepus capensis
(*Lepus europaeus*)

Schneehase
Europäisches Wildkaninchen

ORDNUNG NAGETIERE
Familie Hörnchen
Alpenmurmeltier
Chipmunk
(Sibirisches Streifenhörnchen)
Eichhörnchen
Gleit- oder Flughörnchen
Grauhörnchen
Perlziesel

Schlichtziesel
(Einfarbiger Ziesel)
Familie Biber
Biber
Kanadischer Biber

Familie Biberratten
Sumpfbiber (Nutria)
Familie Altwelt-Stachelschweine
Gewöhnliches Stachelschwein
Familie Bilche (Schläfer)
Baumschläfer
Gartenschläfer
Haselmaus
Mausschläfer
(Dünnschwanz-Mausschläfer)
Siebenschläfer
Familie Mäuseartige
Hamster
Europäischer Feldhamster
Rumänischer Hamster
Syrischer Goldhamster
Grauer Zwerghamster
Lemminge und
Eigentliche Wühlmäuse
Berglemming
Halsbandlemming
Waldlemming
Rötelmaus
Graurötelmaus
Polarrötelmaus
Cabreramaus
Balkan-Kurzohrmaus

Bayerische Kurzohrmaus

Erdmaus
Feldmaus
Mittelmeer-Feldmaus
(Levante-Feldmaus)
Ondrias-Feldmaus

Kleine Wühlmaus
(Kurzohrmaus)
Nordische Wühlmaus
Fatio-Kleinwühlmaus

Felten-Kleinwühlmaus
Liechtenstein-Kleinwühlmaus

Lusitanische Kleinwühlmaus

Mittelmeer-Kleinwühlmaus

Pyrenäen-Kleinwühlmaus
Savi-Kleinwühlmaus

Tatra-Kleinwühlmaus

Schneemaus

Balkan-Schneemaus

—

Bisamratte
Mongolische Rennmaus
Schermaus

West-Schermaus
Blindmäuse
Ostblindmaus
Westblindmaus
Mäuse und Ratten
Ährenmaus
Algerische Maus
(Heckenhausmaus)
Brandmaus
Eurasiatische Zwergmaus
Felsenmaus

Gelbhalsmaus

Lepus timidus
Oryctolagus cuniculus

ORDNUNG RODENTIA
Familie Sciuridae
Marmota marmota
Tamias sibiricus

Sciurus vulgaris
Pteromys volans
Sciurus carolinensis
Spermophilus suslicus
(*Citellus suslicus*)
Spermophilus citellus
(*Citellus citellus*)
Familie Castoridae
Castor fiber
Castor canadensis
(*Castor fiber canadensis*)
Familie Capromyidae
Myocastor coypus
Familie Hystricidae
Hystrix cristata
Familie Gliridae
Dryomys nitedula
Eliomys quercinus
Muscardinus avellanarius
Myomimus roachi
(*Myomimus personatus*)
Glis glis
Familie Muridae
Unterfamilie Cricetinae
Cricetus cricetus
Mesocricetus newtoni
Mesocricetus auratus
Cricetulus migratorius
Unterfamilie Microtinae

Lemmus lemmus
Dicrostonyx torquatus
Myopus schisticolor
Clethrionomys glareolus
Clethrionomys rufocanus
Clethrionomys rutilus
Microtus cabrerae
Pitymys thomasi
(*Microtus thomasi*)
Pitymys bavaricus
(*Microtus bavaricus*)
Microtus agrestis
Microtus arvalis
Microtus guentheri
(*Microtus socialis*)
Microtus epiroticus
(*Microtus subarvalis*)
Pitymys subterraneus
(*Microtus subterraneus*)
Microtus oeconomus
Pitymys multiplex
(*Microtus multiplex*)
Pitymys felteni
Pitymys liechtensteini
(*Microtus liechtensteini*)
Pitymys lusitanicus
(*Microtus lusitanicus*)
Pitymys duodecimcostatus
(*Microtus duodecimcostatus*)
Microtus pyrenaicus
Pitymys savii
(*Microtus savii*)
Pitymys tatricus
(*Microtus tatricus*)
Microtus nivalis
(*Chionomys nivalis*)
Dinaromys bogdanovi
(*Dolomys milleri*)
Microtus majori
Ondatra zibethicus
Meriones unguiculatus
Arvicola terrestris
(*Arvicola amphibius*)
Arvicola sapidus
Unterfamilie Spalacidae
Spalax microphthalmus
Spalax leucodon
Unterfamilie Murinae
Mus spicilegus
Mus spretus

Apodemus agrarius
Micromys minutus
Apodemus mystacinus
(*Sylvaemus mystacinus*)
Apodemus flavicollis
(*Sylvaemus flavicollis*)

Hausmaus
Kreta-Stachelmaus

Steppenmaus
Kleine Waldmaus
(Feld- und Waldmaus)
Zwergwaldmaus
Hausratte
Wanderratte

Familie Hüpfmäuse
Birkenmaus
(Waldbirkenmaus)
Streifenhüpfmaus
(Steppenbirkenmaus)

ORDNUNG RAUBTIERE
Familie Großbären (Bären)
Braunbär
Eisbär

Familie Hundeartige
Eisfuchs
(Polarfuchs)
Rotfuchs
Goldschakal
Marderhund
Wolf

Familie Marder
Hermelin
Mauswiesel
Europäischer Nerz

Amerikanischer Nerz
(Mink)
Frettchen (domestiziert) (verwildert)
Europäischer Iltis
(Waldiltis)
Steppeniltis

Tigeriltis
Baummarder (Edelmarder)
Steinmarder
Europäischer Dachs
Fischotter
Vielfraß
(Järv)
Zobel

Familie Schleichkatzen
Ginsterkatze
(Genette, Kleinfleck-Ginsterkatze)
Ägyptischer Mungo
(auch: Ichneumon, Manguste, Pharaonenratte)
Indischer Mungo
Familie Kleinbären
Waschbär
Familie Katzenartige
Luchs

Pardelluchs
(Spanischer Luchs)
Verwilderte Hauskatze
Europäische Wildkatze

ORDNUNG WASSERRAUBTIERE
Familie Hundsrobben
Bartrobbe
Kegelrobbe
Klappmütze
Mönchsrobbe
Ringelrobbe

Sattelrobbe
Seehund

Familie Walrosse
Walroß

ORDNUNG UNPAARHUFER
Familie Pferde (Einhufer)
Esel (domestiziert)
Pferd (domestiziert)

ORDNUNG PAARHUFER
Familie Altweltschweine
Wildschwein

Familie Hornträger
Bezoarziege
Verwilderte Ziege
Gemse
Hausschaf
Wildschaf
(Mufflon)

Mus musculus
Acomys minous
(*Acomys cahirinus*)
Mus hortulanus
Apodemus sylvaticus
(*Sylvaemus sylvaticus*)
Apodemus microps
Rattus rattus
Rattus norvegicus

Familie Zapodidae
Sicista betulina

Sicista subtilis

ORDNUNG CARNIVORA
Familie Ursidae
Ursus arctos
Thalarctos maritimus
(*Ursus maritimus*)
Familie Canidae
Alopex lagopus

Vulpes vulpes
Canis aureus
Nyctereutes procyonoides
Canis lupus
Familie Mustelidae
Mustela erminea
Mustela nivalis
Mustela lutreola
(*Lutreola lutreola*)
Mustela vison
(*Lutreola vison*)
Mustela furo
Mustela putorius
(*Putorius putorius*)
Mustela eversmanni
(*Putorius eversmanni*)
Vormela peregusna
Martes martes
Martes foina
Meles meles
Lutra lutra
Gulo gulo

Martes zibellina

Familie Viverridae
Genetta genetta

Herpestes ichneumon

Herpestes edwardsi
Familie Procyonidae
Procyon lotor
Familie Felidae
Felis lynx
(*Lynx lynx*)
Felis pardina

Felis catus
Felis sylvestris

ORDNUNG PINNIPEDIA
Familie Phocidae
Erignathus barbatus
Halichoerus grypus
Cystophora cristata
Monachus monachus
Phoca hispida
(*Pusa hispida*)
Pagophilus groenlandicus
Phoca vitulina
Familie Odobenidae
Odobenus rosmarus

PERISSODACTYLA
Familie Equidae
Equus asinus
Equus caballus

ORDNUNG ARTIODACTYLA
Familie Suidae
Sus scrofa

Familie Bovidae
Capra aegagrus
Capra hircus
Rupicapra rupicapra
Ovis aries
Ovis musimon
(*Ovis ammon*)

Moschusochse
Rind (Hausform)
Saiga
Alpensteinbock
Iberischer Steinbock
Wasserbüffel (Hausform)
Wisent
Familie Hirsche
Axishirsch

Damhirsch

Davidshirsch
Elch
Muntjak
Reh
Rentier (Ren)

Rothirsch
(Edelhirsch)
Sikahirsch
Chinesischer Wasserhirsch
(Chinesisches Wasserreh)
Weißwedelhirsch

Ovibos moschatus
Bos
Saiga tatarica
Capra ibex
Capra pyrenaica
Bubalus bubalis
Bison bonasus
Familie Cervidae
Cervus axis
(*Axis axis*)
Cervus dama
(*Dama dama*)
Elaphurus davidianus
Alces alces
Muntiacus reevesi
Capreolus capreolus
Rangifer tarandus
(*Rangifer rangifer*)
Cervus elaphus

Cervus nippon
Hydropotes inermis

Odocoileus virginianus

ORDNUNG WALTIERE
UNTERORDNUNG BARTENWALE
Familie Furchenwale
Blauwal
Buckelwal
Finnwal
Seihwal
Zwergwal
Familie Glattwale
Grönlandwal
Nordkaper

UNTERORDNUNG ZAHNWALE

Familie Pottwale
Pottwal

Zwergpottwal
Familie Schnabelwale
Cuvier's Schnabelwal
Entenwal
True's Wal
Blanville's Zweizahnwal
Gervais' Zweizahnwal

ORDNUNG CETACEA
UNTERORDNUNG MYSTICETI

Familie Balaenopteridae
Balaenoptera musculus
Megaptera novaeangliae
Balaenoptera physalis
Balaenoptera borealis
Balaenoptera acutorostrata
Familie Balaenidae
Balaena mysticetus
Balaena glacialis
(*Eubalena glacialis*)
UNTERORDNUNG ODONTOCETI
Familie Physeteridae
Physeter catadon
(*Physeter macrocephalus*)
Kogia breviceps
Familie Ziphiidae
Ziphius cavirostris
Hyperoodon ampullatus
Mesoplodon mirus
Mesoplodon densirostris
Mesoplodon europaeus

Gray's Zweizahnwal
Sowerby's Zweizahnwal
Familie Gründelwale
Narwal
Weißwal
(Beluga)

Familie Delphine
Eigentlicher Delphin
Blauweißer Delphin

Gestreifter Delphin
(Rundkopfdelphin)
Langschnabeldelphin
(Rauhzahndelphin)
Weißschnauzendelphin
Weißseitendelphin
Gewöhnlicher Grindwal
Schwertwal
(Killerwal, Mörderwal)
Unechter Schwertwal
(Kleiner Schwertwal)
Großer Tümmler
Familie Schweinswale
Schweinswal
(Kleiner Tümmler)

Mesoplodon grayi
Mesoplodon bidens
Familie Monodontidae
Monodon monoceros
Delphinapterus leucas

Familie Delphinidae
Delphinus delphis
Stenella coeruleoalba
(*Stenella styx*)
Grampus griseus

Steno bredanensis

Lagenorhynchus albirostris
Lagenorhynchus acutus
Globicephala melaena
Orcinus orca

Pseudorca crassidens

Tursiops truncatus
Familie Phocoenidae
Phocoena phocoena

Register

A
Abendsegler 26, 30, 31
  Großer 31
Ägyptischer Mungo (s. Mungo)
Afrikanischer Schakal (s. Schakal)
Algerischer Igel (s. Igel)
Algerische Maus (s. Maus)
Alpenmurmeltier (s. Murmeltier)
Alpensteinbock (s. Steinbock)
Amerikanischer Nerz (s. Nerz)
Auerochse 138, 154, 171 (s. a. Rind)
Axishirsch (s. Hirsch)

B
Bär 6–8, 52, 73, 94, 96–100, 136, 150, 170, 173
  Braun- 6–8, 52, 73, 96, 98, 99, 173
  Eis- 96–99, 136
  Grizzly- 98
Balkan-Schneemaus (s. Maus)
Bartenwal (s. Wal)
Bartfledermaus (s. Fledermaus)
  Kleine (s. Fledermaus)
Bartrobbe (s. Robbe)
Baumhörnchen (s. Hörnchen)
Baummarder (s. Marder)
Baumschläfer (s. Schläfer)
Bechsteinfledermaus (s. Fledermaus)
Berberaffe 8, 170
Berglemming (s. Lemming)
Bezoasziege 156
Biber 8, 44, 54–57, 80, 82, 83, 172, 173
  Europäischer 54 f, 172
  Kanadischer 54
  Sumpf- (Nutria) 9, 44, 82, 83, 173
Bilch (Schläfer) 8, 28, 58–61, 171
Birkenmaus (s. Maus)
Bisamratte 9, 44, 68
Bison 154
Blaufuchs (s. Fuchs)
Blauwal (s. Wal)
Blindmaulwurf (s. Maulwurf)
Blindmaus 78, 79, 171
  Ost- 78, 79
  West- 78, 79
Brandmaus (s. Maus)
Braunbär (s. Bär)
Braunbrustigel (s. Igel)
Braunes Langohr 26, 30, 31, 33
Buckelwal (s. Wal)
Bulldogg-Fledermaus (s. Fledermaus)

C
Chinesischer Wasserhirsch (s. Hirsch)
Chinesisches Wasserreh (s. Reh)
Chipmunk, Sibirischer 46, 50

D
Dachs 12, 58, 80, 94, 108–111, 170, 171, 173
  Europäischer 108–110
Damhirsch (s. Hirsch)
Davidshirsch (s. Hirsch)
Delphin 112, 160, 162, 164–166, 168
  Eigentlicher 164
Desman 20, 21, 170
  Pyrenäen- 20, 170
  Russischer 20
Dünnschwanz-Mausschläfer (s. Schläfer)

E
Eichhörnchen 46–49, 116–118, 170–172
Eigentlicher Delphin (s. Delphin)
Eigentlicher Ichneumon (s. Ichneumon, Mungo)
Eigentliche Wühlmaus (s. Maus)
Eisbär (s. Bär)
Eisfuchs (s. Fuchs)
Elch 6, 89, 146, 150–152
Entenwal, Nördlicher (s. Wal)
Erdhörnchen 46, 52
Erdmaus (s. Maus)
Esel 138, 140
Etruskerspitzmaus (s. Spitzmaus)
Eurasiatische Zwergmaus (s. Maus)
Europäischer Biber (s. Biber)
Europäischer Dachs (s. Dachs)
Europäischer Feldhamster (s. Hamster)
Europäischer Iltis (s. Iltis)
Europäischer Maulwurf (s. Maulwurf)
Europäischer Nerz (s. Nerz)
Europäische Wildkatze (s. Katze)
Exmoor-Pony (s. Pony)

F
Falbkatze, Nubische (s. Katze)
Feldhase (s. Hase)
Feld-Hausmaus (s. Maus)
Feldmaus (s. Maus)
Feldspitzmaus (s. Spitzmaus)
Feld-und Waldmaus (s. Maus)
Felsenmaus (s. Maus)
Finnwal (s. Wal)
Fischotter 102, 112–115, 171
Fleckenhirsch 152
Fledermaus 7, 10, 26–35
  Bart- 30
    Kleine 30
  Baum- 28, 30, 31
  Bechstein- 33
  Bulldogg- 33
  Fransen- 30
  Freischwänzige 26, 33
  Glattnasen- 26, 30, 32, 35

Höhlen- 28, 30
Hufeisennasen- 26, 28–34
  Große 28, 29, 33, 34
  Kleine 26, 28
  Mittelmeer- 28
Kleine Bart- 30
Langflügel- 33
Mausohr- 26, 34
Mops- 33
Nordische 33
Teich- 26, 28, 34
Wasser- 26, 28, 30
Zwerg- 26, 32
Flossenfüßer 132
Flughörnchen (s. Hörnchen)
Flughund 26
Flußpferd 7
Fransenfledermaus (s. Fledermaus)
Freischwänzige Fledermaus (s. Fledermaus)
Frettchen 42, 84, 106, 130
Fuchs 6, 12, 24, 38, 40, 48, 52, 82, 84, 90–94, 110, 152, 170, 171
  Blau- 92
  Eis- 6, 86, 92–94, 120
  Rot- 82, 86, 90–92, 173

G
Gartenschläfer (s. Schläfer)
Gartenspitzmaus (s. Spitzmaus)
Gelbhalsmaus (s. Maus)
Gemse 158, 159, 170
Genette (s. Ginsterkatze)
Gewöhnlicher Grindwal (s. Wal)
Ginsterkatze 61, 122, 124, 125, 130, 171
Glattnasenfledermaus (s. Fledermaus)
Glattwal (s. Wal)
Gleithörnchen (s. Hörnchen)
Goldhamster, Syrischer (s. Hamster)
Grauer Zwerghamster (s. Hamster)
Grauhörnchen (s. Hörnchen)
Graurötelmaus (s. Maus)
Grindwal (s. Wal)
Grönlandwal (s. Wal)
Gründelwal (s. Wal)
Große Hufeisennase (s. Hufeisennase, Fledermaus)
Großer Tümmler (s. Tümmler)

H
Halsbandlemming (s. Lemming)
Hamster 62, 63
  Europäischer Feld- 62, 63
  Feld-, Europäischer 62, 63
  Gold-, Syrischer 62
  Grauer Zwerg- 62

Rumänischer 62
Syrischer Gold- 62
Zwerg-, Grauer 62
Hase 8, 35–44, 120, 126, 127, 170
  Feld- 38, 40, 41
  Kap- 38, 40, 41
  Pfeif- 36
  Schnee- 8, 38, 40, 42, 43, 120
  Wüsten- 38
Haselmaus 8, 58–61
Hauskatze (s. Katze)
Haus-Hausmaus (s. Maus)
Hausmaus (s. Maus)
  Nördliche (s. Maus)
  Westliche (s. Maus)
Hausratte (s. Ratte)
Hermelin 40, 102–106
Hirsch 7–8, 88, 118, 128, 138, 144–154, 170, 171, 173
  Axis- 152
  Chinesischer Wasser- 144, 145, 152
  Dam- 8, 145, 148, 149, 153, 155, 171
  Davids- 153
  Flecken- 152
  Muntjak- 8, 145, 152
  Rot- 144–148, 152–154, 171
  Sika- 152, 153
  Weißwedel- 8, 144, 145, 152, 153
Höhlenfledermaus (s. Fledermaus)
Hörnchen 6, 9, 46–53, 60, 116–118, 170–172
  Baum- 46
  Eich- 46–49, 116–118, 170–172
  Erd- 46, 52
  Flug- 46, 48
  Gleit- 6, 46, 48
  Grau- 9, 46, 48, 60
Hufeisennase 26, 28–30, 32–34
  Große 28–30, 32–34
  Kleine 26, 28
  Mittelmeer- 28
Hukul-Pony (s. Pony)
Hund 48, 82, 84, 86, 88, 112, 130, 131
Hundsrobbe (s. Robbe)

I
Iberischer Marder (s. Marder)
Ichneumon (s. Mungo)
  Eigentlicher (s. Mungo, Ägyptischer)
Igel 7, 8, 10, 12–15, 28, 138, 172
  Algerischer 7, 12
  Braunbrust- 12
  Ost- 12, 14
  Weißbrust- 12
  West 12, 14

175

Iltis 38, 50, 51, 106, 107, 116, 122, 130, 171, (s. a. Frettchen)
    Europäischer 106
    Steppen- 50, 51, 106
    Tiger- 106
    Wald- 106
Indischer Mungo (s. Mungo)

J

Järv (s. Vielfraß)

K

Kanadischer Biber (s. Biber)
Kaninchen 9, 36–44, 90, 103, 104, 106, 110, 114, 118, 122, 126, 130, 142, 172
Kaphase 38, 40, 41
Karibu (s. Rentier)
Katze 40, 48, 61, 84, 90, 114, 122, 124–128, 130, 171
    Europäische Wild- 130
    Falb-, Nubische 126, 130
    Ginster- 61, 122, 124, 125, 130, 171
    Haus- 130
    Nubische Falb- 126, 130
    Schleich- 122, 124
    Verwilderte 84, 114, 130, 131
    Wild- 40, 126–128, 130, 171
        Europäische 130
Kegelrobbe (s. Robbe)
Killerwal (s. Wal)
Klappmütze 133
Kleine Hufeisennase (s. Hufeisennase, Fledermaus)
Kleine Waldmaus (s. Maus)
Kleine Wühlmaus (s. Maus)
Kleiner Tümmler (s. Tümmler)
Kleinfleck-Genette (s. Ginsterkatze)
Kleinfleck-Ginsterkatze (s. Ginsterkatze)
Konik-Pony (s. Pony)
Kreta-Stachelmaus (s. Maus)

L

Langflügelfledermaus (s. Fledermaus)
Langohr, Braunes 26, 30, 31, 33
Lemming 6, 8, 64–66, 92, 96, 120
    Berg- 64–66
    Halsband- 64
    Wald- 64, 66
Löwe 7
Luchs 40, 108, 120, 128, 129, 171, 173
    Pardel- (Spanischer) 128, 171
    Skandinavischer 128
    Spanischer (Pardel-) 128, 171

M

Magotaffe 8
Marder 6, 8, 48, 50, 68, 102, 104, 106, 108, 116–120, 170, 171
    Baum- 8, 102, 116–119, 170, 171
    Stein- 116, 118, 170
    »Süß-« 116
Marderhund 86, 94, 100
Maulwurf 10, 14, 16, 22–25, 172
    Blind- 22
    Europäischer 22
    Römischer 22
Maus 8, 44, 58–62, 64, 66–75, 78, 79, 90, 91, 94, 104, 106, 114, 118, 120, 124, 126, 171, 172
    Algerische 74
    Balkan-Schnee- 66
    Birken- 78
    Blind- 78, 79, 171
        Ost- 78, 79
        West- 78, 79
    Brand- 72, 78
    Eigentliche Wühl- 64, 68
    Erd- 66, 67, 118
    Eurasiatische Zwerg- 70, 71
    Feld- 64, 66, 67
        Zwerg- 72
    Feld- und Wald- 72–74, 90, 91, 124, 172
    Felsen- 72
    Gelbhals- 72, 73
    Graurötel- 66
    Hasel- 8, 58–61
    Haus-Haus- 74

    Haus- 44, 58, 74, 75
        Nördliche 74
        Westliche 74
    Kleine Wald- 8, 44, 60
    Kleine Wühl- 64, 66
    Kreta-Stachel- 73
    Mongolische Renn- 62
    Nördliche Haus- 74
    Nordische Wühl- 66
    Nordwestscher- (s. Scher-)
    Polarrötel- 66
    Renn-, Mongolische 62
    Rötel- 60, 64, 66, 67
        Grau- 66
        Polar- 66
    Scher- (Wasserratte) 8, 64, 68, 69, 104, 106, 114
        Nordwest- 68
        West- 8, 68
    Schnee- 66
    Spitz- (s. Spitzmaus)
    Steppen- 74
    Streifen-Hüpf- 6, 78
    Streifen- 78
    Wald- 8, 44, 58, 60, 72, 124
        Kleine 8, 44, 60
    Westblind- 78, 79
    Westliche Haus- 74
    West-Scher(s. Scher-)
    Wühl- 60, 64, 66, 67, 90, 94, 118, 120, 126, 171, 172
        Kleine 64, 66
        Nordische 66
    Zwergfeld- 72
    Zwerg-, Eurasiatische 70, 71
Mausohrfledermaus 26, 34
Mauswiesel 8, 102, 104, 105
Mink (s. Nerz, Amerikanischer)
Mittelmeerhufeisennase (s. Hufeisennase, Fledermaus)
Mönchsrobbe (s. Robbe)
Mörderwal (s. Wal)
Mongolische Rennmaus (s. Maus)
Mopsfledermaus (s. Fledermaus)
Moschusochse 154 (s. a. Rind)
Mufflon 154, 138
Mungo 7, 122, 123, 130, 171
    Ägyptischer 122, 123
    Indischer 122
Muntjak 8, 145, 152
Murmeltier 7, 46, 52, 53, 170
    Alpen- 52, 53

N

Narwal (s. Wal)
Nashorn 138
Nerz 9, 68, 82, 112, 114, 115
    Amerikanischer, (Mink) 68, 114, 115
    Europäischer 112, 114, 115
Nördliche Hausmaus (s. Maus, Haus-)
Nördlicher Entenwal (s. Wal)
Nordische Fledermaus (s. Fledermaus)
Nordische Wühlmaus (s. Maus, Wühl-)
Nordwest-Schermaus (s. Maus, Scher-)
Nubische Falbkatze (s. Katze)
Nutria (Sumpfbiber) 9, 44, 82, 83, 173

O

Ochse, Auer- (s. Auerochse)
Ochse, Moschus- (s. Moschusochse)
Ostigel (s. Igel)
Otter, Fisch- (s. Fischotter)

P

Pardelluchs (s. Luchs)
Perlziesel (s. Ziesel)
Pfeifhase (s. Hase)
Pferd 7, 8, 138, 140, 171 (s. a. Pony)
Polarrötelmaus (s. Maus)
Pony 138, 140, 141, 170, 173
    Exmoor- 140, 141
    Hukul- 140
    Konik- 140
    Pottock- 140
    Shetland- 140
Pottock-Pony (s. Pony)
Pottwal (s. Wal)
Pyrenäen-Desman (s. Desman)

R

Ratte 9, 32, 44, 68, 76, 77, 131, 170
    Bisam- 9, 44, 68
    Haus- 76 f
    Wander- 44, 68, 76, 77
    Wasser- (s. Schermaus)
Reh 126, 145, 148, 149, 152, 153, 171
    Chinesisches Wasser- 145
Rennmaus, Mongolische (s. Maus)
Rentier (Ren) 6, 120, 144, 150
Rind 110, 138, 154, 171
Ringelrobbe (s. Robbe)
Robbe 96, 98, 112, 132–136
    Bart- 133, 134
    Hunds- 132, 134
    Kegel- 132, 134, 135
    Mönchs- 133, 134
    Ringel- 96, 132, 133
    Sattel- 132
Römischer Maulwurf (s. Maulwurf)
Rötelmaus (s. Maus)
    Grau- (s. Maus, Rötel-)
    Polar- (s. Maus, Rötel-)
Rotfuchs (s. Fuchs)
Rothirsch (s. Hirsch)
Rotzahnspitzmaus (s. Spitzmaus)
Rumänischer Hamster (s. Hamster)
Russischer Desman (s. Desman)

S

Sattelrobbe (s. Robbe)
Schakal 86, 88, 89, 92
    Afrikanischer 88
    Gold- 86, 88, 89
Schermaus (Wasserratte) 8, 64, 68, 69, 104, 106, 114
    Nordwest- 68
    West- 8, 68
Schläfer (Bilch) 8, 28, 58–61, 171
    Baum- 60, 61
    Dünnschwanz-Maus- 60
    Garten- 60, 61
    Sieben- 9, 60, 61
Schleichkatze 122, 124
Schlichtziesel (s. Ziesel)
Schnabelwal (s. Wal)
Schneehase (s. Hase)
Schneemaus (s. Maus)
    Balkan- (s. Maus)
Schwein 138, 142 (s. a. Wildschwein)
Schweinswal (s. Wal)
Schwertwal (s. Wal)
Seehund 132–134, 166, 167, 173
Seelöwe 136
Shetland-Pony (s. Pony)
Sibirischer Chipmunk 46, 50
Siebenschläfer (s. Schläfer)
Sikahirsch (s. Hirsch)
Skandinavischer Luchs (s. Luchs)
Spanischer Luchs (s. Luchs)
Spitzmaus 10, 14, 16–19, 60, 90, 104, 114, 172
    Etrusker- 19
    Feld- 19
    Garten- 19
    Rotzahn- 16
    Wald- 8, 16–19
    Wasser- 16–18
    Weißzahn- 16
    Zwerg- 10
    Zwerg- 8, 16–19
    Wimper- 16
    Zwergweißzahn- 10
Stachelschwein 7, 80, 81
Steinbock 8, 156–158, 170
    Alpen- 156, 157
Steinmarder (s. Marder)
Steppeniltis (s. Iltis)
Steppenmaus (s. Maus)
Streifen-Hüpfmaus (s. Maus)
Streifenmaus (s. Maus)
Sumpfbiber (Nutria) 9, 44, 82, 83, 173
Süßmarder (s. Marder)
Syrischer Goldhamster (s. Hamster)

T

Tapir 138
Tarpan 140
Teichfledermaus (s. Fledermaus)

Tigeriltis (s. Iltis)
Tümmler 160, 162, 164–166
    Großer 164, 165
    Kleiner 160, 162, 166

U

Ur (s. Auerochse)

V

Vielfraß (Järv) 102, 120, 121, 128

W

Wal 96, 98, 136, 160 ff
    Barten- 160, 166, 168, 169
    Blau- 160, 168, 169
    Buckel- 168, 169
    Enten-, Nördlicher 168
    Finn- 168
    Gewöhnlicher Grind- 168
    Glatt- 168
    Grind-, Gewöhnlicher 168
    Grönland- 169
    Gründel- 168
    Killer- 166
    Mörder- 166
    Nar- 136, 168
    Nördlicher Enten- 168
    Pott- 160, 168, 169
    Schabel- 168
    Schweins- 160, 162, 163, 166, 168
    Schwert- 136, 162, 166, 167
    Weiß- 96, 168
    Zahn- 160, 166, 168
    Zwerg- 168, 169
Waldiltis (s. Iltis)
Waldlemming (s. Lemming)
Waldmaus, Kleine (s. Maus)
Waldspitzmaus (s. Spitzmaus)
Walroß 132, 136, 137
Wanderratte (s. Ratte)
Waschbär 94, 100, 101
Wasserfledermaus (s. Fledermaus)
Wasserratte (s. Schermaus)
Wasserspitzmaus (s. Spitzmaus)
Weißbrustigel (s. Igel)
Weißwal (s. Wal)
Weißwedelhirsch (s. Hirsch)
Weißzahnspitzmaus (s. Spitzmaus)
Westblindmaus (s. Maus)
Westigel (s. Igel)
Westliche Hausmaus (s. Maus)
West-Schermaus (s. Schermaus)
Wiesel 8, 38, 71, 84, 102, 104, 105
    Maus- 8, 102, 104, 105
Wildesel 138, 140
Wildkaninchen (s. Kaninchen)
    Europäisches (s. Kaninchen)
Wildkatze 40, 126–128, 130, 171
    Europäische 130
Wildpferd (s. Pferd, Pony)
Wildschaf (Mufflon) (s. Schaf)
Wildschwein 7, 138, 142, 143, 170, 171
Wildziege (s. Ziege)
Wimperspitzmaus (s. Spitzmaus)
Wisent 7, 8, 146, 154, 155, 171
Wolf 6, 7, 8, 84, 86–89, 92, 108, 120, 128, 146, 150, 170
Wühlmaus 60, 64, 66, 67, 90, 94, 118, 120, 126, 171, 172
    Kleine 64, 66
    Nordische 66
Wüstenhase (s. Hase)

Z

Zahnwal (s. Wal)
Ziege 138, 156, (s. a. Gemse, Steinbock)
    Bezoar- 156
    Haus- 156
    Verwilderte 156
    Wild- 138, 156
Ziesel 7, 46, 50, 51, 62, 106, 171
    Perl- 7, 46, 50, 62, 106, 171
    Schlicht- 46, 50, 51
Zwergfeldmaus (s. Maus)
Zwergfledermaus (s. Fledermaus)
Zwerghamster, Grauer (S. Hamster)
Zwergmaus, Eurasiatische (s. Maus)
Zwergspitzmaus (s. Spitzmaus)
Zwergwal (s. Wal)
Zwergweißzahnspitzmaus (s. Spitzmaus)

0223/p